El mundo entonces

MARTÍN CAPARRÓS

El mundo entonces

Una historia del presente

Biblioteca Martín Caparrós

RANDOM HOUSE

Papel certificado por el Forest Stewardship Council®

MIXTO
Papel | Apoyando la silvicultura responsable
FSC® C117695

Penguin Random House Grupo Editorial

Primera edición: noviembre de 2023

Printed in Spain – Impreso en España

ISBN: 978-84-397-4272-2
Depósito legal: B-15.641-2023

Compuesto en La Nueva Edimac, S. L.

Impreso en Gómez Aparicio, S. L.
Casarrubuelos (Madrid)

RH 4 2 7 2 2

Para mis primos hermanos –hermanos, primos–
Santiago y Sebastián Amigorena, que tanto me hicieron,
de distintas maneras, en este libro –y en mi vida.

«Es en verdad contemporáneo aquel que no coincide a la perfección con su tiempo ni se adecua a sus pretensiones y es, por ende, en este sentido, inactual; pero justamente por eso, a partir de ese alejamiento y ese anacronismo, es capaz de percibir y aprehender su tiempo».

GIORGIO AGAMBEN

EL FIN DE LA EDAD OCCIDENTAL

Necesitamos entenderlos. Todos sabemos por qué aquellos años ahora volvieron al centro del debate. Hablamos y hablamos de ellos pero, a menudo, muchas de sus características principales nos escapan. Por eso, para poder debatirlos con propiedad, para dibujar sus grandes rasgos y no perderse en sus detalles menores, me han encargado elaborar este manual de historia que reconstruya y analice cómo era el mundo hace cien años, en la Tercera Década del siglo XXI.

Así, a la distancia, lo primero que queda claro es que en esos días se cerraba un ciclo.

Durante mucho tiempo los estudiosos dividieron la historia de la humanidad en esas cuatro «edades» que llamaron Antigua, Media, Moderna y Contemporánea.

Para eso fijaban el fin de cada edad en una fecha convencional: los historiadores del pasado suponían que la Edad Antigua había terminado con la caída de Roma en manos germanas en 476, la Edad Media con la de Constantinopla en manos turcas en 1453, la Edad Moderna con la Revolución Francesa de 1789, cuando habría empezado la «Edad Contemporánea».

Tardaron mucho en entender que la idea de Edad Contemporánea es un renuncio epistemológico: cualquier presente es una «edad contemporánea». Se discutió, se formularon propuestas. Ahora, un siglo más tarde, la revisión más aceptada consiste en cerrar la Edad Moderna en 1776, con la formación de los Estados Unidos de América y el surgimiento de la república democrática. Por primera vez una «nación» cristiana no era gobernada por un monarca sino por un cuerpo colegiado de –ciertos– ciudadanos.

Aquel fue el inicio de la democracia de delegación, la forma occidental por excelencia. Y el momento en que «Occidente» dejó de ser solo un extremo de Europa y sus colonias para empezar a marcar con sus costumbres y sus técnicas el conjunto del planeta. La pérdida de sus dominios en Norteamérica llevó a sus antiguos colonizadores a apuntar al resto del mundo, y así fue como Inglaterra, primero, y después Francia, se lanzaron a invadir territorios en Asia y en África, hasta que sus leyes y sus intereses dominaron casi todo el globo. Y, aunque esos territorios se fueron independizando –la India en 1947, la mayor parte de África en los primeros 1960s, Hong Kong recién en 1997–, durante el siglo XX la penetración occidental ya no dependió del dominio colonial directo: el modelo occidental impuso sus formas políticas y militares, lideró la ciencia y la técnica, definió el arte y el ocio, llevó su forma de ser a todos los rincones.

No quedaba región que no usara sus ropas, reglas, viviendas, músicas, relatos, aparatos, transportes, filosofía, costumbres, ideales de belleza, organización de las ciudades, técnicas financieras. Y, por supuesto, su sistema político y económico y, en buena parte, también su religión. Eso que ciertos escritores de fines del siglo XX llamaron «globalización» fue, en realidad, el triunfo casi absoluto del modelo de las potencias de Occidente. Nunca antes había habido tal homogeneidad, tal unanimidad para adoptar ciertas formas de vida: eso fue, mientras duró, la Edad Occidental.

Pero se terminaba. El corte fue menos preciso que los anteriores: en el siglo XXI ya no tenía sentido pensarlo en términos de guerras territoriales entre estados, donde la rendición de sus capitales redibujaba el mapa. Por eso pareció razonable adoptar, para marcarlo, un hecho más acorde con ese mundo regido por la plata: el momento en que la economía del nuevo gigante superó por fin a la del viejo.

El método tenía sus problemas: no era tajante como la conquista de una ciudad, y el dato podía variar según los cálculos. Pero a fines de 2021 una de las grandes consultoras económicas globales de entonces, la norteamericana McKinsey, examinó los balances de los 60 países principales y llegó a esa conclusión que algunos aceptaron de inmediato –y otros fueron confirmando en los años siguientes–: la República China ya era más rica que los Estados Unidos. No cuando se lo medía por persona, por supuesto: en esos días Estados Unidos y China tenían exactamente la misma superficie, 9.500.000 kilómetros cuadrados –y en ese espacio Estados Unidos repartía 330 millones de ciudadanos, mientras China amontonaba 1.400 millones. Pero en valor global China era, por primera vez en siglos, la primera. Muchos, sabemos, insistirían en fijar entonces el principio de la nueva época. Otros, por supuesto, dudamos sobre la marca precisa –era solo una victoria del dinero– pero no podemos negar sus conclusiones: si bien esas fechas y cifras son convenciones opinables, el cambio era real más allá de cualquier opinión sobre sus pormenores.

Llegaba el fin de la Edad Occidental.

* * *

Aquel «sorpasso» económico chino fue el indicador de un nuevo orden que empezaba. Pero mi trabajo de historiadora no debía ni quería limitarse a esos datos globales: se proponía entender cómo vivían en esos días nuestros antepasados, qué deseaban, qué temían, cómo se casaban o no se casaban, cómo parían o no parían, cómo se mataban, qué esperaban, quién odiaba a quién y por qué y cómo. Quería saber qué imaginaban del futuro –de nosotros– y cuáles eran las ideas dominantes de esos días; quería saber cómo eran sus casas y sus máquinas y sus vehículos y su ocio y sus trabajos, sus comidas y sus gobiernos, sus países, sus enfermedades: quería saberlo todo sobre ellos.

El trabajo se anunciaba largo y complicado: debería dedicarle años. No entendí por qué el Saber Central decidió encargárselo –a la manera antigua– a una persona humana: yo. Cuando lo pregunté me contestó con vaguedades, algo sobre la sensibilidad y las maneras de mirar: esas cosas que se dicen para no decir nada.

Emprendí la búsqueda. Lo primero que me llamó la atención fue el barullo, el amontonamiento. Ha quedado, bajo tantas formas, sobre tantos soportes, tanta «información» de aquella época que la mayoría de nosotras solo tenemos imágenes confusas, contradictorias, inútiles. Frente a tal masa, mi trabajo parecía casi imposible. Hasta que entendí que para ser profunda tendría que ser superficial: mirar toda la superficie, intentar una mirada abarcadora. Para entender cómo era el mundo en los años 2020 era básico saber elegir, entre la infinidad de datos, los que realmente lo contaran, descubrir las cuestiones centrales y sus grandes rasgos, sus novedades y desapariciones, las líneas más generales y los detalles más reveladores.

Y saber que, por más esfuerzos que hiciera, nunca podría verlo con la cercanía y la naturalidad de los que lo vivieron: que la mirada de la historiadora siempre es ajena, extraña, extrañada. Eso, que en ciertos casos es una pérdida importante, en este podía volverse una ventaja decisiva: mirar de lejos, a veces, te muestra cosas que de cerca ni siquiera sospechabas. Te permite entender.

* * *

Debía sintetizar cómo era el mundo entonces y la idea de «mundo» me resultaba incómoda. ¿Cómo hablar de un mundo cuando las diferencias entre sus regiones eran tan abismales, cuando ese «mundo» era un revoltijo tan desintegrado que, ahora, cuesta imaginarlo?

Decir «mundo» siempre es un abuso de lenguaje, pero entonces más. Había mundos, había diferencias entre mundos, había recelos y envidias y copias y transferencias entre mundos, había la desigualdad. Ninguna palabra tiene más fuerza, para reseñar aquella época, que esa que ahora suena arcaica: la desigualdad. Si tuviera que definir la característica principal del mundo en esos días podría decir que era que no había uno: era un espacio radicalmente dividido, varios mundos coexistiendo en esta Tierra. Era el mundo más integrado que había existido hasta entonces; sin embargo, las vidas de aquellas personas no podían ser más diferentes.

Debía desconfiar, entonces, de la noción de «mundo»: de las generalizaciones, los promedios. Debía restituir las diferencias entre las partes que formaban aquel todo –y, al mismo tiempo, encontrar sus rasgos comunes para no transformar mi síntesis en un largo catálogo de diferencias. La tarea se complicaba más.

Si el espacio era confuso, el tiempo estaba claro: hace cien años, final de aquella Edad. Era, por supuesto, como cualquier otro momento, uno donde sus habitantes se sentían en el punto más avanzado de la historia –porque cada minuto lo es: así es el tiempo. Y era, como cualquier otro momento, uno que los que vivimos después pensamos como un período de transición hacia nosotros.

Pero, más allá de esas generalidades, fue una época que no se pensaba como una fase de progreso sino como un momento de una fragilidad extrema, en que todo podía irse al diablo sin más trámite, tras vivir varias décadas en que la posibilidad era concreta: cuando las dos superpotencias nucleares estuvieron más de una vez a un botón de distancia de borrarse mutuamente de la superficie de la Tierra –y borrar la superficie de la Tierra.

El apocalipsis nuclear ya no parecía probable y, sin embargo, aquel era un mundo paranoico, asustado por la falta de futuro, que veía el futuro como una amenaza. Era cierto que se acababa la Edad Occidental y que, como sabemos, el hiperconsumo y el descuido de las décadas anteriores habían puesto al ecosistema global en una situación límite que urgía remediar –so pena de, calculaban entonces, una catástrofe ambiental absoluta.

Así empezó a imponerse, gracias a la difusión del discurso ecologista, la conciencia de la imposibilidad. Era la clásica paradoja del éxito: un sistema que funcionó lo suficiente como para que cada vez más personas quisieran integrarse a él demuestra que solo funcionaba porque excluía a la mayoría de las personas. Quedó claro, en esos años, que la Tierra no alcanzaba para que todos comieran carne o anduvieran en coche o volaran de vacaciones o se torraran en invierno o tiritaran en verano. De allí el comienzo de la búsqueda de las alternativas y el desarrollo posterior.

* * *

Pero, sobre todo, mi trabajo consistía en encontrar las claves, contestar a la pregunta más trillada: ¿qué cuestiones o temas o problemas definieron la época?

¿Fue la marcha incontenible de la China y la decadencia norteamericana?

¿Fue la falta de proyectos políticos significativos y la supremacía de la economía?

¿Fue el gran momento de poder de las corporaciones globales?

¿Fue el fracaso de los estados nacionales cuando intentaron controlarlas?

¿Fue el principio del fin del ciclo neoliberal instaurado a fines del siglo anterior?

¿Fue la desilusión y el desánimo tan generalizados?

¿Fue el aumento sostenido de las migraciones, la mezcla de culturas?

¿Fue el pico de desigualdad que culminó la revolución conservadora –y sus brutales consecuencias?

¿Fue la cifra, apenas despuntando, de los ocho mil millones de personas?

¿Fue la persistencia intolerable de los mil millones de hambrientos?

¿Fue la aparición de los nuevos alimentos?

¿Fue la rareza de las guerras?

¿Fue el retorno de la guerra a Europa?

¿Fue la producción de más objetos que nunca en la historia?

¿Fue la conciencia ambiental y sus efectos?

¿Fueron los primeros desarrollos importantes de las energías que reemplazarían a los combustibles fósiles?

¿Fue la habitual inadaptación de los más jóvenes?

¿Fue la pérdida del prestigio de la edad y la experiencia?

¿Fueron los avances hacia la igualdad de género?

¿Fue el surgimiento de identidades sexuales nuevas o ignoradas?

¿Fue la cultura global cada vez más común, más homogénea?

¿Fue la hegemonía de los grandes programas de aquellas redes primitivas, que reunían y controlaban a miles de millones?

¿Fue el crecimiento de la inteligencia artificial?

¿Fue el principio de la robotización del trabajo industrial?

¿Fue el fin de la centralidad del trabajo?

¿Fue el paso de la materialidad a la virtualidad?

¿Fue sobre todo el miedo, siempre el miedo?

1

UN MUNDO LLENO

Donde se cuenta como aquel mundo llegó a sus 8.000 millones de habitantes y se asustó.

Acababan de pasar los 8.000 millones y estaban asustados: se creían demasiados. Tanto, que suponían que debían contarse con exactitud, como si eso pudiera cambiar algo. En aquellas redes primitivas, contadores virtuales ofrecían un número que cambiaba sin parar. Hay registros: el 29 de mayo de 2023 a las 10.04 hora de Europa Occidental, por ejemplo, uno detallaba que había en el mundo 8.036.418.867 seres humanos. ¿Cómo confirmarlo? ¿Quién podría saberlo? La cifra era el tótem central de aquellos tiempos. La inmensa mayoría creía en esos ideogramas indios y, para muchos, su credibilidad era proporcional a su supuesta exactitud: un número preciso, como 8.036.418.867, era más creíble –aunque mucho más inverosímil– que uno aproximado. Los tecnócratas, que lo sabían, se refugiaban en los decimales.

Con artefactos como ese, el mundo de los años 2020 se regodeaba en su progreso técnico: lo fascinaba aquella maquinaria que permitía, en teoría, esa suerte de conciencia de sí, la ilusión de saber cómo eran. Y sin embargo casi nadie sabía: no porque no se pudiera sino porque no creían que quisieran. Autores dicen que si algo definió aquel período es que nunca había habido tanta información y tanta ignorancia al mismo tiempo.

Era cierto que los medios para captar y conocer el mundo eran más numerosos y eficientes que en cualquier momento anterior: las redes de comunicaciones, aunque primitivas, ya permitían ver –solo ver: ni oler ni palpar ni sentir– cualquier rincón del planeta sin despegarse de la pantalla individual, y masas enormes de datos estaban al alcance inmediato de quien las requiriera. Parecía como si el sosiego de saber que esa información existía relevara a las personas de la voluntad de buscarla y aprenderla, de usarla de algún modo. Todas esas facilidades facilitaban también las distracciones, en el sentido más literal de la palabra: la enorme mayoría no elegía usarlas para conocer y comprender el mundo sino para olvidarlo. La sociedad del espectáculo, un modelo que ya tenía más de medio siglo, seguía a pleno.

A las 17.26 de aquel mismo día el número pasó a ser 8.036.714.867 –porque la cifra del contador de seres ofrecía la calidad más convincente: era inasible. No paraba nunca, seguía creciendo segundo a segundo, no había modo de establecerla y definirla, dejaba de ser en el momento mismo en que empezaba. Esa cifra sintetizaba la sensación más angustiosa de la mayoría frente al mundo en que vivían: que se les escapaba sin parar. Nadie, según tantos testimonios de la época, estaba tranquilo. La sociedad del espectáculo era, antes que nada, por encima de todo, la civilización del miedo.

Temían casi todo. La superpoblación, para empezar: el fantasma de un mundo inundado de personas, inutilizado por la abundancia de personas. No era la primera vez: la imagen se repetía desde que el reverendo Thomas Malthus la inauguró a fines del siglo XVIII. La famosa «bomba demográfica» no terminaba de explotar; en la base de la idea había un error clásico: temer la fragilidad de un ecosistema frente a una amenaza futura sin saber qué herramientas de ese futuro –desconocidas, impensadas aún– permitirían enfrentarla.

Pero era cierto, de todas formas, que era mucha gente. O, por lo menos, mucha más que lo que nunca había sido. La especie humana era un éxito extraordinario.

Ese miedo –seguramente era ese miedo– no les dejaba ver que habían logrado lo que ninguna otra: que un espacio natural –el planeta Tierra– que dos siglos antes apenas sostenía –mal– a mil millones de ejemplares que vivían un promedio de 35 años, pudiera sostener –mal pero mucho mejor– a ocho mil millones que solían vivir el doble.

Si se restaban los 26 millones de personas que se habían muerto en los primeros cinco meses de ese año 2023 a los 53 millones que habían nacido en ese mismo lapso resultaba que el 29 de octubre había en la Tierra 27 millones de personas más que el primero de enero: la progresión era bastante impresionante.

Nunca se había visto tal multiplicación. No conocemos otra especie animal que, con los mismos recursos, en el mismo espacio, haya crecido tanto en un tiempo tan breve; es cierto, sin embargo, que la demografía de las cucarachas o las ratas es una disciplina que nunca recibió la atención que quizá se merezca. Y es cierto que era precisamente el resultado de esa multiplicación lo que los aterraba.

(Autores de esos días dijeron que si se sumaban los años vividos por cada persona desde el origen de la humanidad –lo que llamaban «la experiencia humana»– más del 15 por ciento de esos años correspondían a personas que estaban vivas entonces: tal era el peso del crecimiento demográfico. O sea: que una sexta parte de todo lo que habían vivido los hombres desde el principio de los tiempos lo estaban viviendo en esos años. Tal era, también, la complejidad de ese mundo que queremos resumir).

Los 8.000 millones de humanos estaban, como casi todo, repartidos de formas caprichosas. Su distribución siempre había dependido absolutamente del relieve y el clima: entonces ya no. A principios del siglo XXI las antiguas limitaciones naturales solo funcionaban en los espacios más extremos: los polos, los desiertos, las más altas cumbres. En el resto, una serie de inventos había permitido ocupar territorios como nunca antes. (La invención del «aire acondicionado» –una máquina de hacer frío– es un buen ejemplo: gran serendipity, subproducto azaroso del invento de una secadora, se difundió en la segunda mitad del siglo XX. Su multiplicación permitió la expansión de la vida en lugares donde el calor la había hecho muy difícil: muchos de los mayores núcleos de población de esos años ocuparon zonas que solían ser inhabitables).

Sin embargo, seguía habiendo regiones donde los hombres y mujeres se acumulaban sin medida: la población de la Tierra estaba muy mal distribuida. Más de la mitad de las personas –4.200 millones– vivía en un octavo de su superficie –18 millones de kilómetros cuadrados–, arrinconados en el sur y este de Asia. Allí estaban, por supuesto, la India y China, pero también Pakistán, Bangladesh, Japón, las Coreas, Vietnam, Tailandia, Myanmar, Indonesia, Filipinas y otras cinco naciones menores. Allí, en esos días, se estaba armando el siguiente poder global. Tras las aventuras coloniales del siglo XIX y los arrestos socialistas del XX, estos territorios repletos se constituían, por su peso, en el centro del mundo. Las razones eran múltiples; la demografía lo explicaba tanto como tantas otras –aunque los habitantes de los países que habían sido centrales en los siglos anteriores todavía no terminaban de entenderlo. No se resignaban, se diría, al fin de la Edad Occidental.

Las personas se distribuían muy distinto según los continentes. El continente era, todavía, la división geográfica más utilizada por los especialistas: se mantenía la ilusión de que los límites impuestos por ciertos accidentes –océanos sobre todo, cordilleras– servían para entender nuestro planeta.

Los continentes eran, por supuesto, unidades perfectamente desparejas, pero nos sirven para construirnos una primera imagen de cómo estaba armado el mundo en esos días. Puede ser aburrido pero hay que establecer el marco general. Ahora, cuando la geografía ha pasado a ser una rama menor de la virtualidad, resulta difícil reconstruir el peso que tenían entonces esas masas de tierras.

El mayor, Asia, ya empezaba a verse –tras siglos de retraso– como el continente del futuro. Asia ocupaba 44 millones de kilómetros cuadrados –casi un tercio de la tierra firme– pero allí vivían 4.500 millones de personas, bastante más que la mitad. Eran, entonces, más de 100 personas por kilómetro cuadrado, de razas y aspectos muy variados. Ya hemos visto que sus regiones sur y este asomaban como el polo de poder del mundo. Es cierto que, al mismo tiempo, subsistían en él los pozos más brutales de miseria y violencia: guerras en varios de sus países, hambrunas en otros. La India separaba dos espacios: hacia el este una zona cada vez más próspera; hacia el oeste, la confusión y la pobreza.

África era el segundo continente más poblado: 1.300 millones de personas en 30 millones de kilómetros, unas 40 por kilómetro cuadrado. Tenían espacio para crecer y lo hacían sin descanso: su tasa de natalidad era la mayor del planeta aunque era, todavía, la zona más pobre y maltratada. Mostraba, sin embargo, esos rasgos intensos que la ayudarían a mejorar su situación. Sus recursos naturales –agrarios, minerales, viento, agua– parecían inagotables; era, más que nada, que recién empezaban a explotarse. Una de sus características distintivas era su homogeneidad racial: la inmensa mayoría de la población era negra, dándole al conjunto una apariencia –una apariencia– de unidad que los demás continentes no tenían.

Europa –tres veces menor con 10 millones de kilómetros– seguía siendo, tras tantos siglos, una región densamente poblada: 70 personas cada kilómetro cuadrado. O sea que allí vivían unos 700 millones que, en su mayoría, se sentían en un geriátrico agradable –con alguna grieta en las paredes. Practicaban con tino un «arte de vivir» logrado a fuerza de expolios durante los 500 años anteriores, que se mantenía gracias al capital material y simbólico acumulado en esos siglos de hegemonía, siglos en que muchos de los inventos y progresos vinieron de allí. Hasta poco antes había sido un continente «blanco»; a partir de las grandes migraciones de la segunda mitad del XX, casi un cuarto de su población pasó a tener otros orígenes: la mayoría africanos, pero también asiáticos y sudamericanos.

América, con 42 millones de kilómetros cuadrados, era casi tan grande como Asia pero tenía cuatro veces menos habitantes: alrededor de mil millones para una densidad escasa de 24 por kilómetro. No había continente con más mezcla racial: a lo largo de los cinco siglos anteriores, nativos, esclavos africanos y conquistadores/inmigrantes europeos se habían combinado para crear un tipo propio. El continente todavía mantenía la vieja división –política, económica– entre el poder del Norte y la confusión del Sur, aunque los movimientos internos desde el sur hacia el norte ya iban aminorando diferencias.

Y por fin Oceanía, continente por la fuerza de su aislamiento pero sin peso propio, ocho millones de kilómetros cuadrados donde solo vivían 42 millones de personas, unos 7 por kilómetro, 15 veces menos que en la vecina Asia: desolación y confort de la distancia.

* * *

En la Tercera Década del siglo XXI la distribución de las personas en la Tierra completaba una mutación decisiva. Habitar ciudades siempre había sido la excepción: la enorme mayoría de las personas muertas había vivido en pueblos chicos y campos, bosques, selvas. Esa fue, desde que los hombres empezaron a abandonar el nomadismo, miles de años antes, la marca de la especie en el planeta. En 1700 solo una de cada veinte personas vivía en una ciudad: las otras 19, en campos y pueblitos. Los dos siglos siguientes fueron decisivos para la construcción de las grandes capitales occidentales, pero en 1900 los campesinos seguían siendo muchos más: 15 de cada 20. Todavía en 1960 los rurales eran 13 de cada 20, el 65 por ciento.

Y al fin, siempre embrujados por la supuesta exactitud, una gran organización internacional pudo anunciar que «el 23 de mayo de 2007 fue el día en que, por primera vez en la historia del mundo, más personas vivieron en las ciudades que en el campo». La tendencia siguió. En 2023 solo el 45 por ciento de los hombres y mujeres del mundo vivían en campos y poblaciones de menos de diez mil habitantes; el resto, la mayoría, en las ciudades.

Las ciudades ocupaban poco más del uno por ciento de la superficie del planeta y concentraban a la mitad de sus habitantes. Nunca tantos habían vivido tan apretujados.

El desplazamiento del campo a las ciudades fue un proceso global pero, como todo, funcionó a velocidades diferentes según las regiones. El movimiento, lo sabemos, había empezado en el norte de Europa y de América a fines del siglo XVIII, con la Revolución Industrial, pero se aceleró en el siglo siguiente. En el resto de América y Europa sucedió sobre todo durante el siglo XX. En la India y –brutalmente– en China se hizo intenso a fines del XX, principios del XXI; buena parte de África y América Central estuvieron entre los más remisos. En 2022 Ñamérica era, para sorpresa de muchos, la región con mayor proporción de población urbana del planeta: cuatro de cada cinco personas vivían en ciudades, algo más que en la América anglo, Europa y Oceanía. En Asia la proporción todavía era mitad y mitad, y África seguía siendo el único continente con más campesinos que ciudadanos. En países como Níger, Ruanda, Uganda, Sudán o Etiopía cuatro de cada cinco personas vivían en el campo; lo mismo sucedía en Camboya, Sri Lanka o Nepal. En la India todavía eran tres de cada cinco.

En menos de un siglo el hábitat humano se había vuelto otro: milenios de vida rural quedaron atrás –por el momento. El cambio, como siempre, tuvo varias razones; las principales fueron la intensa mejora de las técnicas agrarias, que hizo que se necesitaran muchas menos personas para aplicarlas, y el atractivo de esas grandes ciudades que aparecían como el lugar de las oportunidades. En el imaginario de la época el campo era –para las mayorías– el espacio del pasado, mientras que las ciudades representaban el futuro. La vida de un campesino parecía llena de asechanzas: el clima y sus caprichos, las pestes, las enfermedades, los bandoleros, la indefensión general –que, a la distancia, en las ciudades parecían menores. En una ciudad se podía, idealmente, encontrar empleos, alimentos, escuelas, hospitales, formas de consumo, de desarrollo y de esparcimiento que el campo no ofrecía. Esas diferencias explicaban el movimiento de miles de millones. Era cierto que las ciudades tenían todas esas cosas; muchos, por supuesto, nunca las conseguían.

(La diferencia entre campo y ciudad no era ilusoria sino muy real: en su conjunto –y salvando particularidades– los rurales eran mucho más pobres que los urbanos. Así, los países con más campesinos eran, al mismo tiempo, los más necesitados. En África, el único continente donde los rurales seguían siendo mayoría, la mitad de las personas no tenía acceso a la electricidad, con lo que eso significaba en tiempos en que la electricidad todavía era la energía que utilizaban los aparatos más utilizados –lámparas, frigoríficos, televisores, ordenadores móviles e inmóviles–: uno de cada dos africanos no podía usarlos. El consumo medio de electricidad en África era de 180 kilowatios per cápita por año; en Estados Unidos eran más de 13.000. Era otra forma de esa desigualdad que, entonces, tenía tantas: en esos días, el resto del mundo se había vuelto tan dependiente de la electricidad como lo había sido, durante milenios, del fuego. En los países menos pobres, la Era de la Electricidad reemplazaba a la Era del Fuego –pero sería mucho más breve).

En esos años las ciudades más pobladas del mundo pasaron a ser otras. Estaba muy claro cuáles eran las que habían crecido –y cuáles las que no. En las cinco décadas anteriores la población del mundo se había duplicado, pero la de Nueva York, Los Ángeles, París o Londres –las grandes ciudades clásicas del siglo XX– apenas había aumentado entre un 10 y un 40 por ciento. En cambio los habitantes de Pekín, Estambul, Yakarta o Bogotá se habían multiplicado por tres o por cuatro. Y los de Delhi, Dhaka o Cantón eran diez veces más.

Así, entre las 20 ciudades más pobladas, solo cuatro –México, São Paulo, Nueva York y Los Ángeles– estaban en el hemisferio occidental, que había predominado hasta entonces. Las otras 16 estaban en Asia –tres en la India, tres en China, dos en Japón, una en Corea, Bangladesh, Filipinas, Indonesia, Tailandia, Pakistán– y en África. Pero quizá lo más significativo eran las 50 ciudades de más de dos millones de habitantes que había en China, un país de tradición rural: casi ninguna tenía medio siglo de vida. El ejemplo más claro lo daba Shenzen, una ciudad cercana a Hong Kong que el gobierno del «comunismo» chino desarrolló como contrapeso a la antigua colonia británica. Shenzen era, en 1980, un pueblo de pescadores con unos pocos miles de habitantes; cuatro décadas después tenía 13 millones.

El desplazamiento de 250 millones de campesinos chinos hacia las nuevas ciudades entre 1980 y 2010 había sido, hasta entonces, la mayor migración de la historia. En esas ciudades a medio terminar el ímpetu chino construyó, en una década, más casas y departamentos que todos los existentes en Europa; entre 2011 y 2013 China usó más cemento que Estados Unidos en todo el siglo XX. Son solo ejemplos del cambio de tendencia que vivía el mundo en esos días, cuando acababa de completar los 8.000 millones de habitantes.

Las personas 1

EL NÚMERO MÁGICO

El pequeño Damián fue una especie de confusión, un símbolo –que suelen ser lo mismo. No fue fácil: una organización global evaluó muchas posibilidades y al final lo eligió a él. Sus criterios no fueron claros; nadie esperaba que lo fueran. Pero, más allá de las causas, la consecuencia fue visible: un organismo de las «Naciones Unidas» había decidido que el pequeño Damián Ferraris sería el bebé 8.000 millones, el que representaría ese gran paso para la humanidad.

Para darlo, el pequeño Damián solo tuvo que nacer –pero en su caso tampoco fue tan fácil. Lo hizo en una maternidad de Santo Domingo, la capital de la pequeña República Dominicana, en la madrugada del 15 de noviembre de 2022. Lo atendió un ginecólogo muy experimentado y en los pasillos y salitas esperaban su aparición autoridades, funcionarios internacionales, algún periodista. Su madre estaba levemente aterrada.

Su madre se llamaba Damaris Ferraris: una mujer de 35 años, sin marido ni trabajo conocidos, que jamás había recibido ese tipo de atenciones. Estaba, más bien, acostumbrada a lo contrario: desde siempre su vida se había contado en sinsabores. Y ahora, de pronto, por la magia del niño-símbolo todos la trataban cómo se trata a las señoras. La felicitaron muchas veces, le pusieron a Damián sobre el pecho, le hicieron fotos, le trajeron un caldito caliente y una chocolatina. Damaris estaba confusa y contenta y contrariada; en un momento de rencor, pensó que ojalá el hijoputa ese pudiera verla ahora, que quizás entonces se arrepentiría de haber salido corriendo como un perro.

Más tarde, cuando debía dormirse y no podía, excitada como estaba en ese día tan raro, preguntó a una funcionaria internacional que seguía en su habitación si sabía qué podría hacer cuando saliera de la maternidad y entonces ella –la dicha funcionaria– se dio cuenta de que no era lógico que el ser humano 8.000 millones tuviera que pasar el mismo hambre que su madre solía pasar muchos días de su vida, y le prometió que se ocuparían de ellos, que los ayudarían. Ahí fue cuando Damaris imaginó que toda esa agitación tendría sentido, que parir un bebé-símbolo podía traerle enormes beneficios, y ni siquiera desconfió o intentó calcular cuánto tardarían esos burócratas en olvidarse de ellos.

El pequeño Damián, mientras tanto, dormía y dormía, su piel mestiza arrebujada por el aire del mundo. Era pequeño –2,770 kilos y 52 centímetros– y había cumplido su tarea: había nacido. Por supuesto, nadie podía saber qué número de ser humano era, pero la idea estaba clara: alguno tenía que ser el 8.000 millones porque las personas eran –y son– un poco torpes para las abstracciones y necesitan ver algo concreto. Entonces, para que fuera evidente el crecimiento demográfico, los burócratas internacionales habían decidido representarlo con la piel arrugada de Damián, primer hijo de una madre soltera en uno de los países más pobres de uno de esos continentes pobres donde nacían, en esos días, cuatro de cada cinco chicos.

Por supuesto, esos países tenían sus desventajas. En la República Dominicana, por ejemplo, hacía tiempo que no había un censo en condiciones: Damián podía ser el ser humano 8.000 millones de todo el universo pero era imposible saber qué número ocupaba en la demografía de su patria. Y, claro, considerando que ese número 8.000 millones estaba hecha de docenas de patrias sin números claros, su numeración era perfectamente inverosímil.

El detalle no le importó a nadie. Al otro día Damián apareció en casi todos los diarios y televisiones del mundo: era como una imagen de alerta y esperanza. Su fama fue espectacular, global y efímera: una vez cumplida su tarea, nada más lo esperaba, nadie más esperaba nada de él. Por eso, seguramente, su rastro se perdió tan rápido. Pese a todas las búsquedas, no encontramos ningún vestigio de él en los años siguientes. Damián nació para nacer: en unos minutos, unas horas, ya había hecho lo más importante que haría en toda su vida y se volvió un ñamericano como tantos: pobre, marginado, un poco hambriento.

2

LAS NUEVAS CIUDADES

Donde se cuenta cómo eran las ciudades y las casas en 2023.

Más personas en las ciudades que en los campos fue un cambio radical, uno de esos que descomponen y recomponen sociedades, consecuencia y causa de tantas novedades. Y, a su vez, esas ciudades eran modelos en mutación constante: sus formas, sus funciones variaban sin cesar. A lo largo del siglo XX se habían sucedido la aparición de los «rascacielos» corporativos, la proliferación de edificios de –pocos– pisos para las nuevas clases medias, la construcción o restauración de centros urbanos pretenciosos, el desplazamiento de las «buenas familias» hacia los suburbios, el abandono de los centros a poblaciones marginales, su recuperación por los jóvenes burgueses de finales del siglo. A principios del XXI, en los países ricos, los centros de las ciudades habían vuelto a ser espacios caros donde vivía una mayoría de profesionales bien pagados que prefería estar cerca de su empleo y disfrutar de las alternativas de consumo y ocio que esos enclaves ofrecían. En cada una de esas «manzanas» urbanas –cuadrados de unos cien metros de lado y una media de 40 edificios– podían vivir entre tres y diez mil personas: la población de un pueblo grande o una ciudad pequeña. Nunca tanta gente había vivido tan junta. Ese amontonamiento debió crear interacciones de las que no sabemos nada particular, porque los documentos de la época lo comentan poco. Es algo que les pasa mucho: no comentan lo que no saben considerar extra-ordinario.

En esos primeros años del siglo, de todas formas, los centros urbanos estaban en una fase de despoblamiento. El ciclo clásico de los países ricos consistía en que los jóvenes «exitosos» –bien integrados– se instalaban en esos centros cuando entraban en el mercado laboral y allí se mantenían tras su matrimonio pero, a menudo, se mudaban más lejos cuando la llegada de los hijos los llevaba a buscar más espacio –que, allí, era escaso y demasiado caro. Muchos, entonces, migraban a barrios suburbanos donde podrían tener más lugar y, con suerte, sus plantas y sus aguas, pero debían soportar largos viajes cotidianos para llegar a sus obligaciones.

En aquellos días también eso cambiaba: la mejora de las comunicaciones favoreció el teletrabajo (ver cap. 15) y disminuyó la necesidad de vivir cerca de oficinas que, gracias a él, empezaban a volverse inútiles. Todo lo cual fue bruscamente acelerado en 2020 por aquella irrupción llamada «lapandemia» (ver cap. 7). Por su causa, cantidad de personas acomodadas volvieron a dejar el centro y se lanzaron hacia los suburbios e, incluso, pueblos más alejados. Las ciudades se convertían cada vez más en centros administrativos –ya ni siquiera comerciales, porque la gran función de mercado se refugiaba en los «shopping malls» periféricos y, sobre todo, en el comercio virtual. Las ciudades más clásicas, las más «afortunadas», se volvieron también el producto principal –junto con los baños de mar– que vendía aquella forma tan difundida del ocio y el negocio de esos años que llamaban «turismo». En ellas, las viviendas se destinaban al alojamiento temporario de los «turistas», los comercios a sus efímeros consumos. A mediano plazo esa tendencia fue vaciando esos lugares, despojándolos de su sentido original sin ofrecer ningún reemplazo sólido.

Lo cual se complementó con ese fenómeno que entonces empezaron a llamar «gentrificación»: que ciertas zonas de las ciudades, que hasta entonces eran habitadas por vecinos variados, eran investidas –por su arquitectura peculiar, su cercanía con algún centro, sus calles y plazas– por inversores que compraban y «mejoraban» sus viviendas y las vendían o alquilaban a precios mucho mayores. Esto cambiaba el espacio y la configuración social del barrio, lo llenaba de comnercios más caros, atraía a pobladores más pretenciosos y obligaba a muchos a dejar el lugar donde siempre habían vivido. Por eso los vecinos de ciertos barrios empezaron a temer cualquier mejora urbanística –una calle peatonal, el reciclaje de un edificio público, un transporte o una escuela nuevos– que podía ser el principio de ese movimiento que los obligaría a partir.

La sospecha ante ciertos avances fue casi una metáfora de una época en que la desazón hizo que muchos desfavorecidos se volvieran conservadores. Sospechaban –a menudo con razón– que esos movimientos no los favorecerían, que podían incluso perjudicarlos.

Las ciudades de 2023 estaban rodeadas por dos tipos de suburbios: por un lado, los barrios caros donde vivían los que podían, completados con esos comercios y buena infraestructura privada de salud, educación, seguridad, transporte reservada para ellos. Y por otro, a la misma distancia del centro de la ciudad pero en otros cuadrantes, los suburbios desastrados que recibían y contenían a los más pobres que habían migrado desde el interior rural o el exterior necesitado. En muchos países esas aglomeraciones, más parecidas a una ciudad antigua que a una aldea campestre, solían carecer de hospitales, escuelas, cloacas, calles –que los estados no siempre proveían.

La yuxtaposición de hábitats tan contrarios provocaba, por supuesto, miedos: los más ricos intentaban evitarlos contratando batallones de seguridad privada –que se había vuelto, en muchos países, una de las industrias más rentables (ver cap. 23).

(Era flagrante: también las ciudades reproducían a su escala la división más decisiva de aquel mundo, la dicotomía entre aquellos cuya posición económica les permitía disfrutar de todas las ventajas y aquellos que no siempre alcanzaban a comer lo que necesitaban. El MundoRico y MundoPobre, por llamarlos con la terminología que entonces terminó por imponerse, eran dos realidades perfectamente diferentes –y, por eso, una de las mayores complicaciones a la hora de establecer los datos y los hechos que intentamos contar).

* * *

En cualquier caso, los años 2020 todavía eran una época de enormes concentraciones urbanas. Por supuesto, estas ciudades desmesuradas –«megalópolis»– no se parecían a las clásicas: con poblaciones de 20 o 30 millones de personas ya no eran lo que antaño se habría llamado una ciudad sino una «conurbación», un agregado de espacios urbanos ensamblados sin un centro único, colección de barrios y más barrios amontonados e interrelacionados, comunicados por trenes y autopistas, cuyos habitantes podían residir en uno y trabajar en otro a horas de distancia en transportes colectivos siempre deficientes o transportes individuales que, por su proliferación, no hacían sino atascarse en esas carreteras.

Esas ciudades incontinentes concentraban críticas y desconfianzas. Reaparecía cada tanto la sensación de que eran espacios hostiles, depositorios de millones que no se conectaban entre sí. Historias lo refrendaban cada tanto: por ejemplo, en aquellos días, el relato de la muerte de un fotógrafo francés de cierta fama, residente en París –una ciudad clásicamente «civilizada»–, que, a sus 84 años, se cayó en la calle una noche de invierno y allí se quedó nueve o diez horas sin que nadie se acercara a ayudarlo. A la mañana siguiente, cuando alguien osó mirar qué le pasaba, ya había muerto. El episodio se contó como otra evidencia de esas vidas en que nadie se preocupaba por el prójimo, donde cada cual vivía la suya con desdén y miedo por los otros: era el tipo de relato que sustentaba la mala fama de esos espacios donde nadie se sentía contenido.

Los críticos de las ciudades, mientras tanto, se mantenían firmes en su defensa de un «pasado mejor» inocente, increíble: algunos se apoyaban en el experimento de un etólogo norteamericano, John Calhoun, que había instalado ratas en un espacio cerrado, de alta densidad, semejante a una ciudad. El resultado, dijo, fue que sus roedores se volvieron un desastre: jóvenes dejaron de cumplir con sus obligaciones, madres abandonaron a sus hijos, mayores sometieron a su poder a otros, sus sexualidades se hicieron complicadas y violentas. Eso, dijo Calhoun, es lo que la ciudad hacía a las ratas –y, por ende, a las personas. El argumento, que nos ponía en una liga poco prestigiosa, fue, curiosamente, muy utilizado.

Pero, aún sin ratas de por medio, era evidente que la forma ciudad estaba en crisis –y en auge al mismo tiempo. Especialistas anunciaban que por encima de los diez millones de personas todo eran inconvenientes, y cifraban la urbe ideal en menos de un millón, la cantidad suficiente para mantener todas las relaciones y servicios necesarios sin que el gigantismo dificultara la vida cotidiana. Todo esto, decíamos, se vería modificado por la expansión del *home working* –que influiría tanto como la tecnificación del agro en el rediseño de los equilibrios demográficos. Una de las principales utilidades de la ciudad –la concentración de la mano de obra necesaria en un radio accesible– dejaba de ser precisa si una cantidad importante de trabajadores podía prestar sus servicios desde cualquier lugar. O, incluso, si el trabajo dejaba de ser el centro de las vidas (ver cap. 15).

(La ciudad siempre había sido considerada como el caldo ideal para el desarrollo de la cultura, del progreso. Así, un mundo mayormente urbano debería haber sido un mundo más culto y progresivo. Dos cuestiones, al menos, lo impidieron: por un lado esas ciudades desestructuradas no tenían mucho que ver con las ciudades clásicas. Y, por otro, el avance de la vida virtual deslocalizó cada vez más a sus practicantes: frente a una pantalla, daba igual estar en una ciudad o en medio del desierto).

Aquellas ciudades de aluvión se habían formado según dos modelos muy distintos: en China, sobre todo, eran el resultado de grandes planes estatales que habían previsto sus más mínimos detalles, y las realizaban con el control y el poder del estado para concentrar en ellas la fuerza de trabajo que sus nuevas industrias requerían. Eran espacios un poco monstruosos por lo precisos y ordenados: grandes extensiones llenas de edificios semejantes de 15 o 20 pisos, surcadas por calles idénticas y provistas de los servicios básicos necesarios para que sus habitantes pudieran llegar puntuales a sus nuevos empleos, descansar, regenerar su fuerza de trabajo. Shanghái, que aparecía como el modelo a imitar o detestar, tenía la mayor cantidad de edificios de más de doce pisos del mundo: ya pasaba los 25.000. Seúl, la segunda, amenazaba con 17.000. En esas ciudades «shanghaificadas» –así se decía– las personas eran piezas de un engranaje muy bien aceitado y sentían que habían logrado algo, un orden, un progreso, una seguridad que no habían conocido nunca antes.

Allí vivían, en general, las nuevas clases medias más o menos altas –cuanto más alto mejor. Las nuevas potencias orientales se empeñaron en crear megaciudades mientras las viejas impotencias europeas preferían intentar ciudades chicas, donde nada estuviera a más de 20 minutos de viaje –de ser posible en bicicleta o alguno de esos raros vehículos de tracción a sangre que entonces proliferaban.

En ellas –en sus alrededores– los más ricos de los países más ricos se hacían levantar casas perfectamente aisladas que solían acumular en alegre desorden arquitecturas anteriores: se había pasado el tiempo en que esos poderosos fomentaban cierta idea de la vanguardia estética –o, al menos, de un estilo de época– y en esos días se construían falsos castillos que podían mezclar cierto aire italiano con francés con griego con japonés con indio con una cúpula de mezquita turca. Eran curiosos de ver, según las fotos: como si, sabedores de algo, temerosos de algo, hubieran querido conservar la historia de la humanidad en sus moradas. Contra el miedo al futuro, sus casas eran un compendio de todos los pasados.

Pero los edificios más notorios no eran viviendas sino oficinas: otro ejemplo de la hegemonía de las corporaciones. En el año 2000 había en el mundo unos 600 «súper rascacielos» corporativos; en el 2020 eran más de cinco veces más: 3.250. Su estilo era consecuencia del nuevo dominio de los materiales: los ingenieros y arquitectos habían aprendido a retorcer tanto el acero como el vidrio como el cemento –su materia básica– y se aprovechaban. Era muy difícil, entonces, ver las líneas y ángulos rectos que habían caracterizado a los grandes edificios del siglo XX; todo era curva, capricho, voluta, espiral. Los constructores habían pasado de la geometría euclidiana a la cinta de Moebius.

* * *

En el resto de eso que algunos todavía llamaban Tercer Mundo –el MundoPobre– las megalópolis eran lo contrario de cualquier planificación: acumulaban, sin ningún programa, capas sucesivas que crecían al ritmo de las migraciones internas. Los recién llegados se instalaban en las periferias, en tierras previamente vacías –pantanos, barrancos, basurales–, de difícil acceso, sin servicios, que su entusiasmo o su desesperación volvían habitables: que ellos civilizaban, en sentido estricto. Así se armaban barriadas caóticas, calles de tierra, cloacas escasas, bruta contaminación, tremendos basureros, poca presencia del estado bajo ninguna de sus formas –hospitales, escuelas, policía– aunque, aún así, esa presencia solía ser mayor que en el campo. Y aparecía, muchas veces una paradoja cruel: esas tierras baratísimas o gratuitas que los migrantes habían ocupado se encarecían gracias a su ocupación y sus mejoras y entraban en el mercado inmobiliario; así llegaba, eventualmente, el momento en que sus ingresos escasos no les permitían mantenerse en ellas y debían abandonarlas –y salir a buscar nuevas tierras baldías para repetir el proceso.

La suma de esas barriadas formaba círculos que cercaban a la ciudad tradicional: refugio de los más pobres, a veces funcionaban como vivero de insurrecciones y/o de delincuencia. Los habitantes del centro y los suburbios ricos se indignaban y aterraban –tenían, muchas veces, la impresión o la certeza de vivir amenazados– pero al mismo tiempo aprovechaban la existencia de esas reservas de mano de obra abundante y descalificada para conseguir servicios muy baratos. Mientras tanto, los estados solían responder a los reclamos y amenazas con dádivas y subsidios que intentaban mantener la calma –hasta que algo estallaba.

Esas ciudades de aluvión fueron, probablemente, uno de los fenómenos más distintivos de esa época: se calculaba, sin gran precisión, que en 2020 unos 1.300 millones de personas –una de cada seis en todo el mundo– vivían en esos barrios desastrados. En general, los campesinos que iban llegando creaban, además de una capa urbana, una capa social: se volvían los más pobres –más pobres que los más pobres–, encerrados en esos enormes guetos que rodeaban a las ciudades clásicas. Al principio solía suponerse que eran lugares de paso, desde donde sus habitantes conseguirían «subir» a la ciudad; ya en esos días los gobiernos y los vecinos solían aceptar que no habría salida. En esos espacios, levemente mejorados por la intervención del Estado o las iniciativas comunales, generaciones de ex migrantes se sucedieron las unas a las otras, crearon su propia idiosincrasia.

Ese cambio de hábitat tuvo muchos efectos. Uno fue la caída de la natalidad. La urbanización solía implicar una disminución de la fertilidad: las personas en el campo debían pensar que era más fácil alimentar y sostener a muchos hijos –y, por otro lado, en las ciudades tenían acceso a métodos anticonceptivos que antes no manejaban. Y, además, al tener más opciones sanitarias y, por lo tanto, reducir la mortalidad de los más chicos, parían menos: en esos años terminó de quedar claro que no había mejor argumento para disminuir la natalidad que convencer a madres y padres de que sus hijos seguirían vivos cuando llegaran a la edad adulta.

Las familias se hicieron más pequeñas y la amenaza habitual de la bomba demográfica disminuyó por unos años. Pero las migraciones y la instalación en esos hábitats confusos acabaron con las relaciones estables, consolidadas, de los vecinos en los pueblos. También se diluyeron sus raíces culturales, producto de siglos de transmisión de persona a persona: la vida en esas barriadas estableció una pertenencia más laxa, más permeable a la acción de los grandes medios y los líderes políticos y religiosos que, con frecuencia, se aprovecharon de este desarraigo. Y, al mismo tiempo, esa masa ensamblada, novedosa, empezó a tener una producción cultural propia que, en muchos casos, se convirtió en estandarte de las ciudades o países en cuyo margen vivían (ver cap. 20).

Hubo otras consecuencias, y las iremos viendo. El dato principal sigue siendo que los campos del mundo dejaron de ser el hábitat principal de los humanos. Se despoblaron y se volvieron un espacio para la producción –básicamente de alimentos– que requería cada vez menos mano de obra. Ya conocemos los efectos de ese cambio.

* * *

Las viviendas siempre fueron un indicador decisivo del estado de una sociedad, que la historia nunca estudió bien. Quizá sea una rémora de la vieja arqueología: las casas del común –hechas con materiales fugaces– nunca sobrevivían y los historiadores se veían reducidos a trabajar con los templos y fuertes y palacios que sí se mantenían. Sobre las casas, habitualmente, sabían poco: debían imaginarlas. Nosotros, gracias a nuestra cercanía y al alud de información que pudo conservarse, sabemos cómo eran las viviendas de esa Tercera Década del siglo pasado.

En esos días una cuarta parte de la humanidad vivía amontonada en casas que no merecían ese nombre: sin los mínimos servicios necesarios, en condiciones de habitabilidad y mantenimiento tan precarias. Entre los casi 6.000 millones que vivían en moradas más dignas, más de la mitad lo hacía en casas plantadas en el suelo; el resto, en esos dispositivos de habitación llamados apartamentos, departamentos, pisos –que consistían básicamente en superponer un espacio habitable sobre otro y otro y otro más, de forma tal que diez, veinte familias diferentes se acumulaban verticalmente sobre el mismo segmento de suelo. La idea de caminar medio metro por encima de cabezas ajenas, medio metro por debajo de otros pies ya llevaba muchos años funcionando y no parecía, entonces, molestarlos.

Salvo en ciertos lugares de ciertos países –China y Corea, sobre todo– los edificios altos eran exclusivos de las ciudades. En ningún país del mundo vivía tanta gente en edificios de pisos como en España: eran tres de cada cuatro, comparado con Estados Unidos u Holanda o Inglaterra, donde no llegaban a ser uno de cada cuatro. Era otro ejemplo de la relatividad: para los habitantes de los países más ricos, vivir en una casa era un lujo; para los de los países pobres, el lujo era acceder a un edificio.

(Tras milenios en que la propiedad del suelo fue la forma elemental de la propiedad privada, esa propiedad se había modificado durante el siglo XX, engendrando un concepto engañoso: la «propiedad horizontal» significaba que quien la poseía no poseía ese suelo sino una mínima proporcion de él, su superficie dividida por el número de capas que se instalaban sobre ella).

En su gran mayoría las casas eran propiedad privada –de sus habitantes o de los dueños que se las alquilaban. La cantidad de vivienda común que los estados mantenían era ínfima –inexistente, en muchos casos–, con lo cual la casa o piso solía ser la riqueza principal de miles de millones de personas. Por supuesto, incluso entre los que tenían vivienda formal las condiciones variaban estrepitosamente: al no haber ninguna regulación, unos pocos poseían viviendas de mil metros cuadrados para dos personas y muchos vivían de a muchos en cincuenta metros. En épocas caracterizadas por la desigualdad, la que mostraban las moradas era extrema pero no solía ser la más criticada o resentida: muchas veces los más ricos –y/o famosos– ostentaban sus residencias pomposas en los medios de comunicación sin que esas exhibiciones despertaran las críticas y rencores que habrían podido.

El diseño de una casa «normal» –exceptuando las extremas de los dos extremos– era muy repetido: la casa era uno de esos dispositivos que parecían haber encontrado su formato preciso y todavía no se planteaba la necesidad de modificarlo. Tenían, entonces, casi todas, una cocina –que cada vez ocupaba más espacio como lugar de vida familiar, dotada de herramientas especializadas–, una sala/comedor donde el «televisor» (ver cap. 17) aún campeaba en el puesto principal, un cuarto para el sueño del dueño o los dueños de casa –individuo o pareja–, uno o más cuartos para el sueño de sus hijos si tenían, uno o dos «baños».

La cocina funcionaba como sala de máquinas: cuatro o cinco aparatos para cocinar –calor directo, calor envolvente, cocción por microondas, tostado, hervido–, dos para conservar con fríos distintos, una para lavar los instrumentos, otra para lavar y/o secar las ropas familiares, y multitud de maquinitas para cortar, triturar, mezclar, batir, licuar, infusionar, afilar instrumentos, extraer jugos y demás funciones. Era sorprendente ver cómo, en esos tiempos de comida natural, no habían conseguido concentrar en uno o dos aparatos todo su proceso. En ese espacio los habitantes de la casa preparaban y, cada vez más, consumían sus diversas colaciones (ver cap. 8)

En la sala/comedor solía haber un sillón más o menos amplio generalmente instalado frente al televisor y, quizás, una mesa con sillas para comer, reemplazada cada vez más por una mesa baja delante del sillón. Se la usaba sobre todo en los ratos de ocio, a la vuelta del trabajo si lo había o en cualquier otro momento no marcado por alguna necesidad inmediata.

Los cuartos estaban pensados como receptáculos de «camas», una base de madera o metal que soportaba una bolsa rectangular llena de espuma o goma llamada colchón. Allí dormían los habitantes de la casa, solos o de a dos: la cohabitación de una pareja, entonces, suponía la codormición. Ya acostados, los habitantes podían leer, mirar algo en la televisión o sus ordenadores, masturbarse o, si eran más de uno, eventualmente fornicarse.

El baño, en cambio, era un espacio levemente hospitalario de paredes azulejadas, claras, que reunía todas las instalaciones y aparatos necesarios para las funciones corporales de los habitantes; su momento estelar solía ser la primera mañana. Allí, para empezar, los habitantes expulsarían la orina o materia fecal que hubieran elaborado durante su sueño y, enseguida, probablemente se ducharan con agua caliente o tibia y jabón –sólido o líquido– y, una vez cada dos o tres días, se lavaran los pelos con otro jabón específico –el mundo gastaba entonces más de 120.000 millones de dólares al año en esos productos dudosamente indispensables. El elemento central del baño era, más allá de su aparataje hídrico, el espejo: esas abluciones matinales solían ser el momento del día en que las personas pasaban más tiempo frente a su imagen –so pretexto de higienes y acomodos– y ese enfrentamiento provocaba todo tipo de reacciones; era una situación proclive a las depresiones, un momento de demasiada realidad. Acto seguido, la persona se disponía a «vestirse»: acomodar sobre su cuerpo varias fabricaciones de tela que definirían su aparente personalidad.

Las casas eran, en general, dispositivos muy antiguos. La mayoría tenía décadas –cuando no siglos– y no estaba construida con técnicas recientes. No estaban preparadas para las innovaciones digitales pero, sobre todo, sus defectos de construcción y mantenimiento –cerramientos vencidos, paredes gruesas, deterioros varios– resultaban en grandes gastos de energía para calentarlas. Para lo cual se usaba, en general, combustibles fósiles cuya extracción producía daños ambientales importantes –y, sin embargo, por razones obvias nadie se planteaba todavía la reformulación de cientos de millones de viviendas y, sobre todo, su concepto.

Las personas 2

EL CHOLETERO

En 2022, Freddy Mamani ya tenía 50 años y una fama. Había nacido en un pueblito andino boliviano, familia aymara pobre, padre maestro, seis hermanos, el rebaño de llamas, la escuela a una hora de caminata, el sol: su casa era «una cabaña donde habita el zorro, la perdiz, la paja brava», diría mucho después. A sus 13 empezó a trabajar de albañil; quería ser militar, pero lo rechazaron por cobrizo; cuando pudo estudió construcción –y al fin ingeniería. Al recibirse, pasados sus 30, ya manejaba las técnicas necesarias para concretar su idea de siempre: construir unas casas que no existieran en ningún otro lugar, inventar algo. Tenía un par de ideas y referencias: los tejidos andinos, unos templos incaicos, la ciudad farsesca de Las Vegas.

Al principio le costó convencer a los que podrían pagar sus ilusiones, convertirlas en edificios de verdad. El Alto, donde lo intentaba, era entonces la ciudad más nueva de Ñamérica: a 4.000 metros de altura, colgada sobre el valle de la capital, La Paz, la empezaron a poblar hacia 1980 los aymaras que huían del cierre de las minas y que, en lugar de instalarse, como tantos, en los suburbios de una ciudad existente, construyeron la suya. Treinta años después El Alto tenía más habitantes que La Paz y tenía, también, un núcleo de comerciantes ricos, gente que había hecho fortuna vendiendo quién sabe qué a quién sabe quién, quién sabe cómo. Y que querían, faltaba más, que todos supieran de su éxito. Esa fue, para Mamani, la oportunidad.

Les ofreció aquellos «chalets» estrepitosos, rimbombantes: edificios de cinco o seis pisos con comercios en la planta baja y una sala de fiestas tremebunda descomunal en el primero. En los dos o tres siguientes había departamentos para los hijos del patrón, y más arriba, para dejar claro quién llegó a la cima, la vivienda del dueño con su techo a dos aguas, un piso o dos, sus patios y plantas y animales, como quien se da el gusto de vivir en las afueras bien adentro. Y todo eso con fachadas de todos los colores, todos los dibujos, todos los vidrios azul eléctrico y rosado bombón y verde flúo y dorado dorado –a imagen y semejanza de los vestidos tan vivos de las cholas con reflejos StarWars: algo realmente propio, diferente, una idea perfectamente kitsch de la modernidad. Los chalets reunían todos los trucos para que nadie –nadie nadie– pudiera no verlos. En esas calles apenas completadas, ocres, polvorientas, los edificios de colores estallaban como una bomba de atención, cachetada en la cara: miren, soy rico, yo sí pude, yo supe.

El invento de Mamani se difundió veloz. Los paceños más ricos despectivos dieron en preocuparse y buscaron sarcasmos: el estúpido chalet de un cholo era, para ellos, un *cholet*. La palabra había dado en el blanco: poco a poco fue perdiendo su carga desdeñosa y se volvió el orgullo. El cholet era arquitectura-reguetón: el despliegue de riquezas sin pudor, la exhibición de quien piensa que la plata es un premio de Dios –o algún competidor.

Mamani tenía la tez oscura y el pelo inexpugnable de su raza; solía decir que su estilo era puro «neo-andino», un tributo a la identidad milenaria de los suyos. Sus palabras eran obvias pero su estilo no existía en ningún otro lado: era su creación, su orgullo tan fundado. Y nunca quiso hablar sobre algo que sí contaban muchos otros en El Alto: que, siguiendo las viejas tradiciones de la tierra, en los cimientos de cada cholet quedaban los restos de algún animal sacrificado para que lo hiciera sólido, durable. Y que, en los más grandes, los más poderosos, lo que sacrificaban era «un borrachito», algún perdido que se había perdido por allí.

Hacia 2020 Freddy Mamani se había transformado en un famoso, un símbolo, el creador exótico de turno. Hasta sus 40 no había salido de Bolivia pero entonces ya se pasaba la mitad del tiempo mostrándose en el mundo. Le armaban exposiciones en los museos ricos elegantes, lo paseaban por salas y salones, escribían sobre su creación, recibía el tributo y homenaje de tantos europeos aburridos. Sus edificios eran horribles pero tremendamente originales: algo diferente. Es probable que en toda Ñamérica no hubiera habido nunca una arquitectura distintiva; lo consiguió Mamani con sus cholets de El Alto. Sus ruinas y sus fotos nos muestran una cumbre y un abismo, la firma retorcida de una época.

3

LAS BRUTAS DIFERENCIAS

Donde se describe uno de los grandes males de aquellos años: la desigualdad.

Hubo un momento en que pareció que la historia sería otra. Suele pasar, pero a veces engaña más que otras: esta fue de las buenas. A mediados del siglo XX una combinación de factores produjo, en los países ricos de Europa y Norteamérica, un grado de igualdad que ninguna sociedad histórica había conocido. Lo decisivo fue una serie de intervenciones de sus estados: la puesta en marcha de un sistema de educación, salud, vivienda, servicios, seguridad social y jubilación públicas que destinó a los ciudadanos esos dineros fiscales que durante siglos se habían usado para mantener a la nobleza y pagar sus ejércitos.

Esa nueva fiscalidad, basada en impuestos progresivos a los más ricos, equilibró un poco las fortunas. En 1920 el uno por ciento más forrado de Inglaterra o Francia –aristócratas, grandes burgueses– acumulaba entre el 55 y el 65 por ciento de las riquezas de sus países; en cambio en 1980 «solo» poseía el 20 por ciento de esas riquezas. Fueron, por supuesto, reformas bajo presión: de las grandes guerras, de los movimientos obreros, de la amenaza del bloque soviético, de los reclamos generalizados. Consiguieron, en sus países, unas condiciones de bienestar colectivo como nunca había habido pero, al mismo tiempo, la desigualdad entre esas sociedades ricas y las más pobres –coloniales o ex coloniales– fue mayor que nunca.

En los años 1980, cuando el mundo parecía pacificado y la Unión Soviética se derrumbaba, los liberales contraatacaron. Es raro ver cómo una ideología se impuso en tantos sitios en tan poco tiempo: los neoliberales –o libremercadistas– consiguieron convencer a millones y millones en decenas de países de que los estados que los dirigían eran incapaces de gestionar una empresa de electricidad o el mercado de cereales o una línea aérea –que debían, por lo tanto, ser privatizados. Un estado manejaba sus fuerzas armadas, su policía, su justicia, su fiscalidad, pero no podía manejar unos ferrocarriles. La idea, por absurda, tuvo mucho éxito y caracterizó una etapa histórica que definió las décadas siguientes.

Aquello fue una verdadera revolución. No se la solía pensar como tal por el cliché que pretendía que «revolución» era gente en la calle derrocando un gobierno para instalar uno más popular, o algo así. Pero una revolución es un conjunto de hechos que produce un cambio radical en las estructuras –y eso también se puede hacer, como en esos días, en despachos y restaurantes distinguidos y fincas y palacetes y universidades caras y yates con modelos, en beneficio de los más poderosos. Lo cierto es que nada cambió tanto el mundo de esos años como esos hombres, sus ideas, su poder creciente. Fue una revolución restauradora: restauró las enormes diferencias de patrimonio e ingresos que había habido en los países ricos a principios del siglo XX, en el apogeo de la Edad Occidental, que se había moderado en esas décadas; restauró la aceptación de esas diferencias.

Los líderes de la alianza restauradora anglo-americana, el presidente estadounidense Ronald Reagan y la premier inglesa Margaret Thatcher –que merecería un largo párrafo aparte: la primera vez que una mujer conducía una potencia occidental mostraba una crueldad que la asimilaba a cualquiera de sus predecesores más «masculinos»– recortaron la intervención de los estados y, sobre todo, rebajaron sustancialmente los impuestos de los millonarios y de sus compañías. La excusa era que si dejaban que los ricos se hicieran más ricos esa riqueza «se derramaría» a los demás.

Lo que sucedió fue que esas medidas eliminaron cualquier límite a la acumulación: durante las cuatro décadas siguientes las diferencias entre los más pobres y los más ricos de los países ricos no dejaron de aumentar. En los países más pobres ya eran tan grandes que era difícil aumentarlas; algunos de ellos, sin embargo, conocieron un desarrollo que permitió que muchos de sus habitantes vivieran levemente mejor –pero todavía en condiciones muy difíciles.

Entre 2000 y 2020 el Producto Interno Bruto –o PIB, la suma total de la economía de cada país– dividido «per cápita» –por persona– había crecido con fuerza en Asia del Sur, remolcado por China, donde se duplicó. En el resto del mundo creció entre 30 y 40 por ciento: la diferencia fue que ese 30 por ciento de aumento significaba 11.000 euros más en Europa, 3.000 más en Ñamérica o África. Sin embargo, los cambios que provocaba esa subida en Bolivia o Egipto, donde alcanzaban para que una familia tuviera un techo o comprara remedios, eran más radicales que los que podía causar en Holanda o Canadá, donde solo producían el aumento de un consumo más o menos suntuario ya muy acelerado. Pero, más allá de ciertas variaciones, las diferencias brutales entre países no menguaban: en Islandia uno de cada 500 chicos moría antes de cumplir los cinco años; en Nigeria era uno de cada diez. En Japón la esperanza de vida alcanzaba a los 84; en Sierra Leona, a los 52. En Alemania el adulto promedio había ido a la escuela más de 14 años; en Burkina Faso un año y medio. En 2020 el ingreso anual de cada estadounidense era, en promedio, unos 61.000 euros; en la República Centroafricana no llegaba a 450.

(Había también quienes señalaban que esas realidades, con ser duras, eran tanto mejores que lo que habían sido. Era el caso, por ejemplo, de la mortalidad infantil global: todavía se morían en todo el mundo cada año más de cinco millones de chicos menores de cinco años, pero eran tres chicos por cada cien nacidos vivos; un siglo antes se morían alrededor de 30. El progreso desigual era, sin duda, las dos cosas: desigual y progreso. La posibilidad que mostraban esos avances, argumentaban los críticos frente a los conformistas, debería comprometernos a conseguirlos para todos. Llegarán pero tardarán, les contestaban los conformistas; así no llegarán nunca, respondían los críticos: para que lleguen hay que quererlos, empujarlos. La discusión, por supuesto, no se resolvía).

* * *

El mundo, entonces, estaba completamente segmentado. En 2018 ciertas instituciones celebraron que esa segmentación había llegado a dividir la humanidad en dos partes iguales: por primera vez en la historia, dijeron, los pobres no son más que los que no lo son. Lo explicaban: que entonces los que vivían al borde del desastre –unos 3.900 millones– no eran más que los que vivían acomodados.

Muchos cuestionaron, por diversas razones, esas cuentas. Era muy difícil calcular cuántos eran los «pobres». Para empezar, porque nadie se ponía de acuerdo en qué quería decir ser pobre. En 2017 el Banco Mundial, una entidad especializada en pesos y medidas, lanzó unos baremos: eran pobres todos los que vivían con menos de determinada cantidad de euros al día. Las sumas variaban según los países: en los más pobres era 1,90; en los más ricos, 21,70; en el medio había muchas más cifras. La pobreza era, entonces, un concepto relativo a la media de ingresos de cada sociedad. Pero, más allá de esas medidas, que recubrían realidades tan diversas, había definiciones más estrictas, más extremas de lo que era la pobreza.

Ser realmente pobre significaba vivir en condiciones precarias, morirse de enfermedades curables, no ir a la escuela, no estar seguro de comer todos los días, no poder imaginar o intentar un futuro distinto. Esos 1.500 o 2.000 –los contadores no se ponían de acuerdo– millones de marginados, abandonados de aquel mundo, eran la prueba del fracaso de esa sociedad global. Incluso en términos de eficacia capitalista: representaban una enorme cantidad de energía social y laboral que el sistema no conseguía aprovechar. Como decía, con un punto de sorna, un comentarista de la época: «Si un gerente de cualquier empresa mantuviera un tercio de sus empleados improductivos por no saber cómo explotarlos lo echarían; esto es lo que sucede con esa enorme cantidad de gente» –y algo así pasó con sus gerentes.

En un mundo donde las máquinas eran tanto más eficaces, la mano de obra y el trabajo –las personas– sobraban. Las guerras y las epidemias, que siempre habían funcionado como mecanismos de regulación demográfica, bajaron, pese a todo, mucho. La gente vivía más, los chicos morían menos: había demasiadas personas. Pero no demasiadas en abstracto, en general: había algunas que eran demasiadas. Un comentarista de esos días lo consideraba «una situación perfectamente anómala: no sé si había pasado alguna vez con esta intensidad, en estas cantidades. A veces pienso que es uno de los grandes cambios de la época: por primera vez en la historia un sexto o un quinto de la población del mundo sobra. Como queda feo que se mueran sin más, los mantienen apenas a flote, desnutridos pero no muertos de hambre».

Entre esas personas había mil millones que no tenían acceso a la electricidad, mil millones que no tenían agua potable, mil millones que no siempre comían. A menudo eran los mismos; a veces no. No comer lo necesario era la carencia más clara y más urgente. La mayoría de los hambrientos seguía estando en el sur de Asia: 280 millones, por el peso de los indios y los bengalíes. Los 140 millones de asiáticos del Este eran, en su mayoría, chinos. Y en África negra no paraban de aumentar: ya habían llegado a 240 millones; en América Latina también: eran casi 50 millones.

Eran demasiados y eran, al mismo tiempo, más o menos la misma cantidad que a fines del siglo XX, cuando la población total era menor. O sea que la proporción de malnutridos había disminuido. Era de esas mejoras que los documentos registran más que las personas: para los millones y millones que pasaban hambre, ser uno de cada ocho o uno de cada nueve no significaba una gran diferencia. Y además ese «progreso» se volvía mucho menos alentador cuando se comprobaba que los avances técnicos en la producción de alimentos habrían permitido, a esa altura, que todos comieran lo que necesitaban (ver cap. 8).

Esas condiciones se sintetizaban bajo una palabra que todos usaban y nadie definía del todo: «desigualdad» era un vocablo pobre, laborioso, construido sobre la negación de un concepto cuya afirmación no solía aparecer: ningún gobierno, ningún organismo internacional postulaban que lo contrario de la desigualdad fuera la igualdad –social, económica–, aunque hablaban de un frankenstein que llamaban «igualdad de oportunidades». La «igualdad de oportunidades» presentaba el mundo como una competencia deportiva en que todos, supuestamente, partían de la misma línea pero después cada uno hacía lo necesario para «ganarles» a los demás. La igualdad de oportunidades era perfectamente falsa: estaba probado que las condiciones socioeconómicas de cada quien determinaban absolutamente sus posibilidades en la vida. Lo curioso era que, siguiendo ese esquema, la desigualdad no se presentaba como un origen sino una meta.

La desigualdad no tenía una contrapartida clara –pero, aún así, su presencia era tan masiva, tan atronadora.

Había, mientras tanto, novedades más significativas: una muy notoria era que, gracias a la globalización de las comunicaciones, los pobres de las regiones más pobres podían saber cómo vivían los ricos. Durante milenios esa mayoría de campesinos en el fondo de sus bosques o llanuras no llegaba siquiera a imaginar la vida de los otros –ni a ilusionarse con la idea de acercarse a ellos. En esos días, en cambio, cualquier africano mal alimentado podía ver en una televisión o un ordenador móvil personal cómo vivían y comían y disfrutaban los vecinos de un suburbio norteamericano, y preguntarse por qué yo. O, más bien: por qué yo no.

Pocas cosas hicieron más para impulsar la gran ola de migraciones que se dio en esos tiempos –y que fue, en última instancia, la versión internacional de esas grandes olas nacionales de migraciones del campo a las ciudades. La migración era un fenómeno muy notorio: cálculos supusieron que, en 2022, casi 300 millones de personas no vivían en el país donde habían nacido. Eran el triple que medio siglo antes pero, aún así, eso significaba que 7.700 millones de personas sí. A pesar de los pesares, vivir en su país seguía siendo la opción de casi todos.

(Es uno de esos fenómenos que parecen muy extendidos, muy masivos, hasta que se los analiza con cuidado y datos. Era algo muy frecuente en esos años: ciertas cuestiones parecían tener un peso que, bien medido, era mucho menor que el que los comentarios de los medios y la famosa «opinión pública» les atribuía).

Y emigrar todavía era muy complicado, riesgoso. En esos días muchos países ricos aún rechazaban inmigrantes –o les ponían dificultades que equivalían a rechazarlos–: suponían que su propia población les alcanzaba para mantener los niveles demográficos y laborales necesarios para seguir funcionando.

La burocracia –y por lo tanto la «opinión pública»– de la época dividía a los migrantes en dos categorías: estaban, por un lado, los refugiados, los que dejaban sus países porque –supuesta o realmente– los perseguían por razones políticas, raciales, sexuales, religiosas. Y, por otro, los emigrantes económicos, los que dejaban sus países para buscar una vida mejor para ellos y sus familias.

Los refugiados recibían, en principio, un trato mejor que los migrantes económicos: se les suponían ciertos derechos –el derecho de asilo– y algunos países ricos los aceptaban, aunque muchos no. Había, entre ellos, muchas diferencias: en esos días fue demasiado claro que casi toda Europa, que en años anteriores había cerrado sus fronteras a refugiados afganos o sirios, acogía con cariño y entusiasmo a los fugitivos de la invasión rusa a Ucrania: humanos rubios y cristianos que huían de un enemigo que era el enemigo común.

Los refugiados eran, en esos días, menos de uno de cada diez migrantes, unos 27 millones de personas en el mundo. Dos de cada tres venían de solo cinco países: Siria, Venezuela, Afganistán, Sudán del Sur y Myanmar. Y, curiosamente, uno de cada tres refugiados había sido recibido en solo cuatro países, todos más o menos pobres: Turquía, Colombia, Uganda y Pakistán. Los países más ricos declaraban su preocupación pero no solían hacerse cargo. Los refugiados tenían, dentro del desastre, un módico privilegio: sus supuestos derechos. El resto, los migrantes económicos, no tenía casi ninguno. Se reconocía el derecho a huir de la persecución política o religiosa; no se reconocía el de escapar de la miseria. Era otra prueba de las prioridades de aquellas sociedades.

(Y había una tercera categoría, que nadie consideraba cuando hablaba de migraciones: personas más o menos jóvenes y calificadas de los países ricos que se iban a mejorar su vida a los más pobres. Allí podían ser gerentes de cosas y tener servicio doméstico y clubes exclusivos y unos sueldos y unos coches y una autoridad que no tenían en sus lugares. No se los veía, en síntesis, como inferiores sino superiores, y nadie los llamaba inmigrantes; les decían «expats» –por expatriados. Así, la definición seguía centrándose en el país rico: los que iban a él, los que se iban de él).

Pero, para la mayoría de sus protagonistas, la migración económica ya no era, como lo había sido, el intento de prosperar en sociedades que parecían a medio construir, encontrar sitio en esa construcción, «hacer la América». En 2020 se suponía que alcanzaba con formar parte de los pobres del país al que uno iba para vivir mucho mejor que en el país de donde uno salía, el que llamaba propio. Como estableció un observador de entonces: el cinco por ciento más pobre de Alemania tenía un ingreso medio per cápita mayor que el cinco por ciento más rico de Costa de Marfil. Y muchos marfileños –entre tantos otros– empezaban a saber que si se iban a Alemania serían más prósperos que si se quedaban en su país.

Por eso la emigración atraía a muchos: para millones, entonces, el futuro no era otro tiempo sino otro lugar. Y era, al mismo tiempo, un lugar difícil: los migrantes sabían que sus vidas en sus nuevas sociedades estarían hechas de trabajo duro, discriminación, desprecio. Y que, a menudo, el camino sería más duro todavía. Los miles y miles de ñamericanos que peleaban en las fronteras de Centroamérica con México y México con Estados Unidos lo sabían. Los africanos que trataban de navegar desde sus costas a las Canarias o a Sicilia lo sabían –y aún así se perdían en el mar, cada año, tres o cuatro mil personas. Era un desastre constante, asordinado, miles de muertos que no solían aparecer en las noticias.

La India era el país que más migrantes eyectaba –hacia los reinos árabes del Golfo, donde migraban también multitud de bengalíes, pakistaníes, filipinos. También había migraciones puntuales millonarias: los sirios que escaparon de la guerra hacia Turquía, los venezolanos que escapaban de la miseria hacia el resto de América Latina, los ucranianos que escapaban de la invasión rusa y recibían tanto mejor trato, rubios y cristianos. Y estaba México, por supuesto, con sus 10 o 15 millones de ciudadanos trabajando en Estados Unidos.

(Movimiento que servía, como casi todo, para que algunos ganaran mucho dinero. En aquella frontera bandas criminales contrabandeaban personas: la policía norteamericana calculaba que ganaban unos 12.000 millones de euros al año cruzando inmigrantes ilegales a pie, en camiones cerrados, contenedores, barcos, túneles. Los migrantes pagaban entre 5.000 y 20.000 euros por el «servicio»; algunos llegaban, otros no. A veces los interceptaban y expulsaban; a veces aparecían, en algún camino fronterizo, camiones enteros con docenas de personas muertas en sus contenedores).

En esos días, la migración se volvía más que necesaria para los países ricos porque su población activa decrecía por la baja de la natalidad: sus ciudadanos no querían tener muchos hijos carnales (ver cap. 4) porque eran un engorro, un gasto, una traba para sus carreras y sus vidas. Entonces faltaban trabajadores, sobre todo para las tareas más ingratas –más sucias, cansadoras, peligrosas– que los locales se creían con derecho a no aceptar. En muchos países europeos el paro o desempleo juvenil era muy alto, pero aún así sus jóvenes intentaban evitar los trabajos más duros –que dejaban a los inmigrantes. Era un círculo casi perfecto: los inmigrantes aumentaban la oferta de trabajadores, los patrones lo aprovechaban para pagar menos, los locales no querían cobrar tan poco ni hacer esos trabajos, llegaban más inmigrantes para hacerlos, los patrones lo aprovechaban para pagar menos...

En la mayoría de esos países, entonces, el crecimiento de la población activa era un efecto de la migración –que, al mismo tiempo, en una de esas paradojas habituales, era rechazada por muchos de los locales que se beneficiaban de ella. Los migrantes, a su vez, soportaban estos rechazos, estas humillaciones, porque era el precio que pagaban por vivir vidas más desahogadas que en sus países de origen y, a menudo, para enviar a sus familias en esos países las famosas «remesas», dinero que les permitía mantenerse en sus lugares.

En muchos países pobres de África, Asia y Ñamérica esas remesas constituían uno de los principales rubros de ingresos y eran, al mismo tiempo, una forma de redistribución internacional silvestre: dinero de los países ricos volvía de ese modo a los más pobres. Pero, aún así, la mayoría de los que migraban lo hacía con sus familias, para construir en sus lugares de llegada una vida mejor: eran, en aquellos tiempos de miedo al futuro, uno de los pocos sectores que apostaban decididamente por un mañana mejor –y estaban dispuestos a hacer, para conseguirlo, todos los sacrificios.

Así, los países ricos, receptores de migrantes, se volvieron variados y diversos –y conflictivos–; los países pobres, en cambio, se mantuvieron en general más uniformes en culturas y «razas». En las viejas ciudades ricas –Nueva York, Los Ángeles, Londres, Ámsterdam, Sydney, Toronto– entre un tercio y la mitad de sus residentes habían nacido en otro país. Y esa cifra ni siquiera incluía a los hijos o nietos de migrantes.

(Había quienes sostenían que la mejor medida de la prosperidad de un país era la proporción de inmigrantes que lo habitaban. Les respondían que era una medida antigua: que servía para las potencias hegemónicas del siglo XX –Estados Unidos y Europa– pero que el modelo asiático del siglo XXI estaba basado en población local: otro sistema).

Hasta muy poco antes las únicas relaciones que se establecían entre personas de pieles distintas suponían una dominación militar o colonial o esclavista: fuera de esas formas de sometimiento, casi no había habido sociedades multirraciales. A principios del siglo XXI sí que las hubo y fue un cambio radical –que, por supuesto, produjo problemas muy variados, choques culturales, religiosos, ideológicos.

Y una rara ilusión: en los países ricos los pobres locales habían sido reemplazados, a menudo, por pobres extranjeros. Lo cual cambiaba mucho la consideración: los alemanes o franceses o norteamericanos podían suponer que entre ellos no había pobres –porque los pobres eran marroquíes o turcos o mexicanos o senegaleses. Eso podía contribuir al establecimiento de identidades esenciales: la diferencia no era entre gente de la «misma raza» pero distinta posicion social sino entre gentes de «colores» y culturas diferentes. La «raza» reemplazaba a la clase como criterio de definición.

De allí, seguramente, el auge –que a la distancia parece difícil entender– de tantos debates relacionados con «la identidad».

(Paradojas de aquel mundo: la región más pobre, África, había sido la cuna de la que fueron arrancados dos o tres siglos antes millones de personas para llevarlas a trabajar esclavos en Estados Unidos: secuestros en masa, migración forzosa. Los descendientes de aquellos esclavos eran, en 2022, infinitamente más ricos que los descendientes de los que escaparon a la persecución de los traficantes y se quedaron en libertad y en sus lugares. Era otro ejemplo de los trucos de la historia: de cómo, cuando alguien supone que puede imaginar lo que será su mundo en cien o doscientos años, tiene todas las fichas para equivocarse).

* * *

En cualquier caso, más allá de estos matices, lo que parece claro es que el concepto de «mundo» era, entonces, un abuso de lenguaje. Resulta mucho más preciso –y más eficaz para cualquier descripción, cualquier análisis– intentar segmentar ese mundo en franjas diferentes. El peligro sería producir tantas que derrotaran su propio propósito. En este manual, intento de claridad y síntesis, lo más eficaz sigue siendo utilizar aquella división, producto de la época, entre el MundoRico y el MundoPobre y sus contradicciones y sus enfrentamientos. Entendiendo que esa clasificación, un poco torpe, demasiado binaria, es solo una solución de facilidad, pero una que realmente facilita muchas cosas. Y, para eso, importa definir sus dos categorías.

No se trataba de adicionar países –o poblaciones de países–: era necesario definir, dentro de cada país, la proporción de personas que vivían de una u otra manera, en uno u otro mundo. Así, llamaban –y llamaremos– MundoRico al integrado por la gran mayoría de los habitantes de Estados Unidos, Canadá, Europa Occidental y Australia. Aunque las proporciones variaban, es posible suponer que alrededor del 80 por ciento de su población formaba parte del MR. Dentro de ese sector había, por supuesto, enormes diferencias. Pero, aunque muchos de sus integrantes no tuvieran una situación económica desahogada, disfrutaban de las ventajas de un entorno rico: salud, educación, seguridad, previsión, previsibilidad, ciertas formas del orden. También se incluía en el MR un porcentaje variable y ponderado de las poblaciones de los países que entonces ascendían: Rusia, China, India y las demás naciones del sur y este asiáticos. Y, finalmente, los privilegiados de los países del resto de Asia, África y Latinoamérica: su proporción sobre el conjunto de sus poblaciones también era extremadamente variable. Un cálculo muy aproximado –no podría ser de otra manera– permitía suponer que los habitantes del MR serían, en la Tercera Década, unos 2.300 millones de personas.

Era obvio que la pertenencia al MR no los hacía iguales: no era lo mismo ser una médica en Londres que un actor en Bombay que un banquero en Caracas que un maestro en Bruselas –y así de seguido: cada lugar y cada situación suponían diferencias enormes. Pero se trataba de personas que tenían cierta seguridad sobre su futuro personal y disfrutaban de formas muy distintas de las ventajas de la técnica, la información, la educación, la alimentación, la salud y las garantías más contemporáneas.

Un habitante medio del MR tenía entonces una casa más o menos propia, agua, electricidad, cloacas, calles asfaltadas, uno o más coches, aparatos personales de última generación, hijos educados, un buen servicio de salud, una esperanza de vida de unos 80 años, maneras de influir en la administración de sus países. Y un detalle que en esos años resultaba decisivo: los habitantes del MR vivían en el mundo, vidas más y más globales. Cuanto más rica era, entonces, una persona, más global era su vida –lo cual, visto desde ahora, parece un chiste malo.

(Pero entonces era cierto y era una forma fuerte de diferenciación: las personas con plata vivían en un mundo integrado, común –y se parecían mucho más a los ricos de otros países que a los pobres de los suyos. Tenían empleos semejantes –financieros, empresariales, científicos, técnicos, legales, académicos, culturales, políticos– y consumían los mismos aparatos, los mismos relatos, los mismos servicios, las mismas ropas, los mismos perfumes, las mismas modas de diversidad y productos orgánicos y corrección política y amor por la naturaleza. Vivir en el MR era vivir activamente los modos y maneras de la Edad

Occidental; en el MP, su influencia llegaba aminorada: más como condena que como forma de vida. Los modelos de la Edad Occidental regían las vidas de casi todos, pero unos cuantos eran sus beneficiarios y muchos más sus víctimas.

En esos días, curiosamente, ser rico era ser global, ser pobre era ser local. Y los pobres detestaban de esos ricos su cosmopolitismo: fue, en muchos casos, ese rechazo el que favoreció el crecimiento sorprendente de una serie de nacionalismos populares que tanto daño hicieron en muy distintos países, esos días).

Y estaba, por otra parte, el MundoPobre. Allí se acumulaban –también con sus enormes diferencias– todas esas personas que no tenían garantías: que no estaban seguras de poder trabajar, comer, dar de comer, alojarse, vestirse, educar, proteger a los suyos. La condición primordial de los habitantes del MP era la incertidumbre: muy pocas cosas les resultaban seguras fuera de la inseguridad constante. Integraban este mundo, con tantas variantes como el otro, la gran mayoría de los africanos, proporciones extensas de los ñamericanos, buena parte de indios y demás asiáticos occidentales, una parte menor de asiáticos del sur y el este, cierta porción de chinos y rusos y una franja relativamente marginal de los habitantes de Estados Unidos, Canadá, Europa Occidental y Australia: grosso modo, unos 5.700 millones, bastante más que el doble de los habitantes del MundoRico.

Son órdenes de magnitud para definir categorías que incluyen innumerables diferencias: solo sirven como una orientación, pero una orientación indispensable para aproximarse a la historia de esos días. Donde, por supuesto, la mezcla era la marca principal, dinámica y cambiante. En ese sentido, el hecho de que prácticamente no existieran países «puros» –formados por habitantes de uno solo de los mundos–, salvo quizá pequeñas naciones del estilo de Luxemburgo, Singapur, Suiza, Noruega o Dinamarca, agregaba confusión y cierta violencia al panorama. Los dos mundos se entrecruzaban –se entrechocaban– a menudo: esos cruces eran una de las formas principales de conflicto en la Tercera Década –aunque ahora, a la distancia, se podría decir que, vistas las diferencias, esa fricción podría haber sido mucho más violenta.

Las personas 3

EL LARGO VIAJE

La suya era una vida sin historias. Adama S. nació en un suburbio de Uagadugu, la capital de Burkina Faso, y nunca fue a la escuela. Su padre cultivaba mijo, maíz y mandioca en una tierra muy chiquita, apenas para comer casi todos los días. Cuando tenía 12 años Adama entró de aprendiz en un taller mecánico; hacia los 15 ya era capaz de arreglar grupos electrógenos –y seguramente se habría quedado allí mucho tiempo si su patrón no hubiera muerto.

El taller cerró. Adama no podía instalarse solo y pensaba cómo hacerse una vida. Había oído tantas historias de vecinos y parientes que se habían ido a Europa –y lo bien que les iba. Había podido juntar unos 200 euros: su decisión parecía obvia.

–Primero pedí una visa a la embajada francesa, y no me la dieron. Pero yo no pensaba en ir a un país, o a otro: lo que quería era ir a Europa. Recién cuando llegué a Mali me explicaron que primero tenía que ir a España, porque España tiene frontera con África y es más fácil, y de ahí puedes ir a donde quieras.

El viaje empezó bien: Adama se pagó un boleto de bus hasta Bamako, la capital de Mali. Tras unos días durmiendo en la estación, averiguó que podía tomarse otro hasta Gao y, una vez allí, conseguir una 4x4 que, por 100 euros, le cruzaría el Sahara hasta Tamraset, ya en Argelia. El viaje duró cinco noches: de día, los veinte viajeros de la 4x4 se escondían en cuevas y esperaban el atardecer.

Pero Marruecos seguía lejos. Adama viajaba de noche, clandestino; a veces caminaba, otras iba en camión. Y otras se quedaba varado cuatro o cinco días en un oasis del desierto, sin encontrar transporte o temiendo un control policial: tardó casi dos meses en atravesar el desierto, la cordillera del Atlas y llegar a la frontera marroquí. Allí, unos traficantes lo cruzaron, en cuatro noches de caminata insoportable, hasta Oujda, y después un bus hasta Nador, la ciudad vecina de Melilla.

Melilla es una ciudad española –y está separada del territorio marroquí por un muro de rejas. Adama recorría esa reja cada noche, mirando Europa allí, tan cerca, y buscando la forma de llegar. Algunos saltaban –pero no parecía fácil. Años más tarde miles intentarían la avalancha colectiva; en esos días el salto era una empresa individual.

Una de esas noches se acercó más de la cuenta: la policía marroquí lo arrestó y lo deportó a Argelia. Adama volvió a meterse clandestino en Marruecos –pero al cabo de dos meses la policía lo expulsó otra vez. Se sentía derrotado y ya no tenía plata. Era la época de la cosecha de aceituna: Adama trabajó en ella un par de meses, ganó algo, se volvió a Marruecos. Pero esta vez fue a Rabat: la reja parecía imposible y quería probar la vía marítima, las famosas pateras.

–En Rabat me pasé un año en la calle, durmiendo en cualquier lado, comiendo de la basura. No tenía un centavo, no conocía a nadie, no conseguía ningún trabajo. Si los marroquíes tampoco tienen... Sufrí demasiado. Me quería volver a mi país, pero para eso también necesitaba plata.

Un día, desesperado, Adama fue a entregarse a la policía para que lo devolvieran a su casa. Un oficial le dijo que si quería volver, se buscara los medios. Adama pensó que ya no podía llegar más bajo.

–En mi país por lo menos comía. Estaba muy desalentado. Pero seguí adelante, porque tenía que encontrar mi vida.

Su suerte empezó a cambiar. Un maliano que conoció en la calle le ofreció compartir su pieza y lo contactó con un organizador de viajes en pateras. El hombre, un ghanés, le propuso trabajar para él: cuando le consiguiera 20 clientes se habría ganado el viaje. Uno de esos días alguien le prestó un teléfono: quería avisar a sus padres que seguía vivo –aunque todavía en África. No fue fácil; cuando por fin pudo comunicarse, su madre le contó que su padre había muerto.

–Me dijo que lo habían envenenado. Pero no supe de verdad qué pasó, porque todavía no pude volver a mi país.

De a poco se fue haciendo conocer, consiguiendo clientes. En seis o siete meses había mandado unos 40: se había ganado el viaje. Tenía dos años esperando ese momento.

Una 4x4 lo llevó –junto con otros 30 hombres y ninguna mujer– hasta un escondite en el desierto, cerca de El Aaiún, donde debían esperar que llegara el turno de los policías que sus traficantes habían sobornado. Allí pasaron varios días sin agua; Alama vio cómo otros se bebían su orina, pero no quiso hacerlo. Una tarde volvieron a cargarlos en una camioneta que los dejó en la costa: el traficante les dijo que tenían que tirar todos sus documentos. En aquella playa, a la luz de la luna, Adama tuvo una última sorpresa: los marroquíes que trabajaban para el traficante les sacaron todo lo que tenían: plata, ropa, relojes. Adama trató de defenderse y le hicieron un tajo en la mano.

Adama se subió a la patera –diez metros de largo, construcción muy precaria, un solo motor– con un pantalón corto y una remera: era todo lo que tenía en el mundo. Pero estaba por navegar a Europa.

El capitán de la patera era un pescador de Gambia –que se ganaba el viaje conduciéndola– y le pidió que se ocupara de la brújula: que tenían que seguir siempre en la dirección 340, que si se desviaban se morían. Después le dijo que el viaje no sería complicado, que en menos de un día llegarían a las islas Canarias. Y que, si naufragaban, ellos dos se salvarían: eran los únicos que tenían esos bidones de plástico que les permitirían flotar hasta que llegaran a rescatarlos.

–Eso me dejó más tranquilo, por lo menos yo me iba a salvar. Pero igual estaba muy nervioso. Nunca había visto el mar, hasta ese día.

Al mediodía siguiente el mar se embraveció, pero la patera siguió adelante: miles de inmigrantes mueren cada año en esa ruta. A media tarde vieron la costa de una isla; poco después, un barco de la marina española los detuvo y los subió a bordo. El alivio duró poco: los guardias creyeron que Adama era el capitán y empezaron a interrogarlo, lo golpearon. Adama no quiso decirles que era el otro: entre aventureros, diría después, no se hacen esas cosas. Pero se enteraron –y lo detuvieron y lo deportaron. Fue el único: todos los demás recibieron comida, ropa y encierro en un albergue del gobierno donde pasaron los 40 días de reglamento.

(Durante esa cuarentena la policía española interrogaba a los inmigrantes ilegales y la justicia ordenaba su expulsión –pero no podían hacerlo porque los migrantes no tenían una identidad determinable y sus países no aceptaban recibirlos. Ese era el agujero legal que permitía que miles de africanos se quedaran en España.)

En Canarias, Adama no sabía qué iba a ser de él: una noche lo llamaron y le dijeron que lo llevarían a Madrid, y lo liberarían. Allí aceptó la propuesta de una comisión de ayuda al refugiado para pasar tres meses aprendiendo español en un pueblo castellano. Cuando volvió a la capital ya estaba fuera del circuito asistencial: entonces sí que tenía que buscarse la vida. Durante un mes, Adama durmió en un parque, con otros cientos de africanos. Hasta que recibió una oferta de un hombre de Sierra Leona: le daría su documento de identidad para que pudiera emplearse, y a cambio tendría que pagarle 100 euros por mes.

–Y yo lo hice, porque no vine acá para quedarme con los brazos cruzados.

En España había miles de inmigrantes en esa situación: explotados por otros inmigrantes que sí tenían papeles –y, también, por sus patrones. Adama empezó a trabajar de jardinero: ganaba, cada mes, 650 euros: se gastaba la mitad en la pieza, 100 en comida, 50 en transporte, 100 para su explotador, mandaba algo a su madre –y no le quedaba nada.

–No, todavía no encontré nada de lo que buscaba cuando me fui de mi país. No tengo plata, no tengo papeles. Yo sufrí mucho para llegar acá, dormí en las calles, caminé por el desierto, pero lo que no entiendo es que llegué hasta acá y sigo sufriendo. Yo creía que tenía que sufrir para llegar pero que acá se iban a acabar los sufrimientos.

Su gran problema eran los papeles: los abogados le dijeron que debía esperar unos tres años hasta obtener un documento que le permitiera trabajar legalmente. Por eso le dio todo su dinero a un español que le dijo que se lo iba a conseguir enseguida –y desapareció. Cuando pasaban esas cosas se sentía muy desalentado, corrido por el tiempo. El tiempo iba pasando: cuando salió de su país tenía 20 años y entonces ya tenía 24 y todo seguía igual.

–Y si las cosas siguen así, ¿te volverías a tu país?

–¿Cómo voy a volver sin plata? ¿Qué le voy a decir a mi mamá, a mi familia? Es imposible, prefiero morirme: igual, si vuelvo así, me voy a morir de vergüenza. No, yo no puedo volver. Sería la peor derrota.

4

EL AMOR DISTINTO

Donde se cuenta cómo estaban cambiando las familias y los sexos y sus relaciones.

Era un mundo sexual. Hasta entonces, por supuesto, el sexo siempre había estado presente en las vidas, las culturas, las civilizaciones, pero en muchas de ellas había sido ocultado, reprimido: solía ser el gran secreto, ese silencio que gritaba en todos los rincones. A fines del siglo XX terminó de volverse muy explícito: pocos elementos de aquel mundo no llevaban una marca sexual. Desde las formas de vestir hasta los anuncios de cualquier producto, desde los bailes hasta los lenguajes y las artes, desde los debates públicos hasta las búsquedas privadas y los grandes movimientos políticos, es probable que no haya habido antes –y quizá después– un momento en que la humanidad estuviera más sexualizada.

(Aunque un autor confuso decía entonces que un ser humano medio –¿un ser humano medio?– se pasaba el 0,45 por ciento de su tiempo ejerciendo sexo presencial. Si se calcula que la media de las personas –¿la media de las personas?– vivía unos 72 años, eso significaría que esos señoras y señores medios dedicaban 2.840 horas de su vida a semejante práctica. Esas 2.840 horas son, repartidas entre 60 años –más medias– de actividad sexual presencial, unas 47 horas por año, casi cuatro por mes, alrededor de una por semana. El cálculo es curioso, porque demostraría que la presencia que supuestamente tenían aquellos ejercicios era mucho más teórica que práctica, más ilusoria que real: una legión de fantasmas excitados, muy excitados pero muy fantasmas).

Pese a tanto sexo, carnal o fantasmático, en la Tercera Década la familia –en su sentido tradicional– seguía siendo la unidad básica de organización afectiva y social. Cada vez se concentraba más: ya no eran esas familias de tres generaciones y numerosos integrantes –abuelos, madres, hijos, tías, sobrinos, primos, primas– que primaban décadas antes, sobre todo en las zonas rurales. En esos días la familia por excelencia –con sus variantes según países y culturas– era esa que entonces llamaban «nuclear»: una madre, un padre, uno, dos o tres hijos menores de edad. Esas familias, en su etapa de reproducción y crianza, compartían una casa.

Las escasas iniciativas que, durante el siglo XX, trataron de romper con ese modelo para buscar otros criterios de cohabitación –como, por ejemplo, los kibutz israelíes– habían fracasado. Aunque era cierto que, en el MundoRico, la cantidad de personas que vivían solas ya había aumentado tanto. Si cien años antes los «solteros» eran una minoría de excéntricos o despechados que despertaban condena o compasión, en los 2020 la opción se había vuelto atractiva: más de un cuarto de las viviendas norteamericanas tenía un solo ocupante; en Holanda o Alemania eran más de un tercio; en Suecia o Noruega, la mitad. Cuanto más rica era una comunidad más solos vivían sus miembros. Algunos lo interpretaban como una muestra del aislamiento creciente de aquellas sociedades «obsesionadas por el éxito»; otros, como la confirmación de que el supuesto espíritu gregario y familiar del ser humano siempre había sido una simulación o una condena –y que ya era el momento de dejarlo atrás. Para tratar de sostenerlo abundaron los escritos que insistían en que no era lo mismo vivir solo que sentirse solo, la soledad que la soledad.

(En esa soledad se instalaba otra marca de época: el auge del animal doméstico. Desde que el hombre se hizo hombre siempre vivió rodeado de otras bestias. Gallinas que le ponían los huevos, gatos que le comían las ratas, perros que le cuidaban las ovejas, ovejas que lo abrigaban, vacas que le daban leche y bosta y calor y trabajo, gansos que lo alertaban, palomas que lo comunicaban, halcones que le cazaban, caballos burros mulas camellos elefantes llamas que lo transportaban, cabras, cerdos, abejas, conejos: los usaba para sobrevivir. Eran herramientas: cuando no se las comían, los hombres las aprovechaban para sus necesidades. Pero la mayoría de aquellas bestias fue reemplazada por máquinas –más eficaces, más fáciles, más limpias– y perdió su trabajo; lo mantenían, entonces, las que podían producir comida o ser comidas.

Durante un tiempo, los hombres se alejaron de los animales: porque ya no les servían, porque se fueron a vivir a las ciudades. En las pobres todavía quedaban algunos: ratas, cucarachas, perros sueltos, gatos extraviados, un burro, una gallina, las vacas de la India; en las ricas, solo los pájaros y otros insectos y la enorme cantidad de perros y gatos hogareños. En esos días se calculaba que había, en todo el mundo, entre 800 y 900 millones de perros que consumían más de 100.000 millones de euros al año en comidas y remedios y lacitos, y producían unas 400.000 toneladas de mierda cada día. Su situación –como la de los gatos– había evolucionado igual que el resto de la economía del mundo: los animales que quedaban cerca de las personas ya no trabajaban en el sector primario sino en el terciario, no en la producción sino en servicios; en concreto, el servicio de la compañía y el juego y el mimito. Por un lado, acompañaban a los solos, les daban a sus casas un toque de color y de calor; por otro, amalgaban la familia: aquellos tiempos no concebían nada más familiar que una pareja con sus hijos y un perro, el amigo mejor).

En esos días era más fácil que antes vivir solo. El avance de las comunicaciones, que hacía que las personas se relacionaran cada vez más por vías digitales –verse sin tocarse, hablarse sin olerse, encontrarse sin encontrarse–, lo hacía menos tajante. Pero ese aislamiento requería ciertas condiciones económicas –el solo debía pagar todos los gastos de su casa–, sociales –que las mujeres no siguieran encerradas en sus hogares– y, finalmente, afectivas: una sociedad que ya no concebía el matrimonio como la única forma de relación sexualizada entre dos adultos.

Y aún así, el modelo de ocupación familiar de las viviendas seguía primando. Al fin y al cabo las familias todavía habitaban más de la mitad de las casas en casi todos los países ricos, más de tres cuartos en los demás. Cuanto más pobre era un lugar, más probable resultaba que sus casas albergaran a muchos parientes. Sucedía en 99 de cada 100 en Pakistán o Afganistán, por ejemplo. Pero, aunque el modelo familiar tradicional seguía siendo muy mayoritario, ya había dejado de ser la única opción –y su poder menguaba día tras día.

El gran cambio –que venía de décadas anteriores– empezó cuando la sexualidad se escapó de las casas, se liberó de las familias. Durante siglos, la alianza de estados y religiones había conseguido mantenerla mayormente dentro; hacia 2020 el sexo ya había perdido el carácter reproductivo en que lo habían confinado. Gracias a la gran difusión de los anticonceptivos orales y tópicos, que ya llevaba medio siglo, la reproducción no era más que una de las numerosas consecuencias posibles –casi siempre evitada– de un acto sexual. O, mejor: transformó el acto sexual en una acción sin consecuencias. Pocos inventos produjeron más cambios en las conductas que la famosa «píldora», que permitió a millones y millones de mujeres vivir vidas distintas. Por supuesto, no todo eran ventajas: muchas mujeres tenían problemas –físicos o psicológicos– con esas drogas y, sobre todo, era muy injusto que fueran ellas las que debían, una vez más, ocuparse y arriesgarse. Pero, aún así, el cambio fue crucial.

(Mientras tanto, ciertas iglesias seguían combatiendo los anticonceptivos. Destacó, por su letalidad, la resistencia de la iglesia de Roma a la distribución de preservativos en aquellas regiones africanas donde la difusión de enfermedades de transmisión sexual, como la llamada «sida», causaba tantas muertes (ver cap. 24). So pretexto de principios, las jerarquías católicas hicieron todo lo posible por impedir que se utilizaran esas profilaxis y, así, se volvieron culpables de la muerte de millones de personas que se contagiaron por no usarlas. Después, como siempre, pedirían perdón).

El movimiento, de todos modos, era incontenible y no consiguieron contenerlo: fue entonces cuando empezó a consolidarse –en el MundoRico– la caída de algo que parecía eterno: el matrimonio indisoluble.

Durante siglos la pareja legalizada y vitalicia había sido la forma hegemónica de relación y reproducción de las personas: no casarse, en esa lógica, era un fracaso existencial, haber fallado. Pero practicar sexo con alguien sin haberse casado también era una infracción a muy variadas reglas o, en las palabras de esa tribu, «un pecado». En 2023, en cambio, ya nadie suponía que el sexo debiera limitarse a los matrimonios o parejas constituidas; cuando se pensaba en sexualidad en esos años se pensaba en instancias mucho más complejas y confusas.

Es cierto que todavía subsistían esos matrimonios que habían funcionado durante siglos, en que el hombre salía de la casa a buscar provisiones y la mujer se quedaba para cuidar el hogar y los hijos y preparar los víveres que el macho conseguía. Pero era cada vez más frecuente que ambos proveyeran, con sus trabajos, los bienes necesarios o superfluos –y eso había cambiado la manera de sus relaciones y había creado otras.

Los matices variaban según los países y sus ideologías y su riqueza. La mayoría de los países no musulmanes ya registraba menos de la mitad de casamientos que medio siglo antes. La tendencia tenía distintos matices en cada cultura, pero en todas las unía una causa: que el matrimonio ya no era visto como la única forma de que un hombre y una mujer compartieran un tramo de su vida. Quizá, también, porque ese tramo se les hacía muy largo: no era lo mismo comprometerse «hasta que la muerte los separe» cuando esa separación demoraría 20 o 30 años que cuando podía necesitar el doble. En cualquier caso fue curioso –sorprendente– ver cómo instituciones que habían sobrevivido tanto tiempo cambiaban en tan poco.

(El matrimonio supuestamente indisoluble había durado muchos siglos; el matrimonio supuestamente indisoluble por amor había durado, en cambio, apenas dos: fue, por unas cuantas décadas, el producto de la intersección de un par de ideas casi contrarias que coincidieron en el tiempo y el espacio. El matrimonio siempre había servido como una unidad de producción –de hijos, de bienes, de ideología– que se pactaba de diversas maneras –a menudo lo hacían los padres de los novios– y no incluía la noción de amor pero sí la de permanencia: el vínculo operativo no podía romperse, so pena de consecuencias muy incómodas. En el siglo XIX, cuando el romanticismo introdujo la idea de que el amor debía intervenir en la elección del cónyuge, la idea del matrimonio indisoluble todavía estaba vigente: así se encontraron brevemente dos opuestos, el amor y la duración. Esa idea del matrimonio indisoluble por amor era insostenible y empezó a caer en la segunda mitad del siglo XX, cuando cada vez más personas lo entendieron y practicaron su disolución).

En Inglaterra, por ejemplo, el 83 por ciento de los hombres nacidos en 1940 se había casado antes de cumplir 30 años; solo el 25 por ciento de los nacidos en 1980 estaba casado al llegar a esa edad. En muchos casos, porque no se casarían nunca; en otros porque, con el estiramiento de las vidas y el cambio de costumbres laborales, los que se casaban lo hacían mucho más tarde. En Portugal, por ejemplo, en 1980, la media de las mujeres se casaba a sus 23 años; en 2020 lo hacían –las que lo hacían– después de sus 30.

Y se fue abriendo paso la idea de que el matrimonio no era la única manera de procrear. En Italia, por ejemplo –país católico por antonomasia–, en 1970 solo el 2 por ciento de los niños nacía de una madre soltera; en 2020 eran casi el 30 por ciento. En ese momento en México y Chile eran más del 65 por ciento, en Francia, Bulgaria o Dinamarca alrededor del 58: la idea del matrimonio como unidad productora de bebés iba cayendo en el desuso. En el MundoRico uno de cada ocho niños vivía con un solo padre –que, en la enorme mayoría de los casos, era la madre. En el MundoPobre la proporción aumentaba proporcionalmente.

No está claro, visto desde aquí, si eran conscientes del hecho de que nunca –o casi nunca– en la historia había habido una sociedad donde cada persona tuviera más posibilidades de inventar su vida de relación. Ciertos límites económicos y sociales sobrevivían, por supuesto. Pero, más allá o más acá de ellos, sus vidas no tenían nada que ver con lo que habían sido las de sus abuelos o bisabuelos que, casi sin excepción, tenían un destino prefijado de trabajo, matrimonio, procreación, retiro y muerte. Muy pocos se escapaban de él, y solían pagarlo caro. Durante siglos la mayoría ni siquiera se lo planteó: el camino estaba trazado desde siempre y había que seguirlo. El deber ser había sido intenso, incuestionable; en esos días ya no. O, si acaso, el nuevo deber ser consistía en encontrar formas distintas.

(Y, sin embargo, más allá o más acá de cualquier busca y de cualquier sanción, la forma más habitual del «amor» o la relación amorosa seguía siendo la alianza formal de dos personas. Eso que llamaban «pareja» suponía ciertas conductas: dormir en una misma cama, por ejemplo, comer al mismo tiempo y en el mismo lugar, definirse mutuamente como objeto –más o menos excluyente– de sus respectivas prácticas sexuales. Todo un ritual bifronte que casi nadie cuestionaba, que parecía lo natural. La relación de pareja seguía siendo la más prestigiosa, la norma que tranquilizaba: los que estuvieran en una –aun si no la disfrutaban locamente– se consideraban bien colocados; los que no, en general, suscitaban sospechas: que no podían, que no lo conseguían, que por qué no lo querrían. Los emparejados no causaban preguntas: eran la respuesta aceptada y acertada. El mayor cambio era que, si acaso, en los países más occidentales, esas parejas no tenían porque ser de hombre y mujer).

* * *

El avance de las formas de gestación ampliaba las posibilidades. Durante milenios, los bebés solo pudieron producirse de una forma: por efecto del coito entre un hombre y una mujer, el embarazo de dicha mujer, su parto. De pronto, esas formas se habían multiplicado.

Desde el nacimiento, en julio de 1978 y en Inglaterra, de Louise Joy Brown, «primera bebé probeta», se había desarrollado una industria floreciente de ayudas a la concepción, la «fertilización in vitro». Consistía en utilizar los espermatozoides y óvulos de dos personas para crear, en un entorno artificial, un embrión viable. Lo cual dio lugar a numerosas variantes: las parejas en que la madre no se embarazaba pero podía recibir su propio embrión ya fecundado y criarlo en su útero, las parejas en que la mujer ya no tenía óvulos o los tenía estériles y conseguía un óvulo donado, las parejas en que el semen del padre no era fértil y se recurría a donantes anónimos, las madres que querían parir sin un padre presente y recurrían a esos donantes, las parejas femeninas que conseguían un donante con o sin contacto, las parejas masculinas que recurrían a un óvulo donado y contrataban un «vientre de alquiler» para criarlo –y tantas más.

El tema de los vientres de alquiler fue muy debatido: en general, se trataba de mujeres pobres que recibían una buena suma por el «trabajo» de gestar. Pocas veces el alquiler de los cuerpos como «fuerza de trabajo» fue tan evidente. (Y resultaba involuntariamente irónico: la palabra «travail» –de donde «trabajo»– significó, durante siglos, los dolores del parto).

El sistema era típicamente industrial. En los países pobres, las madres sustitutas se pasaban los nueve meses encerradas en clínicas especializadas en producir bebés para entregarlos a sus «legítimos dueños». Allí las cuidaban, nutrían, controlaban: en este oficio –a diferencia de muchos otros– una obrera mal alimentada no era un buen negocio. El embrión fertilizado que cada trabajadora recibía era el resultado de un óvulo que podía o no venir de la madre y esperma que podía o no venir del padre. Si había donantes de uno u otro eran anónimos pero no indiferentes: los aportes de un profesional modelo o una modelo profesional se cobraban mucho más que los de seres normalitos –porque se suponía que producirían niños más guapos o más inteligentes. El diseño y la discriminación llegaban a todas partes.

Hasta 2015, cuando sus autoridades lo prohibieron, la gran fábrica de bebés ajenos fue la India. Desde entonces otros países –Bangladesh, Georgia, Ucrania, Colombia, México– intentaron tomar el relevo. Así, madres y padres del mundo próspero mandaban sus embriones, y doctores locales se los implantaban a una chica local que, por poner su cuerpo a producir full time durante nueve meses, ganaba lo que nunca habría ganado en muchos años de empleo, si lo hubiera tenido: entre 5.000 y 10.000 euros. Por la misma labor una chica norteamericana podía cobrar 50.000, así que el precio total del bebé USA, incluyendo médicos y máquinas y agencias y abogados y plusvalías diversas, superaba largamente los 100.000; en los países baratos se lo podía conseguir por menos de la mitad.

En 2023 se supo de un caso particularmente intrincado, que atrajo la atención sobre esas prácticas: una ex actriz española de 68 años apareció por todas partes como madre de un bebé nacido de un «vientre de alquiler» norteamericano. A los pocos días confesó que el esperma venía de su propio hijo, muerto de cáncder años antes: ella era, entonces, la madre y la abuela de ese niño. Toda la operación le había costado unos 150.000 dólares; a los pocos días ya había recaudado un millón vendiendo a revistas de poca monta la historia de sus vicisitudes.

En esos días la condición de padre o madre se sacudió, encontró sentidos que nunca había tenido.

* * *

Al mismo tiempo, en los países ricos se terminaba de instalar una tendencia que, por una vez, se había originado en los sectores más pobres: el armado de familias complejas. El abandono generalizado de la idea del matrimonio indisoluble produjo formas de relacionarse que habían existido poco –y, en general, disimuladas.

Las familias se reformularon: los niños seguían criándose con sus madres o padres más o menos naturales, pero esos padres se mezclaban mucho más. Era normal que una mujer con hijos se uniera con un hombre con hijos y que todos esos niños convivieran, o que una mujer o un hombre con hijos se uniera con un hombre o una mujer sin y que esos niños crecieran con ese hombre o mujer y sus familias. En síntesis: aparecieron una serie de relaciones que hasta entonces no se habían definido –porque no habían tenido curso legal–: la hija de mi novio, la hija del novio de mi mamá, la hija del novio de mi hijo y otras, que, aunque frecuentes, no tenían nombres todavía en los idiomas de esos tiempos. Era curioso: en sociedades que no tardaban nada en inventar palabras para casi todo –incluidos objetos o conductas que se olvidarían en unos meses– estas nuevas formas de parentesco se mantuvieron mucho tiempo condenadas a la perífrasis, sin un nombre propio.

Pero, más allá de esa carencia, lo cierto es que esas nuevas funciones demostraron sobre todo que la familia, ese pilar supuestamente inalterable, también era dinámica, variable: que esos chicos podían ser tus hermanos durante un tiempo y dejar de serlo después, por ejemplo.

Y cada vez más países aceptaron la constitución de familias con dos padres o madres del mismo sexo. El matrimonio homosexual había sido legalizado por primera vez en el inicio del siglo, el 1 de abril –Fool's Day– de 2001, en Holanda; en 2022 ya era legal en otros 32 países, todos ellos en Europa y América salvo Sudáfrica, Nueva Zelanda, Australia y Taiwán. En esos países –y en algunos más– la condición homosexual dejó de ser algo marginal para instalarse en el espacio social. La reivindicación del matrimonio para todos produjo cierto disenso: los que pensaban su homosexualidad como una forma de situarse fuera de las instituciones establecidas deploraron la idea de adaptarse a esas instituciones. La homosexualidad dejó de ser, entonces, una fuerza crítica –del estado, la iglesia y otras maneras de control social– para pasar a ser una tendencia que bregaba por su integración. Muchos homosexuales lo celebraban: nunca habían querido ponerse fuera de ninguna regla; eran las reglas las que los ponían fuera. Otros sentían que habían perdido algo.

(En ciertos países ricos las parejas homosexuales se habían convertido en un blanco comercial privilegiado: ambos o ambas solían trabajar, a menudo no tenían hijos y podían consumir más que otros u otras. Eran la mayoría de esos que el marketing norteamericano llamó «dinks» –*dual income no kids*–, para cuya captación trabajaba con denuedo).

En esos días se discutía qué proporción de los hombres y mujeres eran homosexuales. La cifra se complicaba en la medida en que había que precisarla, como siempre: no era lo mismo computar a los que habían tenido encuentros esporádicos con alguien de su mismo sexo –en un momento en que esas experiencias perdían su peso dramático y se hacían cada vez más frecuentes entre los jóvenes– que contar solo a los que se definían como bisexuales o exclusivamente homosexuales. Una cifra que los movimientos de «gays y lesbianas» –como se los llamaba entonces– solían enarbolar era el diez por ciento: que eran el diez por ciento de la población. Los estudios más extensos –en los países ricos– no llegaban a la mitad de esa cantidad. Un ejemplo tosco: entre 2005, cuando se aprobó el matrimonio homosexual en España, y 2020, se celebraron unos 49.000, un poco más de hombres que de mujeres –y en aumento. En ese mismo lapso, los matrimonios heterosexuales fueron unos 2.750.000 –y en franco descenso. Había habido, en ese lapso, 56 matrimonios desiguales por cada matrimonio igualitario.

Fueran cuantos fuesen, era indudable que, tras siglos de condenas y repudios, la homosexualidad empezaba a ser vista en esos países como algo «normal» –con todo lo que la palabra normal puede encerrar. Era otra muestra de la partición del mundo: eso no sucedía en Asia ni en África. O, dicho de otro modo: sobre los 8.000 millones de habitantes de la tierra, no más de 1.300 millones –uno de cada seis– vivían en países que aceptaban la convivencia homosexual.

Para los demás, la situación iba desde el mero desaire de los «Tres No» chinos –No aprobar, No desaprobar, No promover– hasta la condena judicial: unos 70 países la reprimían con penas que iban desde los 100 latigazos de Indonesia o Somalia hasta la decapitación saudita o la horca iraní. Casi todos esos países estaban en África o el oeste de Asia; casi todos eran «musulmanes» y basaban su prohibición y sus castigos en textos de su libro sagrado, el Corán. Por eso sus decisiones pueden parecernos caprichosas: en Yemen, por ejemplo, un hombre soltero sorprendido con otro hombre podía recibir latigazos o un año de prisión, pero uno casado podía ser ejecutado a pedradas. Y en cambio una mujer casada sorprendida con otra mujer podía pasar tres años en la cárcel.

* * *

Mientras tanto, en los países tolerantes, las formas de la sexualidad iban cambiando. La separación entre sexo y matrimonio, entre sexo y reproducción, había abierto la puerta: para muchos, que habían dejado de pensar en el sexo como un deber reproductivo o un ejercicio comprado, cualquier combinación sexual era admisible e incluso reivindicable. La variedad era promovida en casi todas partes, desde los medios de prensa más conservadores –como una forma de conservar las parejas– hasta los ambientes más marginales –como una forma de diferenciarse que, a esa altura, ya los diferenciaba poco. La «moderación sexual» que, durante los siglos anteriores, había sido, si no la conducta, la consigna, pasó a ser una desgracia, una especie de oxímoron.

(Quedaban, sin embargo, fuera de esa tolerancia ciertas prácticas: el sexo infantil –sexo entre niños–, la pedofilia –sexo con niños– y, por supuesto, las violaciones, abusos y otras violencias corporales. Se discutía, en cambio, mucho sobre la legitimidad o no de la prostitución).

En ese marco, un cambio poco debatido tuvo una influencia decisiva sobre millones y millones: la expansión de los videos pornográficos. Se llamaba entonces pornografía a una forma curiosa de narración consistente en registrar, con tesón de entomólogo, a hombres y mujeres incrustándose sus sexos u otros enseres mutuamente, atléticos y acrobáticos, a veces incluso brutales, con el fin de suscitar algún modo de excitación en sus consumidores. La pornografía en movimiento apareció con el cine, a principios del siglo XX, y nunca dejó de crecer, pero su acceso siempre fue relativamente difícil y su circulación, escasa. Hasta los primeros años del XXI: entonces, con la extensión de la inter-net (ver cap. 18), las imágenes más porno quedaron a un clic de distancia de cualquiera. Fue una avalancha. En 1970 una institución estatal calculó que toda la industria pornográfica norteamericana movía unos 10 millones de euros al año; medio siglo después, esa cifra se estimaba en 13.000 millones. Cada media hora, decían, se producía en los Estados Unidos un nuevo video porno. En esos días los niños del mundo rico y no tan rico accedían a ellos sin problema.

Esa difusión produjo un cambio sustancial: durante milenios, los jóvenes de ambos sexos iniciaban sus vidas sexuales a fuerza de instinto, preguntando, imaginando, sin haber visto antes lo que se suponía que hicieran, descubriendo juntos. O, si acaso, en un movimiento que reafirmaba el poder masculino, los varones se «educaban» con una prostituta e «instruían» a su vez a sus esposas. Con la difusión de la pornografía casi todos ellos ya habían visto, antes de intentarlo, ejemplos prácticos. El sexo dejó de ser búsqueda e invención –o *mansplaining*– para pasar a ser imitación. Y el modelo del porno, que no estaba pensado para ser modelo, rebosaba de violencias y piruetas, la idea del coito como dominación, producción, competencia –que tuvo, para muchos, consecuencias nefastas. Pero, al mismo tiempo, ofrecía a sus jóvenes espectadores un abanico de opciones –que, en muchos casos, los llevaban al repudio y la búsqueda de otras posibilidades.

Era, también en eso, un momento de transición: la sexualidad se desarrollaba en todo tipo de imágenes pero todavía se practicaba en el encuentro de los cuerpos. Y el mayor cambio era la desconexión que se había operado entre sexo y afecto, que habían estado ligados –salvo en el caso de la prostitución, donde el dinero sustituía al segundo– durante un par de siglos, desde la imposición del matrimonio por amor. Pero ya no: con frecuencia, el sexo era una actividad escindida de la afectividad, algo que se podía hacer sin que implicara una relación más allá.

(La metáfora más clara es la del baile: así como en las viejas milongas una mujer bailaba con un hombre y, terminado el tango, que compartían con pasión, cada uno se volvía a su mesa, así era, para cada vez más jóvenes, el sexo en esos días).

Pero todavía, en general, se mantenían criterios muy rígidos sobre qué era bello y qué no, quiénes eran los sensualmente privilegiados y quiénes los desfavorecidos. Estaba claro, y los aparatos de difusión y venta lo recordaban sin parar. Tales cosas estaban bien y tales estaban mal: las arrugas y los granos mal, las pieles lisas bien; los ojos grandes claros bien, los oscuros chiquititos mal; las narices estrechas respingadas bien, las anchas aguileñas mal; las tetas sostenidas bien, las declinadas mal; las piernas largas finas bien, las cortas gordas mal; las cinturitas magras bien, los rollos y grasas más que mal.

(Tanto que, por ejemplo, en 2022, 1.700.000 personas de todo el mundo pagaron considerables sumas de dinero para que les pusieran material plástico en los pechos para aumentar sus dimensiones –y la enorme mayoría fueron mujeres).

El criterio de belleza y fealdad incluía tantos elementos y, sin embargo, la mayoría de aquellas personas lo conocían de una forma intuitiva, sin pensarlo: tan eficaz era su difusión. Para romperlo –entre otras cosas– se abría entonces una época de exploración: muchos jóvenes, cuyos mayores ya habían conseguido el derecho a una sexualidad no institucional, valoraban la experimentación, la búsqueda de modos y maneras distintas, que sus padres no habían siquiera imaginado. Los ayudaban las nuevas técnicas de intervención sobre los cuerpos que abrían opciones que habrían sido imposibles unos años antes. Como siempre, es difícil saber si fue el deseo el que creó la técnica o la técnica el deseo. Pero sí parecía claro que había que pensarse diferente, y en esa diferencia estaba todo el gusto.

«Ella estiraba sus pasos de pantera por una calle del centro de Madrid: ella tenía las piernas largas finas de canela oscura, la falda hipotética, las nalgas bamboleadas, la espalda poderosa cruzada por las tiras de un top blanco; ella tenía el pelo negro en cascada y recovecos; ella valía la pena de mirarla. La pasé, para verla de frente: ella tenía su cintura de avispa, sus tetas de muestrario, sus aros grandes muy dorados, su nariz aguileña, sus ojos almendrados, su barba de dos semanas perfectamente recortada. (...) En unas décadas, los historiadores que escriban este principio de siglo dirán que fue el momento en que los sexos se pusieron complejos: en que los avances técnicos y los cambios culturales permitieron que hombres y mujeres pudieran decidir si querían ser hombres o mujeres o algo más, algo que intentarían inventar. Tras décadas de pelea por el derecho a ser homosexual, las puertas quedaron entreabiertas para ser algosexual, para crearse. El cuerpo propio se ha transformado, para muchos millones, en el centro de la experimentación y de la búsqueda. Es fascinante y puede ser, al mismo tiempo, descorazonador: yo suelo preguntarme si esta insistencia en elegir el cuerpo propio como el lugar de los combates no es el reflejo de un desaliento, la manera de resignarse a no dar esas peleas en el cuerpo común, el cuerpo social. O, a lo sumo, darlos en el común para ganarse el derecho a darlos en el propio», dejó escrito un amargado de esos días.

Era uno de esos períodos en que, a falta de un proyecto colectivo (ver cap. 10), la atención de los individuos se desplaza hacia sí mismos. Muchos jóvenes y no tan jóvenes de esos días dedicaban enormes esfuerzos a la construcción de identidades –personales, sexuales– que no encajaran en las ya existentes. De la división en dos géneros estrictos y heterosexuales, la tendencia había pasado, a fines del siglo XX, a la aceptación de diversas homosexualidades y, a principios del XXI, a la normalización de una idea nueva: que se podía ser «no binario», «fluido», no pertenecer a un género o al otro sino construirse una identidad más allá de esos límites. Por uno de esos pases mágicos a los que son proclives ciertos movimientos, la homosexualidad, que había sido el colmo del margen décadas antes, se había convertido en pura adaptación para aquellos que reivindicaban su derecho a no encasillarse en un género dado.

El juego era fascinante y, por su novedad, despertaba en esos días una atención particular. Era el juguete nuevo, aquel que permitía definir la época con rasgos que ninguna otra había tenido, pero su peso real –su influjo en las vidas de las mayorías– era módico. Los ambiguos y los transexuados eran, en verdad, una pequeña minoría en el MundoRico –y muchos menos en el MundoPobre. Según los cálculos más generosos eran entonces, en todo el planeta, uno de cada diez mil personas: en total, menos de un millón.

(En la Argentina, por ejemplo, donde la idea estaba ampliamente difundida, la posibilidad de cambiar de sexo en los documentos oficiales –que databa de 2012– había sido aprovechada en esos diez años por unas 12.600 personas: un 0,08 por ciento de los mayores de 15 años).

Sin embargo se hablaba, según parece, mucho de ese giro. Su presencia insistente en los debates mundiales debía relacionarse con la clásica fascinación por lo extremo, por el cambio de lo que parecía inmutable. Pero todavía eran iniciativas individuales, que implicaban a muy pocos, que no cambiaban aquellas sociedades. Es cierto –visto desde ahora– que aquellas discusiones no habían sabido ver el punto en el que sí. Y es cierto que, entonces, las fortalezas de la conservación no se rendían.

Las personas 4

PARA QUERERTE MEJOR

Para él todo empezó cuando su madre se enamoró de aquel señor. No era una novedad: desde su separación, casi diez años antes, su madre había probado varios señores que nunca terminaban de convenirle. Lo cual no la hacía más reticente: se implicaba, los implicaba, los llevaba a su casa, les presentaba a su hijita, intentaba integrarlos. Pero después, al cabo de unos meses o –récord total– un par de años, todo se deshacía en el olvido.

Así que Camila, al principio, no le prestó mucha atención. Al fin y al cabo ya tenía 12 años y sus propios problemas: lo que su madre hiciera o no hiciera le importaba cada vez menos. Su madre, Claudia, se pasaba casi todo el día afuera: con la inflación galopante tan feroz argentina debía esforzarse más con las clases de yoga y los masajes para mantener la casa y la heladera. Camila lo sabía pero igual: a menudo le reprochaba que no le hiciera caso, que no estuviera nunca, y al mismo tiempo se alegraba de poder tener la casa para ella. No era que invitara a amigas o amigos sin decírselo; su placer, por el momento, era saber que podría hacerlo si quisiera.

A Camila no le iba mal en el colegio. El problema eran precisamente los amigos: no tenía muchos y no sabía por qué. A veces suponía que era lógico: ella no era una chica como las demás. Desde muy nena le habían gustado más los juegos de los nenes. Fútbol, carreras, peleítas, las muñecas ni a palos. Llevaba el pelo corto, pantalones, hablaba, cuando podía, con voz ronca. A veces, entonces, los demás chicos y chicas la miraban raro, y alguna vez escuchó palabras como machorra, marimacho, hombruna. Pero no entendía qué carajo podía molestarles.

Su vida le gustaba poco, y para colmo ese señor Ernesto, el novio nuevo de su madre, se metía demasiado: desde el principio intentó integrarlas en el resto de su vida. El resto de su vida era, sobre todo, una hija de –más o menos– la misma edad que Camila, Rosaura, con la que salían a comer, a pasear, a hacer como si fueran toda una familia. Al principio Camila detestó: qué se creía ese hombre, que para enganchar a su mamá tenía que poner a todo el mundo en movimiento. Y peor cuando empezó a tratar a Rosaura: la nena –pelo negro lacio largo, los ojos grandes, los labios rellenos– era como un prototipo de mujer, una que nunca quiso ser nada distinto. Cami no sabía cómo decirle: a veces eran como hermanas pero no eran hermanas: por suerte, pensaba, no somos hermanas.

La odiaba, y pensaba en ella más y más. Y más y más y empezó a alegrarse cuando su madre le decía que los verían y se dio cuenta de que esos días cuidaba más su aspecto, sus ropas, todo eso: se ponía más varoncito todavía. Y, tras unas semanas de zozobra, un día le dijo que le gustaba, si no quería ser su novia. Rosi le dijo que no quería salir con una chica. Que no tenía nada en contra de ella, que, al contrario, le caía muy bien pero que no le parecía, que ella siempre había soñado con salir con un muchacho de esos con el pelo rapado y un penacho y un tatuaje grandote en el hombro.

Camila lloró dos o tres días seguidos. Hasta que se le ocurrió que si era necesario hacerse chico para tener su amor, ella lo haría. Más lo pensaba y más se convencía: que qué bueno poder hacerlo por amor pero que en realidad ya tendría que haberlo hecho mucho antes, que ella no era una chica sino un chico, que por fin iba a ser él mismo. Se dio cuenta –pensó– de que así su vida sería tanto más fácil y, además, ser varón la salvaría de ser como su madre.

Una noche se sentó con ella en la cocina. Hacía cuatro o cinco días que Ernesto no venía, y era raro. Camila empezó a contarle sus planes: había averiguado que podía cambiarse de género en el documento y que eso le daba derecho a empezar un tratamiento con hormonas y otras cosas y que si tenía suerte y todo iba derecho en tres o cuatro años ya nadie se iba a acordar de que había nacido nena.

Su madre la escuchaba perpleja. Al final le preguntó lo primero que se le ocurrió:

–¿Y el pito?

–No sé, ya veremos. Creo que se puede conseguir.

–Bueno, no es lo mismo.

–No, nunca es lo mismo. Pero voy a estar mucho más cerca de lo que siempre quise.

–Lo entiendo, Cami, claro que lo entiendo.

Le dijo su madre, que entendía muy poco pero sentía el deber de decir que entendía. Para recuperar cierto control cambió de tema:

–Y, ya que estamos conversando, sabés que con Ernesto estamos un poco separados, ¿no?

–¿Un poco separados?

–Bueno, es una forma de decir. No creo que volvamos a estar juntos.

–¿Y Rosaura?

–¿Qué pasa con Rosaura?

–No, nada, preguntaba.

Unos meses más tarde Camila Gendín se presentó en el registro civil de su barrio porteño para pedir su cambio de sexo, nombre, condición. A partir de entonces se llamó Camilo –pero siguieron llamándolo Cami. Poco después empezó los tratamientos que terminarían de convertirlo en un varón trans. Los documentos de época cuentan que su transición fue bastante exitosa, pero no vuelven a decir nada de Rosaura. Quizás él también la haya olvidado, quizá no.

5

OTRAS MUJERES

Donde se cuenta cómo estaba cambiando –o no– el papel y el lugar de las mujeres.

El cambio existía y no existía: hablamos de un mundo muy complejo, un mundo que eran tantos. Por un lado, la toma de poder de muchas mujeres había sido la revolución más importante de esas décadas; por otro, muchas seguían viviendo como un siglo antes. Tantas mujeres se habían vuelto otras, y otras seguían, por desgracia, ancladas en lo mismo. En esos días, mientras los biempensantes de Occidente se ilusionaban con unos tiempos en que todo les parecía mutar, en buena parte de África y Asia –e incluso América Latina– la mayoría de las personas seguía sufriendo una moral sexual perfectamente medieval, represión despiadada en nombre de los dioses y el orden familiar. Sus víctimas eran sobre todo, como habían sido casi siempre hasta entonces, las mujeres. Sus victimarios, tantas veces, hombres.

La expresión más brutal de esta tendencia era el corte del clítoris. La ablación genital femenina era un esfuerzo casi desesperado por mantener las estructuras familiares más arcaicas: una mujer sometida a las órdenes de su hombre. Para eso, lo más seguro era evitar que un deseo sexual la impulsara a desobedecerlas: de donde la práctica milenaria de amputarles el clítoris. Tal mutilación es uno de esos hechos que confunden a la historiadora, que la hacen preguntarse si no le faltan datos, si está usando los que debería, si no entendió todo muy mal: cómo una época no tan lejana, que reivindicaba cierto grado de civilización, toleraba prácticas tan bárbaras, no decidía eliminarlas.

Pero parece que no lo decidía, las toleraba, las practicaba con denuedo. En algunos lugares el corte se ejecutaba con los instrumentos y garantías de la cirugía de entonces; en otros, con una piedra o un cuchillo, sin asepsia ni anestesia. El alcance también variaba: los castradores podían cortar una parte del clítoris o todo, los labios vaginales menores o incluso los mayores. Entre unas y otras formas, se calculaba que en 2020 vivían 200 millones de mujeres que lo habían sufrido –y que cuatro millones de niñas lo seguían sufriendo cada año. Los países donde más se mutilaba incluían a Mali, Egipto, Sudán, Somalia, Guinea, Mauritania. Por lo que sabemos, las campañas internacionales emprendidas para acabar con esa práctica todavía no habían conseguido los resultados necesarios. No parece –a la distancia– que hayan sido demasiado enérgicas.

Otra práctica muy difundida contradecía el declive de la institución matrimonial: la persistencia del matrimonio numeroso desigual –o «polígamo». La lista de los países donde se mutilaba a las mujeres coincidía bastante bien con la de los países donde cada hombre tenía derecho a casarse con más de una mujer. El islam le permitía hasta cuatro, siempre que pudiera mantenerlas: el matrimonio numeroso era, como tantas cosas entonces, un privilegio para ricos –en algunos países. En Europa, América, China y Oceanía la poligamia ya era ilegal y perseguida; en Rusia era ilegal pero la toleraban; en buena parte de África y Medio Oriente era perfectamente legal: en Burkina Faso, Mali o Nigeria un tercio de la población vivía en hogares polígamos. Y en varios sitios –India, Malasia, Filipinas– solo era legal cuando la practicaba un musulmán: otro ejemplo del conflicto –muy común en esos años– que se producía cuando los estados no se creían con derecho o capacidad para aplicar sus principios jurídicos y morales por sobre las elecciones religiosas de sus ciudadanos.

Lo mismo sucedía con otra imposición religiosa: el uso, decidido por el islam, de esos paños que tapaban los pelos y las caras de las mujeres, e incluso sus cuerpos. La costumbre era antiquísima y, como la mutilación, olía a terror: el miedo de los hombres a lo que podían hacer sus mujeres, la capacidad de seducción de las mujeres como un arma tremenda que debían desactivar. Como sucede tantas veces, la debilidad se disfrazaba de supuesta demostración de fuerza. En cualquier caso, tras siglos de cumplir con esa norma, el contacto con sociedades más abiertas hizo que algunas mujeres musulmanas empezaran a rebelarse; muchas, no. En los países laicos de Europa, donde la población islamista había crecido tanto, la polémica no se resolvía: algunos estados prohibían el uso de esos paños en lugares públicos y chocaban con mujeres musulmanas que querían seguir su tradición y también con liberales que reclamaban el derecho de cada quien a actuar como se le cantara y acusaban a esos estados de coartar la libertad individual –mientras otros apoyaban la prohibición de esos tapujos como un modo de liberar a esas mujeres. Se discutía, una vez más, si un estado debía imponer sus convicciones o tolerar que cada quien mantuviera las suyas, por más que contradijeran sus principios básicos.

En la mayoría de los países musulmanes, en cambio, el debate era escaso: la obligación estaba clara y, por diversos medios –convicción, coerción, condena, escarnio público–, se forzaba a las mujeres a cumplirla. Lo mismo hacían, para mostrar su afinidad, los judíos más fanáticos.

(Quizá sea un error pero, visto a la distancia y a la luz de los datos disponibles, no había en esos días ninguna cultura que abusara más de sus mujeres que la islámica. Es triste señalarlo así; toda la información, sin embargo, parece confirmarlo: la mayoría de los hombres musulmanes trataba a sus mujeres como su propiedad. O, por lo menos, tenían todo el derecho de hacerlo siempre que quisieran).

Y, por fin, otra práctica que los ciudadanos de los países occidentales creían desterrada y sin embargo tenía gran arraigo eran los matrimonios arreglados. Dos siglos antes esa manera de casarse era la más común en todo el mundo: el matrimonio como unidad de producción de niños y de bienes usaba los métodos más apropiados para cumplir sus metas (ver cap. 4). En Occidente esa idea perdió fuerza frente a la ilusión amorosa, pero en ciertos países la lógica productiva

–producir, al menos, descendencia conveniente– se mantuvo y los matrimonios seguían siendo determinados por los padres y los casamenteros. En la India, en esos días, más de la mitad de los matrimonios seguía ese proceso: entre los elementos que debían coincidir estaban la religión y la casta, el poder económico y los horóscopos. Las cifras indias mostraban que los matrimonios arreglados eran más sólidos que los espontáneos y que, tras un período de declive, esa certeza los había hecho crecer de nuevo. Numerosos textos de la época se emocionaban o se reían de ese momento peliagudo –a veces en la propia boda o en su víspera– en que una persona conoce a otra persona con la que va a pasar su vida.

Había, también, un caso extremo de matrimonios arreglados: los que incluían a niñas. Un estudio de 2018 mostraba que, en todo el mundo, una de cada cinco mujeres entre 20 y 24 años había sido casada antes de cumplir sus 18 –y que había, en total, unos 700 millones de mujeres casadas cuando niñas. La costumbre estaba declinando pero seguía muy difundida en la India, el resto de Asia, buena parte de África y ciertos países de América Latina. En ellos un cuarto de las mujeres habían sido casadas antes de cumplir 15 años. Esa premura tenía, entre otros, un motivo económico: en muchos matrimonios la familia del novio le pagaba a la familia de la novia un precio, en dinero o en ganado, para compensar lo que había gastado en criarla, ya que sería la familia del novio la que la usaría para cocinar, lavar, limpiar, parir, cuidar a niños y mayores. El precio, en general, bajaba a medida que la niña crecía y disminuía su tiempo de amortización; nadie quería perder plata, así que debían vender lo antes posible.

El machismo era, también, un problema de clase: por cuestiones de educación y de culturas, los más pobres solían serlo más que los más acomodados. Era otra forma de esa desigualdad que sufrían las más pobres –y también sus hombres: los victimarios eran, al mismo tiempo, víctimas de su propia violencia.

* * *

Esos bolsones de machismo extremo –esos lugares donde las mujeres seguían reducidas a esa subordinación que habían sufrido desde siempre– se contradecían con los avances que otras mujeres estaban consiguiendo en otros. En Europa y América –y también entre las nuevas clases medias asiáticas– las mujeres habían avanzado en serio en esos años. En muchos de ellos los movimientos feministas eran las organizaciones políticas más activas y exitosas.

Una característica central de ese movimiento fue que reunió sensibilidades políticas diversas. Había sectores que no concebían la liberación de las mujeres sin la liberación de los pobres, pero otros las desligaban sin dificultad, y así fue como militantes populares pudieron compartir reclamos con banqueras, empresarias con empleadas de limpieza, izquierdas y derechas, okupas y rentistas. El feminismo fue, quizá, la quintaesencia de los movimientos «identitarios» que proliferaron en esos años.

«Los movimientos identitarios son –en sentido estricto– la imaginación de una época sin imaginación. O sea: movimientos sin necesidad de imaginar proyectos por los cuales pelear porque su proyecto son sí mismos, es conseguir para los propios lo que ya tienen los ajenos. Los movimientos identitarios, en general, no pretenden reformular las estructuras de nuestras sociedades: no cuestionan la propiedad privada, la plusvalía, el reparto de las riquezas, las formas del poder. Defienden, contra los ataques de que son víctimas, a los que portan esa identidad.

Así el feminismo –digamos– no precisa imaginación: es la aplicación de la lógica natural al esquema social. No hay que inventar el cuerpo social que lo levanta: somos mujeres. No hay que crear estructuras de esperanza: tenemos que tener los mismos derechos que los hombres. No es imaginación, es pura lógica, justicia en construcción.

Y es necesario y es urgente y es indiscutible: todo eso le permite esta potencia en una época impotente. Los movimientos de mujeres también son tributarios de la idea derechohumanista: defensas de la vida contra las agresiones que la amenazan, tanto por la violencia machista como por los abortos clandestinos como por las discriminaciones laborales, morales, religiosas. Gracias a esos disparadores, las vidas de millones de mujeres van cambiando», escribió, en esos años, un observador sin muchas luces.

Pocas cosas mejoraron tanto en ese tiempo como la situación de las mujeres en los países ricos; en otros, mucho menos. La pelea feminista tenía, como otras, metas muy distintas según los lugares. En esos años las mujeres saudíes habían conseguido el derecho a manejar vehículos pero seguían dependiendo de un «guardián» hombre –primero su padre, después su hermano o su marido– para cualquier decisión importante. Al mismo tiempo muchas mujeres indias y chinas peleaban por el derecho a alimentarse en épocas de hambre, cuando los hombres seguían teniendo prioridad sobre la poca comida disponible (ver cap. 8). En cambio las mujeres occidentales discutían sobre todo tres temas: igualdad de participación y de retribuciones, derecho a decidir sobre sus cuerpos, protección contra la violencia.

Su presencia en la vida pública y laboral había aumentado mucho, en las décadas anteriores, apoyada por las cuotas que la hacían obligatoria y, en muchos países, ya no eran necesarias: el sentido común de la época alcanzaba. Sin embargo, no tantas gobernaban: una canciller de Alemania renunció aquel año tras una década en el poder europeo, una de Inglaterra renunció tras un mes en el poder británico, una de Finlandia se tambaleaba porque la habían visto bailando y una derechista italiana acababa de ganar sus elecciones; también gobernaban mujeres en Nueva Zelanda, Bangladesh, Nepal, Namibia, Grecia, Túnez, Taiwán, Samoa, Dinamarca, Etiopía, Honduras, Singapur y una quincena de países más: era, probablemente, la cifra más alta de la historia –y, aún así, no llegaban a un sexto de las naciones del planeta. Las mujeres tampoco habían alcanzado todavía la mitad de los puestos dirigentes de las empresas, por ejemplo. En los países más avanzados solían ser entre el 30 y el 40 por ciento. Y en todos su salario medio seguía siendo inferior –por igual trabajo– al de los hombres.

(Era curioso lo que pasaba con las mujeres cuando llegaban al poder: nada. Digamos: nada que las distinguiera demasiado de los hombres en el poder. Se diría que, en esa frase, lo importante era «el poder», no el sexo de quien lo ejercía. En aquellas décadas, desde que empezaron a encabezar gobiernos, pareció como si la mayoría de esas mujeres se hubieran propuesto desmentir cualquier atisbo de sospecha de posibilidad de acaso imaginar que su condición femenina las haría más débiles –menos capaces de poder con el poder– y se volvieron superhombres: Margaret Thatcher fue el caso emblemático, pero también Golda Meir o Benazir Bhutto o Angela Merkel o Cristina Fernánez. Fueron mujeres que intentaron demostrar que, en el poder, ser mujer no significaba casi nada. Contra cualquier postulado de que lo femenino podía ser diferente, contra aquel discurso que sostenía que los que habían hecho la guerra y la injusticia y las sombras del mundo eran los hombres, ellas contribuyeron a la idea de igualdad de géneros: que una mujer puede ser tan inclemente como el más inclemente de sus conciudadanos.

Un ejemplo rumboso de esa divergencia entre feminismo y democracia era que Nicaragua, entonces una dictadura despiadada, fuera el país latinoamericano con menor brecha de género, según el Índice Global de Brecha de Género del Foro Económico Mundial que la situaba séptima tras Islandia, Finlandia, Noruega, Suecia y un par más).

* * *

El derecho al aborto era la expresión más acabada de la voluntad de muchas mujeres de manejar la concepción, de decidirla y no sufrirla. Era, estaba claro, una solución de emergencia cuando las otras soluciones no habían funcionado –y el mayor acceso a métodos de contracepción estaba consiguiendo reducir la cantidad de abortos en el mundo; aún así, millones lo reclamaban con fuerza en muchos sitios.

El aborto se había legalizado por primera vez un siglo antes, en la Rusia soviética, 1920, pero muchos países seguían reprimiéndolo. Estaba permitido en casi todos cuando había una razón de «fuerza mayor» –peligro para la salud de la madre, violación, incesto–; lo que dividía las aguas era si una mujer podía solicitarlo sin más explicaciones. Lo permitían un tercio de los países –la mayoría de Europa, Rusia, China, Australia, Argentina entre ellos– y lo prohibían los demás. Pero incluso donde la ley lo aprobaba, muchas mujeres todavía tenían problemas para conseguirlo: médicos que se negaban a practicarlo por prejuicios religiosos, instituciones que remoloneaban, descalificaciones varias. El derecho al aborto se había convertido en una de las polémicas fuertes de la época –y en 2022 una decisión de la Corte Suprema de los Estados Unidos, que volvió a hacerlo ilegal en su país después de medio siglo, calentó inesperadamente el conflicto. Así como otros reclamos eran transversales y reunían a mujeres de distintas clases, a partidos de diversas políticas, el aborto todavía funcionaba como un parteaguas: dividía a los partidos y sectores de «izquierda» –que lo apoyaban– y los de «derecha», que solían manifestarse en su contra.

La pelea por el derecho al aborto acompañaba el desarrollo de una idea que siempre había sido acallada: por primera vez, cantidad de mujeres manifestaban que no querían ser madres, que no les interesaba, que la maternidad no era la culminación de la femineidad. Era un quiebre importante: aunque muchas lo habían sentido a lo largo de la historia –e, incluso, habían actuado en consecuencia–, muy pocas se habían atrevido a proclamarlo.

Otro tema principal del feminismo era la pelea contra la violencia de género. Gracias a su combate se supo que en todo el mundo, cada año, una de cada diez mujeres era agredida física o sexualmente por un hombre cercano –y que, por supuesto, esas cifras variaban tanto según las regiones: en ninguna los ataques eran tan numerosos como en África. Se calculaba que aquel año había habido en el mundo unos 500.000 homicidios (ver cap. 23). Solo una de cada seis víctimas había sido una mujer, pero el feminicidio era particularmente odioso porque los asesinos solían ser hombres que esas mujeres conocían –esposos, novios, exes, parientes, amigos, conocidos.

El feminismo convirtió esta plaga silenciada en un tema de debate del que se ocuparon las legislaciones de docenas de países. Y la opinión pública: el combate contra la forma primaria de esa violencia, el acoso sexual, tuvo en esos años una gran difusión.

Todo había empezado a mediados de la década anterior con el llamado #MeToo, la iniciativa de una actriz norteamericana que propuso, en las redes sociales del momento, que las mujeres que hubieran sido acosadas dejaran de callarlo y lo contaran. El efecto cascada fue inmediato: miles de casos que habían sido ignorados durante décadas salieron a la luz, con consecuencias varias. Así produjeron una conciencia y un cuidado que hicieron que los hombres abandonaran la presunción de que podían usar impunemente sus distintos poderes para conseguir sexo. Algunos sectores, sin embargo, se quejaron de que el movimiento también produjo una ola de puritanismo asustado en que tantas personas –hombres, sobre todo– se privaban de cualquier seducción por miedo de sobrepasar unos límites que no siempre les quedaban claros. En ciertos círculos del MundoRico surgió la costumbre de firmar –en soporte digital o no– un acuerdo previo entre dos jóvenes que estuvieran por iniciar algún juego sexual: así quedaba claro que no había habido abuso.

Y, por otro lado, la catarata de denuncias causó gran cantidad de condenas sociales a los denunciados. Muchos las merecían; algunos, sin embargo, lamentaban que no hubiera ninguna instancia donde pudiesen defenderse, argumentar su inocencia: que bastaba la acusación para que fueran «cancelados».

La idea de la «cancelación» fue central en este asunto: alguien sospechado de algún tipo de acoso o tropelía era forzado a abandonar su vida social o laboral. El movimiento, por supuesto, tuvo más fuerza en Estados Unidos, donde se había originado, pero sus olas llegaron a la mayoría de los países ricos –y desarmaron muchas vidas. Y crearon, seguramente sin querer, una corriente moralista que tiñó, curiosa paradoja, aquellos tiempos que se habían imaginado más allá de la moral.

El movimiento de las cancelaciones se cruzaba, a veces, con uno característico de la época: lo llamaban «corrección política» y era la prohibición, muy MundoRico, de decir cosas que pudieran ofender a quienes las oían. Su voluntad de acabar con las agresiones a ciertos sectores vulnerables era perfectamente defendible, pero a menudo se excedía y terminaba por tratar a todos como si fueran criaturas indefensas que podían ser gravemente lesionadas por dos o tres palabras fuera de lugar. Era, en ese sentido, una época reaccionaria: reaccionaba contra ciertas libertades –de palabra, de gestos– en nombre de ciertos derechos o valores. Una época paternalista: se protegía a ciertos grupos o personas en la asunción de que no sabrían o podrían protegerse o que precisarían esa protección. Era lo que había hecho, durante tantos siglos, la religión cristiana.

Eso produjo efectos: era difícil decir nada porque no se sabía cómo lo tomaría algún otro; entonces muchos elegían callarse por si acaso. Otro efecto curioso fue la desnaturalización de los insultos: si, durante siglos, muchos de ellos, en muchos idiomas, referían al linaje –acusando, sobre todo, al insultado de descender de una «prostituta»– y a ciertas características sexuales, en ese nuevo clima este tipo de epítetos sonó descentrado antes de sonar incomprensible.

En cualquier caso, fue también una época de transición en el tenor de los insultos. Por el momento solo se había producido esa incomodidad; todavía no aparecían los epítetos de nuevo tipo que se impondrían más adelante.

Junto con la variación de los insultos recrudeció el debate sobre ese tráfico que, durante siglos, se llamó «prostitución»: el hecho de que una mujer –más a menudo– o un hombre, ambos de carne y hueso, cobraran dinero por mantener algún tipo de intercambio sexual con un hombre –más a menudo– o una mujer. La práctica era ancestral –tanto que solían llamarla «el oficio más antiguo del mundo»– pero en esos años los sectores más progresistas, incluidos los diversos feminismos, la discutían con ardor: que si la libertad de usar tu cuerpo incluía la de venderlo o si vender tu cuerpo suponía tal humillación y sumisión al poder del dinero que era una falsa libertad y debía erradicarse. Ya sabemos por qué vía tan inesperada se resolvió el asunto.

Las personas 5

ALÁ NOS PROTEJA

Lo que cambió todo fue aquel ataque, aquella tarde. Reham había nacido en Suez, Egipto entonces, en 1982, hija de una empleada pública y el dueño de una empresita de transportes que vivían con cierta comodidad; cuando tenía 10 años la familia se fue a la capital, El Cairo, por trabajo. Allí, su vida era tranquila: le gustaba escribir su diario, dibujar, y, ya adolescente, salir con sus amigas al cine, al centro comercial, escuchar música, bailarla. Su formación fue la de tantas chicas de clase media urbana: una escuela laica, la televisión, el aprendizaje de las bases del islam –pero ni su padre ni su madre eran especialmente religiosos. En Egipto, entonces, tantos millones no lo eran y se jactaban de no serlo y se sentían modernos por no serlo.

Cuando terminó su bachillerato, el camino marcado la llevó a la universidad. Reham habría querido estudiar psicología o literatura pero sus notas no le alcanzaron: entre las opciones a su alcance eligió servicio social. Al principio no le interesaba demasiado; poco a poco, la posibilidad de ayudar a otras mujeres la fue apasionando. Y al terminar los estudios encontró aquel empleo.

Era un programa llamado *Sueños de muchachas*, en Qalyobeya, un suburbio de El Cairo, donde enseñaba a chicas que no habían ido a la escuela a leer y escribir y otras habilidades que les permitieran conseguir empleo. Ella siempre había querido creer que, como mujer, tenía los mismos derechos que los hombres. Y a menudo había podido confirmarlo y a menudo no, pero las chicas pobres que acudían a sus clases claramente no los tenían. Durante tres años intentó convencerlas de que sí, darles las herramientas necesarias –hasta aquella tarde.

Aquella tarde Reham salía de su trabajo con una compañera, eran más de las tres, el calor apretaba, caminaban por una calle estrecha. Reham llevaba, como siempre, pantalones, una blusa, su pañuelo en la cabeza. De pronto, una mano la agarró desde atrás; Reham gritó, se defendió, pero las manos eran dos y seguían avanzando por su cuerpo. Reham gritaba más, el muchacho de las manos trataba de agarrarla para llevarla a alguna parte, Reham se defendía; todo duró unos segundos, hasta que los gritos atrajeron a un par de vecinas que salieron a sus puertas y el muchacho corrió. Reham cayó al suelo, lloraba; el muchacho, desde la esquina, la miraba como si esperara el momento de volver a empezar. Al fin se fue. Durante meses Reham no pudo caminar por la calle sin mirar todo el tiempo en todas direcciones, como quien teme un nuevo ataque.

Reham ya había sufrido acosos antes de aquella tarde en Qalyobeya, y más de una vez se había sentido culpable «por usar ropas ajustadas, por hacer que la gente hablara de mi cuerpo». Era robusta –un signo de belleza en muchos países musulmanes– y suponía que «había personas que creían que yo usaba esa ropa para provocarlos. Quizá son gente que está equivocada, que tiene problemas, pero usando esa ropa apretada yo los empujo».

Reham vivía preocupada. Dos amigas la convencieron de que Alá la había protegido y que debía agradecérselo rezando más, acercándose a él. Reham empezó a hacerlo, y a pensar mucho sobre su cuerpo y sus maneras de estar en el mundo. Unos meses después de aquel ataque decidió empezar a usar esas grandes cantidades de tela –túnicas, velos– con que muchas mujeres musulmanas ocultaban sus cuerpos. Era una forma de poner una doble barrera frente a sus posibles agresores: el vestido decía que su dueña no quería entrar en ningún juego de seducción, por un lado, y que se ponía bajo la protección de una comunidad y una tradición, bajo la protección de un dios.

Las religiones siempre fueron una forma de defenderse de las asechanzas del mundo y sus alrededores. En este caso, las asechanzas eran muy concretas, y millones de mujeres egipcias hicieron lo mismo. Dos años después del ataque, Reham se casó con un ingeniero informático muy religioso y dejó su trabajo. Tuvo cuatro hijos, pasaba la mayor parte del tiempo dentro de su casa, cuidándola, cuidando a sus hijos, preparando todo para su marido –y decía que así era feliz. Cuando le preguntaron si no lamentaba haber dejado ciertas cosas –ya nunca se vestía como antes, ya no salía con sus amigas, ya no bailaba en fiestas o reuniones porque su marido no se lo permitía–, Reham dijo que «así son las tradiciones de los hombres orientales, y yo estoy de acuerdo. Y de todas formas esas cosas no me cambian. Yo sigo siendo la misma persona. O quizás incluso una persona mejor. Ahora, además, Alá está conmigo y me protege».

6

LAS VIDAS LARGAS

Donde se cuenta cómo las vidas se alargaron gracias a los avances médicos, técnicos, sanitarios –y qué pasó con la nueva vejez.

Se pueden discutir muchas cosas sobre el comienzo del siglo XXI, pero una es indudable: las personas vivían tanto más que antes. Lo mostraba una cifra que entonces se imponía: la llamaban «esperanza» o, más claro, «esperanza de vida».

Pese a su nombre espléndido, la esperanza de vida era un cálculo estadístico: técnicos y programas promediaban la edad a la que morían las personas en un determinado espacio geográfico y así pronosticaban cuántos años podrían durar los que nacían allí en ese momento. La esperanza de vida era una cifra básica que numeraba lo más básico: vivir o no vivir. Esperanza de vida significaba retrasar por más tiempo la muerte –que seguía siendo ineludible.

Durante siglos la esperanza de vida se había mantenido más o menos constante. Hasta mediados del XVIII era raro que superara los 35 años; era cierto que en esa cuenta pesaba mucho la gran cantidad de chicos que morían: dos de cada cinco no llegaban a la edad adulta. La esperanza de vida era un promedio: un intento de describir un conjunto limando sus particularidades. Pero, aun así, era un promedio brutalmente elocuente –aunque, como todos los números, se lo usaba para cualquier engaño. Era fácil decir, por ejemplo, que en 1950 «la esperanza de vida de la humanidad» eran 46 años y en 2020 eran 73.

Era fácil y, aunque ahora la cifra nos pueda parecer menor, representaba un avance extraordinario. Pero decirla suponía no decir, por ejemplo, que en 2020 se calculaba que los nacidos en Norteamérica debían vivir –en promedio– hasta los 79 años y los nacidos en África hasta los 59. No decir que entre un norteamericano y un africano la famosa desigualdad se medía así de fácil, así de despiadada: que uno tenía muchas posibilidades de vivir veinte (20) años más, un tercio de vida más que el otro.

Para eso, las diferencias económicas eran centrales, pero también actuaban otras: estilos de vida, clima, presiones, cataclismos varios y demás sobresaltos. En esos días los cinco países con mayores esperanzas eran, en ese orden, Japón, Suiza, España, Singapur y Francia, que superaban los 83 años; los cinco con menores eran Suazilandia, Lesotho, Sierra Leona, Chad y Costa de Marfil, que andaban por los 50: más de treinta (30) años menos.

(El ser humano promedio –decían entonces, aunque sabían que el ser humano promedio no existía– tenía 31 años, y el africano promedio –que tampoco existía– tenía menos de 20, y el italiano o español promedio tenía más de 45. Era otra forma de decir lo mismo).

Y si las diferencias entre países eran dramáticas, las internas eran casi más feroces: en los Estados Unidos, en 2020, por ejemplo, un varón blanco esperaba vivir siete (7) años más que un varón negro –porque entonces los negros tenían menos plata para curarse y cuidarse y alimentarse bien, y más chances de morir violentamente. En Rusia, por ejemplo, un hombre esperaba vivir diez (10) años menos que una mujer –porque entonces ellos seguían bebiendo y fumando y empachándose mucho más que ellas. En Francia, por ejemplo, tan égalité fraternité, los señores del cinco por ciento más rico, que ganaban más de 6.000 euros, esperaban vivir trece (13) años más que el cinco por ciento más pobre, que ganaba 500. Y así de seguido. La esperanza de vida era un indicador imprudente: hablaba, cantaba, gritaba tantas cosas –pero no es cierto que esa haya sido la razón para dejar de usarlo. Y, más allá de esas desigualdades, la mayoría de las personas vivían mucho más que antes.

(Era precisamente esa constatación, decían algunos, la que hacía más odiosas aún las diferencias: cuando no se podía, no se podía; ahora que se podía, no hacerlo era violencia pura).

* * *

Nada de esto niega que la ciencia y técnica médicas habían avanzado como nunca antes. Aunque la medicina práctica más desarrollada estaba en un momento de transición: el trabajo del médico ya no consistía, como había sido durante muchos años, en revisar a su paciente y evaluar sus síntomas para deducir, gracias a sus conocimientos, el posible diagnóstico. En ese momento un médico era –salvo marcadas excepciones– un operador que pedía estudios y más estudios y podía definir que en un porcentaje significativo de los casos la combinación de tal y cual resultado suponía tal o cual dolencia. La medicina ya era una práctica estadística: era lo mismo que poco después harían las máquinas, acotado todavía por las limitaciones de almacenamiento, actualización y proceso de la mente humana.

Pero en esos días, en el MundoRico, las personas visitaban servicios médicos más que nunca antes. Durante milenios los médicos –o curadores varios– habían sido personajes que solo se consultaban en circunstancias extraordinarias. En 2020 la proliferación de especialistas, de centros de salud, de terapias diversas –y de miedo a las enfermedades, uno de los temas que el público más buscaba en la inter-net (ver cap. 19)– hizo que un ciudadano medio de país rico viera a algún médico entre ocho y diez veces por año. Por lo cual la cantidad de médicos creció enormemente: los países ricos tenían una media de cuatro cada 1.000 habitantes; los más pobres no llegaban a 0,4: diez veces menos médicos por persona.

Pero, globalmente, su cantidad se había multiplicado como nunca. Había más de 10 millones en todo el mundo –y la Organización Mundial de la Salud planteaba que faltaban cuatro o cinco millones más. Estados Unidos, con el cuatro por ciento de la población, concentraba el ocho por ciento de los médicos y el 17 por ciento de los enfermeros.

(Una consecuencia secundaria de ese ascenso del número de médicos fue el descenso social de la profesión: la mayoría de sus practicantes dejaron de pertenecer a la burguesía acomodada y pasaron a ser empleados de clase media, funcionarios que no siempre llegaban bien a fin de mes).

Ningún país tenía tantos médicos por habitante como Cuba –que los exportaba– con más de ocho cada mil habitantes, aunque Italia lo seguía de cerca y Francia, Grecia, el Reino Unido, Georgia o Israel rondaban los seis. Chad, Níger, Liberia o Somalia podían tener, si acaso, un décimo de médico cada mil personas. Y algo parecido pasaba con las camas de hospital: la media europea era de cuatro por cada mil habitantes; la media africana, menos de una. En los países más pobres la escasez de médicos e instalaciones seguía siendo grave: una de las principales causas de muerte de su población. Acceder a la medicina siempre que fuera necesario todavía era un privilegio del MundoRico.

(Pero las enfermedades seguían relacionadas con lo mágico. No existían formas de preverlas a partir del mapa genético y, así, nadie sabía cuáles podrían tocarle y se interpretaba su aparición como un azar inverosímil o el designio de algún ser superior más inverosímil aun. En cualquier caso, no había hoja de ruta previa y la zozobra que producía esa amenaza siempre presente era, según algunos historiadores, un círculo extremadamente vicioso: causaba muchas de las enfermedades entonces en circulación).

Las desigualdades de la atención médica no solo acortaban las vidas de los individuos; también producían enfermedades diferentes. «La civilización es morirse de un infarto. O, por lo menos, eso es lo que hacen cada vez más las personas de los países que se piensan más civilizados, los más ricos», escribió un comentarista guaso en esos días. Y era cierto que en Suecia o Alemania el 39 por ciento de las personas se morían por enfermedades cardiovasculares; en Kenia, por ejemplo, solo el 11 por ciento. No era que tuviesen corazones más fuertes; se morían antes de otras cosas. Diarreas y demás males gástricos, HIV, tuberculosis, desnutrición, malaria y todos esos niños que no conseguían cumplir los cinco años. En el MundoRico, en cambio, la vejez

–el aumento exponencial de la cantidad de viejos– era la consecuencia más directa de las mejoras sanitarias, y un problema que todavía no sabían resolver.

* * *

En esos días la vejez era un rompecabezas nuevo, de proporciones nunca vistas. Hacia 1960 vivían en el mundo unos 3.000 millones de personas y 150 millones tenían más de 65 años: el cinco por ciento. En 2022, sobre 8.000 millones, 800 millones superaban esa edad: el 10 por ciento de la población. El doble de viejos: a veces los números parecen mudos; otras, gritan. El incremento, sobre todo en los países ricos donde los retiros y pensiones eran un derecho adquirido de quien cumpliese 65 años, complicó muchas cosas: si demasiadas personas vivían demasiado tiempo no había forma de que los –relativamente– jóvenes que todavía trabajaban sostuvieran con sus trabajos sus descansos (ver cap. 15).

Pero, además, había una complicación que podríamos llamar ontológica. Con la extensión de la vejez y el aumento de los viejos, la contradicción se hacía más evidente: aun en las mejores condiciones posibles, esos hombres y mujeres se volvían mucho más frágiles que unos años antes, vivían mucho peor. Era evidente que, a partir de cierto momento, todas sus facultades, físicas y mentales, disminuían y nada las reemplazaba: envejecer era pura pérdida. Se escribían tratados que intentaban entender por qué la naturaleza, de ordinario tan sabia, había diseñado un proceso en que las personas solo se degradaban. «Por mucho que intentemos disfrazarlo con adornos tribales, envejecer es ir perdiendo fuerzas, facultades, esperanza, gracia».

Tardaron en entender que el error estaba en atribuir la vejez a la naturaleza: que ese estado no era un devenir natural sino un invento humano –o, punteó alguien, un «error humano». Que, silvestres, las personas solían morirse cuando dejaban de ser capaces de reproducirse –cuando dejaban de ser útiles a la manada–: que un hombre que no podía cazar o una mujer que no podía masticar duraban poco.

La vejez, entonces, ese camino de pura pérdida, no era una falla de la naturaleza; era otra consecuencia del orgullo humano. Inventar la vejez fue un largo proceso que implicó, entre otras cosas, ir controlando los factores que la impedían: primero fueron fieras hambrientas, fríos extremos, el hambre, plantas venenosas; después las guerras y masacres, aguas podridas, infecciones, virus, partos. La extensión de las vidas fue una gran meta y un esfuerzo extraordinario de la civilización que, durante siglos, había dado resultados muy escasos hasta que, en el siglo XX, los cambios técnicos consiguieron una explosión de años. Y sin embargo en 2023 la vejez todavía era aquella novedad incompleta: los científicos habían logrado que las personas vivieran muchos años más, pero todavía no habían aprendido a hacerlos buenos. Ese momento de transición dejaba a tantos perplejos o infelices.

Contra la vejez o, mejor dicho, contra el envejecimiento de los cuerpos, y a favor de esa cultura del yo que fue una de las marcas principales de la época, hubo entonces un desarrollo inédito de todo tipo de técnicas destinadas a conservar y mejorar las carnes personales. Hasta entonces los ejercicios corporales siempre habían servido para preparar a su ejecutante para ciertas actividades físicas: la caza, el deporte, la guerra. En ese principio de siglo se empezaron a usar –con frenesí, sin medida– para modelar el cuerpo de cada quien y adaptarlo a los gustos y temores de la época. Florecieron los gimnasios llenos de aparatos e instructores –donde gentes de toda edad y condición intentaban parecerse a los modelos dominantes–, las lecciones grupales o personales en vivo o en virtual, e incluso esos sirvientes de los más privilegiados que llamaron «personal trainer»: alguien que trabajaba el cuerpo de un solo cliente. Los ejercicios se complementaban con muchas otras operaciones: dietas, potingues, cirugías. Otro ejemplo era el cuidado de sus dientes: esas personas se los lavaban con denuedo porque querían conservar sus huesos propios. Para eso usaban unos cepillos de cerda sintética –que podían ser manuales y eléctricos y que requerían un jabón especial.

En síntesis, se podría decir que en ningún otro momento de la historia tantos hicieron tanto por sus cuerpos. No lo sabían, por supuesto, pero fue su cima: la digitalización creciente de todos los aspectos de la vida los fue volviendo más y más superfluos.

* * *

En cualquier caso, era cierto que la salud había progresado más que otras necesidades. Durante el siglo XX aparecieron medicinas que parecían ineludibles –la aspirina, los antibióticos, la anestesia, la píldora anticonceptiva– y técnicas revolucionarias como la radiografía y la ecografía, los by-pass, los transplantes de órganos y la cirugía láser. Pero la mayoría de los expertos coincidía en que nada había prolongado tanto las vidas como la mejora de la higiene.

Hacia 1920 la enorme mayoría de las viviendas no tenía un baño propio conectado a redes cloacales; el aumento de esas conexiones salvó a millones. Pero en 2020, aunque los habitantes de los países ricos ni lo imaginaban, la otra mitad del mundo seguía sin tener cloacas (ver cap. 2). La mitad que las tenía vivía muy distinto: las personas todavía defecaban y, tras milenios, habían resuelto las formas de hacerlo en espacios higiénicos; gracias a una mezcla de técnicas cloacales cada vez más desarrolladas y mano de obra barata, los baños de los que tenían baños eran lugares casi limpios. La mitad que no tenía cagaba muy parecido a sus tatarabuelos: alrededor de mil millones de personas solían hacerlo al aire libre.

En un mundo que se jactaba de su «globalización», la falta de baños era un ejemplo tan elocuente de desarrollo desigual: mientras que en el MundoRico cagar era la actividad más privada y más oculta, en el Pobre había muchas personas que siempre lo habían hecho con otras, en descampados o letrinas comunes. Lo que para algunos era un tabú absoluto era, para otros, la costumbre.

«Seguramente no lo habría mirado de no ser por el sol: el sol salía tan rojo, bien al fondo, deslumbrante, pero en el contraluz, como sombras chinescas, repartidos por el campo en líneas muy irregulares, dos o tres docenas de cuerpos en cuclillas cagaban en la madrugada. La imagen no era fija: uno se levantaba, uno llegaba, alguno alzaba un brazo en el esfuerzo. Cada cuerpo no importaba mucho: entre todos, compusieron mi primer paisaje de la India», decía un reportaje de la época, curiosamente autorreferencial.

Y miles de millones de personas tampoco imaginaban que el agua debiera «conseguirse». El agua, si acaso, debía «pagarse» a fin de mes, pero tenerla consistía en abrir la canilla o grifo o pluma. Mientras tanto, una persona de cada cuatro –casi dos mil millones– seguía viviendo sin agua potable en su casa y debía ir a buscarla a algún lugar más o menos cercano, una fuente o, si acaso, algún río. Ese gesto que para tantos era absolutamente natural –abrir el grifo y dejar correr el agua– para tantos otros era un sueño, y la diarrea y otras enfermedades sanitarias seguían matando más gente que todas las guerras juntas. Visto desde aquí sorprende que tantos, en tiempos ni siquiera tan lejanos, no tuvieran conciencia de que su mundo era dos mundos.

La higiene, aún así, había mejorado lo suficiente como para incidir en la reducción de otro rubro estadístico muy en boga entonces: la tan mentada «mortalidad infantil» –la proporción de niños nacidos vivos que no llegaban a los cinco años. Durante la mayor parte de la historia la mitad de los niños morían en ese lapso; en 1950 todavía le sucedía a un cuarto de los bebés del mundo. Los niños eran frágiles y particularmente sensibles a las condiciones sanitarias. Era clásico, en ese sentido, el ejemplo de la evolución de Londres tras la «Revolución Industrial» del siglo XIX, cuando la mitad de los chicos no llegaban a adultos y, gracias al agua potable y las cloacas, esas muertes se redujeron a «solo» una quinta parte de los nacidos vivos.

Lo mismo se reprodujo en muchos rincones del planeta durante el siglo y medio posterior; también es cierto –queda dicho– que en muchos rincones no fue así. Por eso la mortalidad infantil fue otro indicador de las enormes diferencias. Todavía en pleno 2020, en todo el mundo, 40 de cada 1.000 chicos se morían antes de cumplir los cinco. Podían llegar a 100 en Afganistán, Somalia o la República Centroafricana y, por supuesto, no alcanzaban a tres en la mayoría de los países ricos. Las condiciones del parto, el acceso a los remedios y los cuidados sanitarios, la alimentación de sus madres, su propia alimentación o la falta de ella –entre otros factores– producían estas diferencias abismales.

* * *

Las técnicas médicas, mientras tanto, seguían mejorando. Y seguían mostrando con demasiada claridad la desigualdad en el reparto de la salud: la diferencia de recursos entre los países ricos y los pobres era disparatada. Un ejemplo obvio eran los transplantes. El transplante de órganos era, entonces, una técnica relativamente nueva: el primer transplante de hígado –entre gemelos– se había realizado en 1954, el primero de corazón en 1967, el primero de pulmón en 1983, el primero de mano en 1999, el primero de cara completa en 2010. Los transplantes todavía consistían en la inserción del órgano de un muerto –lo cual, por supuesto, limitaba mucho sus posibilidades y había obligado a las asociaciones médicas a redefinir la muerte como «muerte cerebral», para evitar que pacientes con cerebros dañados fueran mantenidos artificialmente vivos y sus órganos quedaran sin usar.

(A principios de 2022 un hecho inesperado empezó a cambiar ese panorama: por primera vez en la historia un hombre recibió el corazón de un cerdo. Sucedió en Estados Unidos; el órgano provenía de unos puercos especialmente criados y tuneados para su uso humano. El evento no recibió, entonces, mucha atención –fue otro de esos acontecimientos cuya importancia el mundo solo entendió tiempo después– pero abrió caminos que, durante cierto lapso, fueron muy transitados y salvaron muchas vidas).

Aún con esas dificultades los transplantes crecían muchísimo –en ciertos lugares. Aquel año, sin ir más lejos, Estados Unidos y Europa, con 800 millones de habitantes, habían realizado 65.000 operaciones del transplante más común, el de hígado: uno cada 12.000 habitantes; aquel mismo año en África había habido 800 operaciones: una cada 1.500.000 habitantes.

Eran más de mil veces menos, que se explican cuando se considera la desigualdad primordial: el gasto en salud de cada sociedad. Entre los 11.000 euros por persona y por año que le dedicaban los Estados Unidos o los 7.000 de Suiza, Noruega o Alemania, por un lado, y los 70 euros –sí, anuales– de Níger, Burundi o Etiopía, la diferencia no podía ser más brutal. Va de nuevo: Estados Unidos, por ejemplo, gastaba en la salud de sus habitantes 170 veces más que Gambia. Cada estadounidense podía pagar por su salud en dos días lo que un gambiano en todo el año.

Aunque, por supuesto, dentro de los Estados Unidos –que seguía sin tener un sistema de salud universal– las diferencias también eran estrepitosas. En Europa, mientras tanto, se mantenían los sistemas de salud pública gratuita que se habían formado en los años de la redistribución –cada vez más deteriorados. En casi todos los demás países la diferencia entre la atención pública –a menudo casi inexistente– y la privada solía ser cuestión de vida o muerte.

Cuando se hablaba de gastos en salud se tenía en cuenta el mantenimiento de los hospitales, la adquisición de maquinaria médica y los salarios de los profesionales pero, sobre todo, el consumo de medicamentos. El MundoRico estaba lleno de pastillas. Entre Estados Unidos y los cinco países más prósperos de Europa –650 millones de habitantes, el 8 por ciento de la población mundial– compraban el 54 por ciento de los medicamentos del planeta, pero los países nuevorricos aumentaban su consumo a marchas forzadas y la industria farmacéutica se expandía sin cesar. En 2019, justo antes de la peste, ingresó casi un millón y medio de millones de euros, 60 por ciento más que diez años antes: pocos sectores habían tenido ese nivel de desarrollo.

Había, en ese negocio, varios rasgos peculiares. Para empezar, el hecho de que cada nuevo remedio fuera propiedad exclusiva de quienes lo habían inventado. Se discutía: las farmacéuticas argumentaban que los costos de investigación eran muy altos; les contestaban que a menudo los investigadores habían trabajado durante años en instituciones estatales con fondos públicos, pero las patentes que obtenían eran absolutamente privadas. Se discutía: había quienes planteaban que si un remedio era necesario para salvar vidas nadie tenía derecho a retacearlo so pretexto de que le pertenecía.

De hecho, ya entonces, varios países populosos rechazaban esa imposición: tanto la India como Sudáfrica o Brasil autorizaron la fabricación de «genéricos» –remedios iguales a los «originales» que no pagaban su patente, ya porque hubiera vencido o porque un estado decidía no hacerlo. En muchos casos empezaron a exportarlos y otros países del MundoPobre los aprovecharon. En el Rico las patentes de las grandes farmacéuticas seguían respetándose rigurosamente.

Aquellas compañías definían la medicina según sus intereses. Por ejemplo: como les resultaba mucho más rentable un remedio que debiera tomarse regularmente que uno que actuara de forma puntual, habían desarrollado todo tipo de terapias que suponían la ingesta continua de sus productos. El mundo –y sobre todo el MundoRico– se atiborraba de pastillas: casi cinco millones de millones de dosis consumidas cada año.

(Era un mundo drogón. O, mejor dicho: el MundoRico lo era: allí, un adulto promedio tomaba entre dos y cuatro pastillas cada día. Pululaban «remedios» para casi todo: las personas no tenían que revisar lo que hacían –sus comidas, sus hábitos, sus perezas– porque alguna droga lo solucionaría. Y tomar medicinas se volvió una costumbre. Hasta entonces, las personas las consumían cuando tenían algún problema –un día, dos días, cinco– y dejaban de hacerlo cuando se curaban: tomarse una pastilla era el signo de una anomalía, una perturbación. En cambio en esos días la mayoría se tragaba los mismos remedios mañana tras mañana, noche tras noche, todos los días de sus vidas. Medicarse se volvió una costumbre; la farmacia, un destino habitual).

Pero ya empezaba –aunque muy minoritaria– una tendencia que se confirmaría en las décadas siguientes y que cambiaría muchos rasgos de la industria farmacéutica: era lo que algunos llamarían «medicina ad hoc». Después de siglos donde las enfermedades eran tratadas de forma genérica –todos los que sufren tal cosa deben tomar tal droga–, la medicina fue aprendiendo a asistir a cada quien según las características particulares de su cuerpo y sus males y a producir, para eso, preparados específicos. Lo cual fue particularmente efectivo para combatir la enfermedad más temida de esos tiempos, esa que entonces se llamaba «el cáncer» –y que era, en realidad, un conjunto de tantos males que esa designación solo mostraba su ignorancia.

Hasta entonces, las terapias para los diversos «cánceres» solían atacar por igual células enfermas y células sanas. Fue entonces cuando especialistas en varios países empezaron a buscar –y encontraron– maneras de atacar específicamente a las enfermas. Para eso, por supuesto, primero tuvieron que mejorar las herramientas de análisis para determinar qué tipo de células producía la perturbación; entonces pudieron crear –e introducir en el cuerpo del paciente– elementos que atacaran directamente a las pertubadoras. Ese sistema ad hoc fue una revolución, y se convirtió en el principio de una era nueva para la medicina. Que, en esos días, solo estaba empezando, y todavía tardaría algunas décadas en asentarse plenamente –aunque, por supuesto, con mucha más fuerza en los países donde los pacientes o las instituciones podían pagar esa atención personalizada, que todavía resultaba especialmente cara.

* * *

Mientras tanto, planeaban diversas amenazas. La más agitada era la «crisis de los antibióticos»: médicos, estudiosos, organismos varios solían alertar sobre el hecho de que cada vez aparecían más bacterias resistentes a los antibióticos en uso, y que llegaría un momento en que estos dejarían de funcionar y se produciría una situación catastrófica: los médicos ya no tendrían cómo contener las infecciones y el mundo volvería a su estado pre-Fleming, en que cualquier pequeña herida –u operación– podía ser mortal por infecciosa. Las grandes farmacéuticas, a todo esto, no hacían demasiado: los antibióticos eran difíciles y caros de desarrollar y, sobre todo, no entraban en ese rubro de remedios permanentes que más dinero les hacían ganar.

Algo parecido sucedía con otras drogas indispensables que las grandes empresas no terminaban de poner a punto. Una vacuna contra la malaria, por ejemplo, parecía imprescindible en tiempos en que esa enfermedad tropical mataba, cada año, a medio millón de africanos. Pero era un mercado pobre, que no anunciaba grandes beneficios, y la vacuna llevaba décadas «en proceso» infructuoso. En 2022 se anunció que, tras 30 años de experimentos –y un gasto, en ese lapso, de 200 millones de dólares– en dos o tres años habría una vacuna más o menos eficiente. La gran vacuna del momento, en cambio, recibió muchos miles de millones y se resolvió en menos de un año: las drogas para combatir *lapandemia* (ver cap. 7) fueron la demostración de que, si querían, podían. Porque esa peste afectaba tanto a pobres como a ricos –y al sistema económico global– y porque sus beneficios se anunciaban tremebundos. Una sola farmacéutica, la norteamericana Moderna, reportó en 2021 ganancias de 13.000 millones de dólares vendiendo a entre 18 y 24 dólares cada dosis cuyo coste se estimaba en 2,85.

Aquella peste tuvo, entre tantos efectos imprevistos, el de aumentar los contagios del sida: en los países más pobres, muchos chicos y chicas que ya no podían ir a la escuela o a sus trabajos se lo transmitieron. En 2020 murieron de sida en África unas 450.000 personas; en Estados Unidos y Europa, con una población apenas inferior, murieron en ese mismo año unas 13.000. El sida es un ejemplo muy brutal: una enfermedad que la medicina aprendió a controlar –porque apareció primero en los países ricos– con remedios más o menos caros que muchos no podían comprar y se morían por eso. En 2022 ya casi nadie se moría realmente de sida: cientos de miles se morían de pobreza.

En esos días, además, terminaba de conocerse el gran escándalo del oxycontin, el opiáceo que una compañía norteamericana, Purdue Pharma, vendió durante décadas asegurando que no era adictivo gracias a una autorización del gobierno federal: un circuito de complicidades y corrupciones había permitido que una empresa se llenara de dinero envenenando a millones. En 2020 se calculó que la oxicodina ya había provocado la muerte de unos 500.000 adictos y toda la violencia social que solía rodear esas situaciones. La compañía había sido condenada a pagar unas compensaciones de más de 8.000 millones de euros a sus víctimas –particulares, administraciones– y la reputación de las farmacéuticas estaba por los suelos: solían aparecer en todas las encuestas como el sector más detestado por el público, junto con los gobiernos y las petroleras. La peste *–lapandemia–* les sirvió para recuperar parte de ese prestigio y ganar carradas de dinero.

Las personas 6

LA SALUD DE LOS ENFERMOS

La noticia no fue solo que tenía que dejar el colegio porque la plata no alcanzaba. Esa tarde sus padres también le dijeron que le habían conseguido un marido y que se casaría con él en unos días. Su madre le mostró una foto: el muchacho tenía veintipico y el traje de soldado le quedaba bien. El muchacho era el hermano menor de un vecino de su pueblo, Mpika, en el norte de Zambia; el vecino y sus padres habían arreglado todos los detalles de la boda.

–La dote no fue mucho, unos 300.000 kwacha, porque yo soy bemba, y los bemba no cobran muy caro sus mujeres.

Trescientos mil kwacha era el precio de un ternero mediano. Edna tenía 17 años y pensó que esa boda era lo más lógico: si ya no podía ir a la escuela no tenía qué hacer en la vida.

–Yo no lo conocía, claro, pero conocía a su familia, y mis padres lo habían elegido. Estaba bien.

Su padre era un empleado municipal jubilado, su madre ama de casa, y habían tenido catorce hijos: era difícil mantener a toda la familia. Edna era bonita: alta, espigada, la nariz ancha, los pómulos altivos. Cuando vio al soldado por primera vez se asustó un poco: era raro pensar que pasaría con él el resto de su vida, pero si sus padres lo habían decidido, seguro que tenían razón; Edna había aprendido de sus mayores que los mayores siempre tienen razón.

Así que se casaron sin más novedad y el soldado se la llevó a vivir cerca del cuartel de Kabwe-Chindwin, en el centro del país. Edna estaba contenta; al cabo de un año nació su primera hija, su marido la trataba bien, las cosas funcionaban. Era cierto que el soldado no siempre estaba en casa –a menudo tenía misiones que lo mantenían lejos mucho tiempo–, pero cuando volvía le traía algún regalo y solía embarazarla. A veces Edna se molestaba: era evidente que su marido, durante sus misiones, se acostaba con otras mujeres. Como aquella vez que se pasó seis meses en la frontera con Namibia: años después, Edna pensaría que fue entonces cuando empezó el desastre.

Pero también lo entendía: un hombre no puede pasarse tanto tiempo sin mujer, y su marido era bien hombre. Ella sí se mantenía fiel: las mujeres son una cosa diferente. Cuando su marido estaba fuera, Edna hacía pequeños business: preparaba buñuelos o pasteles y los vendía en el mercado. El sueldo de él no estaba mal –ya había ganado su estrella de sargento–, pero siempre era bueno reforzarlo con algo.

Edna y su marido ya habían tenido dos hijos más –dos varones–, cuando él empezó a sentirse débil, molesto, dolorido. No era que estuviese enfermo todo el tiempo, pero a veces tenía esas crisis que lo dejaban días en la cama sin poder levantarse. Edna le insistía que fuera al hospital, que se hiciera atender; él se ponía nervioso y le decía que se callara.

Corría un enero cuando nació su cuarta hija; en agosto murió el padre de Edna. Y en diciembre la familia tuvo que ir a Kapiri, un pueblo cercano, para un funeral. Edna, su marido y sus chicos caminaban por la calle cuando el hombre se cayó redondo: muchos se acercaron corriendo –en las calles africanas siempre hubo mucha gente– pero no había nada que hacer: estaba muerto.

Edna se enfrentó a su nueva vida: no tenía padre ni marido que se ocuparan de ella, y no sabía adónde ir, qué hacer. Unos días después del funeral encontró una carta que su esposo le había dejado por si se moría: allí le contaba que se había hecho un test de VIH y le había dado positivo –pero había preferido no decírselo.

–¿No te enojaste con él?

–Bueno, al principio me enfermé, me pasé dos semanas en el hospital. Pero después pensé que había muchas otras viudas en la misma situación y que, si ellas podían seguir adelante, yo también.

Y ahora pienso que no vale la pena que me enoje con él, si de todas formas está muerto, no le puedo hacer nada.

Edna imaginó que su marido debía haberse contagiado aquella vez en Namibia: le habían dicho que allí las mujeres eran muy fáciles, muy desvergonzadas. Pero eso no cambiaba nada. Desde que supo que su marido había muerto de sida, Edna entendió que debía hacerse un test, pero tenía miedo. Durante dos años se resistió a saber: sospechaba, pero prefería seguir así. Hasta que un día juntó coraje y fue a una clínica. Tenía que volver una semana más tarde, por los resultados. Ese día la enfermera que la atendió le preguntó si estaba preparada; Edna, nerviosa, no supo contestarle. La enfermera le dijo no, entonces váyase a su casa, prepárese, vuelva mañana. Edna supo que la enfermera le iba a decir lo que ya sospechaba.

–¿Y ahora que soy positiva qué tengo que hacer? Quiero que alguien me diga qué tengo que hacer.

Le preguntó a la enfermera al otro día, y la enfermera no supo qué decirle. La enfermedad se encarnizó con Edna. En los tres años siguientes dos de sus hermanas murieron de sida y ella las acompañó en sus últimos días y se quedó con sus cuatro hijos –además de sus cuatro propios. Después descubrió que su hija menor, seis años, también era positiva. Ese fue un golpe duro: no imaginaba que una nena tan chiquita pudiera estar enferma.

–¿Y qué esperás para el futuro?

–Nada. Quiero hacer todo lo posible para que mis hijos vivan felices, quizá armar un business para que ellos puedan vivir mejor. No sé, eso, hacer algo bueno para mis hijos antes de morirme.

–¿Tenés miedo de morirte?

–No.

Dice, y se ríe.

–¿Por qué no?

–He visto morir a mucha gente. Mis hermanos, mis hermanas, mi padre, mi marido, todos se murieron. Yo me voy a morir algún día, pero no me da miedo. Lo único que me importa es llegar a criar a mis chicos antes de morirme.

–¿Y creés que hay una vida después de la muerte?

–Las Escrituras dicen que sí que hay una vida después de esta vida, y yo les creo.

–¿Cómo te la imaginás?

–No, no me la imagino. No puedo imaginarla. Pero seguro que ahí está.

Edna murió al cabo de tres años. Sus hijos eran chicos todavía.

7

LA MUERTE Y SUS VARIANTES

Donde se cuenta que las personas se morían, qué hacían esas culturas con la muerte y la gran peste que los atacó en 2020.

Las vidas se habían prolongado mucho, es cierto, pero eso no significaba que las personas no murieran. En esos tiempos, cada día dejaban aquel mundo cruel alrededor de 180.000 individuos: es difícil imaginar el drama único como algo tan repetido, tan poco original. Pero esa cantidad significaba que cada año no llegaba a morirse una de cada cien personas; en 1970 eran dos de cada cien. En 2020 se morían pero se morían menos y más tarde, y esa fue una de las causas principales por las que en ese medio siglo se duplicó la población del mundo. La razón de sus muertes era otro canto a la desigualdad: en los países ricos nueve de cada diez personas se morían por enfermedades relacionadas con la edad; en los países pobres, solo seis de cada diez morían de viejos (ver cap. 5).

La muerte, entonces, se escondía. Las palabras la escondían: las personas no se morían sino que fallecían, expiraban, fenecían, entregaban sus almas; algunos incluso perecían; unos pocos, parece, sucumbían. Y todo el aparato mortuorio consistía en ofrecer formas impersonales, normalizadas de morirse. Las personas ya no se morían en sus casas sino en moritorios, no se velaban en sus casas sino en tanatorios, vivían sus muertes como un trámite institucional que debía suceder en un lugar neutro, ajeno –donde, en general, no estaban para morirse sino para «curarse». Se trataba de que no tuvieran que enfrentar el pasaje: el moribundo ya no se despedía de los suyos en una ceremonia íntima que asumía el final sino que era sedado para que se acabara sin notarlo. Nadie se enfrentaba con su muerte sino que la esquivaba todo lo que podía, incluso cuando no le quedaba modo de esquivarla. La muerte era, en esos días, el tabú más profundo.

(Fue un momento extraño. Decía un escritor Flaubert, francés del siglo XIX, que había habido en Roma, mucho tiempo antes, entre Cicerón y Marco Aurelio, un momento único en que «los dioses ya no estaban, Cristo todavía no estaba, y solo estuvo el hombre». Aquellas décadas del siglo XXI fueron algo semejante: el breve lapso en que todos se morían todavía pero muchos ya no creían que sus muertes los llevaran a otra vida; ese momento cruel en que la muerte fue real).

Las grandes religiones monoteístas, prometedoras de post-vidas más o menos eternas (ver cap. 24), siempre habían enterrado a sus muertos. Sin embargo, en esos días, la capacidad de sus cementerios estaba desbordada por el crecimiento demográfico. Se construyeron grandes necrópolis de propiedad horizontal, donde los cuerpos no se depositaban en la tierra sino en nichos superpuestos a la manera de los edificios de departamentos: el sistema no parecía particularmente digno. Solo los más prósperos se enterraban en praderas pastosas que recordaban a las urbanizaciones o barrios cerrados de los suburbios ricos: las tumbas seguían siendo, como siempre, un reflejo de las habitaciones, otra forma de la desigualdad.

Y, al mismo tiempo, la movilidad de las familias hacía más improbable la opción de cuidar durante generaciones las sepulturas ancestrales. Así que, para muchos de ellos, la cremación se volvió una solución. La ceremonia era más simple: se echaba el cadáver a un incinerador y, minutos después, un operario entregaba unas cenizas a los deudos, que podían guardarlas junto al televisor o dispersarlas en algún lugar más o menos significativo. Así, el muerto no necesitaba un lugar físico mantenido a lo largo del tiempo, no se instalaba en ningún sitio: la desmaterialización de los cadáveres estaba de acuerdo con tantas otras pérdidas de materia que definieron a la época.

Y la muerte, así, se resolvía más rápido.

(Era, de algún modo, la venganza del fuego, su última revancha. Si su Era se estaba terminando –ver Prólogo–, si desaparecía de esas vidas, todavía reaparecía en esas muertes).

Al mismo tiempo empezaban a aparecer ciertas grietas en la muerte institucionalizada: la eu-tanasia, una palabra antigua que significaba «buena muerte» era aceptada en unos pocos países (ver cap. 24). Consistía en que, cuando una persona sentía que su enfermedad no le permitía tener la vida que quería, cuando prefería tener ninguna a tener esa, podía dejarla en las mejores condiciones posibles. Durante siglos la eutanasia había sido condenada por la obediencia religiosa que suponía que solo el dios vigente tenía derecho a decidir cuándo se moriría cada quien; después, fue condenada por la soberbia de la ciencia médica, que competía para ver cuánto podían mantener módicamente vivos cuerpos que ya no tenían ninguna vida verdadera. Y tanto las iglesias como cierta ciencia se opusieron cuando Holanda, Bélgica, Luxemburgo, Canadá, Colombia, España y Nueva Zelanda la permitieron; en el resto del mundo seguía siendo tabú, y se equiparaba con el suicidio.

Mientras tanto ciertos datos –siempre confusos– parecen significar que nunca se había suicidado tanta gente como en esos años. Groenlandia, la gran isla entonces helada, se había convertido en la capital mundial del suicidio: en ella, fría, oscura, casi despoblada, 60 de cada 100.000 personas se mataban cada año. Era un caso extraordinario, pero en Rusia, Lituania, Corea, China, Japón, Sri Lanka, Hungría, Ucrania, Uruguay, los suicidas eran más de 20 cada 100.000. En ninguno de esos países los asesinatos eran tan numerosos: la violencia propia mataba mucho más que la violencia ajena.

Ese aumento de la cantidad de suicidios es, pese a todo, discutible: sabemos que, durante muchos siglos, el suicidio no quedó registrado porque se disimuló, se hizo pasar por otras muertes. Era lógico: la mayoría de las religiones lo condenaba por razones de supervivencia: si su dogma aseguraba que la vida después de la muerte era mucho mejor que la vida antes, ¿cómo conseguir que los fieles no se fueran en masa a esa vida mejor –y dejaran a la iglesia de marras sin clientes?

La única forma fue asegurarles que los suicidas no accederían a esa vida posterior tan bien publicitada. Así consiguieron evitar cataratas de suicidios –y conseguir que los que existían se disimularan para esquivar el escarnio correspondiente. En la Tercera Década la pérdida de influencia de esas religiones sobre los estados hizo que los registros se sinceraran y los suicidios se registraran como tales. También es probable que, relajado el tabú religioso, se suicidara más gente que antes.

Así que no hay datos suficientes, pero es lícito pensar que fue el único período histórico en que las personas se mataron más a sí mismas que a otras personas. Y en todas partes los hombres se mataban mucho más que las mujeres: en Europa y América, cuatro veces más.

* * *

Otras maneras de suicidio, más prolongadas, menos espectaculares, seguían funcionando. Durante todo el siglo XX la humanidad había consumido con entusiasmo y sin reparos una droga que mataba a varios millones de personas por año. Fue, quizás, un caso único: otras sustancias nocivas usadas a lo largo de los siglos ofrecían estados de conciencia alterados deseables –el alcohol, los psicotrópicos– o la atracción de un riesgo apetecible, pero el tabaco no modificaba la percepción ni parecía peligroso: era más que nada un objeto aspiracional, una fuente de status y glamour que campeó en las sociedades ricas durante muchos años. Al principio lo fumaban sobre todo los hombres; después, poco a poco, las mujeres fueron «conquistando la libertad» de hacerlo. Ni unos ni otros, por supuesto, creían que los cigarrillos les hicieran ningún daño. «Alguna vez los historiadores se preguntarán por qué, en esos años, millones de personas se envenenaron constante y concienzudamente, sin descanso y sin miedo, sin defensas», escribió alguien en 1990.

En sus mejores momentos el tabaco era consumido por una buena mitad de la población adulta de los países más ricos. Recién a fines del siglo XX sus gobiernos consiguieron desoír los cantos de sirena –y los dineros– de las grandes empresas tabacaleras, admitieron sus perjuicios físicos y, preocupados por la saturación que sus víctimas producían en sus sistemas de salud, lanzaron campañas de concientización y, al fin, prohibieron su consumo en la mayoría de los lugares públicos. Parecía inútil, una de esas prohibiciones que solo aumentan el uso de lo que prohíben; fue curioso comprobar que, al cabo de 20 o 30 años, su consumo en esos países había disminuido a un tercio. Era casi un problema moral: la represión, una práctica tan justamente criticada y desdeñada, había logrado un fin loable.

Aunque también había sido decisiva la operación de imagen: de pronto los fumadores dejaron de ser los hombres y mujeres a imitar, los fuertes, los elegantes, los valientes, y pasaron a ser los débiles cobardes que no sabían resistirse a un vicio tonto. Tanto que, por ejemplo, en esos tiempos en que se suponía que las personas no podían resistir ni siquiera la visión de aquello que podría ofenderlas, algunas series de televisión advertían a sus espectadores que contenían «imágenes de tabaco». Pero, una vez más, el sistema funcionó en los países más ricos, y a nivel global la cifra de fumadores se mantuvo: en 2020 los habitantes de los países más pobres –y sobre todo China– ya habían tomado el relevo, y siguieron envenenándose con nicotina y humo.

* * *

Mientras tanto, las drogas que entonces eran ilegales se mantenían como un foco de atención. En esos años había habido un reemplazo importante: las drogas clásicas de origen natural –marihuana, cocaína, heroína– estaban dejando lugar a las puramente químicas, como la metanfetamina y todas sus variantes. Las «drogas de diseño» eran más fáciles y baratas de producir –no se necesitaban plantaciones, campesinos, funcionarios corruptos, escuadrones armados, contrabandistas–, podían fabricarse en cualquier sitio y sus efectos estaban mejor adaptados a la demanda de esos tiempos. Aunque había una, el fentanilo, más barata y más mortal, que estaba ocupando un lugar cada vez mayor y peor: las autoridades norteamericanas calcularon que en 2022 había matado a casi 100.000 personas –una cantidad que batía todos los récords anteriores.

Todo tiene, siempre, efectos múltiples. Si se mantenía la tendencia a fabricar y vender drogas sintéticas, imaginaban entonces ciertos optimistas, los clásicos países productores –que lo eran por producir las plantas, amapola, coca, marihuana– ya no serían la base del circuito y podrían recuperar alguna paz.

Se calculaba –¿pero cómo saberlo a ciencia cierta?– que el negocio global de las drogas ilegales movía unos 600.000 millones de euros al año, diez veces menos que las drogas legales, muy poco menos que las armas legales (ver cap. 22). Eso habría sido, si acaso, el uno por ciento del comercio mundial, y también solía calcularse que los consumidores de drogas ilegales no pasaban del uno por ciento de la población. Con incidencias tan bajas, era curiosa la repercusión que aquellas drogas tenían en aquel mundo.

(Hay algo allí que resiste a la comprensión del historiador: la cantidad de materiales –películas, textos, músicas, soportes varios– que todavía encontramos, relacionados con la fabricación, venta y consumo de esas drogas. Parece como si hubieran ocupado en el relato global de esos días un espacio radicalmente desproporcionado en relación a su circulación real, a su presencia material. Desde la incomprensión de unos tiempos que no lo practican, todavía esperamos que alguien lo explique y desentrañe).

Más allá de su peso cultural y de la tontería de tantos jóvenes que se morían de sobredosis, es cierto que su circulación producía mucha violencia en los países donde las consumían –y más aún en los países que las producían y vendían (ver cap. 23). Los empresarios que las controlaban necesitaban, para preservar ese control, mantener pequeños ejércitos que se enfrentaban entre sí para defender sus privilegios comerciales. Más allá de sus funciones específicas, aquellos hombres usaban su fuerza para emprender actividades paralelas y su dinero fácil para corromper a todo el que lo mereciera, convirtiendo sus lugares en zonas de confusión y de violencia. Es lo que sucedió, en esos años, en países como Colombia, México, Honduras, Guatemala, Afganistán, Pakistán, Nigeria, Kenia, Myanmar. La cantidad de dinero que manejaban esos empresarios era tan desproporcionada que muy pocos funcionarios –o periodistas o policías o políticos– se permitían rechazarlos: su dinero negro narco les daba un poder extraordinario.

Frente a eso, un movimiento incipiente por la «legalización de las drogas» solía invocar el ejemplo de la «Ley Seca» de principios del siglo XX, cuando los Estados Unidos prohibieron la circulación de bebidas alcohólicas y prohijaron el auge de una serie de organizaciones criminales –«la mafia»– dedicadas a fabricarlas y venderlas. Sin prohibición se acabaría la violencia ligada a este tráfico, decían, y proponían que se legalizara básicamente la marihuana, que era, entonces, la droga que menos violencia producía –pero no se atrevían a incluir en sus planteos a las otras. Algunos países incluso lo pusieron en marcha, y dieron un ejemplo perfecto de cómo una solución a medias nunca soluciona nada.

* * *

En ese extraño 2020 algo que nadie había imaginado produjo una conmoción mundial. Aquel año la enfermedad –la muerte– se transformó en el foco, el gran eje del mundo. La salud había progresado (ver cap. 5) de forma extraordinaria en los 50 años previos –si entendemos la salud como la capacidad de las personas para mantenerse vivas y activas. «¿Qué es la salú sino la conjetura / de que quizá vivamos otro poco?», berreaba una cantante de esos tiempos. Pero aquel año todo ese avance pareció, de pronto, provisorio, frágil.

En esos días muchos deploraban la banalidad: hacía décadas que en el mundo no pasaba nada importante, ninguno de esos hechos que la Historia con mayúsculas recordaría. Ni las grandes guerras «mundiales» ni el mayor holocausto ni la llegada del hombre a la Luna ni un magnicidio realmente magno: esos últimos años habían estado llenos de cositas significativas –quizás incluso más que aquellas: la irrupción de la virtualidad había cambiado las vidas mucho más que un viaje de tres enmascarados al espacio– pero no rimbombantes. Hasta que llegó ese gran corte que la historia –creían– sí recordaría y apareció, precisamente, como un freno en esa evolución de la salud: la mayor peste en mucho tiempo, el más global de los eventos. Y resultó que no lo habían hecho los hombres sino los murciélagos: fue muy decepcionante, casi una humillación.

Lo llamaron «lapandemia». *Lapandemia* consistió en la difusión mundial de un virus –coronavirus SARS-CoV-2–, originado en un pueblo del interior de la China, que en pocos meses llegó a todo el planeta. Pasaba algo de lo que nadie podía escapar. Tenía sus diferencias según las sociedades, los países, pero fue el primer hecho realmente global de la historia humana: miles de millones pensando en lo mismo, ocupándose de lo mismo, definiendo sus vidas por la misma amenaza. El mundo se medicalizó: todo lo que sucedía estaba relacionado con la enfermedad y los intentos de evitarla. Las vidas, las noticias, los esfuerzos, las esperanzas eran un gran relato sanitario.

En la mayoría de los países la primera reacción consistió en confinar –a la manera medieval– a todos los ciudadanos en sus casas. Ese confinamiento duró, según los estados, entre dos y diez meses, y produjo unos nervios y una calma que el mundo no había visto en milenios: se prohibió la circulación salvo cuando era indispensable, se suspendió la mayoría de los trabajos, cerraron las escuelas y comercios y bares y espectáculos y todo lo demás, dejaron de circular trenes y aviones. El mundo superpoblado se volvió, de pronto, inmóvil y vacío.

La muerte, entonces, se convirtió en el único tema: fue el eje que estructuraba todo. Miles de millones de personas hacían lo que hacían por el miedo a morirse. En esos días, gracias a ese miedo, miles de millones aceptaron imposiciones que nunca habrían aceptado de otro modo: resignaron la mayor parte de sus libertades a cambio de la supuesta protección contra el enemigo invisible. Las policías patrullaban las calles para garantizar que nadie más saliera y tantos ciudadanos los ayudaban denunciando a quienes lo intentaban. La tentación autoritaria se encontró con una causa que la justificaba y esas personas pudieron ejercer su despotismo de opereta en nombre del bien común. Los organismos de control de los estados tuvieron, durante esos meses, tanto más poder que en cualquier otra época moderna; unas pocas voces se alzaron para alertar sobre el peligro de que los ciudadanos no pudieran recuperar sus libertades cuando pasara la amenaza; no imaginaban, por supuesto, lo que sucedería.

La fase aguda de *lapandemia* duró más de dos años. Muchas personas perdieron sus trabajos, muchas los cambiaron, casi todas perdieron a alguien más o menos cercano. Durante meses, todas miraron a las demás como enemigas en potencia, una amenaza: el hombre se había vuelto un –portador de– virus para el hombre. Todas dejaron de tocarse y no sabían cómo saludarse: no era importante, salvo cómo un signo de la profundidad con que las viejas costumbres habían sido sacudidas por el sismo corona. La certeza de no tener certezas fue, quizá –relataron numerosos testigos–, lo peor de ese lapso. O, si acaso, lo más interesante.

Sus efectos directos fueron más o menos mensurables: aunque las cifras difieren mucho –porque muchos países no estaban en condiciones de registrar los resultados– la cifra más aceptada rondaba los seis millones y medio de muertos; solo en los tres países más afectados, Estados Unidos, India y Brasil, murieron más de dos millones. Sin embargo, cálculos de la Organización Mundial de la Salud cifraban la cantidad total en más de 15 millones. Esa diferencia abismal era otra muestra del desconcierto dominante.

La peste también sumió a más de 150 millones en la pobreza, redujo las economías a sus peores niveles en décadas y, en medio de tanta caída, confirmó una tendencia: los diez hombres más ricos de aquel mundo –nueve norteamericanos y un francés– duplicaron su patrimonio, que pasó de 700 a 1.500 millones de euros.

Los efectos mediatos siguieron reverberando a través de las décadas. Entre los más significativos, con ser muchos y variados, podríamos resaltar los siguientes:

- La amenaza puso de manifiesto que, en situaciones extremas, los estados eran indispensables –y la famosa «libertad de los mercados» no alcanzaba. Fueron los estados los que decidieron las medidas, los estados los que garantizaron que se cumplieran, los estados los que se hicieron cargo de los enfermos, los estados los que subsidiaron la búsqueda de vacunas, los estados los que subvencionaron a los trabajadores sin trabajo y a las empresas sin negocio, los estados los que inyectaron sumas inusitadas para revivir la economía caída. Tras 40 años en que las políticas de «la derecha» habían consistido en declamar la inutilidad de los estados, ese mismo sector los usó para salvar su mundo del desastre completo. Se abría, en muchos lugares, una etapa distinta.

• Como en toda catástrofe, la farmacología y las terapias crecieron en tropel. Si la Gran Guerra de principios del siglo XX sirvió para mejorar tanto las técnicas quirúrgicas, y su repetición en 1939 sancionó la irrupción de la penicilina, *lapandemia* aceleró la elaboración de vacunas basadas en el ARN –ácido ribonucleico mensajero– cuya difusión podría haber tardado, sin esa urgencia, décadas. Entre esas vacunas y las más tradicionales –pero que también se completaron en tiempo récord–, los médicos y biólogos consiguieron que aquella peste produjera infinitamente menos muertes que su antecedente más directo, la Gripe de 1918, que había matado a más de 50 millones en un mundo con cuatro veces menos habitantes: unas 20 veces más mortífera.

Y sin embargo en varios de los países más ricos hasta un tercio de la población se negó a vacunarse. En algunos –Francia, Italia, Alemania– se manifestaron por las calles, clamaron su rechazo. Ciertos gobiernos decidieron medidas para obligarlos; otros, no. Fue, en todos, un síntoma brutal de la fuerza que había alcanzado la desconfianza de las instituciones y los líderes, que tendría tamañas consecuencias.

• Pero esas mismas vacunas, que protegieron con eficacia a una parte importante de la humanidad, cumplieron otra de las funciones más brutales de *lapandemia*: desnudar estructuras, relaciones, tendencias que la «normalidad» anterior había sabido mantener veladas. Esas vacunas, como es lógico, fueron producidas en los países más poderosos: Estados Unidos, Inglaterra, Alemania, Rusia, China –donde la investigación científica y los medios técnicos lo permitían. Allí, las desarrollaron en general laboratorios privados que, aprovechando la investigación pública y los subsidios estatales, ganaron fortunas vendiéndoles esas drogas a esos mismos estados (ver cap. 5). Así, esos países y los otros ricos acapararon suficientes dosis como para inmunizar varias veces a su población. Alrededor de un tercio de la humanidad fue rápidamente vacunada; los otros dos tercios –África, Asia, América Latina– lo fueron tarde y poco.

Era una caricatura de las desigualdades habituales: unos cuantos países concentraban toda la riqueza –en este caso, sanitaria– del mundo, mientras el resto sufría y los envidiaba. Pero esta vez los efectos no se limitaron a los sermones remanidos de los pocos que solían lanzarlos: *lapandemia* demostró que los más ricos no se podían salvar solos; que no proteger a todos era, a fin de cuentas, no proteger a nadie. No se trataba de pruritos morales: en los países pobres, poco vacunados, siguieron apareciendo nuevas mutaciones del virus que encontraron su camino hacia los países ricos y allí, esquivando vacunas que no estaban preparadas para esas cepas nuevas, prolongaron el contagio y la zozobra. Pocas situaciones, a lo largo de la historia, habían mostrado con más fuerza la necesidad de la solidaridad social, tan declamada como poco practicada. Tampoco lo fue entonces: una cantidad de países pobres pidieron la liberación de las patentes de las vacunas pero el sistema global se opuso y lo impidió. Prefirieron correr el riesgo de los nuevos rebrotes antes que renunciar al dogma –la propiedad privada– y abrir la puerta a quien sabe qué dudas.

• Otro efecto inesperado fue el enorme salto hacia adelante de la civilización digital. Por supuesto, ya antes de *lapandemia* las comunicaciones digitales estaban en auge. Pero fueron los confinamientos sanitarios los que obligaron a las empresas más poderosas y a las familias y agrupaciones varias a tratar de reemplazar cualquier reunión presencial por las llamadas con o sin imagen y los –súbitamente– famosos encuentros virtuales, que se volvieron perfectamente omnipresentes para trabajar, conversar, «conectarse» (ver cap. 17).

Sabemos que, cuando la situación se normalizó, muchas empresas –e incluso muchas familias– decidieron mantener esas formas digitales. Las grandes oficinas empezaron a desaparecer: una de las marcas del siglo XX –aquellos mastodontes de vidrio y acero que concentraban a miles de empleados en un lugar común– perdía su hegemonía (ver cap. 15). Y más allá: la virtualidad se hizo cada vez más habitual hasta que terminaría, como sabemos, invadiendo todos los ámbitos de nuestras vidas. Solo que entonces, claro, lo que empezaba era esa etapa de transición en que el mundo fue plano, antes de recuperar, si no la materia, sí la tercera dimensión.

• En el MundoRico, *lapandemia* desnudó la soledad en que vivía mucha gente (ver cap. 2). Privados de asistir a sus trabajos, a sus contados escenarios sociales, más y más personas pasaron meses sin contacto con otros seres vivos. Una prueba menor es que, en Estados Unidos, uno de cada cinco «hogares» –23 millones– se compró en ese lapso un animal de compañía, perro o gato.

- Por último –aunque esta lista sea incompleta y casi caprichosa– *lapandemia* produjo la sensación, tan justificada, de la fragilidad de todo lo que hasta entonces parecía tan sólido. Si una pequeña mutación de un virus chino causaba esos efectos, era evidente que la civilización humana estaba construida sobre pilotes temblorosos. Algunos lo plantearon como una revancha de la naturaleza, que se vengaba de los malos tratos humanos o, menos animistas, como un ejemplo de lo que podía pasar cuando los hombres modificaban sin tasa el medio ambiente.

Y al mismo tiempo se instaló una forma del miedo que hasta entonces había existido más que nada en ficciones baratas: los ataques biológicos destinados a producir una infección global parecieron de pronto muy factibles. El mundo empezó a temer esta variante posible del terrorismo: si alcanzaba con modificar un virus y ponerlo en circulación para producir semejantes perturbaciones, sonaba perfectamente lógico que ciertos grupos –delincuentes que exigían un rescate, descontentos que buscaban cambios– lo intentaran. Entonces no era más que una idea; sabemos demasiado bien cómo siguió.

* * *

Mientras tanto, en medio de la mayor ola de muertes civiles que el mundo había conocido en décadas, otra idea seguía abriéndose camino: cada vez más científicos y emprendedores pensaban que la muerte no era la conclusión inevitable de la vida sino un error que se podría solucionar.

Hasta entonces todas las formas de lidiar con la muerte habían sido virtuales: la principal era la promesa de esas religiones que aseguraban que, si el creyente obedecía sus reglas, una vida mejor lo esperaba tras el tránsito incómodo. Pero precisamente en esos días, mientras la vida se volvía cada vez más virtual, empezaban a aparecer formas materiales de pelear contra la muerte.

El foco de estos primeros intentos estaba en California, el más rico de los estados de los Estados Unidos. Allí, varios empresarios más o menos jóvenes que se habían enriquecido desmesuradamente con negocios y productos digitales vivían vidas demasiado agradables como para soportar la idea de que se acabarían –y decidieron invertir en evitarlo. Su esperanza era que la noción de esperanza de vida perdiera sentido: que la vida fuera más allá de sus limitadas esperanzas. Ellos fueron los sponsors principales de las investigaciones que se lanzaron en esos años y que, con el tiempo, se fueron alineando en dos vías diferenciadas.

Estaban, por un lado, los que se aferraban a la materialidad tradicional y buscaban recursos para prolongar el uso de los cuerpos. Su estrategia se basaba en todo tipo de terapias celulares, remedios personalizados, mecanismos para detener el envejecimiento y, en última instancia, la fabricación de órganos y miembros para reemplazar los que empezaran a fallar. Tenían un problema: sus proyectos no anulaban la muerte, solo la postergaban –aunque los más ambiciosos ya creían que un plan consecuente de terapias y reemplazos podía mantener un cuerpo en funcionamiento durante siglos.

Por otro lado, los más audaces se adaptaban mejor a la época: trabajaban las opciones virtuales. Fue precisamente en esos años cuando se empezaron a diseñar modos de «escanear» los cerebros humanos para poder transferir toda su información –su persona– a máquinas corpóreas –los famosos robots, que entonces conservaban formas mucho más humanoides– donde podrían subsistir indefinidamente. Es cierto que, cien años después, aquellos primeros intentos –como los reseñados en una crónica de la época, *Sinfín*– parecen ingenuos y entrañables y ligeramente desviados, pero también lo es que sin ellos nunca habríamos llegado a donde estamos.

Las personas 7

EL CEO DECISIVO

En ese mundo había un señor que se llamaba Albert Bourla y el mundo, por supuesto, lo ignoraba. Sucedía entonces con unas 7.999.999.306 personas; las que el mundo conocía eran poquísimas. Pero el señor Bourla –con ese nombre que parecía una broma– se volvió, de pronto, a mediados de 2020, una persona decisiva.

El señor Bourla había nacido enTesalónica o Salónica, que entonces era igual, costa oriental de Grecia, en 1961. Sus padres descendían de una vieja familia judía española: cuando los alemanes invadieron Grecia y empezaron a matar judíos, su madre, a punto de ser fusilada, fue rescatada por un cuñado gentil que pagó un soborno importante a un oficial nazi. La raza aria, a veces, también hacía negocios judaizantes. Su padre, por su parte, se escapó de un gueto y se escondió toda la guerra; los padres de su padre, en cambio, murieron en Auschwitz. El señor Bourla nació mucho más tarde y, tras los colegios, decidió estudiar veterinaria; después de recibirse se especializó en biotecnología de la reproducción con una tesis sobre «los efectos de los implantes de melatonina en las características del esperma y congelabilidad del semen de carneros Karagouniki». Cuando terminó –sano y salvo– semejante exploración se casó con una chica de su barrio y entró a trabajar en un laboratorio de una gran empresa farmacéutica que se llamaba Pfizer.

Pfizer estaba basada en Nueva York, Estados Unidos, donde la habían fundado dos primos germanos en 1849 y fue creciendo a fuerza de comprar competidoras y vender medicinas: el yodo, el alcanfor, la penicilina, la terramicina, la atorvastatina y tantos más y, siempre listo, el viagra, la primera gran pastilla para coger sin ganas. Por eso en esos días tenía unos 90.000 empleados e ingresos anuales de más de 50.000 millones de dólares, el PIB de –digamos– Uruguay o Costa Rica.

El señor Bourla era un hombre de pelo oscuro, ojos oscuros, cara muy común que nadie habría mirado por segunda vez. El señor Bourla era amable, levemente reservado, consciente de que su condición de judío griego no siempre lo ayudaba en una empresa de origen alemán. Pero trabajaba mucho y fue escalando posiciones, ocupando puestos cada vez más empresariales, menos científicos. Era uno de esos administradores tan propios de la época que tenían unos conocimientos técnicos que usaban, sobre todo, para que sus subordinados no los engañaran. Y al fin, en 2019, fue nombrado jefe ejecutivo de la empresa. Así fue como, un año después, tomaría una decisión que resultaría decisiva.

En 2020 fue la pandemia: aquel virus de origen chino que se extendió por el mundo y produjo un pánico como no se había visto en cien años. Miles de millones de personas se encerraron en sus casas, las actividades cesaron de repente, todo quedó perfectamente congelado mientras morían cientos de miles. Pfizer fue una de las tres o cuatro compañías que más rápidamente avanzaron en la búsqueda de una vacuna contra aquel virus, una de las que más dinero público recibieron para hacerlo. El 9 de noviembre de ese año el señor Bourla anunció que esa vacuna había conseguido, en los ensayos clínicos, una efectividad del 90 por ciento.

El señor Bourla vendió, ese día, gran cantidad de acciones de su empresa, que le dejaron una ganancia pingüe. Pero lo significativo no fue eso: cuatro días antes, los electores norteamericanos habían votado contra su presidente, el señor Trump. Las encuestas mostraron que el señor Trump había perdido millones de votos por la pandemia, de dos maneras distintas y complementarias. Muchos ciudadanos le reprochaban su manejo descuidado y tontamente optimista del proceso, sus anuncios de que para noviembre todo se iría solucionando. Y, más en general, la pandemia había arruinado su mejor carta electoral: el avance de su economía. Si el anuncio de la vacuna –y la euforia financiera y social que produjo– hubiera llegado unos días antes, habría funcionado muy a favor de Donald Trump: avance económico inmediato, «cumplimiento» de sus plazos terapéuticos. Lo habrían votado mucho más; se puede llegar a suponer que podría incluso haber ganado. Pero el señor Bourla decidió esperar cinco días más y hacer su anuncio cuando la suerte del bufón ya estaba echada.

La compañía se justificó sin mucho énfasis: que fue porque recién entonces habían llegado a un cierto número de casos. Sonaba leve, lábil, y dejaba dudas: ¿cómo se tomaba una decisión como esta? ¿Se reunirían esos pocos grandes accionistas entre paneles de boiserie y sillones de cuero, whisky de 30 años, y evaluarían los pros y los contras, las perspectivas de ganancia, las simpatías personales? ¿Habría un llamado de alguien más poderoso todavía? ¿Un operador de un candidato cortejando y preparando el terreno semanas y semanas hasta la victoria final? ¿Uno del otro candidato cortejando y preparando el terreno semanas y semanas hasta la derrota tremebunda? ¿Una revelación inesperada y una noche de insomnio? ¿Algún asunto de conciencia? ¿Una mujer fatal, un hombre musculoso, un par de fotos? ¿Algún negocio enorme oculto? ¿Un recuerdo infantil del señor Bourla?

Las personas, entonces, solían hablar de la influencia de las grandes corporaciones en el mundo global; esa influencia también implicaba que no supieran imaginarla, verla. Este caso la muestra tan brutal: un señor que nadie conocía ni eligió tuvo tremendo peso en las elecciones de la gran democracia. Por su demora de una semana, en cualquier caso, los Estados Unidos tuvieron otro presidente. Y el señor Bourla decidió que su vacuna costaría 20 dólares por dosis, una suma imposible para cualquier Estado pobre: miles de hombres y mujeres murieron por esa decisión. Si alguien quiere entender la influencia que tenían, en esos días, las grandes corporaciones, este caso se lo explica con detalles.

Del señor Bourla, en cambio, no conocemos muchos más. Su memoria vuelve a perderse con su jubilación, once años más tarde. Le suponemos una vejez dorada, larga, próspera, apartada de los males de ese mundo que, tan brevemente, conoció su poder entre las sombras. Una vejez, por supuesto, perfectamente vacunada.

8

COMER Y NO COMER

Donde se cuenta por qué un mundo que podía alimentar a todos toleraba 1000 millones de hambrientos –y cómo comían los demás.

Hablar de la alimentación en el mundo en el año 2023 es, antes que nada, una falacia: no había entonces una conducta alimenticia unificada sino tres grandes sectores que comían de formas tan distintas. Si bien las desigualdades de aquel mundo se percibían en todos los terrenos (ver cap. 3), quizá ninguno las mostraba con tanta crudeza como ese ejercicio repetido, indispensable, ineludible, que llamaban comer.

Y que era un proceso tan distinto para cada uno de esos tres grandes conjuntos. En el primero se situaban más de 2.000 millones de personas que no estaban seguras de conseguir al día siguiente todo lo que necesitaban –y, entre ellos, 900 o 1.000 millones que sabían que no. En el segundo, más de 3.000 millones que ingerían suficientes calorías con dietas muy básicas y repetidas. Y, en el tercero, más de 2.000 millones de personas que comían mejor que nadie en la historia hasta entonces.

El sector intermedio era, entonces, el más numeroso –gracias a la incorporación reciente de cientos de millones. Eran sobre todo chinos, indios y demás asiáticos –que habían pasado mucha hambre antes del desarrollo de sus países–, una parte de los africanos y latinoamericanos, unos pocos europeos. Eran los que podían estar más o menos seguros de que recuperarían cada día su gasto de energía –alrededor de 2.000 kilocalorías, según los lugares y las actividades– comiendo, en general, sin pretensiones: como un paso necesario para seguir adelante, como quien recarga.

Eran ellos los que hacían que tres cuartos de la comida consumida en el planeta en esos días fuera arroz, trigo o maíz; solo el arroz era la mitad de todo lo que los 8.000 millones de humanos tragaban cada día. Y, aunque sus dietas cambiaban mucho según las regiones, la mayoría seguía comiendo como habían comido sus ancestros durante siglos, cuando lo conseguían: una base de hidratos de carbono habitualmente cocidos y completados a veces, sobre todo en las grandes ocasiones, con un trocito de alguna proteína animal, terrestre o acuática según la geografía. Sus comidas solían consistir en ese solo plato, consumido con palitos o cuchara o tenedor o –sobre todo en la India– con la mano; a veces se cerraba o se abría con alguna fruta. Bebían, generalmente, agua; con suerte, una cerveza o un jarabe. Su dieta era escasa en variaciones, repetida; solo cambiaba en las grandes ocasiones comunitarias o personales, donde solían preparar algún plato más complejo y más caro que la tradición local consideraba parte de su acervo: la comida de fiesta.

Por encima de ellos, el sector privilegiado estaba compuesto por las mayorías de los países ricos y las minorías ricas de los países pobres: el MundoRico manducaba a su manera. Entre esos 2.000 millones de personas había muchas que comían como nunca nadie había comido antes. La razón era simple: sus mercados, según las listas y las imágenes que todavía subsisten, eran verdaderos emporios donde se acumulaban productos de todos los rincones del planeta en cantidad y variedad y calidad inéditas. Para ellos las estaciones y las fronteras no existían: por primera vez, un funcionario belga o un comerciante indio podían comprar uvas o cordero lechal o salmón durante todo el año, más allá de climas y lugares y demás condiciones. En muchos de estos mercados los quesos eran franceses, las piñas panameñas, el café keniata, la mermelada inglesa, las aceitunas griegas, las naranjas israelíes, el vino chileno, las sardinas portuguesas, el arroz tailandés, la vaca argentina, el ron guatemalteco, el tomate español, el chocolate suizo y la cajera emigrada. Era el resultado de un mercado internacional de los alimentos dedicado a proveer a esos sectores que, así, se apropiaban de una parte decisiva de la riqueza alimentaria mundial. Para ellos, comer era comerse el mundo.

(La banana que merendaba un chico alemán de abuelos turcos en Munich podía haber sido cosechada en una finca privada cerca de Guayaquil, donde habría sido producida con mano de obra campesina muy barata y los mejores abonos y un gran esfuerzo por respetar los criterios europeos –frutas de un color y tamaño uniformes sin el menor rasguño– y lavada y tratada para detener su maduración y empacada con una serie de etiquetas biopurafair y embutida con otras miles en un container y enviada en un camión hasta el puerto donde sería embarcada en un vapor que, en un mes o dos, la llevaría hasta el puerto de Hamburgo donde el container sería cargado en otro camión que lo llevaría hasta un gran depósito a temperaturas bajo cero donde la conservarían sin madurar el tiempo necesario para esperar que un mayorista comprara su partida y se la llevara a sus propias instalaciones, donde la metería dos días en una cámara de gas para reactivar el proceso de maduración y vendérsela a una cadena de supermercados que la recibiría en sus depósitos centrales de la región y a su vez la distribuiría en sus comercios. Allí la madre del chico la compraría y se la daría para merendar, en cualquier estación del año y a 10.000 kilómetros de su lugar de origen, gaseada, multiplicado su costo original por diez o quince.

La cantidad de intermediarios y de procesos que incluía esa banana –explotación de campesinos, producción agraria modernizada, red de transportes y caminos terrestres, desarrollo de la industria naviera, técnicas de crioconservación y maduración artificial, oligopolio de las grandes cadenas, préstamos bancarios– es una muestra muy menor de las complejidades de aquel mundo que, visto desde aquí, mirado desde ahora, nos puede parecer tan simple).

Ese sector privilegiado tenía un esquema de ingestas bastante uniforme: por la mañana comían algo que solía ser igual todos los días, más del lado del pan en Occidente y del porridge en Oriente, con alguna infusión y si acaso algún jugo de frutas; al mediodía comían algo más copioso y salado que podía incluir dos o más platos distintos y, en principio, debía variar a diario; igual que a la noche, cuando repetían la fórmula del mediodía o la alivianaban con la esperanza de dormir mejor. En ambos casos, era habitual que terminaran sus ingestas con una golosina o una fruta –pero nunca al revés: el salado siempre primero, el dulce después.

Sus platos habituales producían una inversión inverosímil: en lugar de los clásicos hidratos con algún agregado de proteínas animales, lo «normal» consistía en un buen trozo de proteína animal –terrestre o acuática– acompañado por hidratos o verduras: un bife con ensalada, una presa de pollo con arroz, un pescado frito con patatas. Esa configuración, que nunca antes se había practicado, necesitaba la muerte de tantas bestias que desequilibraba todo el sistema.

Y bebían durante las comidas. Era una moda de la época pero se consideraba una costumbre tradicional –y sin embargo la idea de beber al comer era reciente: durante milenios, las personas bebieron antes o después de sus manducaciones. Esas bebidas podían ser fermentadas –cerveza o vino, más que nada– o esa otra plaga del siglo XX: las bebidas que incluían unas burbujas, efecto de otro gas que también les inyectaban. Algunas de esas bebidas burbujeantes se presentaban como un símbolo de la época: un jarabe oscuro y dulzón y pegajoso que llamaban cola, por ejemplo.

En ese sector, las distintas comidas tenían sus lugares, con sus funciones y tabúes. Si bien era común que se desayunase en las cocinas, era como un descuido que allí se comiera o cenara: según el tipo de ingesta, la comida y la cena se consumían alrededor de la mesa o frente a aparatos como el televisor (ver cap. 2). El alcohol destilado, por ejemplo –que entonces se trasegaba en grandes cantidades–, era cosa del salón; una bebida alcohólica en el baño era impensable, en el cuarto era señal de secretismo o adicción, en la cocina un apresuramiento tolerable.

Las comidas de mediodía o noche, además, funcionaban como un lubricante social importante: solían realizarse en compañía. Cuando no producían el «encuentro familiar» se usaban como recurso para aceitar «negocios» o «romances». Para satisfacerlos se desarrolló una industria importante: la mayoría de las ciudades ofrecían docenas de negocios de comidas de diferentes lugares del mundo; la «comida local», entendida como comida tradicional y propia, cedió su sitio a una comida que podía llegar desde los sitios más variados. Comer, en esos tiempos y lugares, solía conjugarse con un adverbio nacional: comer chino, comer peruano, comer italiano, comer indio.

(Comer era la ceremonia social por excelencia: un encuentro sin comida de por medio era un encuentro de segunda clase. Se esperaba que cualquier ocasión importante –una «boda», una graduación, algunos cumpleaños, algún éxito– fuera señalada con una comida, cuanto más fastuosa mejor, cuanto más original, más cara, más larga, más recordable, mejor).

Ese sector, que ya era de por sí la élite del mundo, tenía a su vez su propia élite: personas para quienes la comida no era alimentación sino «gastronomía» –entendida como una forma de placer y afirmación social. Comer, para ellos, se transformó en una de las maneras más habituales de mostrar una riqueza nueva, una complicidad: para un nuevo rico era más fácil «saber de comida» que de, digamos, plástica o literatura –y eventualmente más gozoso y más barato y más fácil de exhibir.

Fue entre ellos que sucedió, en esos años, una «revolución» que –en un primer momento– revolucionó poco: un cocinero español emprendió la tarea de disociar el sabor y olor de cada producto de su cuerpo original. En la línea marcada milenios antes por la invención del caldo, aquel hombre quiso romper con la materia y acomodar sus sabores y olores en soportes muy diversos. La idea de la desmaterialización estaba muy de acuerdo con un tiempo en que esa noción empezaba a avanzar en todos los terrenos, pero no terminó de asimilarse. La suya fue una revolución en el territorio de la gastronomía pero tardaría décadas en llegar a serlo en el territorio de la comida. Antes que él, la cocina de los grandes cocineros había sido un foco de creación que después las personas en sus casas imitaban. Los platos del señor español, en cambio, estuvieron pensados –o realizados– con tal grado de dificultad que solo los profesionales podían reproducirlos y, así, mantenían su diferencia y su exclusividad: para comerlos había que pagarles.

(La gastronomía ocupaba tal lugar en el imaginario social de esos países que, en esos años, los cocineros pasaron de ser obreros enchastrados a estrellas rutilantes: se mostraban por todos los medios, explicaban el mundo, predecían los desastres, vendían cualquier producto, ganaban fortunas. Y tuvieron gran éxito programas de televisión que los mostraban elaborando sus platos –en concursos o clases magistrales. Millones los miraban: la cocina había dejado de producir olores y sabores y texturas para dedicarse a producir imágenes. Era otra forma de desmaterialización, otro signo precursor).

Al mismo tiempo, en la otra punta del sector más comedor, imperaba una forma distinta de comer que llamaron *fast food* o «comida rápida». Solía ser más barata y más supuestamente simple; en general se consumía sin instrumentos, pura mano, y sus platos principales habían sido, durante décadas, las hamburguesas –carne de vaca picada dentro de un pan– a la americana y la pizza –queso de leche de vaca sobre un pan– a la italiana, pero en esos años se les habían unido preparaciones de otros orígenes: los bocadillos de carnes y verduras a la turca, los bocaditos de pescados crudos con arroz a la japonesa, las ensaladas rápidas a la ecololó. El mercado del fast food crecía veloz según un modelo repetido: ciertas preparaciones aparecían primero como un exotismo «cool» –una palabra decisiva de la época– y, si funcionaban, se vulgarizaban. En esos días, entre los platos que competían por completar ese proceso estaban los tacos a la mexicana, las empanadas a la argentina, los bao a la vietnamita. Ya sabemos que pasó con todos ellos.

* * *

Mientras tanto, más de 2.000 millones de personas vivían en ese estado que la moralina de la época llamaba, en su habitual sistema de eufemismos, «inseguridad alimentaria». Eran, está claro, lo más pobre del MundoPobre: se definía que «una persona padece inseguridad alimentaria cuando carece de acceso regular a suficientes alimentos inocuos y nutritivos para un crecimiento y desarrollo normales y para llevar una vida activa y saludable». O sea: alguien que a veces conseguía suficiente comida y a veces no y que, sobre todo, nunca estaba seguro de poder conseguirla. Eran la clase baja del mundo, personas que, según las clasificaciones al uso, vivían con menos de dos euros al día (ver cap. 3), cuya supervivencia, por lo tanto, dependía de algún ingreso ocasional o de la beneficencia de los estados o los organismos internacionales. La gran mayoría, como sabemos, estaba en África, Asia y América Latina; unos pocos en Europa, Oceanía y el Norte de América.

Entre ellos se destacaban los más perjudicados: los 900 millones de personas que, según los organismos pertinentes, pasaban hambre. Lo cual significaba que no siempre comían y que, incluso cuando sí, ingerían mucho menos que lo necesario: menos calorías día tras día, menos nutrientes necesarios para desarrollar una vida plena. Según cálculos oficiales de la época, más de 30.000 personas se morían cada día por los efectos de esa «subalimentación». Ya casi no había grandes hambrunas que mataran de inanición a miles o a millones: salvo alguna crisis particular, los mecanismos de socorro conseguían evitarlo. En general sus muertes se debían a enfermedades que habrían sido leves para cualquier cuerpo bien alimentado pero que, para esos organismos débiles, se volvían fatales.

Según las cifras oficiales, el hambre había disminuido en esos años en el mundo. Mirándolas de más cerca se ve que lo que disminuyó fue, sobre todo, el hambre en China; que en el resto del planeta –y sobre todo en África– las cantidades de hambrientos se mantenían. Y crecieron de forma alarmante entre 2020 y 2022: primero *lapandemia* (ver cap. 7) hizo que varias decenas de millones de personas se agregaran al número de los desnutridos; cuando parecía que el virus empezaba a retirarse, la invasión rusa al país entonces llamado Ucrania, gran productor de granos, aumentó en todo el mundo el precio de las materias primas alimentarias –y condenó al hambre a más millones todavía.

Mientras tanto se mantenía también lo que alguien había llamado el «hambre de género»: en muchas de esas culturas no se discutía que, en caso de escasez, los varones tenían derecho a comerse lo poco que hubiera. La regla era antigua y se asentaba en un mecanismo que había dejado de ser cierto: que ellos eran los proveedores de comida y, por lo tanto, si no se alimentaban, la comunidad perdería toda chance de hacerlo. Ya no era así: en muchas de esas comunidades las mujeres aseguraban el sustento –y, sin embargo, el privilegio masculino seguía funcionando.

Al mismo tiempo, se alzaban voces advirtiendo sobre el otro gran problema alimentario de esos tiempos: la obesidad. Los médicos acusaban al aumento exponencial de la gordura por el aumento exponencial de las muertes por problemas circulatorios y de ciertos cánceres muy brutos y de esa gran enfermedad de aquellos tiempos, la diabetes. Ya había, en esos años, una cantidad semejante de obesos que de desnutridos, y algunos autores se entretuvieron con la simetría, suponiendo que el alimento que les faltaba a unos se lo llevaban los otros: que los gordos se estaban comiendo lo que los hambrientos no conseguían comer.

No era cierto: en general los obesos eran los malnutridos –los más pobres– de los países más ricos. El hambre era la malnutrición de los países pobres, la obesidad lo era de los países ricos. En estos países la malnutrición había pasado del defecto al exceso: de la falta de comida a la sobra de comida basura. La malnutrición de los pobres de los países pobres consistía en comer poco y no desarrollar sus cuerpos y sus mentes; la de los pobres de los países ricos consistía en comer mucha porquería y desarrollar aquellos cuerpos rebasados. Eran los consumidores de una comida más y más basura, que servía para sacarse el hambre a bajo costo: llenar de porquerías el cuerpo lo más barato que pudieran. Los obesos no eran la contracara de los hambrientos: eran sus semejantes.

Cundía entonces cierto pánico: cada vez más científicos decían que muchas comidas industriales basadas en los tres reyes magos asesinos de la industria –grasas, azúcar, sal– producían en el cerebro humano el mismo tipo de adicción que el alcohol o el tabaco. Y que en cinco décadas la comida de los hombres había cambiado más que en los 40.000 años anteriores. Y que en ese lapso el consumo de azúcar se había triplicado en todo el mundo: que había pasado de ser un condimento de lujo a uno barato: el primer refugio contra el hambre. El té de los indios, el mate dulce de los argentinos, la gaseosa de todos eran formas de engañar a la panza, mandarle unas calorías rápidas y poco alimenticias que la mantuvieran entretenida por un rato. Y que esa abundancia de azúcares y endulzantes era la razón de buena parte de esa obesidad, incluidos millones de diabéticos.

Más allá de los sobresaltos citados, el hambre de principios del siglo XXI no estaba causado por ninguna emergencia sanitaria, climática o bélica. La inmensa mayoría no pasaba hambre por una situación extraordinaria, coyuntural: llevaba generaciones y generaciones de comer apenas, porque vivía –como sus padres, como sus abuelos– en un mundo organizado para que algunos tuvieran mucho y otros, en consecuencia, demasiado poco.

La producción global de alimentos estaba estructurada para proveer a los mercados desarrollados, para concentrar en ellos la riqueza alimentaria. En 2020 ya habían pasado tres o cuatro décadas desde ese evento silencioso que fue –según un autor olvidado– «el hecho histórico más importante que la historia no registró»: por primera vez la humanidad fue capaz de producir comida suficiente para todos sus integrantes. Ese mundo, donde vivían 8.000 millones de personas, producía comida que habría podido alcanzar para 12.000 millones y producía, al mismo tiempo, casi 1.000 millones que no conseguían comprar esa comida. En ese mundo no había escasez de alimentos; había abundancia de personas que no podían comprarlos.

El hambre era el resultado del sistema de producción y comercialización de los alimentos. El problema no era técnico; era económico y político. El hambre no era consecuencia de la falta de comida o, como decían los predicadores de lo obvio, de la pobreza: era consecuencia de la riqueza de unos cuantos que se quedaban con todo lo que había. Tantos no comían lo suficiente porque la producción no estaba pensada para que todos comieran sino para que algunos ganaran más dinero.

Los mecanismos de concentración de la riqueza alimentaria eran numerosos y eficaces, y se confundían con la normalidad de aquellas sociedades. Por eso sus efectos eran tan amplios, tan graves. Que el hambre ya no tuviera un origen material –que las técnicas de producción de alimentos estuvieran en condiciones de erradicarlo– lo hacía aun más vergonzoso.

(Y el hecho de que casi el 20 por ciento de los alimentos producidos en el mundo se tiraran a la basura no mejoraba nada. Unos mil millones de toneladas de comida se desperdiciaban cada año. No solo producían un décimo de los gases de efecto invernadero; dejaban, por supuesto, a muchas más personas sin comer y desnudaban la estupidez de un sistema que no conseguía siquiera consumir sus propios productos, que se basaba en el despilfarro de una manera obscena).

El mecanismo de exclusión estaba claro: como tantos alimentos se producían para mercados extranjeros, sus precios se habían globalizado, ya no dependían de las condiciones y los mercados locales sino de los mundiales y, así, los habitantes de los países pobres no podían comprar los productos de sus propios lugares –cuyos precios se definían en bolsas de valores como la que funcionó muchos años en la ciudad de Chicago, Estados Unidos. Allí, empleados de las grandes corporaciones especulaban con las cotizaciones del maíz o la soja o el trigo igual que en cualquier otro casino financiero y conseguían aumentos que no tenían ninguna relación con la realidad de esos productos –pero que, en esa realidad, dejaban a millones sin poder comprarlos.

Para explicar aquella «concentración de la riqueza alimentaria» sirve el ejemplo de un país como era entonces la Argentina, que se dedicaba a producir alimentos que podían nutrir a 400 millones de personas y tenía, aún así, unos cuatro millones de malnutridos, porque sus campos se usaban para plantar soja que se exportaba a China, donde se usaba para engordar chanchos. Los productores, en general, preferían producir lo que vendían mejor, no lo que las personas necesitaban. Esa producción se definía como «riqueza del país» pero era, en realidad, la riqueza de sus dueños, y la alimentación de los demás dependía de la distribución –política– de esa riqueza. La fabricación de carne exponía con claridad el mecanismo.

En esos días, para producir un kilo de carne de vaca se necesitaban unos diez kilos de cereal: por decirlo de forma esquemática, cuando un agricultor recogía diez kilos de cereal podía vendérselos a diez familias que comerían un kilo cada una o a un ganadero que se los daría a sus animales para producir un kilo de carne que vendería mucho más caro a una o dos familias. En la opción carne el agricultor y sus aliados –la cerealera que exportaba los granos, la naviera que los transportaba, el ganadero que se los daba a sus animales, el mayorista que le compraba la carne, el transportista que la distribuía, el carnicero que la vendía– ganaban más. Y aquellas diez familias, mientras tanto, se quedaban sin comer.

La carne era, entonces, un ejemplo de esta concentración y, al mismo tiempo, un emblema del éxito: comerla se transformó en esos días en un símbolo de ascenso social. Los chinos, por ejemplo, que medio siglo antes consumían cinco kilos de carne por año cada uno, ya comían más de 60. Hacia 1950 el mundo comía unos 50 millones de toneladas de carne por año; setenta años después, en 2020, siete veces más.

(Mientras tanto, las huestes de los que no comían carne crecían sin cesar. No lo hacían por razones solidarias o humanitarias; en muchos casos, en el MundoRico, personas se hacían «vegetarianas» porque no querían que se mataran animales. No se preocupaban porque su consumo de carne privaba a otras personas de comer; se preocupaban por los animales. Y muchos más, en los países ricos, trataban de comer eso que un publicista astuto acertó en llamar «comida orgánica», como si hubiera existido alguna otra. El crecimiento de ese ramo era exponencial: proliferaban los negocios, sus consumidores. La comida orgánica era la que se hacía sin herbicidas ni pesticidas ni fertilizantes ni antibióticos ni modificaciones genéticas recientes, con métodos perfectamente clásicos. Así se producía mucho menos –los sistemas «inorgánicos» apostaban a la cantidad–, pero eran unas frutas y verduras muy bonitas, incluso muy buenas, que costaban tanto más que las comunes pero sabían mejor y dejaban muy alta la moral: comprar orgánico era, en esos días, comprarse unos gajos de buena conciencia. Y mejor aún si era «fair trade» –si estaba producido en granjas con escrúpulos, que explotaban bien a sus peones y sus tierras–: una etiqueta fair trade le daba al comprador el dividendo de saber que, además de comerse algo sanito, lo hacía por la Madre Tierra o los desarrapados de Somalia o los niños hambrientos de Guatemala, pobres. Los cálculos más simples mostraban que si toda la comida se hubiera producido en esas condiciones arcaicas y preciosas su cantidad habría caído tanto que la crisis habría sido terminal).

El esquema alimenticio de los privilegiados funcionaba con una condición básica: que los que lo practicaran fueran –relativamente– pocos, porque no alcanzaría para todos. La exclusión era condición necesaria y nunca suficiente. Y la carne era, en esos días, la metáfora perfecta de esa desigualdad. Si todos hubieran querido imitarlos comiéndola el planeta jamás habría alcanzado. En 2020 el mundo debía sostener a 1.200 millones de ovejas, 1.000 millones de cerdos y otros 1.000 de vacas y, sobre todo, unos 33.000 millones de pollos y gallinas. «Hay pocos rincones de la Tierra donde no haya más gallinas que personas», escribió una autora de esos días. «El mundo es un lugar donde viven gallinas; somos lo que pulula en los resquicios que dejan las gallinas. Todas las mujeres, hombres, niños, cerdos, vacas y ovejas juntas no les llegamos siquiera a los tobillos: apenas si pasamos los 11.000 millones y ellas son –las cuentas se oscurecen– más de tres veces más. El mundo es un holocausto permanente de gallinas –por no hablar de sus abortos, el holocausto aún más brutal de embriones de gallina. Si el animal hegemónico del mundo es la gallina este mundo está jodido: las gallinas son fábrica despiadada, producción sin escrúpulos, vida para la muerte y el provecho ajeno, dinero para hacer dinero y el desprecio, puro sufrimiento. Hemos armado un mundo de gallinas: en él vivimos para que ellas mueran».

Así era. Las gallinas –pero también los cerdos, ovejas, vacas– se criaban, en su gran mayoría, en establecimientos industriales que amontonaban animales en superficies mínimas el tiempo mínimo necesario para sacrificarlos y venderlos. Para cebarlos, la ganadería usaba el 80 por ciento de la superficie agrícola del mundo, el 40 por ciento de la producción mundial de cereales, el 10 por ciento del agua del planeta. Y sus animales lanzaban a la atmósfera, con sus pedos y eructos, casi un quinto de las emisiones de gases de efecto invernadero que desquiciaban las temperaturas. Por eso los primeros intentos de producir proteínas animales sin animales, en laboratorios, crearon cierta expectativa entre los pocos que entonces las seguían.

El primero en proponerlo seriamente fue un holandés, Willem van Eelen, que, muy joven, había pasado cinco años prisionero en un campo de concentración japonés en Indonesia. Allí, medio muerto de hambre, se le ocurrió la idea; en 1945, cuando esa guerra terminó, Van Eelen estudió medicina y vivió décadas imaginando cómo hacerlo hasta que, hacia 1990, los avances en las técnicas de clonación –y la llamada «ingeniería de tejidos»– lo fueron acercando a sus fantasías: células madre, alimentadas con las proteínas adecuadas en un medio propicio, podrían reproducirse indefinidamente.

En 2013 van Eelen se dio el gusto: discípulos suyos presentaron, en Londres, la primera hamburguesa de carne cultivada. Pesaba un cuarto de libra y costó un cuarto de millón de libras –pagados por el dueño de una empresa digital monopólica– pero los catadores dijeron que sabía a verdadera carne. El desafío, entonces, era mejorar los modos de producción para hacerla accesible. En Estados Unidos, Europa, Israel, Corea, laboratorios de punta de pequeñas empresas ambiciosas lo intentaban; finalmente, en 2021, una de ellas, en Tel Aviv, anunció que sus primeros productos ya llegarían al público.

Que la carne, lo más natural, lo más animal, se volviera un artificio era una idea muy contranatura –y muchos fruncieron la nariz. Pero, poco a poco, empezaron a entender que eso podría producir una revolución solo comparable al principio de la agricultura. Hace más de diez mil años los hombres descubrieron la forma de hacer que la naturaleza se plegara a sus voluntades; a principios del siglo XXI descubrían que ya no la necesitaban. Que, además, no hubiera que matar –animales, plantas– para comerlos era un giro copernicano. Y los efectos, suponían entonces, serían extensos: todas esas tierras que se usaban para criar ganado quedarían libres para el cultivo o, incluso, para oxigenar el planeta. El efecto invernadero cedería y, sobre todo, si ya no fuera necesario usar toda esa comida para alimentar vacas y cerdos, se podría terminar con el hambre de una vez por todas. No pensaron en la contradicción de que fueran empresas privadas, animadas por el lucro, las que llevaran adelante la tarea: el riesgo de que las nuevas comidas se volvieran la propiedad de unos pocos, no el patrimonio de todos. Nosotros, ahora, ya sabemos.

Las personas 8

EL MOLECULADOR

Había nacido en un suburbio de Barcelona, su familia no tenía mucho dinero y él no tenía muchas ganas de seguir estudiando. A sus 18 años se le ocurrió que quería, como tantos muchachos de su edad, irse de vacaciones a Ibiza. Corría 1981: allí, entonces, conocer mujeres parecía más fácil –y él nunca había tenido mucha suerte con eso. Él era flaco, más bien bajo, el pelo crespo alrededor de una cara sin alardes. Para pagarse esas vacaciones tan esperanzadas se empleó de lavaplatos en un restaurante; una de las ventajas era que, con su bife habitual, le daban todas las papas fritas que quisiera. Pero pronto descubrió que los horarios del restaurante no le permitían las aventuras que había imaginado. O, quizá: que la excusa del restaurante era perfecta para justificar ciertas derrotas.

En cualquier caso se quedó allí y, poco a poco, llegó a las hornallas. Después probó en un par más, ya en Barcelona, y dos años más tarde, cuando lo reclutaron para el servicio militar, su trinchera fue la cocina del capitán general. Al salir, harto y preocupado, terminó por conseguir un empleo en un restaurante muy chiquito, medio perdido en una caleta de la Costa Brava, que entonces se llamaba El Bulli. En esos días Fernando Adrián tenía 23 años.

Era uno de tres cocineros y hacía, por supuesto, lo que le decían. Platos más o menos tradicionales, con un leve toque francés, que era lo que entonces se llevaba: salsas cremosas sobre cocciones largas. El Bulli tenía clientes, la cosa funcionaba y, junto con uno de sus colegas, Fernando empezó a recorrer restaurantes del sur de

Francia, a recoger ideas. Cuentan que su momento llegó en Cannes, 1987: en una charla del gran cocinero Jacques Maximin, alguien le preguntó qué era la creatividad. Su respuesta fue simple y, sin embargo, una iluminación: «Creatividad es no copiar». Fernando decidió que ese debía ser su camino.

Durante los seis o siete años siguientes buscó el modo. Se había quedado solo a cargo de El Bulli y trataba de experimentar, pero no terminaba de encontrar el giro. En 1994, de pronto, entendió algo: intentaría separar los sabores y aromas de su materia prima de su materia original. Como quien hacía una sopa de mariscos y extraía en ese líquido el sabor del marisco pero a lo bestia: abstraer, separar forma y fondo, crear una forma distinta de comer.

–En esos días fui a Currito, en Madrid, un restorante muy tradicional y me dieron una perdiz en escabeche muy fea y cuando volví se me ocurrió deshuesarla y servirla de una manera... humana.

–¿Humana?

–Sí, porque nosotros comemos tipo diplodocus, como hombres de las cavernas. Cuando te comes una chuleta a la parrilla estás tragando igual que hace 30.000 años... Y la idea es evolucionar.

Buscaba: uno de sus primeros hallazgos reconocidos fue la espuma. Cuentan que un día Fernando y su hermano Alberto jugaban con tomates: carradas de tomates bien maduros. Fernando hinchaba un tomate con un inflador de bicicleta hasta que, con su lógica bélica, el tomate explotó: el tomate es un animal muy impaciente, rojo por impaciente y hubo trizas de rojo volando por los aires y, en los restos, justo donde el chef había aplicado el inflador, una espumita que era la mezcla del aire y el tomate. Fernando, cuentan, lo probó, y después no descansó hasta que pudo reproducir esa espuma en su cocina. Intentó tantas formas: al fin lo consiguió con un viejo sifón y un poco de gelatina neutra. De la espuma de tomate pasó al perifollo, la manzana, la berenjena, el agua de mar o el humo: cualquier sabor podía perder su carácter material, convertirse en una caricia disolviéndose en el paladar. La espuma era el sabor en estado puro, hecha de esencia y aire: en poco tiempo no hubo chef moderno que no intentara una. Empezaba la cocina conceptual y la fama de El Bulli.

La espuma fue la primera forma de convertir la ingesta en algo abstracto: puro soporte de olores y de gustos. Quesos, espárragos, azafrán, huevos revueltos o jazmines podían ser otras cosas: humos, burbujas, sensaciones. Fernando, ademas, incorporó a la comida algo que rara vez había tenido: el humor. Sus platos eran hilarantes, sus comensales no podían dejar de divertirse –o incluso reírse– mientras se sorprendían.

En 1999 Fernando Adrián ya era Ferrán Adriá, aparecía en la tapa de *El País* como «el mejor cocinero del mundo» y nadie lo negaba. El *New York Times*, poco después, decía lo mismo. Su Bulli se transformó en un sitio de peregrinación para el que había que reservar meses antes –y que nunca tenía espacio suficiente. Sus menús, 20 o 30 platos llenos de sorpresas y emociones, ni siquiera eran tan caros como tantos restaurantes tanto peores. Adriá lo cerraba seis meses por año, que pasaba, junto con su equipo, en un piso de Barcelona inventando sin parar. En esos días se decía que no tenía una casa ni una televisión ni un coche propios: su vida era su cocina, su sala, sus inventos.

–Ahora el reto es que nuestro próximo menú nos copie lo menos posible. Tú ahora ves un helado salado, una espuma, una deconstrucción, y eso es El Bulli. Eso es lo que no queremos hacer. Para seguir siendo El Bulli tenemos que dejar de hacer los platos del Bulli. Por eso estamos acá: para buscar cosas nuevas todo el tiempo.

Era, decían, la actitud del cazador. Si algo definía el espíritu Bulli era esa postura: estar todo el tiempo atento, buscar ideas en cada viaje, en cada comida, en cada película, en cada distracción –y darse los medios para experimentarlas. Pero en 2011, su dueño decidió cerrarlo. Llevaba más de una década dominando la cocina mundial y se aburría. Le parecía que ya había inventado suficiente y, además, le cansaba pasarse la vida diciendo que no: «Yo me dediqué a esto para dar de comer y ahora lo que más hago es rechazar a gente que quiere que le dé de comer», dijo entonces.

Después, durante muchos años, se dedicó a investigar y a dar charlas sobre la innovación. Se pasó el resto de su vida celebrándose: contando cómo había que inventar, inaugurando exposiciones y museos sobre lo que había hecho, en esa extraña posición de no seguir haciendo y seguir festejando lo de antes, cuando sí. Para eso Ferrán Adriá había llegado hasta lo más lejos que llegó el acto de comer; después, muchos cocineros incorporaron sus inventos pero dieron más de un paso atrás: preferían no asustar a su público. Hay quienes dicen que hubo que esperar cuatro o cinco décadas para que su idea de la comida terminara de realizarse en esto que hoy entendemos como tal. También eso, como casi todo, se discute.

9

¿DEMASIADOS PAÍSES?

Donde se cuenta que nunca había habido tantos países y que casi todos tenían sistemas parecidos: elecciones, impuestos, leyes, cárceles.

En esos días el mundo estaba lleno de países: 195 «estados soberanos» reconocidos. En 1920 eran 76: cien años después eran más del doble. Quizá lo más distintivo de la época era que, salvo muy contadas excepciones, cada territorio se preciaba de gobernarse a sí mismo según sus propias leyes y maneras: ese orden, que entonces se presentaba como lógico y natural, no había sucedido nunca antes en la historia.

Siempre había habido imperios, colonias, apropiaciones de tierras por poderes más o menos distantes. Y en esos días el mundo acababa de salir de otra versión de este sistema: la Edad Occidental, el largo lapso en que el Extremo Occidente europeo había ocupado buena parte de América, Asia y África. La última de las grandes descolonizaciones, la africana, tenía solo unas décadas. Quedaban todavía unos pocos enclaves –Guam, Hawái, Malvinas, Gibraltar, Ceuta y Melilla, los territorios franceses de ultramar– pero eran parcelas ínfimas, restos anacrónicos. Lo cierto era que, por primera vez desde que habían empezado a formarse estados, unos 6.000 años antes, no había metrópolis que ejercieran su poder colonial sobre otros grandes territorios. El cambio era radical y muy poco apreciado.

El país era entonces la unidad básica geopolítica del mundo –y habían proliferado inconteniblemente. No había nada más nuevo que los países. Solo siete de los 195 existían como tales antes del 1800: Japón, Francia, Suiza, España, Portugal, Suecia, Estados Unidos –y tanto España como Portugal eran, entonces, imperios 50 o 100 veces mayores. Todos los demás tenían dos siglos o menos y muchos recién cumplían 60 años, una docena 30 –pero parte del relato nacional consistía en presentarlos como entidades eternas, esencias inmutables. Y miles de millones de personas, desprovistas de referencia histórica, lo aceptaban: es probable que los siglos XX y XXI hayan sido la época en que el nacionalismo, basado en esa imagen, sirvió más y mejor a los diversos poderes para mantenerse y llevar adelante sus proyectos. Opacado el brillo de los dioses, fue el gran momento de las patrias.

Allí donde los hombres supieron pelear –durante milenios– por sus divinidades, sus reyes, sus jefes y caudillos, su grupo de dimensiones abarcables, la Revolución Francesa inauguró un período en que la nueva unidad simbólica era «la Nación», la suma de sus ciudadanos. Así, todas aquellas causas y estandartes fueron reemplazados por lapatria, una entelequia que pretendía que los millones nacidos dentro de las mismas fronteras compartían intereses naturales, naturalmente irrenunciables, y debían defenderse los unos a los otros contra los que no habían nacido allí. Pocas ideas derramaron tanta sangre como esta –que en 2020 todavía estaba en su apogeo.

Que –casi– todos los territorios fueran países formalmente independientes no significaba, por supuesto, que cada cual pudiera decidir por sí mismo su destino. En esos días el poder de las potencias globales se ejercía de maneras menos visibles, más sutiles, probablemente más eficaces, y la autonomía de los países pobres era, en muchos asuntos, más formal que real. En ese mundo de desigualdades, una de las más claras se establecía entre los tres o cuatro países todopoderosos y casi todos los demás –bajo la cobertura formal de la igualdad de derechos para todos. La primera línea de intervención de los países dominantes solía ser las relaciones políticas y económicas corrientes; cuando había algún conflicto aparecían las presiones y sanciones comerciales –que el país poderoso no solo ejercía sino que también hacía ejercer a sus aliados menores–; si estas no funcionaban, a veces recurrían a bombardeos, invasiones y demás violencias.

O, en el mejor de los casos, discutían sus diferencias en la gran asamblea mundial creada tras la guerra 1939-1945 para tratar de evitar esos derroches. La –pomposamente bautizada– Organización de las Naciones Unidas era un gran edificio en Nueva York donde los enviados de cada país se reunían a debatir ciertos problemas, se lanzaban inmejorables intenciones y, alguna vez, evitaron incluso algún conflicto armado –siempre que las decisiones comunes no contradijeran los intereses de las potencias hegemónicas.

Hacia 1960 los países que integraban las Naciones Unidas eran unos 80. Entonces empezaron a agregarse las nuevas naciones africanas, caribeñas y asiáticas descolonizadas; después llegaron Bangladesh, las ex soviéticas, las nuevas balcánicas y alguna más, hasta acercarse a las 200: la expansión del número de países fue casi comparable a la del número de personas (ver cap. 1)

La cifra de países no era exacta porque unos pocos estaban en discusión, como Taiwán o el Vaticano, ni tenía sentido porque, más allá de las formalidades, la palabra «país» recubría situaciones tan diversas. ¿Cómo postular que China o la India, con sus 1.400 millones de habitantes, eran lo mismo que Nauru, con sus 10.000, o San Marino con sus 33.000?

La presencia de esos dos gigantes, cuyo tamaño no guardaba ninguna proporción con todo el resto, tendría sus consecuencias. Cada uno de ellos contaba cuatro veces más habitantes que el tercero en la lista, y entre los dos reunían un tercio de la población del mundo. El conflicto estaba servido.

Había otros cinco países que juntaban entre 350 y 200 millones de personas cada uno: la gran potencia saliente, Estados Unidos, y cuatro del llamado Tercer Mundo u OtroMundo: Indonesia, Pakistán, Brasil y Nigeria. Entre 200 y 100 millones había siete, bien variados: Bangladesh, Rusia, México, Japón, Etiopía, Filipinas y Egipto. Esta enumeración deja muy clara una verdad de perogrullo: que la población de un país no definía en absoluto sus características –porque países muy distintos tenían poblaciones semejantes.

En síntesis, solo 15 países tenían más de cien millones de habitantes y, de esos 15, ocho estaban en el extremo asiático, el Nuevo Centro (ver cap. 11). Los otros siete eran tres africanos, tres americanos y Rusia. Otros quince países eran grandes –entre 100 y 50 millones de personas–; los 160 restantes tenían entre 50 millones y 10.000 personas.

Y, pese a las diferencias, el orden mundial del siglo XXI suponía que cada nación era un ente independiente, con autonomía para decidir sus propias leyes y maneras de vida y su gobierno. Los países eran, todavía, una forma muy eficaz de parcializar cualquier iniciativa: todas ellas se segmentaban por país, modernizar este país, cambiar este país, salvar este país. Como si no tuvieran la posibilidad de emprender nada o casi nada más allá de esas fronteras que se habían inventado.

* * *

No solo la forma «país» se había impuesto en todo el globo; la enorme mayoría de esos países usaba los mismos sistemas de organización y de gobierno. Era el que habían iniciado más de dos siglos antes las revoluciones burguesas de Estados Unidos, Francia y Ñamérica. Durante el XX los países más establecidos habían llegado poco a poco a un modelo común, y los más recientes se armaron imitándolos: por primera vez desde la aparición de los estados casi todos compartían un formato semejante. Parece un dato menor pero no lo es: nunca en la historia los estados se habían parecido tanto los unos a los otros.

Describir esas formas puede parecer aburrido; es decisivo para entender la época. Cada estado-nación estaba constituido por un territorio, una población, un gobierno, una burocracia, unos cuerpos armados, una serie de actividades económicas basadas en la noción de propiedad privada. Las formas de gobierno podían variar y, en función de ellas, variaba también el grado en que los ciudadanos podían influir en la marcha de su país.

En general, los aparatos estatales se presentaban divididos en tres grandes bloques que, no por azar, se llamaban poderes: el «Poder Ejecutivo», que incluía todos los organismos de gobierno, desde la presidencia hasta la última secretaría; el «Poder Legislativo», que comprendía los parlamentos o congresos donde se elaboraban las leyes; y el «Poder Judicial», que englobaba a los tribunales de justicia y su personal especializado.

Esa misma estructura, que funcionaba a nivel nacional, se replicaba en los niveles regionales y provinciales, consumiendo una cantidad muy notable de personas, recursos y energía. Los operadores de los dos primeros poderes se definían en elecciones más o menos libres, más o menos amañadas según los casos. En cambio casi todos los miembros del tercero eran nombrados por otros integrantes del mismo cuerpo, según un sistema de méritos y exámenes que nunca terminaba de excluir los acomodos personales y las alianzas políticas.

Los estados solían ser estructuras muy complejas que empleaban a millones de personas. La cantidad variaba mucho pero se puede calcular que, en el MundoRico, uno de cada cuatro o cinco trabajadores era empleado por un estado. Esto incluía, por supuesto, tanto a funcionarios y administradores como a maestros, policías, médicos, enfermeros, basureros, jueces, soldados, ferroviarios, investigadores, bomberos y un larguísimo etcétera. Así, los estados gastaban una parte significativa de los dineros del país para cumplir con sus obligaciones básicas. Entre ellas estaban la supuesta representación y realización de la voluntad de sus ciudadanos a través de sus estructuras de poder; su supuesta defensa ante las amenazas extranjeras que, en esos días, no solían aparecer; el supuesto cuidado de su salud, su educación, su vivienda, su seguridad; el supuesto control de las condiciones sanitarias, alimenticias, ambientales y demás contextos necesarios para la supervivencia general; la definición de esas reglas de convivencia llamadas «leyes» y su aplicación según los mecanismos de la «justicia»; el tan mentado «monopolio de la violencia», que volvía más o menos ilegal cualquier uso particular.

Todos esos gastos de los estados se basaban en una prerrogativa decisiva: su potestad de cobrar «impuestos» a sus ciudadanos. O sea: de recaudar así el dinero supuestamente necesario para cumplir con todas sus funciones.

Los impuestos eran cantidades de dinero que cada estado reclamaba ante cualquier movimiento económico de sus súbditos, y solían ser un porcentaje de dicho movimiento. Podían ser indirectos: la parte que se apropiaba un estado cuando cualquier mercancía era vendida o comprada o cualquier servicio prestado o requerido. Podían ser directos: la parte que se apropiaba de lo que cada ciudadano ganaba por su trabajo o, incluso, de las propiedades, muebles o inmuebles, productivas o improductivas, que poseía. El tipo de impuesto que cada estado practicaba más y las proporciones que percibía definían sus características y eran objeto de las discusiones más encendidas.

Los impuestos indirectos eran considerados «regresivos»: le cobraban, en proporción, mucho más a los ciudadanos más pobres, que debían pagar sobre cada consumo la misma cantidad que los más ricos –y eso suponía una porción mayor de sus ingresos. Los impuestos directos solían ser considerados más «progresivos», en la medida en que cobraban más a los que más tenían –y, en muchos países, sus proporciones aumentaban según aumentaban las sumas percibidas o poseídas.

El dinero de los impuestos era el capital con que contaban los estados para desarrollar sus actividades. Se suponía que esos impuestos servían para «redistribuir» de algún modo la riqueza: que parte del dinero de los que más tenían beneficiaba a los que menos al ofrecerles distintos servicios –educación, salud, seguridad, insumos varios, subsidios, pensiones– que no podrían obtener por sí mismos. La teoría estaba clara; la práctica, muchas veces no. Una parte importante de los ingresos por impuestos se gastaban en el aparato de los estados, que muchos veían como excesivo, o en inversiones que solo beneficiaban a los sectores con más poder en él.

Y los impuestos solían ser la herramienta que los políticos en el gobierno más usaban para favorecer a sus amigos –cobrándoles menos que lo debido– o para consolidar su poder. La forma más común consistía en utilizar el dinero recaudado para entregar dádivas a los más pobres, estableciendo con ellos lo que todavía se llamaba una relación de «asistencialismo clientelar»: el gobierno de turno –nacional, provincial, local– otorgaba esos dineros o bienes y, a cambio, esperaba que sus receptores lo apoyaran en elecciones, movilizaciones o lo que les pidiera.

Por otro lado, las diferencias en la capacidad de recaudar impuestos –y por lo tanto de gastarlos en sus políticas públicas– entre los países más ricos y los más pobres era otra de las desigualdades dominantes.

La media global del gasto de cada estado rondaba el 45 por ciento de su Producto Interno Bruto, que era la cifra, por ejemplo, de Estados Unidos, Israel, Australia. Los países ricos de Europa gastaban algo más –entre el 50 y el 60–, y los asiáticos bastante menos –entre el 40 y el 30 por ciento–. En la mayoría de los países africanos y los más pobres de América Latina, los estados gastaban menos del 20 por ciento de su PIB. Los estados más pobres no tenían los mecanismos, la credibilidad, el control necesarios para recaudar más, y no les alcanzaba para asegurar los servicios básicos que debían ofrecer.

Los mecanismos de cobro de impuestos eran múltiples. Los más ricos de los países pobres los evitaban con sus contactos y corruptelas, y los más ricos de los países ricos completaban esos mecanismos con legiones de abogados que aprovechaban los resquicios legales y la globalización para pagar lo menos posible (ver cap. 13). Para defenderse –cuando querían defenderse– los estados usaban dos de sus prerrogativas principales: la administración de la justicia y el monopolio de la violencia.

En esos días, como siempre, la justicia era un concepto móvil: se llama «justicia» al conjunto de leyes y normas que una sociedad acepta en un momento dado. Esas leyes y normas siempre fueron el resultado de un pacto entre los distintos sectores de una sociedad, o sea: una expresión de las relaciones de fuerzas en cada sociedad en ese momento. El conjunto de esas leyes define lo que se puede o no se puede hacer en esa colectividad: un conjunto relativo, variable, con pretensiones de absoluto. Cada sociedad tiende a creer que su idea de justicia es algo ahistórico, inmutable, esencial, como los países, pero –como los países– no hay nada más variable: en Israel en tiempos de la Biblia era justo cobrarse ojo por ojo y matar a cualquiera que trabajara en sábado; en la Edad Media cristiana era justo obtener confesiones por tortura y meter la mano del reo en aceite hirviendo para ver si su dios lo quería. En esa Tercera Década, sin ir más lejos, era justo en ciertos países matar a pedradas a una mujer «adúltera» que, del otro lado de la frontera, en un país con otra justicia, no habría cometido siquiera una contravención. Pero en todo el mundo, entonces, la justicia consistía en sostener sin fisuras la propiedad privada y el castigo a quien la violara –ladrones, estafadores– y la «santidad de la vida humana» –siempre que los que eventualmente la profanaran no fueran «jueces» o soldados.

Para sostener su justicia cada país precisaba mantener un aparato, que también llamaban justicia: el conjunto de organismos, instalaciones y personal supuestamente dedicados a obligar a todos sus ciudadanos a cumplir sus normas.

Su punto débil eran las personas encargadas de gobernar ese aparato: esos personajes de carne y hueso llamados «jueces». Se trataba, en la mayoría de los casos, de hombres y mujeres que habían llegado a sus cargos a través de un proceso largo de homogeneización mental y se creían merecedores de una serie de privilegios: en muchos países no podían ser removidos, recibían sueldos importantes, no pagaban impuestos. En algunos gozaban incluso de cierta reputación; en otros tenían fama de dejarse corromper con facilidad. Y, aún cuando no lo hacían, su papel era decisivo para bloquear cambios y renovaciones: la mayoría eran personas de talante conservador que usaban los textos de las leyes –siempre interpretables– para dar curso a sus prejuicios. Esa era, de hecho, la función principal del órgano superior del aparato judicial –Tribunal Supremo, Suprema Corte o como se llamara en cada país– compuesto por unos pocos señores –y poquísimas señoras– veteranos que, so pretexto de interpretar las leyes fundamentales, solía frenar las iniciativas de cambio que eventualmente presentaban los otros dos poderes de su estado.

El aparato judicial estaba formalmente separado de esos dos poderes. Pero en muchos países esa separación era ficticia y sus jueces eran particularmente sensibles a las sugerencias y presiones de los miembros del gobierno. Además, aquellos mecanismos de «justicia» favorecían sin duda a los litigantes y acusados más ricos. El sinfín de argucias leguleyas que cualquier juicio incluía lograba que, con frecuencia, los ganaran las personas que podían pagarse durante un tiempo indefinido los mejores abogados –y los perdieran las que no. Por todas esas características, la confianza en «la justicia» había mermado tanto en muchos países que empezó entonces, como sabemos, la búsqueda de mecanismos nuevos.

(Quizás el mejor cuadro de la justicia en esos días fuera una plaza despampanante de París, entonces capital de Francia, llamada Vendôme. Allí, alrededor de una columna que exaltaba las conquistas del emperador Napoleón, se desplegaban grandes mansiones del siglo XVII que albergaban las marcas más famosas del lujo de aquel tiempo: Chanel, Louis Vuitton, Rolex, Patek Philippe, Cartier, Piaget, Dior, Gucci, Guerlain, el hotel Ritz. Y, en medio de ese despliegue del lujo más excluyente del mundo, estaba el Ministerio de Justicia de la República Francesa).

Para que las decisiones de la justicia pudieran aplicarse, los estados debían recurrir, decíamos, a otro de sus privilegios básicos: el tan mentado «monopolio de la violencia». Ya lo trataremos con detalle (ver cap. 22): casi todos los estados tenían, entonces, su propio ejército profesional humano, que debía servirle para repeler cualquier ataque contra su territorio –y, eventualmente, lanzarlo contra enemigos externos. Y tenían también otros cuerpos armados humanos profesionales llamados policía –o guardia civil, guardia de finanzas, gendarmería, carabineros, etcétera–, preparados para mantener el orden en el espacio público, dirigir el tráfico automotor y reprimir infractores, descubrir y arrestar delincuentes, atacar a enemigos del gobierno. Esos cuerpos armados tenían, en la mayoría de los países, reputaciones muy dudosas: se los solía acusar de corrupciones, colusiones con los malhechores u otras actividades delictivas (ver cap. 23).

Casi todos los estados disponían, junto con sus policías visibles, de uno o más cuerpos «secretos» dedicados a contrarrestar cualquier intento de socavar la maquinaria de ese estado –o a inclinarla en determinadas direcciones. El control parapolicial de la ciudadanía era una función principal de los aparatos del estado. Y la desigualdad de recursos de esos estados en los países más ricos y más pobres solía producir, también, una desigualdad en las formas de control: los estados más ricos podían ejercer un control más «blando» gracias a su abundancia de medios e instrumentos y su manejo de datos permanentemente actualizados (ver cap. 18), mientras que los más pobres, que no tenían esos recursos, ejercían un control más duro, más directo, físico.

La acción combinada de policías y tribunales producía la forma de castigo más habitual: el encierro. Tras milenios de correctivos muy variados –que, en general, se ensañaban con los cuerpos de los reos– hacía más de dos siglos que la mayoría de los castigos del sistema judicial radicaban en separar esos cuerpos del resto de los cuerpos del cuerpo social. Se llamaban «penas de prisión» y consistían en encerrar al condenado durante un tiempo previamente decidido por un juez en unos edificios enormes, donde cientos o miles de ellos se hacinaban en celdas pequeñas, con pocas comodidades y bastantes peligros. Esa idea de privación de la libertad era una exaltación de la libertad: no había peor castigo –salvo en los países que mantenían la pena de muerte (ver cap. 23)– que ese encierro. Que tenía, para rematarlo, una extrañeza extra: los depósitos estaban separados por géneros, varones con varones, mujeres con mujeres, o sea que parte de la condena consistía en no convivir, durante años, con personas del «sexo opuesto». En tiempos en que tantos grupos reclamaban la mezcla igualitaria de hombres y mujeres en todos los espacios e instituciones, a nadie se le ocurría pedirla en las cárceles, como si allí realmente no correspondiera.

Era una buena metáfora de las contradicciones de la época.

Las personas 9

UN PRÍNCIPE ANEGADO

Cuando Kilom tenía ocho años le gustaba escuchar las historias que le contaba el viejo en su cabaña junto al mar. En Majuro muy pocas casas no estaban junto al mar: Majuro era un atolón, una isla coralífera formada por un anillo de tierra estrecho e incompleto que rodeaba una laguna. Su ancho no solía superar los 100 metros entre costa y costa: 40 kilómetros de largo para una superficie de 10 kilómetros cuadrados.

Majuro era la capital de la República de las islas Marshall, en la Micronesia, a miles de kilómetros de cualquier continente: uno de los países más extraños del planeta. La república consistía en más de 1.200 islas e islotes con un total de tierra firme que no llegaba a los 200 kilómetros cuadrados, hogar de unas 50.000 personas. Años antes, cuando Kilom tenía seis y estaba en primer grado, él y todos los chicos habían tenido que desfilar por la calle principal –y única– de la isla con muchos otros; las banderas flameaban, sonaba música: ese día las islas Marshall se había independizado y convertido en una república, un Estado Libre Asociado a los Estados Unidos.

El viejo, en su cabaña junto al mar, le contaba historias de las islas, sus mitos, sus costumbres. Una tarde el viejo le contó que él, Kilom, podría heredar esa tierra alguna vez. Le contó que él era un *allab*, un noble, porque su madre, Takbar, era una *le-iroij*, una reina, y que por eso tenía que ser todavía más fiel, más respetuoso de su tierra y de sus tradiciones. El padre de Kilom, Molik, era hijo de un mercader japonés que había llegado en los años 1920, cuando Japón ocupó las islas. Después de su derrota en 1945, el abuelo de Kilom se había ido para no volver. Pero en la cultura marshalesa la sangre y las posesiones se transmiten a través de la madre, y su madre era en efecto una *le-iroij*; esa palabra, en marshalés, significaba «todos»: el rey o jefe era el que debía responsabilizarse por todos los demás. Kilom averiguó que, siglos antes, los ancestros de su madre habían llegado desde una isla, Mili, que todavía pertenecía a su familia. Habían conquistado tierras en Majuro y en otras islas del archipiélago. Kilom ya quería a su país pero, desde ese momento, se sintió ligado a él de una forma casi sobrenatural.

–Me siento muy apegado a esta tierra. La tierra es para nosotros muy importante, es un regalo precioso. Nuestra tierra es muy limitada, así que realmente debemos cuidarla mucho, pelear por ella.

Kilom creció; la vida era tranquila. En esos días la isla tenía todavía menos habitantes, menos casas. Kilom solía bajar a una playa justo frente a su casa, donde después construyeron un depósito y un muelle. Durante la semana iba a la escuela, jugaba al básquet o al béisbol, estudiaba. Los sábados y domingos, después de la iglesia, se iba a pescar a las islas vecinas, salía a pasear con amigos o con alguna amiga. Pero tenía que estar de vuelta en casa a las diez de la noche. Los mayores, entonces, seguían ejerciendo una autoridad bastante estricta.

Tiempo después Kilom se encontraría con las palabras que definirían su vida. Estaba en los últimos años de la primaria cuando escuchó hablar por primera vez del cambio climático y del ascenso del nivel del mar, pero no le pareció importante. Esos extranjeros que decían que las islas Marshall se hundirían en el mar debían estar bromeando. Años más tarde, cuando terminaba el colegio secundario y debía decidir qué estudiar, volvió a encontrarse con esas palabras, y entonces sí le parecieron decisivas. Si era verdad que el océano crecería como algunos pensaban, su país realmente terminaría por desaparecer. Kilom pensó que tenía que hacer algo; para empezar, decidió estudiar biología marina.

–Me di cuenta de que, para nosotros, el ascenso del nivel del mar era una cuestión de vida o muerte: si la isla se hundiera, nosotros sencillamente desapareceríamos como país, como pueblo, como cultura.

Un año después, a sus 20, Kilom se enteró de que el gobierno japonés ofrecía una beca de estudios. Se interesó: era una buena oportunidad para aprender cosas nuevas y para enterarse de cómo era esa otra cultura que también corría por sus venas. Fue elegido; viajó y estudió ingeniería civil. La vida en Tokio no fue fácil: tuvo que aprender el idioma y, sobre todo, aprender a vivir en una sociedad hipertecnológica, que trabajaba tanto, en una ciudad enorme donde tenía que viajar 45 minutos en un vagón atestado cada madrugada hasta la universidad; en un país donde existía, por ejemplo, el frío. Pero hubo recompensas: vio la nieve por primera vez, aprendió mucho y, sobre todo, conoció a Jane, una joven samoana que también estudiaba allí. Cuando terminaron sus carreras, Kilom y Jane viajaron a Samoa, donde se casaron y tuvieron su primer hijo. Seis meses después ya estaban en Majuro.

Cuando volvió a las islas, con la distancia que le daba la distancia, Kilom empezó a reconocer los cambios que habían sufrido su país y su cultura en las últimas décadas: el ejemplo más visible era la comida. Por muchos años los marshaleses se habían alimentado de lo que tenían: pescado, mariscos, frutos del árbol del pan, taro, coco, batata, banana, mandioca, caña de azúcar, pollo, cerdo. Pero los japoneses les dejaron la costumbre del arroz y los fideos, y los norteamericanos la del pan, y entonces debían importar estas y casi todas las demás cosas: bebidas, ropa, cuadernos, alfileres, detergentes, televisores, platos y cubiertos, medicinas y, sobre todo, combustibles para transporte y electricidad. Pero nada había cambiado tanto su cultura como la llegada del dinero, que no existía en las islas. Antes de eso las personas solían compartir lo poco que tenían –un pescado, unas verduras, el trabajo necesario para construir una casa o una canoa–, pero después se volvieron codiciosas. Aunque nada parecía tan importante como la amenaza.

–¿Realmente pensás que la isla se puede hundir?

–Bueno, hasta ahora los especialistas ignoran la velocidad de la subida del mar, pero yo sé que llegará el momento en que esta isla quede bajo el agua. No sé qué le ocurrirá a nuestra gente, a nuestra forma de vida. Ya no habrá un idioma marshalés, una cultura marshalesa, y eso es muy duro para mí, porque me siento muy ligado a este lugar. Lo amo y lo considero mío.

El punto más alto de Majuro estaba a tres metros sobre el nivel del mar. La amenaza se sentía todo el tiempo.

–¿Pero creés que es inevitable?

–Es inevitable. Está ocurriendo: los cascos polares se están derritiendo con rapidez y en la misma medida asciende el nivel del mar. Tarde o temprano quedaremos bajo el agua. Y si eso sucediera durante mi vida, preferiría morirme con la isla antes que ir a cualquier otro lugar. Me hundiré con el barco, porque siento que este lugar es parte de mí y yo soy parte de él. Es triste imaginarlo, pero va a suceder: en la actual situación no podemos hacer mucho. Imaginá qué pasaría si tu país fuera a desaparecer bajo el agua.

Ya conocemos, por desgracia, el final de la historia.

10

TAN POCA POLÍTICA

Donde se trata de aquellas democracias anquilosadas, desdeñadas por muchos, que se defendían del ataque de otras maneras del poder –y buscaban su futuro.

En esos días, decíamos, había casi 200 estados-nación repartidos por el mundo. Su modelo de gobierno más difundido era la «democracia», en sus diversas variantes. La democracia era un sistema de delegación y ejercicio del poder conformado durante el siglo XIX –con los medios técnicos y las premisas ideológicas del momento–, que suponía que los ciudadanos debían elegir a través del voto individual a unos representantes que decidieran por ellos en esas asambleas llamadas congresos o parlamentos o cámaras o cortes, donde elaboraban las leyes y resoluciones que sus estados debían aplicar. En sus inicios solo tenían derecho a elegir a esos representantes los hombres propietarios –a partir de cierto nivel de fortuna. A partir de 1850 ese derecho empezó a extenderse: primero a todos los hombres y, finalmente, ya entrado el siglo XX, también a las mujeres. Con excepciones: uno de los países más reaccionarios, Estados Unidos, tuvo leyes que impedían votar a negros y otros pobres hasta 1964.

La delegación, en cualquier caso, se mantenía en todas partes. En el siglo XIX ese sistema se justificaba por la dificultad de consultar a los ciudadanos y por su falta de educación y conocimiento de las cuestiones públicas. En 2020 esa excusa ya no funcionaba: la enorme mayoría de las personas tenía cierta instrucción y acceso a la información, por un lado, y manejaba los medios técnicos necesarios para responder a cualquier consulta sobre las decisiones importantes. Sin embargo, el formato de delegación se mantenía y, en general, ni siquiera se cuestionaba. Solo aparecían, de tanto en tanto, voces perdidas que clamaban por su actualización.

El modelo «democracia» se dividía, grosso modo, en dos vertientes principales: la parlamentarista, la presidencialista. En las democracias parlamentarias, muy difundidas en Europa, los ciudadanos no votaban por un jefe de gobierno sino por unos cientos de representantes –diputados, congresistas– que ocuparían asientos en la asamblea nacional. Allí esos representantes elegían a un jefe –miembro, en general pero no siempre, del partido más votado. El juego de alianzas podía variar: por eso, en el momento de votar, el ciudadano no sabía si su elección serviría para poner al mando a tal o cual partido, a tal o cual candidato, ya que eso sería definido después, en las negociaciones entre los políticos.

En cambio, el modelo de democracia presidencialista ofrecía a los ciudadanos la opción de elegir, junto con sus representantes legislativos, a un jefe de gobierno o presidente. El modelo fue, en su origen, norteamericano, pero se difundió por el resto del continente y algunos países de Europa y de África –y ofrecía, según algunos, más estabilidad; según otros, más autoritarismo. En él, el presidente no estaba sometido a la revisión constante de las alianzas y se aseguraba –salvo cataclismo– cuatro, cinco o seis años de ejercicio; en el modelo parlamentario, al contrario, cualquier cambio en las relaciones de los partidos podía acabar con un gobierno. En el presidencialista la inacción podía venir de un poder ejecutivo que no conseguía transformar en leyes sus iniciativas por falta de poder legislativo; en el parlamentarista, de la necesidad de poner de acuerdo a varias partes para cualquier intento importante. En el presidencialista, un gobierno en crisis no podía ser reemplazado y debía seguir ejerciendo sin poder ni legitimidad; en el parlamentarista esas crisis podían resolverse con un cambio de alianzas y la formación de un nuevo ejecutivo –y así de seguido: los pros y contras de cada modelo llenaban listas infinitas.

Mientras tanto había, aún, una cantidad apreciable de países que mantenían regímenes monárquicos. En un esfuerzo de síntesis quimérica, abundaban en este conjunto las llamadas «monarquías parlamentarias». En ellas el sistema electoral y legislativo era el mismo de los demás regímenes parlamentarios pero se mantenía a la cabeza del estado a un descendiente del monarca anterior. Ese hombre o mujer servía como tótem de su país, con funciones eminentemente simbólicas y decorativas: era caro, era inquietante, era una renuncia. Su función –su posición– contradecía cualquier principio de igualdad ante la ley: una persona tenía, por el solo mérito de su filiación, enormes privilegios. Sin embargo en esos años lo ponían en práctica países que se jactaban de su modernidad, como los Bajos, Inglaterra, Dinamarca, Suecia, España, Bélgica. La contradicción no tardaría en estallar.

Y había también «monarquías plenas»: aquellos reinos de derecho más o menos divino donde el emir o rey o emperador o papa además de cumplir funciones simbólicas ejercía realmente el poder y el gobierno –y era, en muchos casos, propietario de los recursos de su reino, que usaba según se le cantara. Era el caso en Arabia Saudita, los Emiratos, Marruecos, Bután o Tailandia, donde los reyes se sucedían por sangre y, en general, se atribuía su poder a la decisión de algún dios regional. (En el Vaticano, en cambio, su dios, como prohibía a sus sacerdotes que se reprodujeran, debía buscar un nuevo papa cada vez que mataba al reinante).

Y había una cantidad importante de países donde diversos mecanismos de coerción permitían al grupo gobernante o al líder carismático mantenerse indefinidamente en el poder y/o ejercerlo sin límites. En algunos de ellos el sistema simulaba ofrecer a sus ciudadanos la posibilidad de manifestarse en elecciones, tan controladas y manejadas que no pasaban de ser un simulacro: podía ser el caso, en esos días, de Rusia, Irán, Kazajistán, Venezuela, Nicaragua, Egipto y una parte considerable de África. En otros, la autoridad no hacía ningún esfuerzo por disimular: eran los países con régimen de partido único –donde una organización política podía decidir cuál de sus miembros gobernaría–, que funcionaba en China, Cuba, Corea del Norte, Vietnam, Libia, Sudán y otros países africanos.

En síntesis, sobre los 8.000 millones de habitantes de la Tierra entonces, unos 2.500 millones tenían plenos derechos democráticos, 3.500 los tenían nominales pero no muy reales, unos 2.000 no los tenían ni reales ni nominales. Las diferencias eran importantes –aunque había quienes insistían en que, para los habitantes del MundoPobre, gozar o no de las supuestas libertades democráticas no cambiaba demasiado sus vidas cotidianas.

La idea se difundía con fuerza: que la igualdad formal de las democracias no impedía que subsistieran enormes diferencias y discriminaciones marcadas por los dineros, los orígenes, los géneros –y que esas democracias de delegación no eran, por lo tanto, la panacea que pretendían, sino solo una de las formas posibles e imperfectas del funcionamiento político, la manera de tantas injusticias.

(A todo esto, en 2023 los tres países más poderosos del planeta –China, Estados Unidos y Rusia– nunca habían sido gobernados por una mujer. Entre los siguientes unos pocos –India, Reino Unido, Alemania, Brasil, Pakistán, Indonesia– sí lo habían sido esporádicamente, una o dos veces cada uno; muchos otros –Francia, Italia, España, México, Canadá, Nigeria, Etiopía, Egipto, Irán–, no. Aún así, considerando que medio siglo antes ningún país había tenido presidenta y que un siglo antes las mujeres no votaban, el avance era significativo –y muy insuficiente).

* * *

Los sistemas llamados democráticos eran manejados por unos operadores genéricamente denominados «políticos»: ciudadanos que pertenecían a esas estructuras profesionales llamadas «partidos», donde entraban jóvenes con la esperanza de hacer carrera. En la mayoría de los países, la profesión de «político» estaba tan desprestigiada que nunca atraía a los mejores. Aunque en su origen se le suponía cierta voluntad de servicio público, la idea se había desdibujado con tantas historias de vanidades y corruptelas y traiciones menores. Así, el atractivo de otras opciones –empresariales para los más ávidos, científicas o artísticas para los más vanos– era mucho mayor: los mejores jóvenes pensaban en ellas y solo los que no encontraban o podían sostener una vocación mejor se dedicaban a carreras políticas institucionales. Así, era lógico que el nivel intelectual y técnico de esos administradores fuera a menudo muy justito.

Los políticos eran, por lo que se puede ver en la documentación que sobrevive, personas muy atildadas que hablaban raro, usando solo un centenar de palabras muy largas que recombinaban en frases donde lo único que quedaba claro era que nada debía quedar del todo claro, y se vestían con un uniforme de chaqueta y pantalón (ver cap. 16) de la misma tela y una camisa blanca o celeste con un moño de colores calmos atado alrededor del cuello. Su contacto con la población solía producirse a través de imágenes grabadas y difundidas por distintos medios, donde usaban aquellas palabras para hacerse querer por los suyos y atacar por los ajenos. O para hacerse querer por los suyos atacando a los ajenos.

En esos días, en la mayoría de los países, «los políticos» siempre aparecían en las compulsas como el sector más repudiado de cada sociedad. Y, al mismo tiempo, las elecciones que los consagraban dependían cada vez más del dinero que empresarios y otros ricos les daban para gastar en ellas: eso los convertía en sus deudores –y transformaba sus candidaturas en operaciones publicitarias que copiaban las campañas comerciales para «vender» a cada candidato por su sonrisa, sus slogans, sus agresiones, su familia feliz, más allá de cualquier debate serio sobre sus intenciones de gobierno. Muchos críticos insistían en que, afectada por esas campañas, la mayoría de los ciudadanos ejercía sus derechos sin mayor reflexión. Así, curiosamente, seguían votando –cada vez menos– y entregando el gobierno de sus vidas a personas que ni siquiera respetaban. Era una muestra del «carácter gritón» de muchas sociedades de entonces: se quejaban mucho de cosas que no podían o querían o sabían modificar. Buena parte de la humanidad en esos días parecía un niño enrabietado: le dolía la panza y gritaba y se enojaba con quien tuviera cerca porque no podía identificar y combatir la causa de su malestar.

La desconfianza ante los dirigentes se traducía, en muchos casos, en una desconfianza general ante cualquier autoridad. Así aparecieron, en esos días, movimientos que rechazaban las vacunas so pretexto de que en lugar de protegerlos los enfermaban (ver cap. 7), o que afirmaban que la Tierra era plana o que estaba hueca y, en su interior, vivían sociedades tan sofisticadas. Había otros; todos tenían en común la misma idea paranoica de que las autoridades los engañaban y que cualquier cosa que dijeran escondía oscuros intereses –y, por lo tanto, había que combatirlas y desenmascararlas. Todos mostraban la degradación de aquellas sociedades, que no conseguían creer ni siquiera en lo más evidente –pero conseguían, en cambio, creer en lo más disparatado si contradecía el discurso de ciertos jefes.

La democracia no estaba amenazada por la maldad de los malísimos populistas neonazis tardocruzados anarcoterroristas: su amenaza venía de sí misma. Con sus conductas, los «políticos» habían conseguido convencer a los ciudadanos de que la política era esa sucesión de tejes y manejes, pactos y pactitos que ellos mismos anudaban en rincones más o menos oscuros, más o menos lujosos y, así, habían logrado que la mayoría de la población la repudiara y les dejara el monopolio de su ejercicio. Si la política era eso que hacían los políticos muy pocos querían mezclarse en ella. Por eso, entre otras razones, la participación ciudadana en esas «elecciones» estaba, en esos días, bajo mínimos. La gran mayoría no se ocupaba de los asuntos públicos. Su participación consistía en votar cada dos o tres años y quejarse en las reuniones con amigos o parientes y sostener enfáticamente que todo eso de la política era una mierda. Lo cual inmovilizaba sociedades enteras –en la medida en que la política era la única vía conocida para mejorarlas.

Cada vez menos ciudadanos participaban en sus elecciones; cada vez más ciudadanos declaraban que la democracia les importaba poco. Entonces los demócratas culpaban a las ilusiones populistas, las simplificaciones, las razones del corazón y demás trabalenguas. No solían pensar que, en buena parte del mundo, la democracia era el sistema bajo el cual millones y millones pasaban hambre, más millones no vivían como debían –y no tenían por qué responder a un sistema que no respondía a sus necesidades. No solían pensar que había millones y millones que no sentían que sus gobiernos los representaran –porque no los representaban.

Así, en muchos países la participación electoral no alcanzaba a ser mayoritaria –lo cual contradecía el principio mismo de la democracia como «gobierno de las mayorías». En los Estados Unidos, modelo y supuesto paladín del sistema democrático, nunca votaba más de la mitad de los adultos habilitados para hacerlo: era una muestra clara de la decadencia de aquel modelo.

(En 2022 hubo elecciones en varios países importantes: la participación fue de 56% en Costa Rica, 58% en Serbia, 73% en Francia, 44% en Angola, 55% en Colombia, 63% en Italia, 70% en Israel, 79% en Brasil, 49% en Estados Unidos).

Y, cuando votaban, muchos lo hacían sin saber del todo qué o quién, por razones de lo más peregrinas. El sistema aprovechaba la ignorancia que creaba –por falta de educación, por exceso de tonterías mediáticas– para seguir controlando a la población so pretexto de darle a elegir. Habían creado el mecanismo perfecto: producían una población poco educada y desinteresada, la convencían de que estaba eligiendo, elegía –por ignorante y prescindente– lo que ellos querían.

Sabemos cómo funcionaban las elecciones en los países donde las había: los dos o tres partidos políticos dominantes instalaban un jefe/candidato, lo promovían todo lo posible y, en las semanas previas al comicio, lo hacían hablar y debatir unas poquitas veces, con frases almibaradas cristalizadas creadas por equipos de creadores de frases así. E inundaban las calles y pantallas de fotos y más frases y los ciudadanos, llegado el domingo o martes de marras, podían elegir entre unos personajes de cuyos planes concretos sabían, en la mayoría de los casos, casi nada.

Había, por supuesto, ciudadanos que se informaban y pensaban y sopesaban, aún conociendo el abismo que mediaba entre lo que un partido ofrecía en su campaña y lo que hacía después. Pero la mayoría votaba por una identificación mucho más simple –es mi partido, es el partido de los míos, es católico como yo, es de izquierda como yo, es mujer, es guapo y alto, se lo ve decente– y así se formaban los gobiernos: con el desdén o el desinterés de gran parte de esos ciudadanos que esos gobernantes supuestamente representaban. Que después se sorprendían del desdén o desinterés de los ciudadanos por el sistema que los llevaba a gobernar.

En esos días, según encuestas serias, el 70 por ciento de los norteamericanos o japoneses, el 87 por ciento de los sudafricanos o argentinos, el 60 por ciento de los españoles o alemanes creían que «sus países avanzaban en la dirección equivocada».

Estaba claro que votar era un derecho básico, ganado en siglos de peleas. Pero que también debía ser un deber ganarse ese derecho una y otra vez. Empezaban a oírse voces que insistían en que, si votar era decidir cómo viviría una comunidad, para tener el derecho de hacerlo cada individuo de esa comunidad debía hacer el esfuerzo de informarse, de pensar y discutir cuáles serían las mejores formas. Las propuestas para conseguirlo no abundaban. Entre esas pocas, destaco una que, como saben, tuvo su predicamento:

«Yo imagino una manera de lograrlo: que en el momento de votar cada ciudadano tuviera que responder, en la misma boleta, una docena de preguntas –tipo multiple choice de tres respuestas– sobre los programas de los partidos en pugna. Es fácil de hacer y procesar. Y los votos que no incluyesen un mínimo de respuestas correctas quedarían anulados, sobre la base de que el derecho de votar supone el deber de saber qué se vota.

Así, los ciudadanos que quieran que su voto valga deberían ocuparse de averiguar qué les proponen los partidos. Y los partidos, en lugar de buscar caras bonitas que lancen chascarrillos o improperios, tendrían que explicar qué es lo que ofrecen: sabrían que si no lo hacen los votos de sus votantes no valdrían. (Al final se podría incluso computar qué proyectos provocan más respuestas erradas y sancionar –si acaso moralmente– a los partidos que peor se explican).

Votar sería un poco más difícil. Quizá, para que la dificultad no resulte disuasoria, convendría hacerlo obligatorio. O incluso pago, como en la vieja Atenas: que los ciudadanos con ingresos bajos cobraran algún dinero por su voto válido, lo cual les daría tiempo para estudiarse las propuestas. ¿Es un exceso gastar una suma razonable cada tres o cuatro años para mejorar la democracia y todos sus efectos?

Algunos dicen que sería un voto calificado. Yo digo que es una manera de calificar el voto: de darle su valor. Pero, sobre todo: la perversión del antiguo voto calificado era que su calificación dependía de la riqueza y el género; primero solo votaban los hombres ricos, después solo los hombres. Aquí, si acaso, lo que califica es el entusiasmo y el esfuerzo: las ganas necesarias para votar en serio –o al menos más en serio.

La democracia fue una conquista ardua: ahora es un engorro, un modo de evitar males peores. Necesita recuperar su mística, y su mística siempre consistió en su promesa de que, gracias a ella, todos podrían intervenir en el gobierno de la cosa pública. Si todos se informan, todos pueden exigir. Una democracia con examen debería también ser puesta a examen: que los ciudadanos puedan reclamar a sus gobiernos sus promesas concretas en plazos concretos, que haya mecanismos de intervención para apurarlos y, eventualmente, desbancarlos si no hacen lo que habían prometido.

Parece una tontería. También lo parecía, en tiempos de mi abuela, que votaran las mujeres», decía aquel iluso.

* * *

Más allá o más acá de los tipos de gobierno, las opciones políticas eran escasas. En todos los países funcionaba esa forma de propiedad y circulación de los bienes llamada capitalismo (ver cap. 12). Las diferencias entre las distintas opciones se centraban en el grado de intervención y el rol del estado: desde el hipercontrol chino, digamos, hasta la gran laxitud luxemburguesa.

Pero, más allá de esos extremos, había, en esos días, dos grandes corrientes que se repartían el gobierno en casi todos los países ricos y muchos de los pobres: los partidos llamados de derecha o centroderecha y los partidos llamados de centroizquierda –o incluso de izquierda. A muy grandes rasgos, se podría decir que los partidos llamados de derecha o centroderecha sostenían que el estado debía intervenir lo menos posible y que el propósito de un gobierno era asegurar el orden y la libertad individual –la libertad económica– para que cada quien se las arreglara como pudiera y prosperara como fuera. Y que los partidos llamados de centroizquierda sostenían que ese orden y esas libertades debían ser mantenidas y respetadas pero que el estado debía intervenir y regularlas algo más para mejorar la situación de los más pobres.

Había países donde estos dos sectores estaban representados por dos grandes «partidos»; en otros, cada sector incluía más grupos, que eventualmente se aliaban entre sí para gobernar juntos. Pero, en síntesis, ambas partes llevaban décadas alternándose en el gobierno de la mayoría de los países con sistema democrático. Los de centroizquierda se jactaban de ofrecer más y mejores servicios públicos –educación, salud, transporte– y corregían, a veces, levemente la distribución de la riqueza a través de mayores impuestos; los de centroderecha se jactaban de recortar esos impuestos y abrir más posibilidades de negocios y crecimiento económico. Los de centroderecha, que hablaban más de la libertad individual, solían instalar o conservar más límites para esas libertades en asuntos personales –los matrimonios, la reproducción, las elecciones sexuales–; los de centroizquierda, en cambio, solían compensar su falta de cambios significativos en el reparto del poder y el dinero con medidas que mejoraban esas libertades. En síntesis, ambos sectores acordaban en mantener, con leves variaciones, el sistema socio-económico de entonces, que definían como único posible. Por lo cual ofrecían a las grandes corporaciones y fortunas la garantía de que defenderían ese sistema que las favorecía; así, instaladas como las únicas opciones «razonables», llevaban décadas alternándose en el gobierno de sus países.

Y la organización política de los países parecía haber entrado en una vía sin salida. El sistema no conseguía la legitimidad que le habría dado una participación importante, los ciudadanos se sentían constantemente disconformes o desinteresados, muchas sociedades sentían que no estaban bien conducidas o que lo estaban en contra de sus intereses o esperanzas. La situación se degradaba –de distintas maneras– en casi todas partes, y los dos grandes bloques políticos comunes se veían muy comprometidos con su mantenimiento. La «democracia», que durante décadas había funcionado como una meta y una garantía, empezó a perder ese lugar cuando muchas sociedades comprobaban que años y años de gobiernos democráticos no habían sabido solucionar sus necesidades más urgentes.

Lo cual empezó a dejar lugar a otros grupos más pequeños, que se presentaban como «fuera del sistema» y ofrecían la ilusión de su modificación. Lo que solía llamarse «la izquierda» eran colectivos generalmente menos numerosos, más juveniles, cuyos integrantes no solían profesionalizarse. No tenían peso suficiente para gobernar solos, pero a veces conseguían participar de alguna coalición de gobierno. Mientras tanto, seguían insistiendo en la necesidad de profundizar la distribución de las riquezas en ese modelo que llamaban «socialismo», pero habían perdido mucho peso desde la comprobación del fracaso de los países que lo intentaron durante el siglo anterior, y en muchos casos se dedicaban con más ahínco a lo que entonces se llamaba «cuestiones identitarias»: la defensa de las minorías raciales, las libertades sexuales, el cuidado del medio ambiente, la corrección política. Estas iniciativas, que tenían buena repercusión entre jóvenes y profesionales, solían dejar fuera del juego a muchos de sus antiguos seguidores. O, más directamente, los atacaban y descalificaban.

(Los movimientos identitarios caían, por momentos, en desarrollos que ahora pueden parecernos raros. De aquellos días queda registrada la polémica que produjo el caso de una joven poeta negra estadounidense que se volvió famosa por participar en ceremonias oficiales. Su libro iba a ser traducido al holandés por una joven poeta «no binaria» muy prestigiosa; la norteamericana se negó porque suponía que una persona «no negra» no podía entender lo que ella escribía –y la editorial holandesa se plegó, y lo mismo sucedió en otros países.

Había, entonces, una cantidad de cosas que no se podían discutir: cuya sola mención llevaba a la censura o, según la palabra de moda, la «cancelación». Libros que no podían ser publicados porque debatían la pertinencia de cambiar de género, por ejemplo. O porque contaban la historia de alguien que antaño había intentado seducir a alguien con los recursos de su época –que tiempo después serían considerados abusivos. Y se imponía la idea de que solo podían escribir sobre ciertos grupos –raciales, sexuales, religiosos, nacionales– los integrantes de esos grupos, porque lo contrario sería aprovecharse de su historia y sus tribulaciones. O que los actores –humanos, materiales– solo podían actuar de lo que eran: que un actor heterosexual no debía hacer de homosexual, o que una católica no debía hacer de judía o musulmana y así. O sea: que las ideas de actuación, de traducción, de observación, de creación se iban perdiendo.

Los debates se hicieron muy difíciles porque las ideas no eran analizadas sino juzgadas por su respeto –o falta de respeto– a esas reglas hegemónicas. Con lo cual los pensamientos que las cuestionaban eran descalificados, «cancelados» en nombre de la obediencia que esas reglas merecían. Era el mecanismo clásico de cualquier dogma religioso, de cualquier política conservadora, aplicado so pretexto de defender a los débiles y sus nuevas libertades.

Esa era la gran novedad del momento: que cierta «izquierda» ejerciera esa censura en nombre de las víctimas, en lugar de que lo hiciera la «derecha» en nombre de los valores establecidos. Las miras se estrechaban –tanto que, como sabemos, estallaron).

En un momento en que «el sistema» estaba muy desprestigiado, la izquierda estaba perdiendo la pelea por ocupar el lugar de «antisistema» a manos de poderosos pilares de ese sistema como el expresidente norteamericano Trump o el ex brasileño Bolsonaro. Con ellos y tantos otros, la derecha extrema se presentaba como la solución a problemas que no tenía la menor intención de solucionar –que había creado.

La confusión se dio sobre todo en países ricos donde las izquierdas habían representado durante más de un siglo a los obreros industriales, pero esos países habían transferido sus fábricas tradicionales a otros más pobres, con salarios y condiciones laborales muy inferiores, y conservado solo las industrias más especializadas. Así que esos obreros clásicos ya eran una raza en extinción, ni siquiera protegida como el tigre de Bengala o el camarón barbudo: los más se convirtieron en empleados de servicios o en desempleados y perdieron su lugar social. Perdieron, también, esa condición redentora que el «socialismo» les había conferido durante todo el siglo XX: entonces, ser obrero era formar parte de la clase que cambiaría el mundo. A principios del XXI, en cambio, lo mejor que las izquierdas les proponían era que, con un poco de suerte y esfuerzo y ayuda del estado, sus hijos lograran un trabajo en el sector terciario y consiguieran no ser como ellos. Así, muchos buscaron un sector o partido que los alentara a conservar sus lugares, sus tradiciones de ruptura.

Los que se ofrecieron fueron, curiosamente, grupos nacionalistas, moralistas, religiosos que siempre se habían identificado con los ricos y se consideraban «de extrema derecha». Esos grupos retomaron ciertas características que habían sido tradicionales de los grupos «de izquierda»: el repudio de las élites, la defensa del trabajo manual, la incorrección en sus manifestaciones, la pretensión de ofrecer cambios radicales –que nunca estaban claros. Y el discurso patriótico: a diferencia de la «izquierda», que se preciaba de no distinguir a las personas por su origen nacional, esta «derecha» culpaba a los inmigrantes de la degradación de la vida de los ex trabajadores locales, que, en muchos casos, se reconocieron en su prédica xenófoba y racista. En esos días esos partidos gobernaban o habían gobernado recientemente países tan diversos e influyentes como la India, Estados Unidos, Rusia, Italia, Brasil, Hungría, Polonia.

Ya conocemos las consecuencias de ese giro.

* * *

Más allá y más acá de estas divisiones, una palabra dominaba la discusión política: populismo. Con una tradición compleja, zigzagueante, la palabra «populismo» había vuelto a escena en esos años, usada por los partidos y analistas del centro político para calificar a casi todas las opciones que, dentro de la democracia, criticaban el peso de esos partidos tradicionales. La palabra definía, supuestamente, a quienes «ofrecían soluciones fáciles para problemas complejos» –lo cual, sostenido por los que no solían ofrecer ninguna solución a esos mismos problemas tenía un toque involuntariamente irónico.

El «populismo» era, más que nada, el resultado de la insatisfacción de muchas sociedades frente al fracaso de las instituciones supuestamente serias de la globalización y el neoliberalismo, que habían hecho todo tipo de promesas de prosperidad que –cada vez parecía más claro– no cumplirían, sino bien al contrario: las clases medias y bajas de los países ricos, que habían comprado esas promesas, sentían que su nivel de vida no hacía más que bajar. La frase consagrada, en esos lugares y ese tiempo, fue que «los hijos vivirían peor que sus padres» –donde «peor» significaba con menos estabilidad y ventajas económicas. En esa sola frase –en ese uso de la palabra «peor»– se sintetizaba buena parte de la ideología mayoritaria de la época.

Aunque los líderes populistas eran muy variados, los unía una táctica común: la de establecer que en sus países había un actor bueno, «el pueblo», un conjunto indefinido pero siempre atacado por oscuros intereses y protegido por Él, el amado líder, el único que lo entendía y defendía. Con ese cometido, el padrecito de turno podía emprender las políticas más diversas: las justificaban esa defensa del buen pueblo contra sus taimados enemigos. Era fácil pretender que los peores eran los «extranjeros», los inmigrantes que venían a sacar el trabajo a los nacionales: era la mejor forma de lograr que los perdedores del sistema no se enfrentaran a los ganadores –sus jefes y patrones– sino a los que podrían sacarles sus lugares subordinados. Para los «blanquitos» del MR el enemigo no eran los capitalistas sino los discriminados que conseguían derechos: las mujeres, las diversas minorías, los inmigrantes.

Y para sus líderes el enemigo más útil era la prensa: para un líder populista, pelear contra ciertos medios importantes era un gran negocio. Por un lado, se enfrentaba a empresas que no tenían –como una petrolera o un gran banco– la posibilidad de parar su país; por otro, deslegitimaba cualquier información que estos medios publicaran sobre sus tropelías.

Mientras tanto, en la calificación de populismo subyacía, no realmente oculta, la idea de que era fácil engañar a los pueblos –sostenida por los que más solían engañarlos. «Populismo es un nombre fácil, que se usa para definir gobiernos y sistemas muy distintos: algunos que proponen formas confusas de asistencialismo estatal, otros que modos tan claros de capitalismo de rapiña. Los une si acaso algún desprecio por ciertas formas de la democracia. El populismo actual es el producto de una época de absoluta hegemonía del capitalismo de mercado, en que nadie lo cuestiona como base de nuestras sociedades. Como no hay discusión sobre el qué, se discute encarnizadamente el cómo. Solo así se explica que gobernantes tan aparentemente distintos puedan ser calificados –¿descriptos?– con la misma palabra, el mismo set de ideas.

Porque no se discute el sistema que manejan sino las formas en que lo manejan: con más o menos delegación, más o menos debate, más o menos respeto por ciertas reglas, más o menos impuestos. Se discute cómo y con qué reglas funcionan los gobiernos, no cómo y con qué reglas funcionan las sociedades: quién es dueño de qué, quién tiene qué derechos, quién come y quién no come. La estructura económica y social no se discute; se disputa, si acaso, cómo se administra. La insistencia en condenar el populismo es el discurso de una época que no consigue pensar cómo podría ser distinta», escribió un autor de la época que, obviamente, no supo ver lo que venía.

La democracia fue, durante un par de siglos, un deseo que requirió mucha pelea para convertirse en realidad. Los revolucionarios franceses del siglo XVIII tardaron décadas en terminar de concretarla; los chartistas ingleses debieron pelear –y morir– a mediados del XIX para conseguir su aspiración de «un hombre, un voto». Las sufragistas de distintos países lucharon mucho desde 1900 para conseguir que no fueran solo hombres sino también mujeres –que nunca antes habían participado. Durante todo ese tiempo la democracia estuvo viva: cambiaba, crecía con el tiempo y la pelea, nadie se atrevía a considerarla algo terminado; era un modelo en constante evolución. Y sin embargo, tras el final de la guerra de 1939-45 y la consolidación del imperio americano, pareció que se había llegado a un modelo final de democracia que convenía mantener sin más cambios. La democracia, en esos días, parecía muerta, congelada: no solo llevaba décadas sin cambiar, sino que a nadie se le ocurría todavía en qué dirección podría hacerlo.

La democracia aún se presentaba como el sistema de excelencia, la aspiración global, pero el país más exitoso no la practicaba en absoluto. Ese fue el resultado del famoso Error Nixon/Kissinger. Medio siglo antes, aquel presidente estadounidense y su secretario de Estado imaginaron que si permitían que China comerciara con Estados Unidos y el resto del mundo, su desarrollo económico la llevaría a la democracia. La necedad de los jefes norteamericanos consistió en creerse su propia propaganda: la idea de que el capitalismo estaba intrínsecamente ligado con las libertades políticas y individuales. Esta noción había sobrevivido a los numerosos desmentidos que recibió durante el siglo XX, desde Hitler a Pinochet –desechados como anomalías, «excepciones que confirmaban la regla». Esta noción estuvo en la base del error de Nixon, que tanto le costaría a su país: favoreció el desarrollo de su principal enemigo y abrió las puertas para el establecimiento de un modelo alternativo –«capitalismo de partido único»– que cambió radicalmente las opciones de esos tiempos.

Fue, sin dudas, el fenómeno más significativo de esas décadas: la transformación del país más poblado del mundo en la mayor potencia económica. El crecimiento chino no era un acontecimiento sino un proceso y por lo tanto no aparecía demasiado en los «medios de prensa» de la época, pero en esos años no sucedió nada comparable. La expansión de su economía y su producción, la consolidación de su modelo industrial exportador, su influencia cada vez mayor en los países del así llamado Tercer Mundo, la ampliación de sus fuerzas armadas, eran solo algunos de los datos que, sumados al evidente declive norteamericano, anunciaban un cambio de hegemonía, el fin de la Edad Occidental (ver Prólogo).

Lo que entonces, por supuesto, no se sabía era si ese cambio se realizaría –como muchos querían creer– sin conflicto o si, en cambio –como siempre había sucedido–, la potencia en declive no entregaría su posición de privilegio sin pelear. Hay, a lo largo de la historia, momentos así: situaciones en las que muchos hacen grandes esfuerzos para no ver lo evidente –y no mirarlo les impide evitarlo.

Las personas 10

EL FRACASO DEL ÉXITO

Su abuelo era alemán y, como tantos millones, había llegado a su nuevo país con una mano atrás y otra adelante. Su padre prosperó comprando edificios destartalados que, tras arreglos someros, alquilaba a los pobres. Él siguió sus pasos y su empresa unos años, hasta que entendió que haría mucho más dinero construyendo para los más ricos. Dedicó muchos años de su vida a eso: conseguir préstamos, edificar, acumular. Se sentía –como tantos– el más vivo de todos: era rico y rubio y le gustaban las mujeres rubias y tetonas a las que les gustaran las fortunas. Sedujo a muchas, se casó con algunas, tuvo varios hijos, exhibió su riqueza de las formas más cursis: todo en él tendía al sobredorado. Por fin protagonizó un programa de televisión donde hacía de empresario que despedía personal y esas apariciones antipáticas terminaron de volverlo famoso. Fue entonces cuando a Donald Trump, que ya tenía casi 70 años, se le ocurrió que podía meterse en política –o, más bien, conseguir el cargo más poderoso del mundo en esos días: ser presidente de los Estados Unidos. Corría el año 2015, tiempos muy confusos.

El señor Trump tenía ventajas: su fama y esa idea extraña pero tan difundida entonces de que quien hubiera tenido «éxito» en el manejo de una empresa sabría cómo tenerlo en el manejo de un país –completada, en los más pobres, con aquello de que «como ya tiene mucho, no necesita robar». Y sobre todo, multimillonario por los éxitos inmobiliarios de su papá y sus propios fracasos, denunciaba al «establishment» y se presentaba como uno de afuera. Era la misma magia, inverosímil pero eficaz, que le permitió ofrecerse como un outsider crítico de esa «política tradicional» que tantos detestaban.

Al principio su candidatura pareció casi un chiste, una extravagancia para llenar de gags algo muy aburrido: los medios lo aprovechaban para vender más y le dieron una difusión inesperada. Varias veces su campaña estuvo a punto de fracasar por su machismo, su hostilidad, su xenofobia, sus discursos simplones balbucientes, sus prácticas oscuras. Pero, para sorpresa de tantos salvo él, terminó por ganar las elecciones. Era, dijeron, la venganza de todos esos viejos inmigrantes blancos –irlandeses, italianos, alemanes, judíos– a los que habían prometido una patria y sus riquezas y veían que otros viejos inmigrantes blancos –irlandeses, italianos, alemanes, judíos– se las quedaban. Entre esos otros estaba el propio Trump y sus acompañantes, pero eso no pareció importarles demasiado: era más fácil echar la culpa a los distintos, los negros, mexicanos y demás inmigrantes que vivían aún peor que ellos. La elección fue un porrazo global: que más de la mitad de los –votantes– norteamericanos creyeran que un hombre así debía dirigirlos era un golpe cruel para su imagen en el mundo.

Desde el primer momento, su presidencia pareció un desbarajuste. El señor Trump seguía en campaña y no sabía en qué consistía gobernar: se equivocaba, insultaba a troche y moche, se alababa sin tasa. Pero le hizo al mundo un don inapreciable: ahora sí los Estados Unidos tenían un presidente igual a los de esos países de segunda que siempre habían desdeñado. Desde todos ellos miraban al señor con la alegría de quien por fin encuentra su venganza. Y los americanos perdían, día tras día, ese aire de superioridad moral con el que solían mirar y referirse a los demás.

Su gobierno llegó al colmo del descrédito cuando se negó a tomar las medidas necesarias para combatir en serio aquella pandemia de virus chinos, y perdió –por muy poco– las elecciones que le habrían permitido permanecer cuatro años más. Furioso, se negó a aceptar la derrota y llamó a sus seguidores a negarla también. De allí la tan glosada invasión del Congreso de Washington, altar de la llamada democracia, encabezada por unos machos musculosos y panzones tocados con cuernos de búfalo y pinturas rupestres.

Fue casi demasiado. Sin embargo, millones seguían apoyándolo, y no dejaron de hacerlo cuando, un año después, fue acusado de comprar el silencio de una prostituta con la que había tenido alguna historia turbia y condenado por otro abuso a otra señora. Aún así, la derecha norteamericana seguía prefiriéndolo. El señor Trump no sirvió para mucho, pero sí para desnudar ciertos mecanismos de la decadencia americana. Hubo quienes intentaron desarmar esa bomba calificándolo como «el peor presidente de la historia de los Estados Unidos». No era fácil: la competencia era tremenda.

11

EL IMPERIO DEL CENTRO

Donde se trata del ascenso imparable del país que había sido, durante milenios, el más poderoso del mundo –y entonces volvía a serlo.

Es muy difícil saber por qué caen los grandes imperios: las causas y sus efectos suelen ser torbellino. Pero está claro que la hegemonía de los Estados Unidos, que se consolidó en la segunda década del siglo XX, tras la «Primera Guerra Mundial», no duró mucho más de cien años.

(Su predominio sucedió, como sabemos, al británico. Aquel imperio era tan poderoso que, hacia 1925 todavía, un escritor argentino niño aún, Adolfo Bioy Casares, acompañó a sus padres ricos en un largo viaje marítimo que recorrió el mundo sin tocar tierras que no fueran colonias inglesas. Muchos años más tarde el escritor diría que lo que más lo impresionó fue saber, con el tiempo, que en esos días el Imperio Británico ya estaba acabado –y que nadie, entonces, parecía darse cuenta. Así terminan, en general, los mayores poderes –el romano, el español, el inglés, el estadounidense–: su partida de defunción está firmada y ellos siguen simulando que están vivos y millones se lo siguen creyendo).

Estados Unidos siempre cumplió con una de las reglas más clásicas de los grandes imperios de la historia: a la mayoría de sus ciudadanos el resto del mundo –sus dominios– les importaba poco, lo ignoraban, lo desconocían. En este caso particular, esa mayoría completaba su ignorancia con otras semejantes: en esos días, dos de cada cinco americanos creían que un dios había creado el mundo y a los hombres de la nada y en su estado actual unos miles de años antes –como decía su libro de dogmas, la «Biblia» (ver cap. 24). La ignorancia funcionaba y permitía, seguramente, que sus poderes los manejaran con más facilidad. Igual que en otras situaciones semejantes, el dominio del mundo estaba a cargo de una élite intensamente preparada, que creía o simulaba creer que su poder era una bendición para ese mundo: que le llevaba formas del bienestar que sintetizaban con la palabra «libertad».

Lo cual funcionó mejor mientras había una fuerza equivalente que supuestamente la amenazaba: durante la mayor parte del siglo XX, en eso que la cursilería de entonces llamaba «Guerra Fría» contra la Unión Soviética y el «comunismo internacional», Estados Unidos se presentaba como el defensor de la democracia, el «líder del mundo libre» (ver cap. 3). Cuando aquel bloque autoritario se desmoronó, a principios de los años 1990, parecía que Estados Unidos se quedaría solo en ese liderazgo ya que, según uno de sus teóricos más conocidos, había llegado «el fin de la historia», su culminación, y nada más cambiaría radicalmente.

Por supuesto, la historia siguió. Estados Unidos cometió el error de implicarse en varias guerras locales innecesarias que lo obligaron a mantener un ejército carísimo (ver cap. 22), exportó muchas de sus industrias a países más baratos y dejó sin trabajo o propósito a parte de su población (ver cap. 15), permitió unos niveles de desigualdad que indignaron o desalentaron a millones de ciudadanos (ver cap. 3) y, sobre todo, se equivocó desde el principio en el manejo de la nueva potencia ascendente, China (ver cap. 10). Aún así, las razones últimas de su descomposición, que marcó el fin de la Edad Occidental, siguen siendo un gran debate; si se considera que los historiadores aún discuten las causas de la caída del Imperio Romano, hace más de quince siglos, se entenderá que todavía no podamos terminar de pronunciarnos al respecto.

Las razones del desplome siguen sin estar del todo claras pero el mecanismo sí lo parece: antes que cualquier enfrentamiento militar, el proceso fue básicamente económico, como correspondía a esos años de hegemonía del dinero (ver Prólogo).

La enorme deuda norteamericana, sobre todo con China, ponía a Estados Unidos en una posición de debilidad que solo se sostenía porque los demás estados y poderes entendían que su caída, en esas condiciones, sería una caída general. Se preparaban, de algún modo, las condiciones para que su caída fuera solo su caída: sus aliados intentaban apartarse. Antes, Estados Unidos tendría su último gran sobresalto, aquel presidente que pensó que podía recuperar la primacía –Make America Great Again, America First– y solo se cubrió de ridículo. Podríamos llamarlo canto del cisne si no hubiera sido el rebuzno de un burro.

Y, dentro de ese debate, que sigue abierto, algunos analistas insisten en que la razón principal de la caída americana no fue propia sino ajena: el ascenso incontenible de la China. Ya en esos días autores se empeñaron en recordar que eso que la historia occidental llamó la Edad Media o Edad Oscura, lo había sido para Europa pero que, en cambio, fue un gran momento para buena parte del resto del mundo: casi toda Asia, muchas zonas de África, los imperios mesoamericanos. Y que no había que descartar, decían, la posibilidad de que el proceso se repitiera: que el fin del último imperio occidental fuera la oportunidad para que prosperaran los demás, que el mundo volviera a ser lo que era antes de Colón.

O sea que el poder chino sería, decían, la recuperación de una constante histórica: que salvo un breve lapso –entre 1600 y 2000, del prefacio al pináculo de la Edad Occidental– China, el «Imperio del Centro», siempre había sido el estado más poderoso y desarrollado del mundo y que, tras ese intervalo, simplemente había vuelto a serlo y, por lo tanto, a imponerse a todos los demás.

La recuperación china había empezado a fines de los años 1980: su ventaja, en esos días, era que sus trabajadores, tras décadas de sometimiento, hambre y privaciones, eran baratísimos –y, por lo tanto, sus costos industriales no tenían competencia en el resto del mundo. Otra ventaja era que la concentración del poder en un partido único les permitía un control absoluto y una planificación extrema. Un autor de la época recuerda su visita a una ciudad mediana, Tianjin, que en 1970 tenía tres millones de habitantes y, en 2020, 15 millones. Allí autoridades locales lo llevaron a visitar un hangar que encerraba una gran maqueta –de veinte por veinte metros. «La maqueta representaba la ciudad y su puerto pero no como eran entonces; como serían a mediados del siglo XXI. Esos señores, muy formales, me explicaron cada detalle: cómo construirían un nuevo puerto, las autopistas y ferrocarriles necesarios para servirlo, las viviendas para sus trabajadores, las escuelas y hospitales para sus familias, los parques, los espacios de recreo, las comisarías y cuarteles, las estaciones de tren y de autobús: todo había sido pensado, con sus diseños y costos y plazos, por un pequeño grupo de planificadores del estado y seguramente sus planes se irían realizando como se estaban realizando en tantas otras poblaciones semejantes». Después lo llevaron a visitar una fábrica textil donde habló, uno por uno, con una quincena de obreros jóvenes: «Todos, sin excepción, habían llegado de provincias y se manifestaban –delante de su jefe– felices de trabajar 10 o 12 horas diarias y vivir en los dormitorios de la planta, con colchones de verdad y agua caliente». En esos días China ya tenía 113 ciudades de más de un millón de habitantes, lo mismo que Europa y Estados Unidos sumados (ver cap. 2).

Ese crecimiento furibundo pagó grandes costos: la destrucción masiva del medio ambiente, el desarraigo de cientos de millones de campesinos que abandonaron sus tierras para buscar empleo en las ciudades, su dependencia cada vez mayor de las condiciones del mercado, su creciente insatisfacción y resentimiento –que aumentaba en la medida en que veían que, mientras ellos tenían que resignarse a sueldos de susbsistencia, surgía una «burguesía» urbana con un consumo suntuario cada vez más ostentoso.

(En cambio, la preocupación occidental por sus «libertades» no era compartida por la mayoría de los chinos. Había un elemento que los analistas del Oeste no conseguían computar: que esa sociedad, que ellos consideraban con razón autoritaria y represiva, era la más libre que ese pueblo había conocido en sus cuatro mil años de historia –y que, además, le permitía comer todos los días).

A medida que sus obreros consiguieron mejores salarios, China empezó a derivar las producciones más simples a países con menos pretensiones y se centró cada vez más en las más sofisticadas. En esos días, sin embargo, China y Estados Unidos mantenían vínculos estrechos: las corporaciones norteamericanas no podían funcionar sin la mano de obra china –donde fabricaban muchos de sus productos más exitosos– y las corporaciones chinas no podían subsistir sin el mercado norteamericano.

Y también es cierto que el desarrollo chino mostraba rasgos occidentales: lo llevaban adelante con objetos y costumbres y máquinas y procedimientos diseñados en Estados Unidos y Europa para vivir vidas hechas de ordenadores, coches, rascacielos, cadenas de producción, cervezas, teléfonos, televisores, bluyíns, zapatillas, trenes. Lo que había triunfado no era el Oriente sino un Occidente desplazado, corregido, con mano de obra más barata –capaz de apropiarse de sus productos y fabricarlos y vendérselos en beneficio propio– y mano dura estatal. Un país que, en muchos aspectos, funcionaba como Inglaterra o Alemania en el siglo XIX, cuando hicieron sus propias revoluciones industriales.

(Por eso algunos historiadores discuten todavía el fin de la Edad Occidental. Argumentan que la preeminencia política y económica de Occidente se había terminado pero fue reemplazada por poderes basados en sus ideas y modelos y que, por lo tanto, sus formas de pensar el mundo siguieron imponiéndose.

Es cierto que, pese a su poder económico y geopolítico, la cultura china todavía no había penetrado en el resto del mundo. Su única referencia era, si acaso, la comida, que se había difundido un siglo antes a partir de sus grandes migraciones. Pero ni su música ni su literatura ni su cine ni su filosofía ni ninguna otra manifestación cultural formaba parte entonces del acervo global: era curioso que un país que concentraba un quinto de la población mundial y mucha de su industria y sus poderes, no tuviera nada de lo que entonces se llamaba «soft power», poder blando (ver cap. 20).

Los expertos siguen debatiendo si era porque no les interesaba intentarlo o porque todavía no habían encontrado las formas apropiadas. Sabemos, de todos modos, cómo terminaría todo aquello).

En cualquier caso, más allá de rótulos, ese estado autoritario había conseguido, por primera vez en una historia repleta de hambrunas, alimentar a casi todos. La cantidad de subalimentados habría bajado –según cuentas muy dudosas– de casi 300 millones en 1980 a unos 150 millones en 2020 y el consumo de carne subió en ese lapso de 20 kilos por cabeza y por año a casi 60. Mientras, el PIB per cápita, gran mentiroso, pasó de unos 300 euros en aquel año a unos 10.000 en 2020. Las diferencias sociales –aunque el discurso oficial las siguiera negando– aumentaron en la misma proporción. En un par de generaciones uno de los países más igualitarios del mundo se había transformado en uno de los más desiguales.

* * *

En la Tercera Década el ritmo del crecimiento chino había bajado y, al mismo tiempo, sus dirigentes terminaron de asumir que debían expandirse. Durante años los analistas internacionales habían recurrido al precedente de las grandes expediciones fallidas del siglo XV –cuando las flotas del emperador Ming llegaron hasta las costas africanas, las recorrieron con desdén y decidieron que no valía la pena ocuparse de esas tierras salvajes– para suponer que China seguiría despreciando al resto del planeta y concentrándose en sí misma: que el viejo Imperio del Centro seguiría sin interesarse por los bárbaros. Pero sus líderes del siglo XXI entendieron que, en ese mundo globalizado, la autarquía no era posible: que si querían mantener su posición debían extenderla por el globo.

No les resultó difícil. Tenían esas reservas de dinero extraordinarias, producto de varias décadas de exportaciones muy por encima de sus importaciones –en un mundo donde los demás grandes rebosaban de deudas–, así que pudieron llevar sus inversiones a todos los rincones. Sus obras de infraestructura –puertos, gasoductos, carreteras, ferrocarriles y otros medios de mejorar su comercio– se extendían por el mundo. Y su éxito hizo que su modelo de país se volviera una tentación para muchos otros, que empezaron a preguntarse si el orden no era una condición para el progreso, entendido como el acceso de muchas personas a unos niveles de consumo que nunca antes habían tenido.

La idea todavía no atraía en el MundoRico, donde los consumos básicos solían estar garantizados, pero encontró más ecos en el MundoPobre. El «ejemplo chino» mostró que podía haber desarrollo capitalista con un régimen de partido único y libertades más que limitadas o, incluso, que un estado fuerte y controlador podía resultar mejor para desarrollar la economía. El partido comunista chino tenía 90 millones de miembros y era muy difícil prosperar sin formar parte de él: para el discurso oficial, ese 10 por ciento de la población adulta era «una vanguardia selecta y entusiasta», la que realmente se interesaba por los destinos de su pueblo o algo así, y por lo tanto era lógico que fueran ellos los que tomaran las decisiones. Cosa que, por supuesto, tampoco sucedía. El poder estaba perfectamente concentrado en las instancias superiores del partido que, en ese momento, encabezaba un «politburó» de 24 miembros, todos hombres, comandados por un «comité permanente» de siete hombres con el presidente Xi Jinping a la cabeza: todos ellos tenían más de 60 años. La etiqueta de «gerontocracia machista» fue, por supuesto, muy utilizada.

(Mientras tanto, Occidente seguía tan ensimismado que casi ninguno de sus habitantes habría sabido reconocer la cara de Xi, el hombre más poderoso de la Tierra en esos días. La mayoría, en realidad, ni siquiera terminaba de saber su nombre).

* * *

Otra pata del modelo chino era, sin dudas, el control social y, cuando no funcionaba, la represión directa. Pero el estado omnipresente no solía necesitarla: su control de sus ciudadanos era extrema. Un solo proyecto de videovigilancia, la operación Xue Liang –Ojos agudos– (ver cap. 18) usaba unos 200 millones de cámaras distribuidas por todos los rincones de las grandes ciudades y brutos computadores que reconocían las caras de quienquiera. Se suponía que así limitarían los delitos y los intentos de contestación; los castigos aplicados, mientras tanto, también eran extremos: China era, en esos días, el mayor ejecutor mundial de la pena de muerte (ver cap. 23).

A esos mecanismos de política interior se sumaban, en la exterior, el aumento constante de sus fuerzas armadas (ver cap. 22), sus amenazas de invadir a Taiwán –una isla entonces independiente que consideraban parte de su territorio–, sus coqueteos con Rusia sobre la formación de una alianza bélica, y la astucia de no presentarse como jueces o predicadores.

Era, entre otras cosas, una forma de tomar distancias del modelo de intervención americano, irritante para muchos regímenes. Allí donde Estados Unidos se había pasado un siglo dando lecciones de moral y sosteniendo que debía «defender la democracia y la libertad» –lo cual le había permitido cuidar sus intereses económicos y políticos por doquier y participar en numerosas guerras y golpes de estado–, China declaraba que «no existe un modelo único para guiar a los países en el establecimiento de la democracia. Un país puede elegir las formas y los métodos de poner en práctica la democracia que mejor se adapten a su situación particular, basándose en su sistema social y político, sus antecedentes históricos, sus tradiciones y sus características culturales únicas. Corresponde exclusivamente al pueblo del país decidir si su Estado es democrático».

A diferencia de la potencia anterior, los chinos no trataban de imponer su modelo ni de influir o interferir en las definiciones políticas de sus países clientes: les alcanzaba con mostrar que era «exitoso» –que producía más riqueza sin coartadas morales. O, mejor: que su coartada moral era ese éxito. Aseguraban, en cambio, que apoyarían –con dineros, con materiales, con poder– a los países más allá de sus regímenes políticos: que renunciaban a manejarlos o juzgarlos; que ellos también habían sufrido esa violencia y sabían lo que era, y que nunca lo harían. Conocemos las consecuencias de esa idea.

Por otro lado, China era el único país importante capaz de controlar a sus empresas, justo en el momento en que las grandes corporaciones globalizadas de Occidente empezaban a superar, con su poder, a los estados nacionales, y cundía el desconcierto. No solo por su alcance e influencia: compañías como Google –un organizador de información– o Facebook –una plaza pública– actuaban por encima de esas fronteras e imponían sus propias reglas que, a menudo, pasaban por encima de las leyes de cada país (ver cap. 18). Para eso solían usar la colaboración de los «políticos»: por medio de corruptelas varias, ofertas de trabajo, coerción y amenazas, espionaje, comunión de intereses, amistad y favores, simple miedo, la mayoría de los participantes en las estucturas de gobierno terminaba favoreciendo con sus acciones y omisiones a esas compañías.

En una época de nacionalismos rampantes (ver cap. 10), la paradoja estaba servida: las naciones eran conducidas y representadas por un estado nominal, que todavía cumplía con muchas funciones pero no conseguía asegurar la principal, la que garantizaba todas las demás: el cobro de impuestos, que las grandes corporaciones globalizadas esquivaban. Empezaban, ya entonces, a oírse las voces que reclamaban la adaptación de los poderes políticos a las nuevas circunstancias económicas: si la economía no aceptaba límites nacionales, correspondía encontrar formas políticas supranacionales que pudieran controlarla más allá de esos límites. Los nacionalismos, de pronto, eran los mejores aliados de las multinacionales. Se habían transformado en aparatos de conservar instituciones que ya no servían: mientras se mantuviera la ficción de los estados nacionales, mientras no se implementaran poderes globales capaces de enfrentarlas, esas corporaciones podrían seguir haciendo lo que quisieran.

También en esto China resultó privilegiada. Allí las grandes corporaciones digitales globales –de comunicación, de relación social, de ventas– estaban bloqueadas, y había equivalentes locales que cumplían las mismas funciones. Esas empresas chinas tuvieron mucho éxito: contaban con ese mercado absolutamente cautivo de 1.400 millones de consumidores. Pero funcionaban, como las viejas empresas occidentales, en un solo país, y estaban, por lo tanto, obligadas a cumplir las directivas del estado de ese país –que era, además, uno decidido a hacerse obedecer. No solo tenían que pagar todo lo que el estado quisiera; debían, además, entregarle toda la información que les pidiera. Gracias a eso, el control estatal de los ciudadanos chinos se incrementó hasta niveles que los grandes dictadores habrían envidiado (ver cap. 18). En el resto del mundo toda esa información, esos controles, estaban más en manos privadas: también en eso los estados-nación tradicionales estaban perdiendo su lugar. La verdadera forma del mundo era, cada vez más, su economía.

Las personas 11

EL PODER DEL IGNOTO

Cuando nació, en Pekín y en 1953, el niño tenía sus privilegios: su padre era un alto funcionario del Partido Comunista chino. Así que al principio todo fluía, todo era casi fácil y agradable, pero antes de cumplir diez años su vida se dio vuelta y descubrió que la política podía ser muy cruel: en 1963 otros funcionarios aún más altos «purgaron» a su padre y lo mandaron a trabajar en una fábrica de un pueblo perdido de una provincia más perdida todavía. Jinping y el resto de la familia lo siguieron; tres años más tarde, en lo más arduo de la «Revolución Cultural» de Mao Zedong, una brigada de estudiantes arrasó su casa pobre. Su hermana mayor murió en el ataque o se suicidó poco después: las versiones difieren. Jinping no podía ir a la escuela –la mayoría estaba cerrada– y se pasaba los días tratando de sobrevivir, escapando de los embates de los «Guardias Rojos». Hasta que su madre fue obligada a denunciarlo como «enemigo del pueblo»: tenía 13 años cuando lo pasearon con un gran bonete de metal en medio de una muchedumbre que le gritaba, le escupía, le pegaba, lo despreciaba sin remedio.

Poco a poco la fiebre fue cediendo. Su padre, tras cuatro años de internación, consiguió volver a ver a su familia: era una ruina. Algún funcionario mandó a Jinping al fin del mundo a trabajar la tierra y vivir en una cueva; cuando trató de escaparse a Pekín fue apresado y, tras unos meses cavando zanjas en un campo de concentración, lo devolvieron a su cueva. Jinping sabía que su única posibilidad de redención era entrar en ese Partido Comunista que los había maltratado, pero no lo aceptaban. Diez veces presentó su solicitud, nueve lo rechazaron. La décima por fin lo incorporaron y pudo empezar: tenía 20 años que parecían veinte siglos, entró a estudiar ingeniería, se lanzó a su carrera en el partido.

El resto es una historia casi burocrática: un hombre capaz, conocedor de recovecos y recodos, buen lector de personas, que fue prosperando poco a poco en la estructura política más compleja del mundo. Gobernó pequeñas ciudades, después provincias, después regiones enteras mientras seguía estudiando marxismo y leyes y economía y mejorando sus relaciones con todo aquel que tuviera más poder. Se casó con una chica elegante, hija de un ex embajador en Londres, pero resultó que la señora prefería los brillos europeos y terminó por irse. Entonces, ya a sus 34, dio un buen golpe: su matrimonio con Peng Liyuan, otra hija de réprobo, diez años menor, gran intérprete de ópera china que había cantado, por ejemplo, para las tropas que reprimieron la revuelta de Tiananmen en 1989 –y mataron a varios miles de personas.

En 2007, a sus 54, Xi Jinping asumió como primer secretario del Partido: era el último escalón antes de la cima. Donde llegó al cabo de seis años: en marzo de 2013 fue nombrado presidente de la República Popular de China, y siguió en ese puesto mucho tiempo, más que ningún antecesor desde el Gran Mao.

Fue un personaje raro: en su mundo, en su momento, no había ningún hombre más poderoso y menos conocido que Xi. Para la enorme mayoría de la humanidad no era más que un nombre: casi nadie sabía nada sobre su vida, su estilo de poder, sus objetivos; muy pocos habrían sido capaces de reconocer su cara. Entre los más interesados circulaba la idea de que conducía su partido y su país –en ese orden– con mano férrea, que no pensaba cambiar su condición capitalista pero intentaba aminorar las enormes diferencias y las brutas corruptelas, que estaba llevando su ejército a dimensiones desconocidas, y poco más. Era, quizá, un signo de los tiempos que el hombre más poderoso de ese mundo fuera, para miles de millones, un gran desconocido.

Se dice que a Xi Jinping le importaba muy poco. Cuentan que estaba convencido de que debía acabar con la Edad Occidental y conseguir que el extremo oeste de Europa –y el norte de América– volviera a ser lo que era antes de su conquista del resto del mundo: una porción pequeña, culturalmente activa, multirracial y multirreligiosa, bastante ensimismada y pagada de sí misma, convencida de su superioridad sin muchos elementos para justificarla. La historia, de algún modo, le hizo caso.

12

CAPITALISMOS, TODAVÍA

Donde se trata del sistema económico único que dominaba el mundo. Gracias a él, los bancos, los especuladores financieros, los evasores fiscales se hacían más y más ricos.

Aquella fue una época económica. Hubo tiempos en que las sociedades fueron regidas por un orden político: un rey, un emperador, un presidente y su partido eran su eje y su foco de poder, a veces absoluto. Hubo tiempos en que fueron regidas por sus creencias religiosas: un gran sacerdote, un papa, un imam tenían la posibilidad de decidir cómo vivían sus paisanos en todos los aspectos, desde la comida al sexo pasando por el ritmo de sus actividades, los criterios morales, la forma del tiempo. Pero en aquellos días parecía claro que el principio rector era la economía: todas las sociedades –salvo excepciones muy menores– practicaban la misma forma de intercambio económico y se organizaban a su alrededor. El mundo 2020 vivía inmerso en un esquema económico llamado «capitalismo».

El capitalismo era un sistema basado en una serie de premisas:

–la propiedad privada era el principio rector absoluto. Cuando alguien adquiría o poseía algo –una banana, una fábrica, una estatuilla, un avión, una camisa–, le pertenecía. Dos siglos después de promulgada se mantenía vigente la regla del Código Civil de Napoleón, 1804: «La propiedad es el derecho de gozar y disponer absolutamente de las cosas, siempre que no se las use de un modo prohibido por las leyes o los reglamentos»;

–la propiedad se transmitía de padres y madres a hijos e hijas y descendientes varios en un proceso llamado «herencia», por el cual se suponía que el linaje era la forma natural de transferencia de los bienes acumulados. En sociedades donde la mayor parte de los nacimientos todavía sucedían en familias tradicionales de padre y madre, la herencia seguía siendo una forma decisiva de adquisición de fortuna;

–el uso de la propiedad podía tener dos fines principales: el consumo o el lucro. El consumo era el momento para-capitalista del capitalismo –un individuo usando una mercancía sin buscar una ganancia directa–, indispensable para el funcionamiento del sistema. El lucro se obtenía usando una mercancía para producir algo o vender algún servicio y se medía en esa unidad básica de entonces, el dinero;

–el dinero, la unidad de medida universal del valor, era emitido y garantizado todavía –en su gran mayoría– por los estados nacionales, que lo usaban como el sustento principal de su poder;

–la propiedad privada de los medios de producción era la base para que cada propietario «ganara dinero» con ellos y acumulara más. En ese uso el poder del o los propietarios era absoluto: napoleónicamente, podían hacer lo que quisieran mientras no quebraran una ley. Para hacerlo, a menudo necesitaban utilizar personas que les vendieran su fuerza de trabajo y cumplieran sus órdenes: «empleados»;

–cada persona teóricamente tenía la propiedad privada de su fuerza de trabajo –la mercancía intrínseca de cada quien– y era libre de venderla según «las leyes del mercado». La teoría solía chocar con las circunstancias y necesidades reales de cada individuo;

–las leyes del mercado –o de «la oferta y la demanda»– eran centrales en la definición de los precios de cualquier mercancía, incluida la fuerza de trabajo. Así, si había mucha oferta de cualquiera de ellas, sus precios bajaban. Aunque también intervenían en esos precios diversos factores externos, que la teoría no solía aceptar;

–también se consideraban de propiedad privada inventos, descubrimientos y creaciones: más allá del uso o la necesidad que pudieran tener para el conjunto, su inventor o descubridor o creador los poseía y decidía cómo lucrar con ellos;

–el éxito de estas operaciones de producción y venta definía las vidas de las personas: determinaba cómo vivían, qué podían hacer y qué no, de qué privilegios gozaban o privaciones sufrían y, en la mayoría de los casos, cómo se sentían: qué lectura hacían de sus propias vidas.

El dinero tenía, entre tantas, una utilidad fundamental: ganarlo justificaba una vida, le daba sentido.

* * *

El capitalismo era, por supuesto, mucho más que un sistema económico: era el formato con que esas personas hacían todo lo que hacían. La enorme mayoría lo ejercía a cada momento: si no estaba vendiendo su fuerza de trabajo para conseguir dinero estaba comprando con ese dinero los objetos o servicios que necesitaba o no necesitaba o, si acaso, consumiendo esos objetos o servicios que había pagado con él. En síntesis, muy pocas actividades de las personas en esos días salían de la órbita del esquema económico en que vivían, pero eso no suponía que consiguieran entenderlo –o, incluso, que se lo propusieran.

Hubo momentos en la historia en que la mayoría de las personas tenía la sensación de comprender –o al menos abarcar– su funcionamiento económico. Un campesino español del siglo XIX, todavía, sabía que debía producir tanto trigo y tanta fruta y los frutos del huerto y las olivas para aceite y atender a sus veinte gallinas y seis cerdos y dos burros para poder comer durante el año, vender los sobrantes en el mercado para comprar si acaso sal, algo de vino, una herramienta nueva y alguna prenda de vestir muy cada tanto, y pagar los diezmos o cualquier forma de impuesto o renta que su rey y sus señores y su iglesia le cobraran. La economía mundo podía ser complicada pero, para él, todo era simple y limitado, y creía entenderlo. En cambio, ya en pleno siglo XXI, el funcionamiento económico de todos estaba hecho de tantas aristas, tantas intervenciones, tantos datos que nadie –o casi nadie– lo entendía. Todo dependía de un conjunto cada vez más confuso, más entreverado, de millones de causas y efectos, de maniobras que convergían en cada objeto, en cada movimiento. Y nadie, ni siquiera los más marginales, le escapaba.

Esa complejidad contribuía a uno de los grandes activos de aquel sistema: que parecía ineludible, la forma natural del mundo. Muy pocos, entonces, cuestionaban esa forma básica. El acuerdo era tan homógeneo que no había siquiera partidos o sectores políticos que propusieran otros modos: a lo sumo discutían las maneras de manejarlo para que fuera más «justo» o más «productivo», que privilegiara una mínima distribución de la riqueza o su creación sin más preocupaciones. El acuerdo era tan sólido, incuestionado, que un escritor de esos días llegó a pensar que era «más fácil imaginar el fin del mundo que el fin del capitalismo».

(Le contestaron con cierta lógica que, a lo largo de la historia, todos los sistemas socioeconómicos se habían terminado y dado paso a otros, y que no había ninguna razón para que este rompiera la regla).

El capitalismo se concretaba y centraba en las empresas, y una empresa era la estructura capitalista por excelencia: una organización libre libremente dedicada a conseguir más dinero para sus dueños a través de su actividad –cualquiera fuese–, sus mejoras técnicas y tácticas, su habilidad para hacer y vender y administrar. En nombre de la democracia y la libertad de mercado, las empresas eran organizaciones perfectamente autoritarias, con propietarios y directores que ponían en marcha las estructuras necesarias para ejercer su poder sin cortapisas: para que se hiciera en ellas lo que ellos decidían. Para eso eran sus «dueños».

El capitalismo era un sistema profundamente monetarizado: donde todo estaba definido por la circulación de dinero. Para los habitantes del mundo en esos días, la producción y venta de mercancías por dinero era su ecosistema «natural». El dinero estaba en todas partes: era la forma más inmediata, más constante de relación de las personas con la economía –donde se habían hecho rarísimas las demás formas de circulación de bienes: trueques, intercambios, colaboraciones. Aunque es cierto que, ya entonces, ese dinero había avanzado mucho en su camino a la abstracción.

El dinero siempre fue una tentativa de abstracción: las primeras «monedas» –unos trozos de metal con un sello estatal que garantizaba su calidad y cantidad– servían para abstraer el valor de una vaca o un tejido o un día de trabajo y volverlo intercambiable y transportable.

Miles de años después, el peso de esas monedas se abstrajo a su vez y se representó en unos papeles respaldados por un banco o un estado que llamaron «billetes». Cientos de años después, en la segunda mitad del siglo XX, esos billetes se fueron reemplazando con unas tarjetas de plástico que aseguraban que el portador tenía «dinero» en su cuenta bancaria o suficiente crédito. Ya llegando al 2020, incluso esas tarjetas de plástico fueron reemplazadas, en muchos casos, por operaciones virtuales de esos ordenadores portátiles que llamaban «teléfonos móviles inteligentes» (ver cap. 17). La tendencia aumentó con *lapandemia* (ver cap. 7) de 2020: entonces, el miedo de contagiarse con materiales toqueteados hizo que muchos se decidieran a dejar de usar los clásicos billetes.

(En esos días se calculaba que la moneda emitida por algún estado era una vigésima parte del «dinero» circulante: el resto eran números en máquinas, abstracciones todavía mayores).

Pero cada país tenía, entonces, su propia «divisa», uno de los tres o cuatro símbolos y elementos centrales de su autonomía nacional. Aunque algunos, entonces, intentaban formas de integración consistentes en compartir una moneda común: la Unión Europea con su euro, la Comunidad Financiera Africana con su franco. Había, también, países que, creyéndose incapaces de manejar una moneda propia, se «dolarizaban»: adoptaban el dinero norteamericano. El Salvador, Panamá, Ecuador, Micronesia, Timor estaban entre ellos. Más allá de esos ejemplos aislados, la moneda era el gran instrumento de cada estado, su forma de manejar la economía de sus países. No siempre funcionaba.

* * *

Los bancos, entonces, eran omnipresentes, poderosos. En un año cualquiera los mil bancos mayores ganaban más de un millón de millones de euros, más o menos la recaudación fiscal total de Francia, el sexto país más rico del mundo, o la suma de las recaudaciones de España, Polonia, Noruega, Suecia y Dinamarca, por ejemplo.

Su negocio tradicional era la «atención al público». Eran sociedades que, siglos antes, habían empezado por recibir dinero de empresas y particulares y prestarlo a interés a quienes pudieran pagarlo, pero ya entonces se habían inmiscuido en todos los aspectos de las vidas: gracias a eso manejaban una gran parte del dinero circulante. En esos días se completaba, en los países ricos, el proceso de «bancarización» de la población: prácticamente nadie podía vivir sin una cuenta bancaria. En los demás países estaban bancarizadas las personas más ricas: otra diferencia significativa entre clases era que los más pobres seguían usando su –escaso– efectivo, y los ricos pagaban con aquellas «tarjetas» que los definían e identificaban. No tener una cuenta bancaria se volvió otro elemento de marginación, que impedía muchas operaciones. El 76 por ciento de los 5.500 millones de personas mayores de 18 años que había entonces en el mundo –casi 4.200 millones– tenía una cuenta, y muchos tenían más de una. En el MundoRico quedaban muy pocas personas que no manejaran su economía a través de esas empresas poderosas.

Que seguían prosperando: no solo obtenían beneficios siempre crecientes; además, alrededor de cien millones de individuos entraban en el sistema cada año. El flujo era particularmente fuerte en los países más pobres, donde todavía quedaba espacio para que los bancos continuaran su avance: la mitad de los «no bancarizados» del planeta vivía en solo siete países, Bangladesh, China, India, Indonesia, México, Nigeria y Pakistán.

Así, en cada vez más lugares, la enorme mayoría de las transacciones monetarias pasaba por la intermediación de los bancos: casi todos los sueldos o los intercambios comerciales, por supuesto, pero también las operaciones más cotidianas. El «servicio», por supuesto, no era gratis: cada vez que una persona compraba un kilo de manzanas o tomaba un café o pagaba un transporte con una tarjeta le entregaba una ínfima fracción de dinero al banco que la había emitido; la infimidad multiplicada por millones constituía un negocio extraordinario –y la mayoría de los usuarios ni siquiera lo pensaba.

(Y estaban las transferencias entre bancos –que, en esos días, eran otro de los innumerables campos en que se libraba, silenciosa, la pelea por la hegemonía entre Estados Unidos y China. Durante décadas el SWIFT –Society for Worldwide Interbank Financial Telecommunication–, un consorcio basado en Bélgica y formado por cientos de empresas financieras occidentales, había sido el sistema a través del cual los bancos del mundo hacían sus transacciones. En 2022 el sistema SWIFT todavía movía unos cinco millones de millones –cinco billones en castellano– de euros por día, en unos doce millones de operaciones diarias. Esas operaciones solían dejarle a cada banco involucrado un pequeño porcentaje –que se hacía enorme en esos volúmenes. Pero en 2015 le había aparecido un contrincante: el estado chino había lanzado su «Cross-Border Interbank Payment System» –CIPS– para competir con el SWIFT. Y así en cada campo del enfrentamiento: monopolios que iban cayendo uno tras otro).

El otro gran negocio de los bancos y entidades semejantes era la especulación: el juego de las bolsas. En su origen, se suponía que las «bolsas de valores» eran ámbitos donde quienes querían emprender o ampliar un negocio pedían capital para hacerlo: los «inversores» les entregaban ese dinero y, a cambio, recibían acciones –partes– del emprendimiento, que los volvían propietarios parciales con derecho a repartirse sus ganancias. Pero esa teoría de base había quedado muy por detrás de una práctica cada vez más compleja de especulación con esas acciones: había, en esos días, máquinas sofisticadas que operaban sobre los valores futuros y pasados y probables y posibles de empresas y materias primas, realizando millones de operaciones por segundo para medrar con compras y ventas y subas y bajas y expectativas y decepciones. En esos días, esas máquinas –esa forma artificial de la pequeña inteligencia– ya tomaban tres cuartos de las decisiones en las bolsas del mundo.

Lo cual mostraba un rasgo de esos tiempos: las inversiones –como tantas otras cosas– no permanecían sino que se movían sin parar, como correspondía a aquello que algún teórico había llamado «una sociedad líquida», donde casi todo podía cambiar continuamente para que nada cambiara. Y definía otra marca de época: en esos días nadie ganaba más que los que traficaban con dinero –nada sobre nada.

Ese dinero era –una vez más– una ficción o, por lo menos, una convención. Aunque se suponía que representaba realidades, no era sino un aluvión de números en máquinas, resultado de la habilidad especulativa mucho más que de lo que sucedía en el mundo material. El dinero había sido inventado –y utilizado– como un equivalente mensurable de valores reales. Esa condición se había perdido –y esa pérdida tendría las consecuencias que sabemos. En esos días la riqueza se medía según la «valoración bursátil» de las empresas, o sea: lo que miles de personas pagaban por sus acciones para tener la ilusión de que iban a ganar dinero. Y todos se creyeron que podían inventar dinero por pases de magia, trucos contables y astucias diseñadas para trampear el sistema que ellos mismos representaban y aprovechaban mejor que nadie –y que terminaba por volvérseles en contra.

Innumerables ejemplos lo mostraban: uno, muy sonado, fue aquel día –que, por esos azares, resultó ser el 2/2/22– en que la caída de la cotización de una corporación, Facebook/Meta (ver cap. 18) en la Bolsa de Valores de Nueva York licuó, en un par de horas, unos 200.000 millones de dólares. O sea: esa empresa valía esa mañana 200.000 millones más que esa tarde, o sea: 200.000 millones se habían evaporado de la mañana a la noche. Fue otra muestra estruendosa de la ficción de la riqueza: aquella noche el mundo estaba exactamente igual que esa mañana –incluso la empresa estaba exactamente igual– y sin embargo ese dinero, equivalente al PIB –toda la producción– anual de un país mediano como Grecia, Perú, Pakistán o Nueva Zelanda, había desaparecido.

En total, a lo largo de ese año –«malo para los negocios»–, cinco de las mayores empresas tecnológicas (ver cap. 13) consiguieron disolver en el aire más de 520.000 millones de euros: el PIB anual de Austria o Israel. Riqueza que existía un año antes había dejado de existir.

Pero en general la ficción se sostenía. Para producirla, los grandes bancos –y las compañías financieras– manejaban sus «fondos de inversión», engendros contables que reunían los dineros de muchos –clases medias y altas de los países ricos, clases altas de los países pobres– y los apostaban en la ruleta financiera. Así multiplicados, esos fondos –multimillonarios– multiplicaban su poder de intervención en los «mercados», imponían sus condiciones. Muchos participantes participaban sin siquiera saberlo: el ahorro para sus retiros, por ejemplo, sus fondos de pensión, jugaban ese juego so pretexto de que era el modo de asegurar su valor –o acrecentarlo. Así, con frecuencia, su dinero se invertía en negocios y emprendimientos contrarios a sus ideas: su dinero se había independizado de ellos y actuaba más allá de sus voluntades. No controlaban eso que, supuestamente, les era más propio.

* * *

Teóricamente, la bancarización tan extendida permitía un control sobre la economía y una disminución de las transacciones confusas: toda operación hecha a través de un banco dejaba un registro. La circulación bancarizada fue un arma de vigilancia: los estados podían saber cuánto dinero tenía cada quién, qué hacía con él. Su excusa era que así evitaban maniobras delictivas; su beneficio era que, así, sabían cuántos impuestos debía cada cual –a menos que tuviera la suficiente riqueza como para ocultar su dinero en esas zonas oscuras que la guasa de la época llamaba «paraísos fiscales», riéndose al mismo tiempo de la idea de paraíso y de la idea de fisco.

El auge de los paraísos fiscales era un efecto directo de la libre circulación del dinero que se había impuesto a fines del siglo anterior. Gracias a ella, las empresas y personas más ricas –las que podían permitírselo– contrataban a especialistas en desviar dineros, que llevaban los suyos a ciertos países dedicados a encubrir fortunas, a guardar las de los dueños del mundo lejos de cualquier información y, sobre todo, de cualquier presión impositiva.

Se calculaba que, en esos días, el 10 por ciento de las riquezas europeas se escondían en esos paraísos, donde también se refugiaban entre el 30 y el 50 por ciento de las africanas, asiáticas, rusas, árabes. Era una estafa montada a la vista del mundo, con la anuencia de las autoridades (in)competentes: los estados no mostraban ninguna voluntad real de descubrirlos. Solo había, cada tanto, algún grupo de periodistas que lo conseguía –de forma parcial, pero demostrando que si lo podían hacer unas docenas de particulares, los estados no tenían más obstáculos que su complicidad.

«Los estados organizaron un sistema legal donde los actores económicos principales adquirieron un derecho casi sagrado a enriquecerse usando las infraestructuras públicas y las instituciones sociales del país –sistema educativo, sanitario, etcétera– para después desplazar, con una firma o un clic, sus activos a otra jurisdicción, sin que se haya previsto nada para perseguir las riquezas en cuestión y ponerlas a contribuir de forma justa y coherente con el resto del sistema fiscal», escribía entonces un economista francés que se volvió famoso, Thomas Piketty. Era, claramente, dinero que se sustraía de la fiscalidad pública, o sea: dinero que se robaba a los estados, a los ciudadanos –y que, sobre todo en los países más pobres, impedía que esos estados se ocuparan debidamente de esos ciudadanos.

Expertos calculaban que solo las grandes empresas norteamericanas evadían, cada año, unos 100.000 millones de dólares de impuestos, suficientes –según la FAO– para acabar en una década con el hambre en el mundo. Para eso, las grandes empresas y fortunas disponían de todos los recursos. Tenían, por supuesto, equipos de expertos especializados en usar todas las triquiñuelas para pagar lo menos posible. Su presencia en distintos países se lo facilitaba: una de las opciones habituales consistía en arreglárselas para tributar allí donde los impuestos eran más baratos –o se acercaban a la nada. En una tibia reacción, 38 de los estados más ricos del mundo, reunidos en una organización llamada OCDE –Organización para la Cooperación y el Desarrollo Económicos–, decidieron, en 2021, fijar una tasa fiscal básica para todas las corporaciones que operaban en sus territorios. Propusieron un mínimo de 15 por ciento: era tan mínimo –tanto menos que lo que pagaban los ciudadanos– que no solucionaría ningún problema y permitiría que las grandes corporaciones siguieran pagando mucho menos que lo que debían. Aún así, su presión consiguió postergar su aplicación, que siguió debatiéndose.

Más allá de trampas y subterfugios, en la mayoría de los países la fiscalidad favorecía claramente a los más ricos. La ola liberal de los '90 había conseguido desarmar los sistemas que los países occidentales habían instituido décadas antes para obligar a las fortunas y sueldos importantes a tributar bastante más. Fue ese proceso de liberalización y descontrol de la economía que quedó asociado a Ronald Reagan, pero que había iniciado su antecesor, el demócrata Jimmy Carter. (El sistema norteamericano era eficaz y funcionó hasta el final: sus «demócratas» hacían casi lo mismo que sus «republicanos» pero con palabras más amables y gestos más tolerantes, así que servían para descomprimir la situación cuando parecía que el ala derecha exageraba).

Era, en definitiva, la concreción de las ideas de los economistas que, más de medio siglo antes, habían sentado las bases del «neoliberalismo» y su «disciplina del mercado». Según un señor Friedrich Hayek, economista austríaco, el mercado era un «orden extenso y complejo» que debía imponerse a la autoridad política del estado porque sus conocimientos y sus recursos eran muy superiores a los de cualquier organismo estatal. Su triunfo les permitió realizar ese programa –emancipar a los mercados de los estados– hasta extremos impensados. Y lo más curioso fue que fueron los propios estados –conducidos por políticos afines– los que eligieron abdicar de sus derechos y, en ese mismo proceso, se encontraron con que el crecimiento extraordinario del sistema los había superado: se habían quedado sin recursos, a merced del poder y las maniobras de esas grandes empresas. En esos años los estados nacionales se volvieron cada vez más incapaces de controlar nada: algunos sectores empezaban a reclamar la redefinición de aquellos estados que se mantenían en sus límites nacionales mientras las realidades de la economía ya los habían superado por completo.

El caso de los impuestos era claro: gracias a la «libre circulación de los capitales» obtenida por las grandes empresas en los años 1990, los grandes capitalistas podían mover sus dineros libremente de país a país y pagar sus impuestos en el que les cobrara menos. Así, por ejemplo, Apple, fabricante de ordenadores primitivos que entonces era la empresa más cara del mundo, pagaba la mayoría de sus impuestos en la República de Irlanda, un trozo de una pequeña isla en el oeste de Europa donde la tasa de esos impuestos rondaba el 10 por ciento –en lugar del 30 o 40 por ciento que debería haber pagado en otros países donde tenía sus operaciones principales.

Ese tipo de truco, por el cual las empresas sustraían fortunas al erario público, era una burla para los millones de ciudadanos que pagaban sus modestos impuestos en sus países y –queda dicho– la demostración de que los estados nacionales ya no estaban en condiciones de imponer sus condiciones. Si no podían cobrar su parte a los más ricos perdían su fuente principal de financiación y, por lo tanto, su posibilidad de actuar e incluso su justificación: se convertían en estados resignados –y resignificados. Supuestamente esos estados existían para controlar a los distintos actores sociales y económicos que actuaban en sus países –por más que siempre hubiera estado claro que favorecían a ciertos sectores en detrimento de otros. Pero si ni siquiera podían manejarlos había quienes empezaban a preguntarse qué los justificaba, para qué mantenerlos.

La situación tenía otras ventajas para los grandes capitalistas. El estado era un ente visible y alcanzable: las personas podían movilizarse contra él, reclamarle, cambiar incluso sus administradores. En cambio, ¿cómo podrían actuar sobre Amazon o Citibank? ¿Definiéndose como consumidores y ejerciendo los «derechos del consumidor», la opción de consumirle a otro? Eso solo favorecería a esas otras corporaciones, un poco más amables al principio, y ya. La época, visiblemente, todavía no sabía como pelear contra ese enemigo difuso, el gran capital global, que no estaba en ninguna parte sino en todas, que no tenía más caras que unas pocas que eran solo sus máscaras. Tras siglos de oponerse a los estados, los movimientos todavía no se habían reformateado para contrarrestar a esos nuevos poderes.

(Sobre el rol eminentemente ambiguo de los estados: siempre habían sido mecanismos para controlar a la población y obligarla a adaptarse a los designios de los más poderosos –los más ricos, los mejor armados, los fiadores de algún dios. Siguió siendo así en tiempos de «democracia», cuando se suponía que los gerentes de esos estados eran elegidos por sufragio más o menos mayoritario. Pero al mismo tiempo eran la única forma conocida entonces de controlar el apetito de poder de ciertos grupos: en esos días, las grandes corporaciones supranacionales, cada vez más indómitas. Esa era la Paradoja del Estado: que los mismos ciudadanos que eran víctimas de su control lo necesitaban para que los protegiera).

Y otros –o los mismos– planteaban como alternativa el modelo chino: un sistema donde el poder del mercado y la democracia de delegación había sido reemplazado por el orden del estado y la autoridad del partido hegemónico. Ya sabemos cuáles fueron las extrañas consecuencias de esa disyuntiva.

* * *

Mientras tanto, aparecían otros intentos de desligar el dinero del control –siquiera nominal– de los estados. El más difundido fue un instrumento que se llamó, en un primer momento, «criptomoneda», donde cripto, por supuesto, significaba «escondido» o «secreto». La primera, lanzada en 2008, fue el «bitcoin».

El bitcoin fue el invento de uno o varios señores y/o señoras que se presentaban como Satoshi Nakamoto, un ingeniero japonés y treintañero –cuya identidad real nunca se conoció. En un mundo donde casi todo terminaba por saberse, alias Nakamoto consiguió guardar su secreto para siempre. Su bitcoin era una unidad de valor garantizada por una técnica informática ingeniosa y primitiva llamada «block chain» o cadena de bloques. El «block chain» era una base de datos repartida entre tantos usuarios que no podía ser falsificada: nadie podía modificar informaciones que los demás también tenían registradas. Y el «bitcoin» era una «moneda» cuyo valor vendría de su escasez: los sistemas de control compartido aseguraban que solo se crearía una cantidad definida, 21 millones de unidades. En su creación y manejo los usuarios intervenían como iguales: las regulaciones verticales del estado o los grandes bancos eran reemplazadas por esa red horizontal de personas que no se conocían pero confiaban en que su cantidad –y las tecnologías que usaban– certificara los registros y los intercambios. Su diligencia tenía recompensa: el sistema entregaba, según protocolos complicados, pequeñas cantidades de moneda a los que contribuían a que el «pro-grama» (ver cap. 18) se mantuviera en marcha –para lo cual se necesitaba tal poder de computación, tal gasto de energía, que su huella ambiental empezó a resultar muy preocupante. En 2020 se calculó que el mundo estaba gastando por año en la «minería» de bitcoins la misma energía que todo un país rico como Holanda.

Con el aumento de la demanda y la escasez consiguiente, su cotización fue creciendo y le surgieron muchos imitadores: poco a poco, el bloque de monedas estatales conoció su primera grieta en siglos. Eliminada la necesidad de una autoridad superior para garantizar contratos o transacciones entre individuos, las criptomonedas fueron el primer gran momento de la doctrina «peer-to-peer» –o persona a persona, igual a igual–: allí empezó el recorrido que sabemos.

En junio de 2021 un pequeño país centroamericano, El Salvador, que no tenía divisa propia y se manejaba en dólares, fue el primero en aceptar los bitcoins como moneda de curso legal. En agosto lo hizo otro pequeño país de la región, Cuba, que tenía problemas comerciales con Estados Unidos. En cambio en septiembre la gran potencia estatal, China, los prohibió tajante: entendió que amenazaban sus cimientos. Su autonomía parecía indudable; lo que se discutía, todavía en esos días, era quién la aprovecharía: si «el público» en general –fuera quien fuese– o los bancos y fondos que ya se estaban apropiando de la mayoría de los caudales y los lavadores de dinero del narcotráfico, la pornografía infantil, la venta de armas. El gran activo del capitalismo siempre había consistido en su capacidad para integrar todo lo que podía amenazarlo.

Así que las criptomonedas fueron al mismo tiempo una forma de salir del sistema y de seguir sus principios más extremos: recurso de tesorización secreta, números sin soporte material, quintaesencia de la especulación: puro valor que podía aumentar porque había otros que lo querían, una radiografía de las leyes del mercado y el capitalismo financiero. Otra ficción: en 2021 el total de las criptomonedas valía tres millones de millones de dólares; en 2022 bajó hasta 800.000 millones: 2,2 millones de millones de dólares desaparecieron sin dejar rastro.

Y en un breve lapso, lo que había empezado como una red de transacciones entre iguales dio paso a la creación de entidades financieras que funcionaban como bancos y emisoras de criptos. La decepción terminó de consumarse cuando se conocieron varias estafas estratosféricas: usando los viejos «esquemas piramidales», una serie de señores se aprovecharon de la opacidad de ese mercado para hacer creer a millones de incautos que poseían «criptomonedas» que nunca existieron y los defraudaron en muchos miles de millones. Solo unos meses antes el más dañino de todos, un treintañero tan cool llamado

Sam Bankman-Fried, era celebrado por el establishment económico global como un innovador genial.

La crisis de las criptomonedas no solo fue un golpe duro para la confianza en esa forma distinta del dinero; lo fue, sobre todo, para los que creían en ciertas vías del progreso humano.

Las personas 12

LARGO CAMINO HACIA LA TORTA

Ella nació cuando Berlín era dos ciudades: 1965, en la mitad soviética. Sus padres trabajaban en el mismo hospital: médico él, ella enfermera, un clásico de esos tiempos en que estudiar medicina seguía siendo un privilegio. Nunca conoció abuelos: los dos hombres habían muerto en el frente ruso, una mujer en un bombardeo americano, la otra no se supo. La educación de Ilse Schenken fue la normal en una niña de Alemania del Este: una escuela y un colegio públicos –aunque mejores que otros, porque sus padres tenían buenos contactos– y, al fin, la universidad. Para entonces ya corría 1983 y la burbuja soviética tenía tantas fisuras: la mayoría de sus amigos sintonizaba radios y televisiones occidentales, seguía sus músicas y –cuando podía– sus modas, soñaba con ese mundo de libertad y cosas que esos medios les mostraban para que soñaran.

Ilse era bonita sin excesos: lo suficiente como para no pensar mucho en eso. Y solía ser seria, concentrada: sus estudios de piano progresaban y sus padres creyeron que sería concertista, pero cuando tuvo que elegir su carrera los sorprendió diciéndoles que quería estudiar economía. ¿Economía?, le preguntaron, azorados. Sí, esta situación no va a durar para siempre y yo quiero estar preparada para nuestro futuro. Sus padres la miraron con cierta desazón: sabían que el «comunismo» no era lo que habían creído, pero sospechaban todavía más del «capitalismo» que conocían por cuentos y leyendas. De todos modos, sus ideas les impedían oponerse a las decisiones de su hija, así que la aceptaron.

Cuando cayó el Muro de Berlín, en 1989, Ilse ya llevaba dos años recibida y trabajaba en una dependencia del Ministerio de Industria: se aburría. Con la apertura sintió que por fin llegaba su momento. Consiguió un trabajo menor en un banco mayor, occidental: hubo unos meses en que las empresas capitalistas del Oeste contrataron, por muy poco dinero, a buenos profesionales comunistas del Este. Aunque su sueldo era menor que el de sus compañeros, Ilse pudo alquilarse un pisito en Colonia, comprarse ropa, salir, empezar a pagar cuotas para un coche. Por fin estaba en el capitalismo y, en muchos aspectos, era incluso mejor que lo que había imaginado. En 1992 se casó con Franz, un compañero de trabajo nativo de allí mismo, guapo, algo irascible. Sus padres fueron a la boda; se sorprendieron del despilfarro de comida y bebida pero, como siempre, se callaron. A esa altura ya se habían jubilado de casi todo.

Su vida era tranquila: el trabajo en el banco, su eficiencia, los fines de semana de cines y compras y paseos, el plan de un hijo que seguía postergando. El capitalismo, pensó alguna vez Ilse, era agradable pero podía ser aburrido. Hasta aquella llamada: un americano –su acento en alemán era espantoso– que le decía que necesitaba verla por un asunto de negocios. Cuando se sentaron en el bar de su hotel ella le dijo que hablara inglés, que lo entendía. El hombre, aliviado, le dijo que trabajaba en recursos humanos de una compañía líder de Nueva York y que quería ofrecerle la posibilidad de un puesto. Ilse, sin saber qué decir, le preguntó qué compañía, el hombre le dijo que se lo diría si estaba interesada, ella que por supuesto. Era Lehman Brothers, una de las grandes inversoras del mercado global. Ilse le dijo que lo pensaría pero ya había decidido. Solo tenía que convencer a Franz y todo estaría listo.

No lo convenció. Discutieron días y semanas; al final, Ilse decidió que era la oportunidad de su vida y no podía perderla. Soltera –separada– llegó a Nueva York en marzo de 2000. Allí su vida fue lo que esperaba: mucho trabajo, algo de soledad, excitación, la zanahoria de avanzar siempre presente. No volvió a casarse: sus relaciones no duraban tanto porque siempre, en algún momento, sus novios se hartaban de ser lo secundario. Cayeron las torres, subieron las acciones, Lehman hacía mucho dinero e Ilse bastante. Su vida se parecía a sus fantasías adolescentes, pero mucho mejor. Dirigía a una docena de traders y podía tomarse vacaciones caribeñas, usaba ropa cara, andaba en BMW –que al fin y al cabo era alemán–, comía y bebía lo que quería, sentía que lo había conseguido.

En septiembre de 2008 la situación se complicó: problemas con las hipotecas y otros instrumentos, se hablaba de una pequeña crisis. Ilse prefirió no hacerle caso: ¿crisis? Estos no saben lo que es realmente una crisis. El viernes 12, sin embargo, el ambiente en Lehman Brothers era más que tenso. Esa noche Ilse se fue a su casa preocupada –y se pasó el fin de semana viendo viejas películas de su pedazo de Alemania. Incluso, para tratar de distraerse, llamó a un amigo con el que se acostaba cada tanto: el hombre, que trabajaba en otro banco, le contó rumores espantosos, y estaba tan atribulado que decidieron postergarlo. El lunes 15 fue muy temprano a la oficina: mientras llegaba se cruzó con cantidad de compañeros que salían con cajas de cartón entre las manos.

Tras la quiebra, Ilse pasó unos meses sin saber qué hacer. Tenía unos ahorros; el problema no era económico sino más general: de algún modo confuso sentía que el capitalismo la había decepcionado. Y tenía que tomar alguna decisión antes de gastarse todo. En febrero de 2009 fue a Berlín, paró en la casa de su madre –su padre se había muerto un año antes– y decidió quedarse. Con el final de sus ahorros alquiló un pequeño local en Kreuzberg, cerca de su casa, y le pidió ayuda a su mamá para cocinar tortas y pâtisseries. Ilse nunca había trabajado con nada material: siempre pantallas, números, nociones. Se sorprendió: tocar la masa, los chocolates, el azúcar, la llenaba de gozo. Ya tenía 45 años y estaba descubriendo algo. Se prometió, sin embargo, no dejarse llevar por las ensoñaciones: ella sabía de economía y lo usaría para sacar su negocio adelante.

Lo hizo: quince años después tenía tres sucursales en Berlín y una en Hamburgo. El capitalismo, decía, después de todo no es tan malo, pero lo mío es hacer tortas –y venderlas, claro, y sacarles beneficio.

13

LOS RIQUÍSIMOS

Donde se trata de la aparición de un ínfimo grupo de multi multi millonarios que dominaban la economía mundial, y fogoneaban un crecimiento constante que el planeta no soportaría.

Tras unas décadas de discreción, de cierto ocultamiento, en esos años reaparecieron los riquísimos. Con la bajada brusca de los impuestos a las grandes fortunas y la desregulación de las actividades económicas globales –incluida la circulación de capitales–, el dinero se fue concentrando y el nuevo modelo económico produjo unos niveles de desigualdad que no se habían visto en siglos. En un mundo donde todos los líderes, todos los intelectuales, todos los lugares comunes abogaban por la igualdad –la igualdad entre razas, la igualdad entre géneros, la igualdad ante la ley y varias otras igualdades– muy pocos reclamaban la igualdad ante el dinero. O, mejor: estaba aceptado que la economía debía ser el espacio de la desigualdad.

Circulaban entonces en el mundo cifras muy impresionantes que no impresionaban a nadie: en 2020, por ejemplo, había 26 personas que poseían tanto como las 3.950.000.000 que integraban la mitad más pobre de la humanidad. Más en general, el 10 por ciento de las personas concentraba el 76 por ciento de la riqueza global mientras que ese 50 por ciento más pobre solo poseía el 2 por ciento. Pero estos promedios eran –como todos– falsos: dentro del 10 por ciento más rico había algunos que tenían muchísimo más que otros, y entre la mitad más pobre había muchos cientos de millones que no tenían nada.

A menudo esa evidencia solo producía el hastío de la repetición. Buena parte del mundo parecía resignada a que así era y así sería. Y seguía, mientras tanto, adorando a sus ricos. El sistema de ídolos individuales que funcionaba en el deporte, el espectáculo y otros espacios similares se había extendido al mundo económico, con sus competencias y sus campeones y sus perdedores –todo, por supuesto, medido en miles de millones.

Se había formado una categoría nueva: los «billonarios» eran las personas que tenían más de mil millones de dólares, una suma que unas décadas antes era casi impensable. Esos súper ricos eran, entonces, un espectáculo global, un publirreportaje permanente: una forma de mostrar que el sistema funcionaba –cuando podría haberse leído como exactamente lo contrario. En cualquier caso, en esos días, millones seguían sus andanzas, sus aventuras, sus amores y desamores, el vaivén de sus fortunas. Una revista norteamericana llamada *Forbes* ofrecía un ranking «en tiempo real» de los más ricos de todos. La lista no incluía a los profesionales de oficios tan rentables como la venta de armas y drogas prohibidas o el gobierno de países –porque esa gente no solía declarar sus ingresos– pero sí a todos los demás. Y su conjetura sobre los millones de cada cual era seguido como una Copa Mundial del Capital. Los países menos habituados se enorgullecían, incluso, cuando tenían algún representante entre los primeros de la lista: era un éxito patrio. Que no estaba, por supuesto, a la altura de ganar un torneo global de balompié pero era, aún así, muy celebrado.

* * *

La lista de *Forbes* había aparecido por primera vez en 1987: entonces la encabezó un japonés llamado Yoshiaki Tsutsumi que, a sus 53 años, había armado una corporación hecha de grandes tiendas y edificios cotizada en 20.000 millones de dólares. Treinta y cinco años después, en 2023, su sucesor lejano a la cabeza de la lista juntaba, según esa revista, 211.000 millones: diez veces más. Era un francés, Bernard Arnaut, fabricante de productos de cotillón lujoso: perfumes, joyas, carteras, champañas, ropa de colección. Arnaut había conseguido cerrar el círculo: el hombre más rico del mundo lo era por producir mercadería que solo consumían los más ricos. Parecía que pronto iban a descubrir que ya no necesitaban a los pobres –y sobraban los indicios de que no sabían qué hacer con ellos.

El francés, un señor de 73 años, había superado en esos meses a un inversor/inventor llamado Elon Musk, 51, estadounidense nacido en Sudáfrica, que se había forrado con una aplicación para transferir dinero en la inter-net y después se dedicó a la producción de autos eléctricos lujosos y pequeños engendros espaciales pero consiguió perder, ese año, más de 100.000 millones de dólares –el PIB de, digamos, Ecuador o Eslovaquia– en pésimos negocios que incluyeron la compra de una red social muy conocida (ver cap. 18).

Y en el tercer lugar seguía resistiendo el comerciante Jeffrey Preston Jorgensen (a) Jeff Bezos, 59, estadounidense, dueño de una empresa global que se dedicaba a vender a través de las redes todo lo vendible y solía ser muy denunciada por la forma en que trataba a sus trabajadores.

Los diez lugares top se completaban con otros seis norteamericanos y un solo «extranjero»: un mexicano. Entre ellos había un señor que había montado una gran empresa de ordenadores que manejaban grandes ordenadores, un señor mayor que había especulado con mucha precisión o suerte, un señor que había sabido simplificar e imponer las interfases digitales que otros habían inventado, un señor que había puesto en marcha el «buscador» que todos usaban para orientarse en esa selva desordenada que era entonces «la red», un señor que había aprovechado las privatizaciones de un país corrompible para montar una gran empresa de comunicaciones, un señor que había cofundado aquel «buscador» que todos usaban y otro señor que había participado en la simplificación de las interfases digitales

En síntesis: entre los diez, solo dos producían objetos palpables: el francés, el automotor americano. Los demás se habían enriquecido con servicios digitales y, el más anciano, financieros. El francés venía de una familia rica; los norteamericanos no.

Los triunfadores del año eran una muestra de la nueva legitimidad de la riqueza: durante siglos, en el Occidente rico, el «dinero nuevo» fue desdeñado por los que lo tenían viejo. Los poderosos eran los dueños de la tierra: los que tenían realmente mucha se llamaban duques o marqueses y uno de ellos se llamaba rey. Los «burgueses» enriquecidos con sus comercios o fabricaciones eran llamados «nuevos ricos» y los viejos los despreciaban sin tapujos: existía la idea de que la riqueza «legítima» era la que alguien había recibido de su padre y su abuelo, la que estaba asentada en siglos de expolio. Por eso, también, los nuevos ricos por excelencia, los «barones ladrones» americanos de principios del siglo XX, casaban a sus hijos e hijas con nobles ingleses –del sexo opuesto– que les daban solera. Pero en la época que nos ocupa la tendencia se había invertido: la riqueza se legitimaba por su novedad. Los ricos respetados eran los self-made-men que habían tenido una idea y la astucia y la suerte de convertirla en miles de millones. Se justificaba así la extrema riqueza como una recompensa al esfuerzo individual. Tanto, que una corriente crítica de cierta relevancia basaba su denuncia en el hecho –reprochable para los valores de la época– de que la forma más fácil de ser rico era tener padres que lo hubieran sido.

Los diez hombres más ricos del mundo eran hombres: no había entonces –ni en los años anteriores– mujeres entre los ganadores. La mujer más rica aparecía en el número 11 –una francesa que había heredado fábricas de cosméticos– y la seguía un señor indio que había sido, durante buena parte de ese año, el tercero más rico del mundo pero que había perdido la mitad de su fortuna –más de 60.000 millones– en una semana, acusado de fraudes y manipulaciones. Después aparecían otros siete hombres: el hermano del indio, un español textil, el único chino de la lista –un emprendedor que empezó vendiendo agua embotellada– y cuatro norteamericanos: dos dueños de un gran supermercado, un tecnólogo, un financista. Muchos otros documentos de época proclaman un avance importante en la igualdad entre hombres y mujeres; este lo desmiente.

También desentona el lugar de China, que parecía extrañamente sub-representada. Era, se diría, un efecto de la dispersión y cantidad de sus fortunas: había muchas, ninguna tan concentrada como las norteamericanas. Estados Unidos seguía siendo el país con más billonarios, con 724 –que tenían más dinero que sus 200 millones de compatriotas más pobres–, pero China ya había llegado a 607. El tercero en la lista era la India –que solo tenía, entonces, 166 billonarios. Eran, en total, unos 2.700 en todo el mundo.

Esos riquísimos hacían un espectáculo de sí mismos. Un espectáculo velado: parte de su show consistía en no mostrarse mucho, apenas lo suficiente como para que se supiera que ocultaban una vida espléndida. El lujo extremo, en esos años, consistía en apartarse del espacio público: vivir en cotos cerrados custodiados, transportarse en sus propias aeronaves, vacacionar en barcos e islas propias; ese mundo donde las personas –incluidas las bastante ricas– se mezclaban era, si acaso, una vulgaridad que los realmente ricos dejaban a los que no tenían más remedio. Como decía con sorna uno de ellos: «El otro día comí con un hombre que no tenía avión: un verdadero excéntrico».

Los riquísimos parecían fuera de cualquier control. Un puntal del establishment norteamericano muy celebrado en esos días, Paul Krugman, publicó en un diario del establishment norteamericano muy celebrado en esos días un artículo titulado «Cuidado, un grupo de oligarcas caprichosos se ha adueñado de nuestro mundo», que describía unas «sociedades dominadas por plutócratas ególatras de piel fina que exhiben sus inseguridades en la plaza pública» y postulaba que «la pregunta más interesante es por qué ahora estamos gobernados por esta clase de personas. Claramente, estamos viviendo la era del oligarca quisquilloso».

Dueños de fortunas mucho mayores que las que muchas generaciones de herederos podrían gastar, una de sus tareas más arduas era encontrar formas de hacerlo. «Al fin y al cabo –decía otro– la cantidad de mansiones y helicópteros y chefs que uno quiere tener es limitada». Aún así, hacían todo lo posible y más por no pagar impuestos. En un informe muy completo, un medio de investigación norteamericano mostraba cómo, entre 2014 y 2018, esos riquísimos habían tributado entre el 1 y el 3 por ciento de impuestos sobre sus ganancias. El campeón era el banquero Buffet: había conseguido pagar 0,1 por ciento; el tendero Bezos lo envidiaba: había pagado el 0,98; y el vocinglero Musk debía celarlos con encono: pagó el 3,27. Hay que recordar que en esos días y en esos países una familia de clase media solía pagar entre un 20 y un 40 por ciento de impuestos por ganancias millones de veces menores. Aunque había signos que podían sugerir el cambio de dirección: en el Reino Unido, por ejemplo, una primera ministra anunció que eliminaría ciertos impuestos para los más ricos y, ante la presión de muchos sectores, debió retroceder –y renunciar tras 45 días en su cargo.

Pero en esos días los riquísimos seguían pagando tanto menos que cualquier ciudadano. Lo conseguían, por supuesto, con ejércitos de contadores y abogados dedicados a buscar todos los agujeros –más o menos– legales, y lobistas dedicados a influir sobre los legisladores cuando alguna ley no tenía agujeros suficientes. Algunos intentaban, pese a todo, legitimarse a través de la beneficencia y dedicar parte importante de sus fortunas al «bien común». Lo cual completaba hasta la caricatura la autarquía de los riquísimos y les permitía sustituir, también en eso, a los estados. En lugar de pagar sus impuestos para que esos estados invirtieran en lo que –supuestamente sus ciudadanos– decidieran, ellos mismos podían elegir en qué gastarían una parte de lo que consiguieran sustraerles. Así ellos, no los estados, definían las vías y prioridades del asistencialismo global. Ellos, no los organismos internacionales, definían qué problemas debían ser encarados con más medios, con mayor premura: si lo importante era combatir el sida o la malaria o la tartamudez de las orugas aporísticas.

(Lo cual no significaba que el gasto de los estados ricos en su contribución al «bien común» –la ayuda internacional, las limosnas a los países más pobres– fuera mucho más justo. Esas ayudas, que algunos países y los grandes organismos internacionales proclamaban tanto, no llegaban al 0,2 por ciento del PIB mundial. Y era notorio que, en general, lo que estos países aportaban a los más pobres era mucho menos que lo que sus empresas se llevaban de ellos bajo forma de materiales y capitales: el caso de Níger era un buen ejemplo. Níger era, entonces, uno de los países más pobres del mundo. Los organismos internacionales hablaban de su «pobreza estructural» para decir que no tenía solución. Y se podía creerlo: era un país agrícola de tierras tan áridas, avaras. Solo que era, también, entonces, el segundo productor mundial de un mineral muy cotizado, el uranio, necesario para alimentar los reactores nucleares. El uranio se vendía muy caro, pero en Níger lo explotaban dos corporaciones: una china y una francesa, por lo cual el país casi no recibía sus beneficios. Con ellos podría haber mejorado sus infraestructuras –caminos, riegos, depósitos, casas, escuelas, hospitales– para salir de la miseria, pero no los tenía. En cambio, los países cuyas empresas se los llevaban lo «ayudaban»: le entregaban alguna limosna bajo forma de «cooperación» mientras se quedaban con la renta del uranio. Era un caso entre cientos).

* * *

Inmediatamente por debajo de los riquísimos aparecía otro sector de clase: los ricos muy visibles porque habían logrado su riqueza en alguna actividad pública, deportes, actuación, canciones. Estos sí se mostraban, salían en las revistas y en las redes, se exhibían. Así cumplían su función de modelo a imitar, una supuesta prueba de que cualquiera podía dejar atrás su clase y sus limitaciones. Auque sus fortunas eran, comparadas con las otras, minúsculas. El practicante más famoso del deporte más famoso de esos tiempos, el fútbol humano (ver cap. 20), un hispano-argentino llamado Lionel Messi, pudo juntar en su mejor momento una gran fortuna de unos 500 millones de euros: no era siquiera billonario.

La lista de los riquísimos era una indicación; la de las empresas más poderosas del mundo ofrecía otra, que la complementaba. Si se las medía simplemente por el valor de mercado de sus acciones, la lista era casi homogénea: cuatro compañías tecnológicas –vendedoras de aparatos o servicios en la red– estadounidenses y una petrolera saudí la encabezaban. Y la seguían otras cinco también USA: una financiera, dos tecnológicas y dos de servicios y materiales sanitarios.

Pero no es fácil medir el poder de una compañía: una de esas escuelas de negocios que abundaban en la época, tan útiles para aprender trucos comerciales y conocer a la gente apropiada, intentó computarlo y armar un ranking de las más potentes. Para eso usó una serie de parámetros: su capital, sus ingresos, sus beneficios, su valor de mercado, su número de empleados. Pero también su influencia política y su reputación entre el público, el «valor de la marca», los países donde funcionaba. Allí la potencia oriental se hacía evidente: de las diez primeras, cinco eran chinas –incluyendo la primera, la segunda y la cuarta, tres grandes bancos con reservas extraordinarias. Las otras se repartían entre tres norteamericanas –un banco, un fabricante de ordenadores, un supermercadista–, una japonesa –fabricante de coches– y una coreana –fabricante de electrónica variada. La lista permitía apreciar el cambio geográfico y el cambio económico: no había, entre esas empresas top, ninguna europea y ninguna extractiva. Había que ir a las diez siguientes para encontrarlas entre las primeras petroleras –que, veinte años antes, encabezaban las listas–: una americana, una rusa, una holandesa y una británica.

Los ricos eran el tótem de esos tiempos y eran un bloque más o menos homogéneo: eran pocos, producían y consumían los mismos servicios y productos. Los pobres, en cambio, eran demasiados y, por lo tanto, tan diversos. La mitad de la población del mundo, decíamos, poseía el 2 por ciento de sus riquezas: ese gran batallón de miserables incluía desocupados en las favelas de Rio de Janeiro o de Jakarta, campesinos desahuciados en México o la India, familias sin tierras en las regiones más áridas de Sudán o las más húmedas de Bangladesh, y tantos otros. Queda dicho: junto a esos 2.700 billonarios, casi mil millones de personas no comían suficiente cada día (ver cap. 8) –y eso definía, mejor que casi nada, a ese sistema que todavía llamaban «capitalismo global».

Porque la característica definitoria de aquel capitalismo era, decían, su «globalización»: el hecho de que todo viniera de todos lados y llegara a –casi– todos lados, que –casi– todos los procesos estuvieran ligados, que ya –casi– no quedara lugar en el mundo que tuviera un funcionamiento autónomo. La globalización, decían historiadores de esos días, había empezado con la llegada de los españoles a América en el siglo XV, pero nunca había sido tan completa: la circulación económica incluía, con funciones muy distintas, a –casi– todas las personas.

Para involucrar –con sus enormes diferencias– a 8.000 millones de individuos en esa enorme máquina era necesario, por un lado, producir cantidades extraordinarias de bienes necesarios –comida, ropa, casas, caminos, energía– para que todas esas personas sobrevivieran y cantidades aún más extraordinarias de bienes innecesarios que mantuvieran la maquinaria en marcha: que usaran el trabajo de millones, que les procuraran los ingresos precisos para consumir algo, que les hicieran querer consumir.

Lo necesario –lo indispensable– era un porcentaje cada vez menor de lo que el trabajo producía y el dinero consumía. Más aún: el grado de éxito de una sociedad se podía medir por la proporción de mercaderías innecesarias que absorbía. Cuanta más plata gastaba en lo que no necesitaba –cuanta menos en comida, salud, ropa, vivienda–, significaba que mejor le había ido a ese grupo, ese sector, ese país: quería decir que era más rico.

La riqueza, en esos días, se definía por la abundancia de lo inútil.

* * *

Para eso, la clave parecía ser «el crecimiento». La economía capitalista se apoyaba en esa variante: necesitaba crecer sin parar. El capitalismo global, decían, era como un avión: si no avanzaba a toda pastilla se caía.

El crecimiento era el gran mito que sostenía toda la estructura: los grandes capitalistas y sus políticos afines y sus medios de prensa habían convencido al mundo de que crecer era la gran, la única meta. Crecer era, en esa acepción limitada, aumentar la producción: a menudo, de mercaderías absolutamente innecesarias o servicios perfectamente inútiles, cuya única función era conseguir más plata para sus productores y negociantes.

Se suponía que el crecimiento de la economía de un país –«el crecimiento de un país»– conseguía que sus ciudadanos vivieran mejor. No solía ser cierto, porque ese crecimiento solía beneficiar a unos pocos mucho más que al resto y podía, en cambio, perjudicar a muchos. Un país donde se descubriera, por ejemplo, un nuevo filón de mineral que una empresa privada extraería, «crecería» en su PIB, pero su espacio se contaminaría y muchos de sus habitantes deberían abandonar sus lugares habituales y no recibirían demasiado beneficio de esa nueva fuente: a lo sumo, la posibilidad de trabajar muy duro por salarios escasos. Se podría argumentar que había beneficios indirectos: que esa empresa privada pagaría impuestos al estado local que beneficiarían a todos sus ciudadanos; ya hemos visto (ver cap. 12) que a menudo no. Del mismo modo, que un país fabricara o consumiera más coches grandotes servía sobre todo para que unos pocos exhibieran su riqueza y otros pocos la aumentaran mucho y todos se contaminaran más y más, y más trabajadores aportaran su fuerza de trabajo para aumentar las fortunas de esos pocos.

También había situaciones, por supuesto, en que ese crecimiento contribuía a la mejora general, pero la creencia indiscriminada en sus bondades era la religión de época, más allá de los resultados concretos en cada caso. Si la productividad –la capacidad de un sistema para producir mercaderías– seguía creciendo porque las máquinas eran cada vez mejores, había que producir más mercaderías para rentabilizar esas máquinas. Si la distribución –la capacidad de un sistema para trasladar mercaderías a sus puntos de venta– seguía creciendo porque las redes eran cada vez mejores, había que trasladar más mercaderías para rentabilizar esas redes. Si la demanda –la cantidad de ventas posibles– seguía creciendo porque la publicidad llegaba a todas partes y había más personas que querían y podían consumir esos productos, había que vender más para rentabilizar esa demanda. Era una lógica ciega: si se podía ganar más, había que ganar más, porque para eso se hacía todo. El dogma estaba claro: cada empresa «debía» a sus dueños y/o accionistas el compromiso de ganar lo más posible; para eso existía. Eso era el crecimiento: expandir constantemente la economía para que sus beneficiarios ganaran más y más, sin preocuparse por los efectos que eso podría tener. Así funcionaba la sociedad de los riquísimos.

Por eso el mayor temor de aquellos políticos y empresarios eran los ciclos de «recesión» –cuando el crecimiento era nulo o negativo– y tomaban todo tipo de medidas para combatirlos. Los empresarios sabían que ganarían mucho menos; los políticos, que sus votantes, convencidos de que consumir era la prueba de su bienestar, no les perdonarían tener que aminorar sus compras –o, en sociedades más pobres, no conseguir lo necesario para subsistir.

Había críticos, ya entonces, que decían que aquella sociedad desaparecería por tratar de crecer más allá de sus posibilidades, de sus límites. Había incluso intelectuales –europeos, sobre todo– que insistían en las virtudes del «decrecimiento», la tentativa de vivir con muchas menos cosas, con mucho menos gasto, con mucho menos despilfarro de los recursos naturales y humanos, decidiendo qué valía la pena producir y qué no para que todas las personas vivieran mejor –no para que algunos se hicieran más ricos. Pero sus voces casi no se oían. La religión del crecimiento tenía pocos ateos todavía y seguía su marcha a todo trapo. Ya sabemos, claro, lo que sucedió.

Las personas 13

EL PATRÓN DEL LUJO

Era tan elegante. En esos días un país que se llamaba Francia ya caía en decadencia –había sido brevemente un imperio, largamente un foco de cultura– pero conservaba el prestigio del lujo: allí, supuestamente, se hacían las mejores ropas , los mejores perfumes, los mejores alcoholes, todo eso que muy pocos podían apreciar, menos comprar. Y él era tan elegante: la encarnación de aquella idea de ese viejo país en decadencia.

Había nacido en Roubaix, una ciudad del norte, poco después del final de aquella guerra que llamaron mundial y segunda. Su padre era un empresario que descendía de generales; su madre, hija de otro empresario rico. El niño Bernard Jean Étienne Arnault tuvo la educación que le correspondía por herencia: tenis, piano, equitación, idiomas, los mejores colegios y, para completarlo, l'École Polytechnique, que había fundado Napoleón dos siglos antes para que su reino también reinara sobre las matemáticas.

De allí salió lleno de bríos, tan lleno de sí: seducía. Su primer negocio fue convencer a su padre de vender su empresa de obras públicas e invertir ese dinero en construcciones frente al mar para turistas: ya entonces había entendido que haría su riqueza con el ocio y el lujo. Mientras, se había casado, engendrado un par de hijos con una señora conveniente. En 1981, asustado por un gobierno socialista, se fue a Estados Unidos, se asoció con el joven Donald Trump en otro proyecto inmobiliario con su playa.

No terminó de funcionar. A su vuelta consiguió que el gobierno le vendiera un conglomerado deficitario, que incluía varias fábricas textiles, un «grand magasin» elegante y Christian Dior, el estandarte de la costura alta. Para conseguirlo se había comprometido a mantener a la mayoría de sus 16.000 empleados; a los pocos meses ya había echado a la mitad. Algún chusco, entonces, lo bautizó «Terminator», del nombre de una película de éxito.

Pero se quedó, por supuesto, con Dior: ya tenía claro que quería conservar las industrias para ricos; ya había entendido que la desigualdad extrema podía ser un gran negocio. Con el tiempo –siempre con créditos amistosos de sus amigos banqueros– siguió aprovechando cada crisis para comprar baratas otras empresas que vendían muy caro: Moët Chandon, Veuve Clicquot, Dom Pérignon, Louis Vuitton, Givenchy, Château d'Yquem, Cheval Blanc, Gucci, astilleros de yates, grandes edificios y, por si acaso, un par de diarios para tener los portavoces necesarios cuando hicieran falta. Después siguió comprando marcas: se hizo con Kenzo, Fendi, Tiffany, Hermès, Céline, Bulgari, TAG Heuer, Séphora y quién sabe cuántas más.

A principios del siglo XXI monsieur Arnault ya era un señor muy rico, los presidentes lo invitaban a cenar, su fortuna crecía sin cesar. Pero un día de 2013 el diario *Libération*, de la vieja izquierda parisina, publicó en su primera página una foto suya con un título curioso: «Casse-toi riche con!». En español sería: «Ahueca, rico gilipollas»; en argentino, «Tomatelás, rico pelotudo» –y así de seguido. El título no era gratuito: sus periodistas habían sabido que Monsieur había pedido la ciudadanía belga para pagar menos impuestos. El empresario que se había beneficiado como nadie de la «gran tradición francesa» intentaba traicionarla para ahorrar.

También lo hacía de otras maneras: más periodistas revelaron que muchos de sus productos, tan franco-franceses, se fabricaban en Polonia o Madagascar o Vietnam –mientras los talleres de su país seguían cerrando. Monsieur Arnault contraatacaba: desmentía todo y retiraba sus publicidades de cada periódico que lo contara –para que vieran que mostrar sus maniobras no era gratis.

Mientras tanto, Monsieur se casó de nuevo y siguió teniendo hijos que se ocuparan de sucederlo y mantener sus logros. La familia vivía en un cholet de 2.000 metros cuadrados en el barrio más caro de París y mantenía un par de castillos en Francia, otro en Inglaterra, varias mansiones en la Costa Azul, una isla privada en las Bahamas, una torre de 24 pisos en Nueva York, una villa en Milán donde vivió Leonardo, un yate de 100 metros, otro de 70, sus aviones, Picassos, Warhols, Moores –casi todos registrados en paraísos fiscales.

Su negocio estaba claro: se trataba de venderles a los más ricos los productos más caros, los que los confirmaban como gente importante. Llevar una cartera de LV o un vestido de Dior a un brindis con la Viuda era una forma muy directa de incluirse en la crema de la crema –y muchos creían que valía la pena de pagarlo o lo que pagaran les daba exactamente igual. Eran objetos supuestamente fabricados «comme avant», según supuestas tradiciones, aunque los hicieran, al fin y al cabo, obreros indochinos mal pagados.

En cualquier caso, con esos argumentos Monsieur se volvió el hombre más rico del mundo en esos días. Sus 210.000 millones de dólares equivalían entonces al Producto Interno Bruto de Hungría o de Irak. Nadie había sabido, como él, entender lo peor de aquel mundo y sacarle todo el jugo –con la elegancia, faltaba más, de un buen exprimidor de plata de Christofle.

14

HACER DINERO

Donde se trata de los muy diversos medios con que se obtenía la meta principal de aquellas sociedades: hacer dinero.

En esos días no se producía para producir, ni se intercambiaba para intercambiar, ni se servía para servir. Hacer dinero era la meta; casi todas las actividades eran un medio para llegar a ella. Desde la agricultura hasta el turismo, la extracción de petróleo o la fabricación de microchips, la medicina o el transporte o el deporte, todo tenía ese fin. Para lograrlo existían tres áreas principales: el sector primario, que comprendía la extracción y producción de todo tipo de materias primas; el secundario, que englobaba la fabricación de cualquier clase de objetos; y el terciario, que se definía como «servicios» y reunía actividades tan diversas como los bancos y la enfermería, la literatura y las tiendas de barrio, la prostitución y la custodia armada.

Todo había empezado con la producción de comida, la rama más antigua de la economía, solo diez mil años antes. Desde entonces la agricultura se mantuvo como la tarea principal de las personas. Hasta fines del siglo XX más gente vivía y trabajaba en los campos que en las ciudades: la mayor parte cultivaba la tierra o criaba animales. La agricultura, sin embargo, ya se había vuelto una actividad desdeñada por arcaica. Aún así, siguió siendo el sector que empleaba más personas en el mundo: alrededor de 1.000 millones, más de un cuarto de la fuerza laboral global, cultivaba y criaba (ver cap. 15). Pero los agricultores eran despreciados, considerados lo más primario de cada sociedad.

La ecuación estaba clara: cuanto más pobre era un país, más personas trabajaban en sus campos; cuanto más rico, menos. En muchos países africanos todavía un 75 por ciento de sus habitantes hacía tareas agrícolas; en ciertos europeos y asiáticos podían ser menos del 2 o 3 por ciento. En Burundi, por ejemplo, cuatro de cada cinco personas vivían y trabajaban en los campos; en los Estados Unidos, una de cada cien. Era un signo doble: por un lado, significaba que estos países preferían actividades más rentables, industrias y servicios de avanzada; por otro, que laboraban sus campos con técnicas modernas, que usaban cada vez menos mano de obra. La agricultura había cambiado mucho en pocas décadas: innovaciones varias conseguían asegurar cultivos en tierras que antes no daban nada y multiplicar el rendimiento de las que sí, mantener a unas y otras libres de las plagas conocidas y cosecharlas con instrumentos muy precisos.

Las semillas genéticamente modificadas habían sido decisivas en esos avances. Grandes corporaciones mantenían su monopolio sobre ellas: era un caso inédito de propiedad privada de un modelo biológico, vida patentada –y provocó debates encendidos. Muchos dijeron que el problema era que ese tipo de cultivos intensivos arruinaba las tierras; otros decían que ese aumento de productividad era necesario para alimentar mejor a más personas pero que lo grave era que un par de compañías controlaran su uso –y lo retacearan a los campesinos más pobres, provocando todo tipo de desastres. Esas diferencias materiales entre los agricultores tecnificados de los países ricos y los tradicionales de los países pobres se sumaban al hecho de que en los países más ricos sus actividades solían estar subsidiadas: así, los ricos producían a precios mucho más bajos que los pobres. Como los mercados se habían globalizado, los pobres debían competir contra esos precios reducidos por los subsidios; a menudo no podían.

Aún así, en 2023 la agricultura todavía producía la base de la alimentación del mundo. Las dietas de la gran mayoría se basaban en unos pocos cultivos: arroz, trigo, maíz, papa. Y, a medida que un país se volvía más rico, incorporaba más proteínas animales: pollo, sobre todo, y también cerdo y, en la cumbre, vaca (ver cap. 8). Los alimentos se hacían igual que al principio de los tiempos: para tener carne de vaca criaban una vaca, para tener harina de trigo plantaban trigo –lo cual ocupaba y deterioraba buena parte de la superficie de la Tierra.

En esos días se calculaba que, de los 106 millones de kilómetros cuadrados de tierra habitable del planeta, cerca de la mitad –48 millones– se dedicaba a la agricultura. Casi todo el resto eran bosques y sabanas y solo el uno por ciento estaba urbanizado: más de la mitad de la población del mundo se amontonaba en un centésimo de su territorio.

El 23 por ciento de esas tierras agrícolas se usaba para plantar los cereales que alimentaban al planeta. El otro 77 por ciento, en cambio, se dedicaba a la ganadería: allí pastaban –o se cultivaba comida para– esos animales que las personas entonces se comían. Y, sin embargo, la agricultura solo suponía el 4 por ciento del PIB del mundo, o sea: 24 de cada 25 euros circulantes provenían de cualquier otra cosa. Lo cual, por supuesto, no se reflejaba en absoluto en las economías individuales, donde la alimentación suponía un porcentaje importante de los gastos –mayor cuanto más pobre era el hogar.

* * *

La otra actividad básica para el mundo tal como estaba organizado entonces era la producción de energía –necesaria para mover los medios de transporte, producir electricidad, calentar y quemar, alimentar las máquinas.

El mundo, en esos días, consumía unos 580 millones de terajoules al año. Un joule era una medida de energía –la fuerza necesaria para producir un vatio durante un segundo o para elevar una manzana un metro– y un terajoule era un millón de millones de joules: era, por ejemplo, la cantidad de energía que necesitaba uno de aquellos aviones primitivos para cruzar el Atlántico. O sea que el mundo consumía cada día el equivalente a 1.720.000 vuelos intercontinentales o la energía liberada por 22.000 bombas atómicas como aquella de Hiroshima. Aunque decir el mundo, ya sabemos, seguía siendo un abuso: el promedio mundial de consumo era de 55 gigajoules por persona por año; el promedio norteamericano era de 310, casi seis veces más. Europa estaba, otra vez, en el medio: unos 160 gigajoules por cabeza.

En cualquier caso, el consumo global había crecido un 30 por ciento en las dos primeras décadas del siglo y seguía creciendo, y más del 84 por ciento de esa energía todavía venía de combustibles fósiles: carbón, gas y, sobre todo, petróleo. Alrededor del 7 por ciento se debía a las centrales hidroeléctricas; un 4 por ciento a las nucleares, y otro 4 entre solares y eólicas. Las llamadas «energías limpias» eran tan menores.

(Su reparto, como todos, era desigual: la Unión Europea, la más avanzada en la búsqueda de energías blandas, proclamó en 2021 que, por primera vez en su historia, las renovables habían producido más electricidad –el 38 por ciento– que las fósiles, con un punto menos. Era un símbolo fuerte –pero parecía imposible replicarlo en el resto del mundo).

A fines del siglo XX había habido un momento en que muchos analistas creyeron que aquellos combustibles fósiles se acabarían muy pronto: las reservas conocidas se agotaban. Los señalaban, además, con toda razón, como el gran destructor del medio ambiente y el clamor por energías que no lo afectaran aumentó. Distintos sectores intentaban determinar cuál sería el siguiente paradigma energético: qué tipo de energía dominaría el mundo en las décadas siguientes. Quien lo controlara, por supuesto, controlaría tantas cosas: si el carbón fue, en el siglo XIX, el combustible que marcó la hegemonía británica; si el petróleo, en el XX, la norteamericana, la del siglo XXI estaba en plena discusión. Había lucha, sorda pero despiadada.

Hubo grupos de poder –sobre todo en Estados Unidos– que quisieron recuperar la opción atómica y usaron para eso el discurso ecologista: el nuclear sería la única alternativa posible al desastre ambiental de los combusibles fósiles. Eran poderosos: los lideraba, aparentemente, un ex vicepresidente y avanzaban a paso redoblado, pero un par de grandes accidentes abortaron la maniobra. La energía nuclear no conseguía superar sus catástrofes periódicas: cada tanto, una central explotaba y mataba a muchos y poluía mucho más. Menos notoria –pero muy sostenida– era la crítica a esas usinas como una forma extrema de concentración del poder: si la electricidad provenía de una central atómica, una sola persona controlaba el suministro de muchos millones. Y las energías «blandas» o «verdes» –el sol o el viento, que eran limpias y descentralizadas– tenían mejor prensa pero todavía estaban muy lejos de producir el flujo necesario para relevar a los fósiles.

(A fines de 2022 se produjo uno de esos quiebres que solo serían plenamente reconocidos mucho tiempo después. Mientras la población del mundo estaba entretenida con un torneo de fútbol humano, un laboratorio californiano –en Estados Unidos– anunció que, por primera vez en la historia, una fusión nuclear había producido más energía que la necesaria para lograrla. O sea: que por primera vez en la historia el hombre había obtenido energía fusionando átomos de hidrógeno. Ahora es fácil de ver la importancia de ese descubrimiento. Entonces, aparentemente, no lo fue).

Cuando la crisis petrolera de los últimos años del siglo XX parecía decisiva, la técnica, como tantas veces, trajo una solución inesperada. Caprichos y vericuetos de la economía: por su escasez, por sus dificultades, el precio del petróleo había aumentado tanto que se volvió rentable extraerlo de yacimientos mucho más difíciles, más caros de trabajar, que hasta entonces se habían desdeñado. En muy poco tiempo se desarrollaron los mecanismos para extraer gas de esquisto, metano atrapado en capas de rocas a mucha profundidad, que los petroleros «liberaban» rompiendo las piedras con chorros de agua a altísima presión. Suena sucio y feo y probablemente lo fuera; en todo caso, despertó muchas reacciones y devolvió a Estados Unidos a su lugar perdido de primer productor mundial de hidrocarburos y le permitió depender menos de sus proveedores más incómodos –Venezuela, Irán, Rusia, Arabia, Angola, entre otros. Los expertos pronto calcularon que, si se mantenía un nivel constante de consumo, esos nuevos yacimientos aseguraban combustible para más de dos siglos. Sabemos que no sería el caso.

(Y aparecían, al mismo tiempo, nuevos minerales o, mejor: minerales que encontraron en las nuevas producciones una necesidad que nunca habían tenido. El litio era el mejor ejemplo: con él, el mundo tuvo la oportunidad de ver en tiempo real lo que pasaba cuando una nueva materia prima, que nunca nadie había apreciado, se volvía indispensable –por el crecimiento de la demanda de baterías para los coches eléctricos (ver cap. 17) y tantos otros aparatos. La batalla por el litio se volvió furor. La encabezaba por supuesto China, que quería mantener su dominio de la producción de baterías comprando el litio donde lo extrajeran e impidiendo que esos países productores pudieran procesarlo. Participaban, entre otros, Australia, que tenía la mitad de la extraccción mundial del mineral y quería imponer sus empresas mineras allí donde aparecían yacimientos; Chile y su nuevo gobierno de izquierda, que pensó nacionalizar sus reservas, las mayores del mundo, fue atacado por las grandes mineras y amenazado –no van a saber cómo hacer, no van a poder hacerlo, no van a tener crédito– y terminó pactando con ellas; Bolivia que las nacionalizaba y lo hacía mal y no conseguía explotarlas; y cundía la discusión en cada país sobre cómo hacer para no limitarse a extraerlo y entregarlo. El litio, en esos días, era un buen resumen en vivo y en directo de lo que pasaba con las materias primas desde hacía siglos –y sería, sabemos, otra oportunidad perdida de cambiar las reglas).

* * *

Algunos de los países más ricos –Estados Unidos, China, Rusia– disponían de grandes reservas de materias primas pero, aún así, eran los principales compradores de las del resto del mundo. Y otros países ricos –europeos, sobre todo– no las tenían y no tenían más remedio que comprarlas. Lo cual hacía que muchos países más pobres vivieran de extraer y exportar materias –comida, minerales, drogas. En estos países el origen de las fortunas no estaba –como podía suceder en el capitalismo clásico– en la acumulación de capitales y la invención y fabricación de objetos y necesidades nuevas (ver cap. 16) y la explotación intensiva de los trabajadores industriales y las maniobras comerciales y financieras, sino en el control de las fuentes de esas materias primas. Allí, entonces, el poder político era decisivo: quien lo tuviera podía conseguir o mantener la propiedad sobre esos campos, esas minas, esos pozos. Por eso, también, esos solían ser los países con más conflicto, más violencia (ver cap. 22): el control del estado implicaba de forma muy directa el control de la riqueza, y la pelea por él era feroz.

El comercio –la compra y venta de bienes de todo tipo, naturales y artificiales, sólidos y líquidos, fabricados y extraídos, extraordinarios y ordinarios– era, entonces, incesante. Ese movimiento alimentaba una aristocracia riquísima constituida por los «traders» –la traducción más precisa sería «traficantes»– de las grandes materias primas o «commodities»: petróleo, metales, alimentos. Su actividad era ejemplarmente improductiva: no extraían nada, no producían nada, no fabricaban nada; solo compraban lo que otros extraían y se lo vendían a quienes lo usaban para algo –y ganaban fortunas. Compañías como Cargill, Vitol, Glencore habían empezado dedicándose a un sector –cereal, crudo, minerales– pero entonces ya se metían en todos, y los controlaban. Muy pocas empresas dominaban el mercado global. Solo cinco «traficantes» manejaban un cuarto de la demanda mundial de petróleo crudo y refinado, unos 24 millones de barriles diarios. Las siete mayores cerealeras controlaban la mitad de los granos y oleaginosas del planeta, y así de seguido. Eran compañías muy tradicionalistas –Glencore, todavía en 2014, era la última del Top 100 británico que no contaba ninguna mujer en su directorio– que evitaban, por principio, cualquier principio político en sus negocios: compraban y vendían donde les conviniera, más allá de cualquier otra cuestión. Habían sido, curiosamente, grandes beneficiarias de la descolonización de mediados del siglo XX: se encontraron, sobre todo en África, con una serie de gobiernos nuevos lo bastante fuertes como para querer más dinero por sus materias primas y lo bastante débiles como para tener que aceptar las presiones de quienes podían conseguirles esos precios. Estas empresas, que no tenían convicción fuera de la ganancia, aprovecharon el impulso nacionalista de esos años. Eran básicamente opacas: el gran público no las conocía –y el pequeño tampoco. Y eran otra muestra de los efectos de la globalización: organizaciones que esquivaban el control de los estados de origen de sus dueños –norteamericanos, ingleses, suizos– y que, sobre todo, esquivaban pagar los impuestos que les habrían debido.

El comercio, por supuesto, también aumentaba de muchas otras formas. En los 50 años anteriores la población del mundo se había duplicado y su producción cuadruplicado, pero el comercio internacional se había multiplicado por treinta –y un cuarto de todo lo que se producía entonces en el mundo se exportaba. (En ese lapso, el porcentaje de las exportaciones USA en el total mundial había pasado del 12 al 9 por ciento; las chinas, del 1 al 13 por ciento).

Tres factores habían sido decisivos en ese aumento global de las exportaciones: la multiplicación de los objetos (ver cap. 16), el crecimiento de una población con poder de consumo (ver cap. 1), el despliegue de innumerables barcos.

Los barcos parecían la forma más antigua de transportar mercancías: de hecho, hacía tres o cuatro mil años que el mundo comerciaba sobre el agua. Y sin embargo aquellos grandes barcos seguían siendo todavía, como en tiempos de Homero, la forma más eficiente de llevar mucha carga lejos: el 90 por ciento del comercio mundial circulaba a través de las 50.000 naves que surcaban entonces los mares. Por eso la flota global no paraba de crecer, 2 o 3 por ciento cada año, tanto en número de barcos como en su tonelaje. En aquel mundo el movimiento de los objetos y las materias primas ocupaba tanto esfuerzo, tanto gasto. Las personas no lo tenían presente, pero buena parte de lo que consumían, los objetos que usaban, la fruta que comían, el gas que los calentaba había cruzado océanos.

Aquellos barcos colmaban las aguas, ensuciaban los cielos. Algunos medían más de 300 metros de largo, algunos costaban como 10.000 coches medianos, algunos transportaban petróleo en tanques y otros cereales o minerales secos y otros coches o máquinas enormes; los más comunes eran los que llevaban esas cajas de metal llamadas containers o contenedores, que se habían impuesto como la forma habitual de transportar mercaderías: se calculaba que en cada momento unos 15 millones de contenedores se movían por el mundo, con la carga más variada que se pueda imaginar, desde frutas a televisores, de camisetas de fútbol a drogas escondidas, de ruedas de coche a bonsáis japoneses; cada tanto se descubría alguno atiborrado de inmigrantes ilegales. Pero las mercancías más traficadas eran el petróleo crudo y refinado y sus diversos derivados, seguidos de cerca por ordenadores varios –incluidos los de bolsillo que entonces llamaban teléfonos–, y coches y camiones; detrás venían las maquinarias de todo tipo, los infinitos plásticos, las drogas medicinales, el oro, los diamantes, la sangre, el acero, los electrodomésticos. China, Estados Unidos y Europa concentraban, ellos solos, más de un tercio de las operaciones.

Para la mayoría de los habitantes del planeta esos miles de barcos no existían: eran una realidad ajena, distante, que no solían tomar en cuenta; para más de un millón de marineros eran su forma de vida. Sus puertos principales eran Shanghái, Singapur y Hong Kong en Asia, Los Ángeles y Nueva York en Estados Unidos, Rotterdam y Hamburgo en Europa; sus constructores más activos eran China, Japón y Corea. Y, curiosamente, en una época de control y vigilancia muy activos, todavía sufrían ataques de piratas: en 2020 fueron casi 200, la mayoría en Bab-el-Mandeb, cerca de Somalia, y en el estrecho de Malaca, entre Malasia e Indonesia.

* * *

Más allá de esa explosión del comercio internacional, otro rasgo de la época fue el gran cambio en el comercio minorista: en la compra y venta de todos los días. Hasta muy poco antes, la mayoría de esas transacciones estaba en manos de personas: casi todo lo que se vendía al por menor se vendía en tiendas especializadas en un rubro –desde la carnicería hasta la sombrerería, pasando por todas las demás–, que solían ser propiedad de un dueño o una familia que se ocupaban de ellas con –si acaso– la ayuda de unos pocos empleados.

Ese modelo empezó a debilitarse con las «grandes tiendas» –o tiendas por departamentos–, un invento anglo-francés de fines del siglo XIX que los norteamericanos llevaron a su apogeo durante el siglo XX, cuando el resto del mundo lo imitó. Y, en el MundoRico, las tiendas unifamiliares terminaron de eclipsarse a fines de ese siglo, cuando un conjunto de grandes firmas se apoderó de cada segmento del mercado. Eran empresas poderosas –algunas incluso fabricaban su mercadería– que, por su posición dominante, podían ofrecer precios mucho menores y, así, deshacerse de la pequeña competencia. Esas empresas se volvieron marcas que se repetían en todas las ciudades; esas marcas continuas se apropiaban del espacio y convertían todos los lugares en un mismo lugar: en sus tiendas se ofrecían las mismas cosas a los mismos precios, para beneficio de un mismo propietario. Era la versión minorista de la concentración que se daba en todos los sectores.

(Esas grandes marcas globales intentaron que todos los mercados del mundo desearan sus productos; lo consiguieron, pero consiguieron también que uno de los negocios más florecientes del momento consistiera en imitarlos. Se calculaba que el comercio internacional de artículos falsificados movía unos 500.000 millones de euros al año –no muy lejos del mercado mundial legal de armas, por ejemplo (ver cap. 22). Los productos más plagiados eran, en este orden, las zapatillas, las ropas, las carteras, los ordenadores de bolsillo, los relojes, los perfumes: estudios suponían que uno de cada diez eran falsos. Eran millones de objetos que imitaban en todo al original salvo en lo decisivo: la calidad de sus materiales y su fabricación. Lo importante era el simulacro: que parecieran. El falso era el triunfo del relato sobre la realidad: personas que compraban algo que debía distinguirse por su calidad pero se usaba para convertir a quien lo portaba en alguien de supuesta calidad. No importaba si el objeto en sí era malo y duraba poco; lo que importaba era lo que comunicaba, lo que decía sobre quien lo mostraba. Y era un triunfo ideológico fuerte: gracias a las falsificaciones, millones de personas aceptaban el liderazgo cultural de los más ricos, intentaban parecer uno de ellos).

Pero el comercio material, con tiendas y personas, recibió a su vez su golpe con la aparición de las cadenas gigantes de distribución basadas en la «red» (ver cap. 18): tanto la norteamericana, Amazon, como la china, Alibaba, estaban entonces entre las veinte empresas más poderosas del mundo; el dueño de la primera, un comerciante apodado Jeff Bezos, resultaba cada tanto el hombre más rico del planeta (ver cap. 13). La razón de su éxito era que había puesto en marcha una gran red de distribución de productos encargados por la inter-net. Era, otra vez, un intermediario que no producía nada. Su modelo de negocios era simple: su empresa ofrecía en un mismo espacio virtual casi todo lo que alguien podía «necesitar», con garantías de –relativa– calidad y la seguridad de que se lo llevarían donde quisiera en un plazo muy breve. La comodidad y la codicia se impusieron; la concentración se volvió aun mayor, millones de personas quedaron sin trabajo.

Con la irrupción de esas corporaciones, el comercio minorista perdió su materialidad: no sucedía en un lugar, no se tocaba. Se transformó en un hecho virtual y dejó de ser un intercambio entre dos particulares más o menos equivalentes para volverse una relación entre dos partes absolutamente desiguales: la gran corporación y el individuo. Lo cual cambió el significado de la compra: si siempre había sido un momento de contacto, de salir al espacio público a ver y buscar y encontrarse con otros, en esos días se convirtió en un proceso perfectamente individual, solitario, que cada cual emprendía frente a su pantalla, que no creaba ningún vínculo social. El mundo disgregado se condensaba en ese gesto.

* * *

El comercio crecía y crecía: era un «servicio». Por primera vez en la historia el sector más importante de la economía de los países ricos no era la producción sino eso que entonces se llamaba «servicios». La producción de materias primas había quedado relegada a los países más pobres; la fabricación de los objetos menos complejos, a los medianos; los más sofisticados todavía se hacían en los países más ricos, pero cuanto más lo era un país más peso tenía su sector terciario, los servicios.

Los servicios, decían los que los definían, eran todo lo que no se podía guardar ni acumular: debía producirse y consumirse al mismo tiempo. Los servicios eran lo que no creaba nada material en una época en que todavía había mucha materia: incluían actividades tan diversas como la medicina, el entretenimiento, la enseñanza, el turismo, la protección, los bancos y seguros, la comunicación, la hostelería, la hostelería post-mortem, el derecho y el deporte, la adivinación y el periodismo y todo tipo de empleos públicos. Entre todas concentraban –en los viejos países ricos– hasta el 80 por ciento de la economía.

En esos días, uno de los «servicios» más importantes era el turismo, que daba trabajo a multitudes y producía alrededor del 10 por ciento del PIB mundial: 1.500 millones de viajes al año. El turismo era nuevo y era un símbolo, si acaso, de esos tiempos: grandes masas de dinero y de personas en una actividad que solo producía cierto bienestar transitorio, una actividad que había existido apenas durante buena parte de la historia –y que, sabemos, existió poco tiempo.

El turismo tenía, dentro del esquema, una función central: esos viajes breves, levemente caóticos, justificaban la sumisión del resto del año. Se consideraba –a menudo– afortunado quien podía reunir, en el año de trabajo, el dinero necesario para viajar dos o tres semanas a algún lugar más o menos lejano y vivir en esos días una vida absolutamente opuesta a su normalidad. Era la versión moderna de las saturnalias o los carnavales: unos días en que los valores e imposiciones habituales se dejaban de lado para poder seguir cumpliéndolos después.

Mientras duró, el turismo transformó el hábitat de los que no lo ejercían: convirtió a las ciudades más exitosas en caricaturas de sí mismas, parques temáticos que debían adaptarse a todos los clichés que las pintaban para que los «turistas» no salieran defraudados. Debían subrayar esas particularidades y, al mismo tiempo, ofrecer una cantidad de servicios estandarizados –tipos de alojamientos, tipos de comidas, tipos de barberías o casas de modas o cervecerías o negocios de objetos inútilmente cuquis– que las volvieran fáciles, «amigables»: la ilusión de la diferencia en un entorno cómodo.

El turismo masivo fue un ejemplo claro de costumbre efímera, cruce de circunstancias: apareció cuando los trabajadores legalizados del MundoRico ya disponían de ese lapso –según los países, entre 15 y 30 días– en que seguían cobrando sus salarios sin tener la obligación de trabajar. Y floreció cuando los transportes que lo permitían ya habían logrado cierto desarrollo y las realidades virtuales que lo suplantarían todavía no. Pero si el turismo sirve como ejemplo es porque nos muestra con toda claridad un rasgo de esa época: que, en la mayoría de los casos, los que más sentían los efectos de una actividad no eran los que la practicaban sino precisamente los que no.

Y fue también un ejemplo de otra tendencia fuerte: en ese rubro trabajaban millones de personas. Las ciudades se desnaturalizaban, se disgregaban, pero no podían dejar de practicarlo por miedo a las grandes pérdidas de empleos. Era lo que pasaba con tantos trabajos (ver cap. 15): solo servían para que las personas que los hacían tuvieran algo que hacer, algún ingreso, opciones de supervivencia. Para que ganaran su dinero y, sobre todo, se lo hicieran ganar a sus patrones.

Las personas 14

COMUNISTAS CONSUMISTAS

A sus doce años, Bing quería ser soldado. Su padre solía hablarle con fervor de sus tiempos en el Ejército Rojo, y Bing había visto militares en su pueblo y, sobre todo, en la televisión: admiraba su apostura, sus uniformes, su altivez. Además, pensaba que si fuera soldado podría salir de su pueblo, ver el mundo. Y si tenía suerte, podría defender a su país como lo hicieron esos grandes personajes de los que hablaba la maestra: ninguno lo fascinaba más que el presidente Mao.

–Mis hermanas, que eran mayores, me alentaban: me decían que yo, como era hombre, podía irme donde quisiera.

Bing fue de los últimos chinos con hermanos; nació en 1980, poco antes de que la República Popular lanzara su política de un chico por familia que la convirtió en un país de hijos únicos –neuróticos, decían, y caprichosos. Bing había nacido en Fuping, provincia de Hebeijing, pero tenía poco más de un año cuando sus padres decidieron dejar su pueblo natal para ir a probar suerte a la Mongolia Interior: eran muy pobres y pensaron que en esos desiertos podrían disponer de más y mejores tierras para sus trabajos agrícolas. Allí los padres de Bing pastorearon ovejas, criaron pollos.

Su economía dependía del tiempo: si el clima no era bueno y las cosechas o los animales no prosperaban, la familia pasaba hambre. Cuando cumplió seis años, Bing empezó la escuela. No le gustaba: era despierto pero hacía mucho lío y las maestras no sabían cómo controlarlo. Un día –nueve, diez años– le robó un dulce a un compañero de la escuela porque nunca había probado uno. Lo descubrieron, lo corrieron, quisieron pegarle.

–Pero en mi casa yo era el que pasaba menos hambre. A mí me daban todo lo que podían. Yo era el único hombre y el hijo menor.

En las familias chinas tradicionales, padre, madre y hermanas podían llegar a quedarse sin comer para que el benjamín se alimentara.

–¿Y tus hermanas no se resentían por eso?

–No, ellas respetaban la tradición, y además siempre me quisieron mucho.

Cuando Bing tenía quince años –y ya quería ser soldado– a sus padres les empezó a ir bien con la cría de pollos y de pronto hubo algo más de plata. Entonces se compraron el primer televisor color:

–Ahí fue que vi por primera vez cómo eran las grandes ciudades.

–¿Y qué te llamó más la atención?

–¡Que había tantos colores! En mi pueblo casi no había: blanco en invierno, verde en primavera, amarillento en verano, amarillo y rojo en el otoño. En cambio en la ciudad parecía que estaban todos los colores mezclados, ahí, al mismo tiempo. Debían ser lugares increíbles.

Bing decidió que, alguna vez, conocería ese mundo. Al principio no pudo: había terminado su secundario con buenas notas pero falló en el examen de admisión a la universidad. Y tampoco pudo entrar en la academia militar para cumplir su viejo sueño de soldado. Cuando lo supo, su padre lloró; Bing nunca lo había visto tan triste, tan decepcionado:

–Yo me quería escapar, salir corriendo. Él había puesto tantas expectativas en mí, se había gastado tanto dinero en mí... Yo estaba dispuesto a hacer cualquier cosa para demostrarle que no le había fallado. Descubrí una escuela de negocios en Tianjin que me aceptó, y le pedí que me pagara los estudios del primer año, que después yo me arreglaría. Mi padre usó sus últimos ahorros para que yo estudiara. Así fue como, finalmente, me vine a la ciudad.

Bing tenía 19 años y la sensación de que llegaba a un mundo nuevo. Tianjin era una ciudad costera de diez millones de habitantes cerca de Pekín –y cuando Bing se bajó del tren le pareció que tenía todavía más colores que en la tele. No podía creer la cantidad de autos, la altura de los grandes edificios, aunque también le resultaba demasiado ruidosa, llena de desconocidos, y extrañaba, cada noche, las estrellas que en su pueblo sí veía. Pero estaba contento: se instaló con otros siete en un dormitorio de su escuela y empezó a asistir a clases; las cosas funcionaban. Poco después consiguió armar su primer negocio: en la escuela había unos teléfonos públicos que requerían unas tarjetas especiales; Bing descubrió un lugar donde las vendían muy baratas, y empezó a vendérselas a sus compañeros con un 20 o 30 por ciento de ganancia.

–¿O sea que te aprovechabas de tus compañeros?

–Sí.

–¿Y no te preocupaba?

–No. Pero tampoco quería estar mal con ellos, entonces incluí a los de mi cuarto: les daba tarjetas para que ellos las revendieran, y nos repartíamos el beneficio. Esa es la manera china de hacer negocios: conseguir que más gente participe y gane plata, así sabés que te van a apoyar. Si querés ganar tenés que buscar la prosperidad común.

Cuando terminó su diploma descubrió algo mejor: con un amigo consiguieron un par de máquinas viejas y pusieron un local de fotocopias frente a la universidad. De pronto, Bing se encontró ganando más de 200 yuanes –25 dólares– por día: tenía 21 años, era rico y era, sobre todo, un self-made-man, un verdadero hombre de negocios. Bing se compró un celular y se sentía el más vivo del barrio. Sus sueños empezaban a cumplirse: había sido tan fácil. Pronto podría traer a sus padres y mostrarles lo que había hecho; mientras tanto, se gastaba la plata en ropa, libros, alguna salida. Hasta que, al cabo de un año, el dueño del local les dijo que quería renovarlo para cobrar más alquiler: Bing y su socio no podían pagar tanto, no encontraron otro lugar y, en unos días, su vida de businessman se disolvió en el aire.

–Me había olvidado de trabajar duro, pensé que todo era fácil, más que fácil: que podía hacer lo que quisiera.

Bing se empleó en una empresa de computación con un buen sueldo que nunca le pagaron; se fue, no consiguió otra cosa, y al cabo de tres meses tuvo que pedirle a un amigo que lo dejara dormir en su pieza. No siempre comía. Alguien le contó que en un gran club de karaoke, el Oriental Pearl, estaban tomando camareros; Bing se presentó y, al cabo de unos días de entrenamiento, ya servía tragos y comidas; ganaba, cada mes, lo que unos meses antes ganaba cada día.

–Fue el peor momento, pero pensé que no tenía que desanimarme. Igual no tenía vuelta atrás: no podía volver al pueblo, mi padre nunca me habría aceptado como un perdedor.

El Oriental Pearl era un monstruo brilloso de varios pisos y un centenar de habitaciones donde los clientes bebían, cantaban, se relajaban, pagaban por mujeres. Bing trabajó cinco años en ese lugar, lo hicieron lobby manager, tuvo empleados a su mando, ahorró algún dinero, pero quería cambiar.

–Acá en China siempre dicen que a los 30 años tenés que ser alguien reconocido por la sociedad. Bueno, a mí me quedaban cuatro.

Bing estudió el mercado y decidió que lo mejor era poner una tienda que vendiera carteras de marca.

–¿Originales o copias?

–Copias, para ganar más plata.

Bing creía que era lógico y justo que algunos tuvieran mucho y otros poco: los ricos son los que tenían potencial, los que trabajaron duro, decía, los que se lo merecen; los pobres son los que no trabajaron suficiente.

–¿O sea que China es un país de perezosos?

–No, lo que pasa es que no hace tanto que empezó a abrirse. Y el éxito depende mucho del ambiente dónde te movés. Por eso yo quería venir a la ciudad, que es el lugar donde se puede tener éxito.

En esos años, cuando China empezó sus reformas de mercado, unos 200 millones de jóvenes migraron del campo a las ciudades en busca de ese éxito –o, por lo menos, de comer todos los días.

–La ciudad es el lugar donde pasan las cosas. La ciudad es el futuro, el lugar donde todo es posible.

–¿Y ahora, después de todo lo que te pasó, seguís admirando a Mao Zedong?

–Claro que admiro al presidente Mao, cada vez más.

Bing lo nombrará muchas veces, y nunca dirá Mao o Mao Zedong; siempre, «el Presidente Mao».

–¿Por qué lo admirás?

–Por dos razones: por su autoridad, porque era un hombre que sabía cómo usar el poder, cómo tomar decisiones. Y porque sabía cómo luchar, cómo hacer una guerra. En mi tiempo libre yo siempre estudio las grandes guerras del presidente Mao y de los otros para aprender cómo comandar a mis empleados, para saber qué hacer cuando ponga mi propio negocio. Todavía tengo mucho que aprender del presidente Mao.

China era, en esos días, un lugar muy raro.

15

LOS FINES DEL TRABAJO

Donde se trata de los trabajos y cómo las personas se definían por sus empleos, mientras planeaba la amenaza de los robots, el fin del trabajo humano.

Trabajaban: en esos días todos los que podían trabajaban, y no trabajar era el signo más claro del fracaso. Incluso los más ricos, los que podían no hacerlo, trabajaban o decían que trabajaban. Todos trabajaban: no trabajar era quedarse afuera. El que no trabajaba era radicalmente sospechoso: vaya a saber cómo lo hace, por qué lo hace, qué hará en realidad. Vaya a saber quién es.

«Es una vergüenza que haya tanto trabajo en el mundo. Una de las cosas más tristes es que lo único que un hombre puede hacer durante ocho horas, día tras día, es trabajar. No se puede comer ocho horas diarias, ni beber ocho horas diarias, ni hacer el amor ocho horas diarias... lo único que se puede hacer todos los días durante ocho horas es trabajar. Y esa es la razón de que el hombre se haga tan desdichado e infeliz a sí mismo y a todos los demás», había escrito años antes William Faulkner, un escritor norteamericano muy respetado que ya nadie leía.

En aquel sistema que llamaron «capitalismo» (ver cap. 12) las vidas de las personas se armaban alrededor de sus trabajos. El trabajo era la forma por excelencia de conseguir dinero para conseguir todo el resto, pero no era solo eso; era, sobre todo, el centro de esas vidas. El trabajo era la manera de estar en el mundo: de ser útil, de convertirse en «alguien». La mayoría de las personas que podían hacerlo pasaban un período decisivo de su juventud –cuanto más largo, mejor– preparándose para alcanzar determinados trabajos. Lo pensaban como una inversión: entrego ahora todo este tiempo y esfuerzo y dinero para obtener a mediano plazo el beneficio de un empleo bien pagado, bien considerado. La lógica era perfectamente financiera.

Después, cuando lo conseguían, el trabajo ordenaba todo lo demás: las personas pensaban primero en las exigencias en tiempos y situaciones que les planteaban sus «ocupaciones» y hacían todo el resto en los momentos que les dejaban libres; la «vida privada» –sus vidas– era eso que les sucedía cuando no estaban trabajando. El trabajo era, también, lo que identificaba a todos los que tenían uno. Las personas no se presentaban diciendo soy melancólico o soy buen bailarín de reguetón o soy hincha de Boca; decían soy tornero, soy médica, soy chofer de autobuses. Y en esa identidad –y en esas tareas– las personas juzgaban cómo «les había ido en la vida»: se evaluaban a sí mismas, se sentían completas o incompletas, satisfechas o in, calificadas. Tener trabajo –incluso un trabajo tristón, limpiar pisos o correr delincuentes– era un éxito en sí: completaba a quien lo consiguiera. No tenerlo era la forma más visible del desastre. Aquella sociedad –y cada uno de sus integrantes– estaba absolutamente marcada por ese dogma del trabajo.

Y el trabajo era, por supuesto, una escuela de vida: en él aprendían las personas cómo debían portarse. Aprendían a obedecer las órdenes de sus superiores, a hacer lo que les decían que hicieran –aunque no supieran para qué–, a cumplir, a acatar: aprendían a vivir en un sistema donde las jerarquías estaban más que claras y no aceptarlas los dejaba en la calle.

(Preferimos no recordar el origen de la palabra *trabajo*. Pero, por si acaso: *trabajar* viene de *tripaliare*, que en latín significaba «torturar» –porque a menudo se usaba para eso un instrumento llamado *tripalium*, una especie de cruz hecha de tres palos donde se colgaba al reo: de allí, *tripaliare* también es sufrir, ser atormentado. Y hay filólogos que suponen que por eso se usó primero para hablar del «trabajo de parto», dolor y sufrimiento, y que de allí pasó a cualquier labor. Incluso, curiosamente, la ímproba labor de desplazarse: *travel*, en inglés, viene del francés *travail*).

El trabajo de cada uno definía su lugar en la sociedad y, a menudo, su sociabilidad. En aquellos días en que la gente que trabajaba en lo mismo lo hacía en un mismo lugar, los «colegas» pasaban muchas horas juntos, eran las personas que cada persona veía más. Los romances se iniciaban en los lugares de trabajo, las variadas alianzas, las reivindicaciones y las iniciativas. Y, más allá de las horas laborables, las personas solían verse con personas que hacían trabajos parecidos, con los que compartían una formación, una historia, una visión del mundo. Lo que llamaron «home working» –o teletrabajo, trabajo en casa– empezó a romper esos círculos: en ese nuevo método, los encuentros con los colegas se limitaban a intercambios muy acotados a través de las pantallas y el trabajo, poco a poco, empezó a separarse de la sociabilidad.

(El teletrabajo ofrecía, en principio, ventajas para todos: los empleados no debían pasarse horas en transportes, en un derroche que nadie compensaba; las empresas podían usar espacios más chicos, más baratos, y se ahorraban fortunas en «viajes de trabajo»; se evitaba el despilfarro de todo ese tiempo de pasillo y chismes que florecía tanto en cualquier oficina. Al mismo tiempo, era una vuelta extraña a viejos mecanismos: el home-working, Inglaterra 1750, antes de que la creación de grandes máquinas textiles llevara al invento de la fábrica, a la concentración de trabajadores en un solo lugar, a la creación de los grandes sindicatos. El teletrabajo, en cambio, complicó las respuestas colectivas, los reclamos comunes, las solidaridades.

El teletrabajo ya se extendía cuando *lapandemia* de 2020 (ver cap. 7) le dio un impulso decisivo. Por supuesto, funcionaba para un tipo muy definido de trabajadores: MundoRico, clase media con labores de escritorio. Aquellos que la peste definió como «esenciales» en general no podían teletrabajar: choferes, sanitarios, recogedores de basura, policías, repositores de supermercados tenían trabajos materiales presenciales –y peligrosos y muy amenazados por la invasión robótica. En cualquier caso, el teletrabajo se fue instalando e introdujo aquel cambio radical en esa idea del trabajo como lugar social, lugar de pertenencia: ya no había donde ir, ya no había compañerismo de ocasión. Y de la partición del tiempo: aquel corte que los empleos ponían en las vidas –de 9 a 5 mi tiempo es de ellos, de 5 a 9 es mío– también se borroneó con aquella irrupción).

* * *

La característica central del «capitalismo» fue que el trabajo era una mercancía: que se compraba con esa suma regular que llamaban salario o, si acaso, con sumas puntuales –honorarios, comisiones. Quedaban unas pocas actividades excluidas del circuito –como el trabajo de un agricultor que vivía de lo que producía en su tierra– pero, a diferencia de otros momentos de la historia, la inmensa mayoría de las actividades supuestamente productivas tenían un valor monetizado: se compraban y se pagaban, generalmente mal. Los empresarios empleadores se jactaban de que su contribución a la sociedad era «dar trabajo» –cuando, en realidad, lo «tomaban». Y sus empleados solían saber que el mayor beneficiario de esos trabajos era el empleador, que tomaba mucho más de lo que daba. Ciertas corrientes de pensamiento llamaban a esa diferencia «plusvalía».

Desde el principio, las diferencias de apreciación entre comprador y vendedor de fuerza de trabajo –entre empleador y empleado– habían dado lugar a todo tipo de conflictos, que dieron lugar, a su vez, a revueltas, represión, cambios políticos. En el siglo XIX se habían formado aquellos «sindicatos» –grupos de trabajadores de un mismo sector que reclamaban intereses comunes. Siglo y medio de sindicatos fuertes había mejorado mucho la situación de los trabajadores: sus horarios, sus salarios, sus diversos derechos. Esas asociaciones tuvieron un papel importante en la política del siglo XX; ya en el XXI, aunque su influencia había disminuido en muchos países, seguían teniendo algún peso como herramienta de negociación de salarios y condiciones laborales, que variaban tanto. Pero en muchos casos sus propios afiliados empezaron a considerarlos como estructuras burocráticas, corruptas, y dejaron de creer en ellos, los abandonaron. Por el momento, nada los había reemplazado: esos trabajadores, entonces, no tenían cómo defenderse, en general, y estaban indefensos.

(Las condiciones laborales se degradaban. Un ejemplo claro era el crecimiento exponencial de lo que llamaban entonces «changas» o «gigs», que dio lugar a la «gig economy» o «economía de la changa». Aunque ya aparecían las impresoras 3D y otras formas de transmisión de los objetos, prosperaron en muchos países, ricos y menos ricos, empresas que usaban a miles y miles de jóvenes para repartir mercaderías –comidas, ropas, objetos diversos– a domicilio; muchos de ellos lo hacían en bicicletas. Era otra de las paradojas de aquella furia «orgánica» o «naturalista»: las bicicletas eran más limpias que una moto o un coche, por supuesto, pero su fuerza de tracción era la sangre humana, músculos en lugar de mecanismos, retorno a formas que parecían superadas. Esas empresas no contrataban a sus mensajeros: los tenían esperando, los obligaban a competir por cada viaje, no les daban estabilidad ni garantías. Algunos lo llamaban «feudalismo digital»: si en la Edad Media los señores recibían una parte de las cosechas de sus siervos por ser los dueños de la tierra, en esos días empresas como Uber o Rappi recibían un porcentaje de cada viaje que hacía una persona con su propio vehículo por ser los dueños del programa que lo coordinaba. Y el trabajador ya no solo vendía su fuerza de trabajo sino que debía aportar también las herramientas necesarias –la bicicleta, una caja térmica, una computadora móvil. Era el regreso de la ley de la selva al mundo laboral).

En esos días no se discutía qué era un trabajo y qué no lo era. Lo que definía el trabajo no era la actividad en sí sino que se pagara: que quien la hacía la cobrara. Muchas veces las personas hacían por gusto lo mismo que ellas u otras podrían hacer por dinero, y entonces no se lo consideraba «trabajo»: desde cazar y pescar –que habían sido durante milenios una tarea central– hasta cultivar un huerto, tejer, carpintear, escribir, cocinar o tantas otras cosas. Pero, al mismo tiempo, estaban tan atravesados por la ideología del trabajo que la idea desbordaba su definición estricta: también hablaban de trabajar su cuerpo si hacían gimnasia, trabajar sus relaciones personales si confraternizaban, trabajar sus problemas si trataban de vivir mejor.

Y buena parte de la estructura social de los países ricos siguió basándose en la idea de que cualquiera podía «conseguirlo» si trabajaba lo suficiente, si se esforzaba lo suficiente: esa zanahoria, esa forma de cargar las culpas –«si no lo consigues es porque no te esfuerzas»– era una función importante del trabajo. En los países pobres el mito no funcionaba por falta de ejemplos: no había vecinos o conocidos o parientes que hubieran saltado de clase gracias a sus esfuerzos, a menos que fuesen futbolistas o cantantes o sicarios. El mito, en cambio, sí se mantenía en los países nuevorricos, donde muchos trabajaban demasiado. En China, por ejemplo, en los sectores más dinámicos, muchos empleados trabajaban sin parar –y muchos no aguantaban el ritmo. Las autoridades calculaban que cada año medio millón de personas se morían «por exceso de trabajo».

(Siempre hubo millones de personas que murieron por sus trabajos. Pero, en general, eran esclavos o siervos que lo hacían bajo el látigo de sus capataces, u obreros que no tenían defensas contra la explotación extrema o prisioneros en los campos de concentración. Lo diferente, en esos días, era que lo hicieran convencidos de que era por su propio bien).

En los países ricos, las personas trabajaban una media de 40 horas por semana –aunque eran menos en Francia o España y más en Estados Unidos o Japón. En los países más pobres la cifra era inconstante: muchos trabajos no tenían horarios fijos, dependían de variadas variables, y había quienes trabajaban 20 horas por semana y querían trabajar mucho más y quienes trabajaban 80 y apenas lo aguantaban. La mayoría no trabajaba el fin de semana –que en buena parte del mundo incluía el sábado y domingo, aunque la función domingo –el día del Dominus, del Señor– la cumplieran a veces otros días: el viernes en el islam, por ejemplo, o el sábado en Israel. Y empezaban a aparecer en ciertos países europeos, tímidas aún, las semanas de cuatro días de trabajo.

(Los trabajos también unificaban los ritmos de los días: era rara la persona que no viera atardecer –si no lo miraban, al menos estaban ahí, notaban el paso del día a la noche–; era, en cambio, cada vez más rara la que veía amanecer).

Las retribuciones eran muy variables. Es curioso, visto desde ahora, pensar qué cosas se pagaban más, qué menos. Las personas que se ocupaban de la salud de las personas o las personas que se ocupaban de educarlas en su infancia recibían sueldos mucho menores que tantas otras –un publicitario, por ejemplo, o una gerenta de banco– que se podrían suponer mucho menos cruciales. Pero no era un error sino la consecuencia de una lógica: en el «capitalismo» la remuneración de un trabajo no dependía de la importancia o utilidad de la tarea sino de los beneficios económicos que pudiera producir.

Era, además, un momento de grandes diferencias salariales. En la segunda mitad del siglo XX, en las empresas de los países ricos, esas diferencias se habían achicado: el sueldo más alto solía ser 20 o 25 veces mayor que el salario medio de sus empleados. No era poco, pero hacia 2020, tras la reacción liberal, las diferencias se habían vuelto enormes: 200 o 300 veces más era común en muchas empresas importantes. Y en los países más pobres esa diferencia ni siquiera se medía.

El mundo, sin embargo, había llegado a una especie de consenso sobre el hecho de que los chicos no debían trabajar. Se podía discutir hasta qué edad, pero había acuerdo. Como la mayoría de esos acuerdos, este tampoco se cumplía. La edad de entrar en el «mercado laboral» mostraba la desigualdad extrema en la maduración de las personas: en el MundoRico, un chico de 12 o 13 años ya había tenido acceso a una masa de información y un aparataje que jamás habría conseguido medio siglo antes, pero era probable que no empezara a trabajar en serio hasta 10 o 15 años después. En el MundoPobre, en cambio, muchos chicos de 12 o 13 años debían trabajar o –sobre todo en el caso de las nenas– ocuparse de su casa y sus hermanos mientras sus padres o su madre trabajaban.

Se calculaba que todavía 265 millones de chicos –uno de cada seis en el mundo– trabajaban muchas horas por semana. La cifra había bajado: veinte años antes eran 80 millones más. Pero, aún así, la cantidad era brutal y ponía en escena una paradoja cruel: ¿cómo convencer a un chico de 12 o 13 años –y a sus padres– de que no trabajara si su paga era decisiva para la supervivencia de la familia? Como en tantos otros temas, el MundoRico proponía un principio moral que chocaba contra las realidades materiales de los demás. Su justicia era indiscutible; su concreción necesitaba más que buenas intenciones.

* * *

Los trabajos también se dividían en sectores: en esos años se mantenía la división tripartita entre primarios –productores de materias primas–, secundarios –fabricantes de cosas– y terciarios –proveedores de «servicios» (ver cap. 14).

Queda dicho: la agricultura, que medio siglo antes empleaba a la mitad de los trabajadores del mundo, en 2020 solo ocupaba al 27 por ciento: alrededor de mil millones de personas que, en su gran mayoría, vivían en el MundoPobre. Y para colmo era un trabajo insospechadamente peligroso: informes oficiales decían que la proporción de muertes por accidente laboral era mayor que en cualquier otra rama de la producción.

En la industria –desde panes hasta portaaviones– trabajaba entonces poco más de un quinto de la población activa, y también las brutas diferencias: un 26 por ciento en Alemania, México o la India, por ejemplo, y un 2 por ciento en Burundi o el Chad.

Lo que crecía sin parar eran los «servicios». En esos días se llamaba «servicio» a todo lo que no fuera extraer o producir materias primas o fabricar algo con ellas. Era un abuso de la clasificación que podía incluir al presidente de un gran banco y al inmigrante que limpiaba sus baños, un neurocirujano y un barrendero, una maestra jardinera y una jueza (ver cap. 14). Pero se usaba, y cuanto más rico era un país más gente empleaba en sus «servicios». Su número crecía sin parar: en esos días alcanzó la mitad de los trabajadores del planeta –contra un 30 por ciento cuarenta años antes. Con sus enormes diferencias, por supuesto: en Israel, Canadá u Holanda los trabajadores de servicios eran un 80 por ciento, y apenas un 20 por ciento en Níger o Malawi.

Su crecimiento era el mejor indicador de la complejización de un sistema económico: las personas se alejaban más y más de la producción de lo que necesitaban –comida, sobre todo– y pasaban a obtenerlo a través de largas cadenas de grandes productores e intermediarios varios (ver cap. 14). Era una muestra de aquello que, ya entonces, algunos empezaron a llamar «la sociedad post-industrial»: el título, como sabemos, no le haría justicia.

Uno de los problemas de la expansión de los «servicios» era lo inasible de su resultado: había cada vez más trabajadores cuyo producto no quedaba claro. Durante siglos lo que fabricaba un trabajador era visible, palpable; aunque no lo controlara, al menos lo veía. En esos días, a menudo todo quedaba hundido en la pantalla de un computador o una pila de papeles o unas palabras o una venta. La burocracia –pública, privada– había crecido desmesuradamente. Y siempre conseguía parecer necesaria: años antes un señor Cyril Parkinson había enunciado su «ley», que decía que «el trabajo inevitablemente se expande para llenar el tiempo disponible», o sea: que las burocracias creaban tareas que solo servían para justificar su existencia.

«Un mundo sin maestros ni trabajadores portuarios ni recogedores de basura ni enfermeras pronto estaría en problemas. Pero no está del todo claro cómo sufriría la humanidad si todos los directores ejecutivos de financieras, lobistas, relacionistas públicos, notarios, actuarios, vendedores telefónicos o consultores legales desaparecieran de manera similar», escribió un agitador en esos días. Se notaba demasiado que muchos empleos servían básicamente para garantizar que esas personas recibieran un sueldo y sobrevivieran y apoyaran el mantenimiento del sistema que los mantenía –y también para tenerlas ocupadas, considerando que la gente sin trabajo es un peligro político y moral y todas esas cosas. Desde el punto de vista de los trabajadores, lo peor era la sensación de inutilidad de lo que hacían. O, mejor dicho, de una sola utilidad amarga: la de conseguir el dinero necesario para seguir viviendo –y trabajando.

Todo lo cual se resumía en una sola pregunta: «¿Usted realmente haría esto si no necesitara este dinero?». La respuesta dividía a la sociedad en dos clases poco reconocidas pero radicalmente diferentes: los que solo trabajaban para sobrevivir, los que hacían un trabajo que los entusiasmaba. No era fácil saber cuántas personas integraban cada una, pero había pistas: una de esas grandes empresas que intentaban mejorar la productividad del personal de las grandes empresas hacía para eso, cada año, una encuesta global. Una de sus preguntas a los empleados era si sentían entusiasmo y dedicación por lo que hacían en sus trabajos, ya que «a los empleados comprometidos les importa su trabajo y el rendimiento de la compañía y sienten que su esfuerzo hace diferencias», explicaba el informe. El resultado era elocuente: en esos años, en el mundo, cuatro de cada cinco encuestados contestaban que no. O sea: el 80 por ciento de los trabajadores no estaban interesados en las tareas a las que dedicaban ocho o diez horas cada día de sus vidas.

(Es cierto que esto no era nuevo: durante la mayor parte de su historia, el trabajo fue un pacto triste que los hombres aceptaron y que consistía en entregar una parte decisiva de su tiempo a cambio de poder alimentarse y alimentar a los suyos. Los libros religiosos lo justificaban de maneras diversas –condenas, errores, malas elecciones– y tantos hombres y mujeres lo aceptaron como esa forma de castigo. La revisión recién empezaba).

* * *

Pero aun esos trabajadores que hacían cosas que no les importaban se consideraban afortunados frente a la enorme masa de personas que no tenían empleo. En el MundoRico la cantidad variaba –y, en general, esas personas tenían asignaciones del estado y ayudas de parientes. Pero en el resto, millones y millones sobrevivían apenas.

Era curioso que uno de los sectores donde más temprano había avanzado la mecanización hubiera sido el campo más arcaico, el campo. En ese sector la mejora de las máquinas –y también las semillas y agroquímicos– había reducido muchísimo el número de personas necesarias para las labores: un tractor o una segadora hacían lo mismo que decenas de brazos (ver cap. 14). Con lo cual millones se quedaron sin trabajo; solo que, entonces, la salida de los nuevos desocupados era obvia: emigraban a las ciudades, donde esperaban –y a veces lograban– encontrar nuevos empleos poco calificados.

Tantos habían perdido su lugar y su tarea; muchos nunca los habían tenido y seguían en la pobreza más extrema. De los 4.500 o 5.000 millones de adultos que poblaban entonces el planeta, un buen cuarto no tenía trabajo –o tenía alguna ocupación menor que no alcanzaba para cubrir sus necesidades más primarias. Era uno de los fracasos más extremos de aquel sistema económico global: más de mil millones de personas no tenían ningún lugar en él. O, dicho de otra manera: ese sistema no sabía cómo utilizar un porcentaje enorme de la fuerza de trabajo disponible, la desperdiciaba. Su tan cacareada «racionalidad» resultaba, en ese punto, absolutamente discutible.

En general, en esos días, el trabajo cambiaba. Los patrones habían conseguido algo radical: ganar mucho más y emplear mucho menos. Apple, en esos días la compañía más valiosa del mundo, no estaba siquiera entre los primeros 50 empleadores del mundo. La derrota de los sindicatos y el aumento de la tecnificación habían conseguido que las corporaciones le sacaran mucho más rendimiento a cada empleado. En 1965, por ejemplo, una gran empresa norteamericana de comunicaciones, AT&T, valía 267.000 millones de dólares constantes y empleaba a más de 758.000 personas: cada persona representaba un valor de unos 350.000 dólares. Un posible equivalente de 2020, Google, valía entonces 400.000 millones y tenía 55.000 empleados, más de siete millones por persona –veinte veces más. Muchos menos empleados, mucho más rendimiento: la tendencia, entonces, se veía muy clara.

La primera gran irrupción de las máquinas modernas en la producción –cuando la «Revolución Industrial» de fines del siglo XVIII e inicios del XIX– había necesitado millones de hombres, mujeres y niños que las operaran: fueron sobre todo campesinos obligados a dejar sus campos, apropiados por los señores, los que migraron a trabajar a las ciudades. En cambio la revolución productiva que empezaba a principios del siglo XXI no incrementaría la cantidad de trabajadores sino que, al contrario, la disminuiría dramáticamente. Cada vez más, el trabajo humano era reemplazado por funciones de máquinas; cada vez más, el trabajo humano dejaba de ser una mercancía con demanda en el mercado. Una de las características más claras del empleo a principios del siglo XXI era que se volvía peligrosamente escaso –y amenazaba con seguir cayendo.

En esos días todos esperaban la invasión robótica. «¿Qué esperamos congregados en el foro?/ Es a los bárbaros que hoy llegan», había escrito cien años antes un poeta alejandrino. Las noticias y comentarios sobre la «robotización» aparecían por todas partes; lo anunciaban como un tema futuro, pero los robots ya habían llegado. El error, si acaso, consistía en imaginar robots con aquellas formas humanoides que aparecían en las películas futuristas de unas décadas antes. No había muchos de esos; los otros ya abundaban.

Robots menores campeaban en las casas: las aspiradoras de polvo que se movían solas, los parlantes que contestaban preguntas y programaban aparatos, los controles que manejaban temperaturas, luces, energías. En los quirófanos avanzados los cirujanos no operaban con las manos sino con aparatos complejísimos, robots quirúrgicos; en los aviones, los pilotos casi no conducían. Y, sobre todo, en las fábricas de punta, se multiplicaban: en 2010 había en todo el mundo un millón y medio de robots industriales; en 2020 ya eran tres millones.

Casi la mitad de esos robots trabajaban en China; la seguían Japón, Estados Unidos, Corea y Alemania. En todos los casos, reemplazaban personas.

Pero todavía, para la mayoría, esos robots industriales no eran más que números, relatos distantes. En servicios y negocios se estaban volviendo más visibles: un ejemplo claro –siempre en los países ricos– eran las cajas de los supermercados, donde un aparato cuadrado empezaba a reemplazar a las cajeras y cajeros habituales. Era una máquina primitiva, capaz de leer las etiquetas de los productos y evitar los engaños pesándolos; al final los sumaba y el usuario le pagaba. Cada una de esas máquinas reemplazaba a una persona que, antes de su aparición, se pasaba ocho horas deslizando cada mercancía por un lector de etiquetas y cobrando; muchos interpretaban la instalación de esas máquinas como un peligro para esos empleos; pocos se alegraban de que tantas mujeres y hombres no tuvieran que pasar sus vidas en una rutina arcaica, tediosa –que, ya entonces, una máquina podía reemplazar.

Porque el problema, por supuesto, era de qué vivirían las personas que vivían de esas tareas anticuadas. Empezaron a abundar los pronósticos sobre la cantidad o proporción de empleos que se perderían en una o dos décadas: todos se hicieron en los países ricos para estudiar los países ricos, todos decían que el resultado variaría en cada país, todos coincidían en afirmar que la reducción sería dramática. Hacia 2020 una pesquisa académica muy seria prospectó en Estados Unidos 700 oficios diferentes y concluyó que el 47 por ciento de los empleos en ese país «corría un alto riesgo» de caer en manos automáticas en menos de veinte años. Y dijeron que los empleos más amenazados eran los que tenían que ver con el manejo de aguas y residuos, el transporte, el almacenamiento, la venta minorista y muchas de las manufacturas. No había pánico –todavía no había conciencia suficiente– pero sí preocupación: nadie veía las nuevas máquinas como una forma de liberación sino como una condena. Millones empezaron, poco a poco, a vivir con la angustia de que sus trabajos desaparecieran. Muchos choferes, por ejemplo, sabían que en unos años sus vehículos dejarían de necesitarlos –y que tendrían que buscarse la vida de otro modo. Y se defendían viejos trabajos basura –sin interés, agotadores, mal pagados– para que sus ejecutantes siguieran ocupados. Esa defensa «bienintencionada» de la explotación –so pretexto de defender a los explotados– fue una de las movidas más vergonzosas de esos años.

El miedo era prospectivo: también en esto el futuro se veía como una amenaza. Una angustia suplementaria consistía en que nadie sabía bien para qué tipo de trabajos prepararse: en qué invertir el tiempo formativo. Abundaban entonces artículos y estudios que trataban de enseñar a los padres «qué deben estudiar sus hijos para conseguir empleo dentro de veinte años». La mayoría, por supuesto, recomendaba algo que tuviera que ver con la computación, las ciencias y técnicas digitales.

Pocos recordaban, en cambio, la esperanza kenynesiana: un gran economista inglés de la primera mitad del siglo XX, John Maynard Keynes, había anunciado para 2030 un mundo feliz donde las máquinas harían casi todo y los hombres podrían trabajar quince horas por semana. No muchos confiaban en su pronóstico: muchos más suponían que esos progresos no beneficiarían a la mayoría –a los trabajadores– sino a unos pocos, los patrones.

La historia de la humanidad es la historia de cómo ciertas personas consiguieron que otras trabajaran para ellas. Las convencían de distintas maneras: con cuentos de dioses, látigos y guardias, amenazas de hambre, la ilusión de un orden, el chantaje de la familia, la necesidad económica, el temor del fracaso. Cuando se anunció por fin un cambio radical –que ya casi no se necesitaría trabajo personal para producir y administrar las cosas–, esas personas que siempre habían entregado su fuerza de trabajo se asustaron: se preocupaban por su supervivencia. Seguían tan convencidos de que vivir era trabajar que no conseguían imaginarse otras maneras. Fue un momento de desconcierto muy curioso, muy ilustrativo.

Unos pocos entendieron que, quizá, la meta entonces fuera una vida donde el trabajo ya no importara demasiado: donde otras actividades pudieran reemplazarlo. Y que, para eso, la base sería una pelea: la lucha por los beneficios de esos avances técnicos. Si los trabajadores del siglo XIX, decían, se unieron para conseguir mejores sueldos y mejores condiciones –una porción mayor en el reparto–, ahora tocaba a los contemporáneos hacer lo propio. Había, estaba claro, una diferencia central: aquellos obreros podían exigir porque eran indispensables, sin ellos nada funcionaba; estos estaban en la situación contraria: ya no eran necesarios. La pelea, entonces, contestaban, no sería en los lugares de trabajo sino en el resto de la comunidad: no sería una pelea sindical sino política. Y que esa pelea sería el dato central del siglo que entonces empezaba: la lucha por los beneficios de la tecnificación extrema –la «robotización»– marcaría el destino de aquellas sociedades.

El proyecto, entonces, era claro –y es curioso el efecto que causa visto desde ahora. Insistían, entonces, en que cada quien debería poder dedicar al trabajo las pocas horas necesarias y que todos obtuvieran un dinero –el «ingreso universal» o «renta básica»– proveniente de la redistribución de los enormes beneficios de esas industrias hipertecnificadas. Los que se oponían –la mayoría de los más ricos– citaban entre otros a F.D. Roosevelt, un presidente norteamericano «populista», seguidor y contemporáneo de Keynes, que había dicho que era contrario a los subsidios para desocupados «porque desacostumbran a trabajar». Tras pasarse milenios «acostumbrándolos» –gracias a las religiones y demás ideologías– era mal negocio permitir que se «desacostumbraran».

Los que lo proponían decían que si existían los tractores con guía satelital no había ninguna razón para que un granjero de Oklahoma volviera a arar con un par de bueyes: que si la humanidad había conseguido todas esas mejoras técnicas no era para producir más y más y más sino para trabajar menos. Y que esa era precisamente la virtud de la nueva situación: que, tras siglos de poner el trabajo en el centro de la vida –«ganarás el pan...»–, llegaba por fin el momento de cambiar de esquema. Todavía no sabían cómo hacerlo. No era fácil, claro: debían inventar cómo reemplazarlo en su condición de eje y aspiración y justificación y sentido de todo. No sabían, y aún así decían que si algo importante iba a cambiar en ese mundo, sería eso.

Eso decían; el tiempo, como sabemos, no pasaría en vano.

Las personas 15

LA MÁQUINA NIÑA

Si hay que decirlo, se podría decir que BRETT nació el 28 de mayo de 2015 en ICRA, una conferencia sobre robots que se celebraba todos los años en algún lugar. Pero también se podrían decir muchas otras cosas. Entre tantas que ignoraban, los robots no sabían, todavía, nacer.

Ni tener nombre lógicos. BRETT era una palabra falsa de esas que entonces estaban muy de moda: una suma de letras iniciales. En este caso, las letras inicialaban «Berkeley Robot for the Elimination of Tedious Tasks», o «Robot de Berkeley para la Eliminación de las Tareas Aburridas», ROBETA. Berkeley era, entonces, una universidad californiana muy progre y crítica y su robot tenía una característica bastante extraordinaria: podía aprender de sus errores.

BRETT ni siquiera era muy original: los investigadores de Berkeley lo armaron sobre la base del PR2 Willow Garage, otro invento californio que llevaba unos años dando vueltas. El PR2 era un robot de dibujito: la estatura de una persona humana, dos brazos como cualquiera de ellas, una cabeza con sus ojitos montados sobre una placa roja que podía pasar por maquillaje mal pintarrajeado. El PR2 no tenía piernas sino una especie de aspiradora que lo llevaba aquí y allá, pero era capaz de ciertas tareas decisivas como abrir puertas, encontrar enchufes y enchufarse; con el tiempo aprendió a doblar toallas. Al fin, al borde de la hazaña, diez PR2 participaron en una fiesta de promoción y bailaron con promovidas y promovidos. Pero, sobre todo, aquel engendro se presentaba como una base de trabajo, una estructura para agregarle mecanismos y programas, y así lo usaron los roboteros de Berkeley.

Porque querían enseñarle a aprender. Programar uno de aquellos robots para que hiciera cualquier operación simple era un trabajo largo, que, además, había que repetir en cuanto las condiciones o el entorno cambiasen aunque fuera poco. La solución era que el aparato pudiera aprender como lo hacía cualquier bebé: por ensayo y error.

Así que, para empezar, le encargaron ciertas tareas simples pero complicadas por sus desplazamientos en el espacio: encontrar un objeto dado, armar una figura con trocitos de plástico. Las acciones no eran muy especiales; el mecanismo con que BRETT las intentaba sí lo eran.

BRETT movía sus «brazos» y sus «manos» y grababa con sus «ojos» –las cámaras que cumplían esa función– cada movimiento: la mayoría no hacían el trabajo requerido pero unos pocos sí. Entonces un algoritmo en su «cerebro» –una red neuronal artificial, la famosa AI– daba a los intentos que daban resultado un puntaje y una recompensa que hacía que su memoria los guardara y fuera capaz de repetirlos cada vez que debía hacer lo mismo. Era, decían, lo que hace cualquier bebé cuando intenta dar un paso –y lo mismo que hacen sus padres cuando le aplauden que trague la papilla en lugar de escupirla. Sus padres decían que BRETT, con ese sistema, podía aprender cualquier tarea sencilla en unos diez minutos.

Llenos de entusiasmo, los investigadores de Berkeley lo llamaron *deep learning* –«aprendizaje profundo»– y se ilusionaron con sus muy diversas posibilidades. Uno de sus grandes avances sería que los robots trabajadores ya no deberían limitarse a puestos fijos en líneas industriales sino que podrían enfrentarse a espacios cambiantes cuyas características irían aprendiendo. Así podrían sembrar y cosechar en cualquier granja, reponer mercaderías en un supermercado, hacer entregas en hoteles y hospitales. Los investigadores insistían en que sus nuevas habilidades permitirían que los robots no ocuparan puestos de personas sino que colaboraran con ellas para «aumentar la productividad» de ambos. Y llegaron a creer, entonces, que el nombre de BRETT –y los suyos– serían un hito en la historia de la robotización del mundo. Ignoraban, como suele pasar, lo que venía.

16

LAS COSAS, LAS COMPRAS, LAS MODAS

Donde se cuenta que todo rebosaba de cosas, objetos que debían ser cambiados y reemplazados sin descanso, modas y más modas que llenaban la Tierra de basura.

En esos días, los hombres y las mujeres vivían anegados por las cosas: había cosas y más cosas y más cosas. Un autor de entonces la llamó «la civilización de los miles de cosas»: podría haber dicho cientos de miles y habría sido más exacto. En los Estados Unidos –donde más obsesivos se ponían con estas cuentas– un estudio decía que en la casa de una familia media había unas 300.000 cosas, «desde clips hasta tablas de planchar». Y que aquella gente se pasaba una media de diez minutos por día buscando cosas que perdían: eso suponía, en una vida, unos 200 días dedicados a la búsqueda. Casi nada, comparados con los 2.000 que se gastaban comprando cuando la compra presencial todavía era mayoritaria.

Muchos hombres y mujeres tenían cosas y más cosas, pero muchos no tenían casi nada: el 12 por ciento de la humanidad, Europa y Estados Unidos, consumía el 60 por ciento de los bienes del mundo –cinco veces más que lo que les tocaba–, mientras que el 30 por ciento más pobre, africano, asiático, sudamericano, consumía el 3 por ciento –diez veces menos que su parte.

Para ellos, las cosas seguían teniendo un valor importante: el que siempre habían tenido. Durante siglos, las pocas cosas fueron objetos únicos que era muy difícil reemplazar. Y todavía en 2022, para los más pobres, un cuchillo podía durar toda una vida, acompañar a una persona para siempre. Para los ricos, en cambio, cada cosa no significaba gran cosa: era desechable, reemplazable, no valía la pena cuidarla o repararla porque –hechas en serie vaya a saber dónde por vaya a saber quién– abundaban, y era más fácil y más barato comprar una nueva que cuidar la vieja. Y nada les daba tanto gusto como comprar nuevas. Las modas, la supuesta renovación, los dizque avances técnicos, la calidad escueta, la obsolescencia programada y otras bagatelas similares favorecían la superproducción de cosas.

Había, en la producción globalizada de esos años, dos características que se destacaban entre muchas: lo superfluo, lo efímero. Es imposible hacer un cálculo preciso, pero se diría que la gran mayoría de los bienes fabricados en esos años eran innecesarios. Aunque, por supuesto, la idea de necesidad sea tan discutible: quién define quién necesita qué, quién no lo necesita (ver cap. 13). Pero si intentáramos trazar una línea entre los productos indispensables para la vida y los que no lo son, aún siendo muy amplios es probable que nos pusiéramos de acuerdo en que nadie necesitaba diez juegos de sábanas ni cambiar sus aparatos con cada nuevo lanzamiento ni su vestuario con cada estación ni tirar un tercio de los alimentos que compraba. Por eso empezó a quedar claro que el éxito de un producto –material o virtual– no consistía en responder a una necesidad –que ya habían sido tan colmadas– sino en crear una nueva: triunfaba quien convenciera a muchos de que no podían vivir sin eso sin lo cual habían vivido siempre (ver cap. 17). Se trataba de persuadir a millones de que les faltaba algo importante: los riquísimos de la Tercera Década lucraban con esa sensación de incompletud y esa avidez por la novedad, millones y millones convencidos de que, para seguir siendo «personas de su tiempo» debían adoptar más temprano que tarde esas innovaciones (ver cap. 19). Habían creado una cultura basada en la insatisfacción permanente: la convicción generalizada de que siempre habría algo mejor que lo que uno tenía –y que uno debería tenerlo pero.

El sobresalto de que siempre te faltaba algo.

«Los inventos solían buscar cómo satisfacer las demandas existentes; ahora piensan cuál pueden imponernos. Ya no se inventa un objeto o un método; se inventa una necesidad. Todo consiste, en síntesis, en dar con la idea que nadie más tuvo para hacerte indispensable algo que no precisabas la semana pasada –y ofrecerte la forma de conseguirlo en media hora», escribió alguien entonces. «En el mundo tan lleno, la clave de la riqueza consiste en inventar un hueco nuevo. Un poco más allá, en el que está lleno de huecos, la pobreza sigue intentando rellenar los que ya existen. Son dos mundos, cada vez más cercanos, más distantes: se miran, se amenazan, no se encuentran en facebook; hay quienes se sorprenden cuando chocan».

A lo innecesario se sumaba lo efímero: eso que entonces se llamó «obsolescencia programada». La obsolescencia es la condición de cualquier objeto o ente que va a dejar de funcionar, de ser: los animales, sin ir más lejos, son obsolescentes en la medida en que no viven para siempre; las personas, menos. Pero, durante siglos, los bienes se produjeron con la pretensión de durar todo lo posible: en eso consistía su calidad y su renombre, hasta que ciertos industriales entendieron, a principios del XX, que esa perseverancia no era buena para los negocios y decidieron empezar a fabricar cosas que no duraran tanto. Cuentan que en 1924 los mayores fabricantes de bombillas del mundo se reunieron en Ginebra y en secreto y se confabularon para no producir ninguna que pudiera brillar más de mil horas: no era fácil, y requirió muchos experimentos, mucho control, mucha mala leche.

(En Livermore, California de Estados Unidos, se conservaba todavía en 2023 una que llevaba más de 120 años encendida –y cuando cumplió su primer siglo un millar de personas le cantó el feliz cumpleaños. Y es curioso que el primer ejemplo conocido de producto voluntariamente malo fueran precisamente las bombillas, que los dibujantes y otros guasones solían usar como símbolo de ideas e innovación: «Se me encendió la lamparita», decían entonces).

Hacia 1950 a otro cráneo se le encendió la lamparita breve y se le ocurrió llamar a esa estafa «obsolescencia programada» –*planned obsolescence*. La noción tardó en llegar al gran público: pequeños escándalos, como el descubrimiento de que las baterías de un nuevo gadget famoso en esos años estaban programadas para agotarse al cabo de 18 meses –y, así, obligar a los consumidores a cambiar el aparato–, confirmaron que los grandes fabricantes querían producir bienes que debieran ser reemplazados al cabo de un lapso más y más breve.

Los productores obligaban a ese reemplazo de maneras diversas: que los materiales no resistieran más que cierta cantidad de usos, que algún chip limitara ese número, que las cargas de energía se agotaran al cabo de equis, que sus pro-gramas se desfasaran definitivamente. Producían objetos que no estaban hechos para servir sino unos pocos años y, sobre todo, instalaban la obligación social de disponer de los últimos modelos: ese objeto tan apetecido poco antes era tan «superado» por uno nuevo que usarlo se volvía un desdoro. Así lograron que los países ricos consumieran mucho más que lo que necesitaban y que el mundo se llenara de despojos: hacia 2020 la «obsolescencia programada» ya era parte de casi todos los productos. Era curioso que toda una civilización aceptara alegremente que sus objetos más deseados estaban diseñados para fallar. Por mucho menos, críticos definieron otras sociedades como «culturas del fracaso».

La capacidad de vender lo innecesario tan finito se apoyaba en grandes tejidos publicitarios que convencieron a millones de que sin esos aparatos no eran nada, y en un sistema de crédito que permitía vender cosas que muchos, en principio, no podían pagar. Pero había un puntal decisivo: la satisfacción de comprar. Comprar era demostrar –y sobre todo demostrarse– que uno lo estaba haciendo bien, que cumplía con las expectativas. «Si la felicidad dependiera del nivel de consumo deberíamos ser absolutamente felices, porque consumimos 26 veces más que hace 150 años», decía un defensor del «decrecimiento» (ver cap. 13).

Frente a los pocos que proponían esa opción y criticaban la proliferación de los objetos como un vicio que estaba destruyendo el planeta, agotando sus recursos, los conservadores –literales: los que querían conservar la forma establecida– les contestaban que así era el sistema capitalista: que necesitaba que se «necesitaran» cada vez más cosas porque vivía de fabricarlas. Que de esa producción desenfrenada dependía la supervivencia de cientos de millones de personas cuyo trabajo consistía en hacerlas, transportarlas, venderlas: que dejar de comprarlas era, de algún modo, una terrible falta de empatía, de solidaridad con todos esos millones que vivían de eso. El argumento parecía sólido mientras no se imaginaran otras formas de asegurar la subsistencia de todas esas gentes. Algunos, por supuesto, ya empezaban a pensarlas.

Se hablaba, por un lado, de las maneras de distribuir esa riqueza cada vez mayor producida por tanta producción (ver cap. 15). Y, también, de que compartir objetos entre grupos sería una forma de aminorar su peso y su presencia y, al mismo tiempo, armar redes, lazos. Algunos agregaban un argumento estético que todavía no era común pero asomaba: que era vulgar precisar tanta basura para vivir mejor, que la sabiduría consistía en no tenerla. Les hacían poco caso.

(La basura era uno de los grandes productos de aquel mundo: pocas cosas se fabricaban en mayor cantidad. En 2020 se calculaba que las personas producían unos 2.200 millones de toneladas de «residuos sólidos» al año. Allí también había, por supuesto, diferencias: cada norteamericano contribuía con más de dos kilos de basura sólida al día –mientras que cada chino no alcanzaba los 700 gramos y muchos africanos no llegaban a 100. La paradoja funcionaba también aquí: los que más peroraban contra el deterioro que esos residuos causaban en el medio ambiente eran, de lejos, los que más lo arruinaban.

Con trampitas: para ensuciarse menos, esos países exportaban su mugre a países pobres de Asia, África y Ñamérica, que funcionaban como basureros. Les mandaban sobre todo el «plástico», muy difícil de reciclar, y les pagaban –poco– por recibirlo y devastar sus ecosistemas. En 2023 ciertos pobres ya se habían rebelado y dejaban de aceptarlo; otros todavía no. El «plástico» terminaba a menudo en los mares, donde amenazaba buena parte de la vida; un informe de esos días decía que las empresas que más contaminaban eran tres gigantes de la alimentación de entonces: Coca-Cola, Pepsi y Nestlé. El «packaging» –empaquetado– se había vuelto decisivo para la venta de sus productos, que a menudo costaban menos que sus envoltorios, y esos envoltorios, tan importantes para sus beneficios, estaban llenando tierra y mar de mierda).

* * *

El sistema de consumo incesante fue el gran triunfo ideológico de los Estados Unidos en su época de dominio cultural: conseguir que el resto del mundo se plegara a esa idea del derroche creciente que lanzaron después de ganar la guerra en 1945 y que, durante veinte o treinta años, produjo la ilusión de un mundo feliz. Fue presentado como la contracara del otro modelo –el «comunista»– que no ofrecía la libertad de comprar y comprar, y su poder de convicción fue fuerte: convirtió esa libertad en una de las más apetecidas. Con las lógicas diferencias que cada contexto imponía, el modelo se impuso en casi todo el globo.

Entre esas cosas que abundaban, ninguna mostraba con mayor claridad los mecanismos –la falta de necesidad, la obsolescencia– que eso que entonces se llamaba «ropa». Eran aquellos trozos de telas o tejidos de colores organizados para cubrir la mayor parte del cuerpo salvo, en general, la cara o la cabeza. La «ropa» era el primer relato que cada persona exhibía sobre sí misma. Cada quien elegía y usaba cada trozo y sus combinaciones como un modo de decir quién era, cuál era su posición económica, cuáles sus opciones culturales y sociales, qué estaba haciendo, qué intenciones tenía: tantas cosas que las personas, en general, leían sin saber que leían –pero con cierta precisión.

No sabemos cuándo empezaron las personas a usar despojos de animales o plantas sobre el cuerpo. Los prehistoriadores dicen, sin gran pudor, que debe haber sido algún momento entre los 500.000 y los 100.000 años atrás. Sí sabemos que, a través de tiempos y lugares, esos revestimientos se fueron complicando y simplificando y complicando y simplificando hasta llegar a nuestra solución actual. Pero en 2023 la ropa textil era prácticamente imprescindible: aunque pueda parecer extraño, casi nadie, entre los 8.000 millones, dejaba de portarla salvo para bañarse y, a veces, para dormir o fornicar de cuerpo presente.

La ropa era uno de los aspectos donde la diferencia de géneros resistía mejor. Hablábamos de la construcción de identidades, de individualidades: cómo la falta de un cuerpo social, un cuerpo común, hizo que tantas atenciones se desviaran hacia el cuerpo propio (ver cap. 4). Eran tiempos en que la primera persona en que cada persona pensaba era la primera persona, su yo, ella misma. Tiempos de individualidad extrema que, por supuesto, se manifestaba de formas tan distintas según el lugar social, cultural, económico de cada quien. Pero empezaba una tendencia que, finalmente, derivaría en la situación actual: tras haberla usado durante milenios como uno de los principales elementos para distinguir sexos, la costumbre empezaba a romperse.

Era así porque cada vez más mujeres, en cada vez más países, usaban pantalones, esos dos tubos para las piernas –ver imágenes– que, durante siglos, habían sido exclusivamente masculinos. Las polleras o faldas –un tubo único más ancho, ver– eran casi exclusivamente femeninas en Occidente; en la India y el sudeste asiático muchos hombres las usaban todavía en su forma tradicional –una tela atada a la cintura que les caía hasta el tobillo– y en los países musulmanes muchos llevaban una túnica –ver– entera. Sin embargo, en el resto del mundo las indumentarias regionales habían cedido ante la simplificación occidental –pantalones, faldas, camisas y camisetas, zapatillas– y un viajero ya no podía saber, por la ropa de las personas, si estaba en Idaho o Cracovia o Guangdong o Nairobi. Nunca antes había sucedido. Esa unificación estética era uno de los grandes logros de la Edad Occidental: era curioso comprobar cómo unos pocos «creadores» conseguían que sus productos fueran adoptados por multitudes en todos los rincones, que consiguieran uniformar de esa manera al mundo. Era, podríamos pensar, un primer paso –pero siempre es un error analizar un momento histórico a la luz de los que lo suceden.

Queda dicho: ciertos detalles de indumentaria y apariencia seguían siendo decisivos para diferenciar géneros. Se mantenía, por ejemplo, mayoritaria la idea de que los hombres debían usar –y usaban– sus pelos recortados y las mujeres, en cambio, sus pelos más largos, hasta los hombros o media espalda o más. Del mismo modo, muchas mujeres usaban todavía zapatos con suplementos en toda la planta o solo en el talón –llamados, respectivamente, plataformas o tacos– y casi ningún hombre. Y muchas mujeres se maquillaban la cara –se la cubrían con diversos polvos y pinturas de colores– y casi ningún hombre. En cambio, ciertos adornos ya se estaban volviendo más comunes: por ejemplo, las uñas pintadas con colores que los cuerpos no suelen producir –un recuerdo de rituales tribales más antiguos que desentonaba con la ideología de la naturalidad que entonces se imponía– habían sido durante siglos exclusivamente femeninas pero eran, entonces, cada vez más usadas por los hombres.

Y «la moda», pese a todo, seguía teniendo más peso entre las mujeres que entre los hombres. La moda era la forma original de obsolescencia programada con mecanismo propio. En sus inicios esta obsolescencia era puro capricho y había servido como un elemento de distinción: los privilegiados portaban cierta prenda para demostrar que lo eran y, cuando los empezaban a copiar personas más «vulgares», esa prenda ya no demostraba nada y se apuraban a cambiarla. Pero en el siglo XX el mecanismo se ritualizó: los fabricantes de indumentaria consiguieron imponer la idea de que sus prendas debían cambiar cada año –o cada estación–, porque ese era su ritmo natural, como si fueran huertos de alcachofas. Y en aquellos días, una porción importante de las mujeres del MundoRico todavía seguían sus dictados con una sumisión que habían dejado felizmente atrás en tantos otros aspectos de sus vidas.

La industria de la ropa era de las más abusivas: los fabricantes –y las grandes marcas del MundoRico– utilizaban la necesidad de millones de personas del MundoPobre para hacerlos trabajar por pagas ínfimas en fábricas atestadas, inseguras, indignas. Gracias a esa explotación la industria de la ropa pudo ofrecer aquellas cantidades enormes de mercadería a precios bajos: millones de personas –jóvenes, sobre todo– compraban la ropa «de moda» sabiendo que no querrían usarla un año más tarde y que, además, por su pobre calidad, seguramente no podrían. Las proporciones parecían muy invertidas: a menudo, lo –relativamente– duradero costaba menos que lo –absolutamente– efímero. Por el precio de una comida común, por ejemplo, una persona podía comprarse dos o tres camisetas. Era lo que sus críticos empezaron a llamar el «fast fashion», hamburguesas para el adorno corporal. Como consecuencia, la producción mundial de ropa se había duplicado entre 2000 y 2015.

Gracias a esa mezcla de hiperproducción y explotación la industria de la indumentaria –ropa, calzado, accesorios– era, entonces, una de las más poderosas del mundo: había movido, en 2022, unos dos millones de millones de euros y no paraba de crecer. Los países ricos consumían una media de 900 euros al año en ropa nueva; mientras, mil millones de personas no alcanzaban a juntar ese dinero para todos sus gastos anuales. Mil millones de ciudadanos de países ricos gastaban en estar a la moda lo que mil millones de pobres no conseguían para vivir, comer, cubrirse, curarse. Y algunos millones de estos mil trabajaban en la fabricación de esas ropas.

La industria indumentaria empleaba a más de 400 millones de personas, uno de cada diez trabajadores del planeta, que producían entre 100.000 y 150.000 millones de objetos por año. Entre ellos, por ejemplo, 2.000 millones de camisetas. Cada camiseta necesitaba, para su producción, unos 3.000 litros de agua: la cantidad que bebía una persona en tres años. A ese ritmo, advertían algunos, las reservas del mundo no aguantarían demasiado. La industria de la moda era, además, la segunda más contaminante del mundo, después de la producción de energía.

Nunca había habido en el mundo tanta «ropa». Y, dado el desarrollo de ese campo, no volvería a haberla nunca.

Lo propio de la moda, entonces, era cambiar sin cesar dentro de un orden. Pero, a juzgar por fotos, videos, películas, dos estilos muy utilizados en esos días resistían sin grandes variaciones: el corporativo oficinesco o «corpo», el delincuente callejero o «delinca». Ambos eran tributarios de tradiciones anglo: el corpo consistía en un «traje», conjunto de pantalón y chaqueta de dos o tres botones –y a veces un chaleco, ver– de color azul o gris o marrón sobre una camisa blanca o azul claro adornada con una tira de tela que colgaba del cuello, zapatos negros o marrones. En las mujeres el estilo se manifestaba en «trajes» de chaqueta y pollera, pero aceptaba más variantes –incluidos pantalones– siempre que guardaran un aire de recato y tedio.

El «delinca» era el resultado de la imitación que ciertos músicos negros norteamericanos habían hecho de sus vecinos más o menos gangsteriles: sublimación de la marginalidad urbana hecha violencia.

Se componía, en general, de unos zapatos de deportes con suelas trabajadas, unos pantalones muy anchos o muy ajustados negros o azules o gris claro –a veces interrrumpidos en la rodilla–, una camisa o camiseta de cualquier color y, sobre todo, una gorra consistente en una copa redonda y una visera recta diseñada para proteger los ojos del sol pero que usaban, según las imágenes, para proteger sus nucas –de no sabemos qué amenazas.

Y los tatuajes: por lo que se ve, los cultores del «delinca» no podían funcionar sin un tatuaje, pero no eran los únicos. Los tatuajes eran unas marcas que las personas se hacían en los cuerpos, con formas de caras, letras, arabescos, animales. Podían ser negros o coloridos y se los suponía indelebles: marcas de un momento que valdría la pena recordar toda la vida, expresiones de lealtad o amor u odio o confusión eternos. Los tatuajes eran un intento de fijar lo fugitivo de sus vidas, brutos errores de cálculo –como si todo futuro continuara el presente. Habían sido muy usados en distintos momentos de la historia por pueblos –más– primitivos y después un poco desdeñados; hasta fines de los 1980 eran privativos de marineros y de presos; se volvieron comunes con la difusión de esas modas que exaltaban lo marginal. Constituían una forma –relativamente– fácil de mostrar un rechazo convencional por ciertas convenciones: en ese campo, como en tantos otros, la adaptación consistía en mostrarse ligeramente inadaptado. Eran, también, un modo de instalarse en su época: cuando se prestaba tanta atención al cuidado y uso de los cuerpos, era lógico usarlos como soporte para ciertos discursos dibujados.

La moda indumentaria era, queda dicho, solo un ejemplo: sus mecanismos se replicaban en tantos otros rubros. Los coches, las máquinas digitales, las máquinas domésticas, incluso las comidas seguían el mismo modelo. Fue uno de los grandes logros de aquella civilización: ser capaz de convencer a cientos, miles de millones de personas de seguir los designios de unos pocos diseñadores y sus patrones industriales, de pensar que debían «hacer como los demás» para «ser plenamente ellos mismos». El espíritu gregario que desde siempre distinguió a los hombres –la base de las patrias, de tantas religiones– pocas veces consiguió manifestarse de forma tan completa, tan común, tan rentable.

La peste de 2020, con sus encierros, interrrumpió los procesos de la moda. Fue revelador comprobar la disminución de la producción y venta de ropa en ese lapso. Quedó del todo claro que el consumo de ropa era una función social, un efecto de la circulación laboral y festiva y que, sin todo ese ajetreo, las personas no necesitaban tantas y tan variadas prendas: les alcanzaba con tres o cuatro cosas que podían usar una y otra vez. Algunos aprovecharían la lección y, probablemente, fueron ellos los que abrieron el camino.

* * *

Mientras los países pobres, con mano de obra bien barata, concentraban la fabricación de ropa, los más ricos se dedicaban sobre todo a la invención y fabricación de cosas más complejas. Se repartían en cuatro grandes polos: China, Estados Unidos, Europa, Japón-Corea.

Pero se volvía cada vez más difícil saber quién fabricaba qué. Durante siglos la llamada «división internacional del trabajo» consistió en que los países periféricos producían materias primas – lana, algodón, hierro, petróleo– y, a partir de ellas, los países centrales fabricaban en su territorio los productos manufacturados que vendían en todo el mundo. En la segunda mitad del siglo XX, la famosa globalización –y la caída de muchas barreras aduaneras, políticas, sociales– produjo un cambio en el sistema: los países ricos instalaron sus fábricas de productos más simples, más fáciles, en países pobres, para aprovechar su mano de obra barata. Esa primera «deslocalización» hizo que millones de trabajadores de los países ricos se quedaran sin empleo (ver cap. 10). Al mismo tiempo otros países periféricos –sobre todo en el sudeste y sur de Asia– consiguieron formar obreros más especializados que seguían costando menos que sus pares de los países centrales: allí empezaron a fabricar productos más sofisticados –electrónica, maquinaria, óptica– cuya venta globalizada les trajo cierta prosperidad.

Al mismo tiempo otras fábricas –o las mismas– empezaban a ensamblar piezas fabricadas en los países ricos. En Ñamérica se llamaron «maquilas» y así pudieron completar productos más complejos. El mecanismo se fue complicando hasta que dio lugar a la característica más definitoria de aquellos años: que cada objeto solía incluir partes fabricadas en muchos lugares. Los automóviles, por ejemplo –los terrestres–, tenían unas 4.000 piezas, que podían ser producidas en varios países y ensambladas en varios otros. Cuatro elementos fueron centrales para permitir este nuevo sistema: la evolución de las técnicas de producción, la posibilidad de circulación instantánea de la información, el aumento de las grandes flotas de transporte marítimo y la bajada de sus precios (ver cap. 14). Algunos analistas de entonces lo llamaron «nueva división internacional del trabajo» o «división internacional del proceso productivo».

Así, por ejemplo, uno de los objetos-estandarte de esos días, un pequeño ordenador móvil de bolsillo llamado «iPhone», fabricado por la corporación más cara del mundo –Apple–, incluía diseño y tecnología de Estados Unidos y piezas producidas en Japón, Alemania, Corea del Sur y China, pero terminaba siendo ensamblado en «iPhone City», Zhengzhou. Lo cual hacía, entre otras cosas, muy difícil definir qué país lo producía y, por lo tanto, el monto real de las exportaciones de cada uno. Así, cuando se decía que la China era el principal exportador mundial de bienes de tecnología –750.000 millones de euros en 2020– tan por encima de Estados Unidos –solo 140.000 millones–, la cuenta, siendo cierta, no dejaba de ser falsa: medía los envíos de productos terminados sin considerar todos esos pasos anteriores. La nueva división internacional del trabajo hacía muy difícil saber quién hacía qué, cuánto ganaba cada uno. Esa confusión era, para las compañías globales, una ventaja adicional.

(La producción de aquel ordenador de bolsillo fue estudiada por una socióloga de la época, Mariana Mazzucato, para desmontar otro mito muy extendido: el de la superioridad de la iniciativa privada. En un ensayo clásico mostró que casi todas sus tecnologías habían sido desarrolladas en instituciones públicas. El protocolo de comunicación HTTP se había creado en el Centre Européen pour la Recherche Nucléaire –CERN– de Ginebra, la inter-net en el Departamento de Defensa de Estados Unidos, que también encargó y pagó los inventos del localizador llamado Global Positioning System –GPS–, los discos duros, los microprocesadores, los chips de memoria y las pantallas LCD. La pantalla táctil que usaban había sido concebida con fondos de la National Science Foundation y la CIA, y así de seguido. Era un ejemplo: estaba claro, decía Mazzucato, que la mayoría de esas corporaciones privadas se nutría del gasto público –y después construía el mito tan rentable de la supremacía de la iniciativa privada y, con la ayuda de sus políticos amigos, hacía todo lo posible para no pagar sus impuestos).

Tanta compra –y el lugar central que esa actividad ocupaba en muchas vidas– dieron lugar a una definición social novedosa: cada vez más personas se pensaban como «consumidores», sujetos cuyos derechos se basaban en el hecho de que habían pagado por una mercancía y merecían sentirse satisfechos con lo que recibían o, si no, podían unirse para defender su dinero. Asociaciones y medios «para consumidores» abundaban en esos días en que tan pocos se sentían «ciudadanos».

Era otro efecto de aquel mundo desbordado de cosas. Y muchas de esas cosas eran máquinas. Las personas, entonces, vivían en un mundo de máquinas. Unas décadas antes no era así: una persona común podía evitarlas casi por completo. Pero a lo largo del siglo XX sus entornos se fueron llenando de aparatos mecanizados: ya en los 2020 sus vidas dependían de todos esos aparatos, habían perdido la capacidad de vivir sin ellos.

Las personas 16

LA MANO DE OBRA

Aquella vez en que un periodista tonto le preguntó cuándo era su cumpleaños, Shimu lo miró sin entender. La confusión duró un buen rato; al final, Shimu le dijo que no sabía en qué fecha había nacido. Que creía que tenía 22 o 23 años, pero tampoco estaba tan segura.

–¿Y no quieres elegir un día y decidir que ese va a ser tu cumpleaños, y celebrarlo?

–No, para qué. Yo soy pobre. Con lo que cuesta celebrar un cumpleaños, es una suerte no tener.

Los datos están en una publicación de esos días: que Shimu nació hacia 1985 en un pueblo del norte de Bangladesh donde su padre cultivaba medio acre de tierra que no siempre alcanzaba para dar de comer a la familia. Y que su madre se murió cuando ella tenía tres o cuatro años, envenenada con un pescado pescado por su abuelo. Y que entonces la mandaron a vivir con una tía y después con su padre y su nueva esposa, y por fin con una hermana mayor y su marido. Allí, cuando tenía 9 o 10 años, Shimu descubrió, en la casa de un vecino, una extraña caja donde había personas que se movían, hablaban, hacían cosas: estaba impresionada. La primera vez que vio una muerte en una serie de televisión, Shimu lloró: nadie le había contado que el muerto no había muerto de verdad –y nadie se lo diría hasta mucho después.

Su hermana mayor no había querido que fuera a la escuela: si se pasaba tanto tiempo en clase, le dijo, ¿cómo iba a ayudarla con las tareas domésticas y el cuidado de su hijo, y traer la leña, lavar la ropa, barrer el rancho, ir al mercado? Shimu entendió y, además, el mercado le gustaba: gente, cosas, el barullo, y un muchacho que la miraba mucho. Shimu tenía 11 o 12 años y no sabía por qué. Al fin él, que ya tenía 17, fue a hablar con sus parientes y les dijo que quería casarse con ella, tanto que la tomaría sin ninguna dote. En las zonas rurales de Bangladesh, los matrimonios incluían un dinero o un animal que el padre de la novia pagaba al novio para que «se la llevara».

Lo arreglaron, celebraron, Shimu empezó su vida de mujer casada. Cuando hacía algo mal su marido le pegaba con su caña de bambú, pero nada grave: para que aprendiera. Shimu lo entendía. Y al poco tiempo empezó a sentirse rara: algo en su panza se movía. Una vecina le dijo que claro, niña, estás embarazada. A Shimu nunca le habían contado cómo era. Cuando se lo dijo, su marido no pareció particularmente interesado. Pero el día del nacimiento, cuando la partera del pueblo dijo que era un varón, todos la felicitaron. Fue, por unas semanas, bastante feliz. Su marido, por unos días, casi olvidó la caña de bambú.

Shimu pasó así cinco años, golpes, otro embarazo, otro hijo varón. Al fin no soportó más la violencia y el desprecio y decidió escaparse. En el pueblo, por supuesto, no podía; su madrastra le dijo que su única chance era dejarle los chicos e irse a trabajar a la ciudad. La ciudad era Dhaka, la capital, que entonces tenía 13 o 14 millones de habitantes, una explosión de ruidos y de olores, la extrañeza absoluta. Shimu estaba asustada, pero le gustaba esa sensación de caminar por la calle sin que nadie la mirara, nadie la conociera. Pronto consiguió trabajo en una fábrica de ropa y todo pareció encarrilarse.

En esos días la industria del vestido aportaba el 70 por ciento de las exportaciones de Bangladesh, y empleaba a unos cuatro millones de personas: muchas eran migrantes rurales, y cuatro de cada cinco eran mujeres. Shimu empezó con un sueldo de 700 taka por mes –que eran, entonces, unos 15 dólares americanos. La fábrica era un edificio de siete pisos en el centro: cada piso tenía un gran taller con docenas de empleados, máquinas de coser, mesas de corte –donde hacían todo tipo de ropa. Shimu estaba contenta: tenía un trabajo, estaba aprendiendo, sus compañeras la ayudaban.

Una tarde, dos años después, su supervisora le dijo que se fuera a su pueblo, que su hijo menor estaba enfermo, y cuando llegó –muchas horas de viaje– le dijeron que ya lo habían enterrado. Shimu lloró y lloró y pensó que si Dios lo había hecho tendría sus razones, y se llevó a su otro hijo a la ciudad. Con diez años de antigüedad, Shimu ganaba 2.100 taka –30 dólares americanos– mensuales por nueve horas diarias de trabajo, seis días por semana. La industria del vestido prosperaba gracias a esos sueldos: el costo del operario representaba el uno por ciento del precio final de una camisa o pantalón made in Bangladesh.

Pero a Shimu su trabajo le permitió criar a su hijo, educarlo, darle de comer. Vivir en la ciudad le permitió romper las redes tradicionales. A veces se sentía sola, no sabía qué hacer. A cambio sabía que no tendría que hacer lo que le dijeran sus parientes, sus mayores, algún hombre.

–Yo me siento satisfecha. Mi sueño es que mi hijo se eduque y consiga un buen trabajo.

–¿Y vos qué querés hacer en el futuro?

–Yo no tengo educación, soy analfabeta. Lo mejor que puedo hacer es trabajar toda mi vida como operaria. Si tuviera una educación podría pensar en otras cosas, pero no tengo. No me preocupa. Solo querría ganar un poco más.

Shimu prefirió vivir en Dhaka porque allí había «más seguridad y puedo ganarme la vida, puedo vivir a mi manera, puedo pensar a mi manera». En su pueblo nada de eso habría sido posible. Y, gracias a millones de Shimus, mujeres más o menos desesperadas que escapaban de esa vida cruel que las amenazaba, unos pocos fabricantes de ropa ganaron fortunas increíbles.

17

VIVIR A MÁQUINA

Donde se trata sobre esas máquinas –ordenadores, móviles, aviones, automóviles y tantas más– que formateaban las vidas de las personas y las fueron cambiando.

En esos días las cosas pululaban, y muchas de esas cosas eran máquinas. Las personas vivían en un mundo de máquinas. Durante la mayor parte de la historia no había sido así: las usaban, si acaso, en talleres y otros espacios especiales. Pero a lo largo del siglo XX sus entornos cotidianos se fueron llenando de aparatos y, en 2023, era raro el momento en que las personas no estaban en contacto con ninguno.

En el MundoRico las máquinas personales más frecuentes se dividían en tres campos: el transporte, la comunicación, la vida doméstica. Las máquinas domésticas eran multitud. Instalaciones eléctricas e hídricas convertían las casas en cajas cuyas paredes eran conductos por donde circulaba el agua –servida o por servir– y la energía. Que alimentaban, gracias a motores y calderas y conexiones varias, lavabos y lavadoras y duchas y bañeras y bidés y tazas –para los detritus que aquellos cuerpos producían–, y las alarmas y los intercomunicadores y los relojes varios, los aparatos –eléctricos o a gas– de calentar y enfriar el ambiente, los termostatos que los regulaban, las varias máquinas –eléctricas– de frío y de calor de la cocina y los pequeños «electrodomésticos», una proliferación de engendros para picar, cortar, batir y demás embestidas contra la materia alimenticia de esos días (ver cap. 2). Pero ninguno había cambiado tanto los modelos de vida como aquellas aspiradoras y lavadoras y afines que sostuvieron la «liberación» de las mujeres de esas tareas en la segunda parte del siglo XX.

El resto de cada casa MR también rebosaba de cosas: en el salón solían tener una televisión, calefacción y refrigeración, quizás un equipo de música o una computadora, una bola-altavoz inteligente, varias lámparas; en cada dormitorio solían tener un aire acondicionado o un ventilador y/o una estufa, un despertador con o sin radio, un soporte para el ordenador móvil de bolsillo, un soporte para el reloj digital, un colchón complejo, una televisión, varias lámparas, alguna computadora asimilada, sus terminales wi-fi, si acaso una persiana eléctrica, sus artilugios de seguridad y otras alarmas. Y en cada baño el lavabo, el bidé, la dicha taza, una bañera, una ducha con más de una flor, un cepillo de dientes eléctrico, un limpiador de boca eléctrico, un secador de pelos eléctrico de uso mayormente femenino, un cortador de pelos eléctrico de uso mayormente masculino, una balanza, un tensiómetro, varias lámparas y, en las casas ricas de Asia, un inodoro inteligente.

De la existencia de este aparato peculiar se valía, en esos días, un autor reaccionario para despotricar en un artículo. Lo reproduzco más de lo que debería porque creo que es útil para entender cierto clima –conservador– de época, una postura que ahora nos parece casi inverosímil. El quejoso visitaba Seúl, capital de Corea del Sur, país atravesado entonces por la técnica de punta.

«Yo no estaba preparado para la cultura del inodoro inteligente, la letrina letrada. Quizá por eso tardé días en aprender a manejar su pantallita –y solo terminé de conseguirlo cuando entendí que no tenía que manejarla: que alcanzaba con sentarme o pararme y dejar que el inodoro hiciera. Aún así, la pantallita tenía varias funciones que no pude entender para cumplir con sus dos metas centrales: limpiar la taza, limpiarme el ulterior.

Me fui enviciando: sentarse era aventura. Por supuesto, tampoco conseguía entender la diferencia entre la función *silver* y la función *kids*, la función *cleansing* y la función *bidet*, pero no me daba por vencido. Probé, pensé, experimenté: las dos echaban un chorrito preciso –que se podía redireccionar con la función *nozzle position* y tornar juguetón con la función *moving*. Pero nada me impresionó más –carcajada cuando la descubrí– que la función *dry*: un soplo de aire tibio perfectamente dirigido a eso que el maestro Quevedo supo denominar, con elocuencia y modestia y filológica cordura, el ojete.

Desde entonces esperé y temí su irrupción en estas playas. En Corea, en Japón, el inodoro inteligente lleva dos o tres décadas campeando en tantos baños y, sin embargo, en Occidente no se impone. Cada tanto chequeo; por ahora, el desembarco sigue sin suceder. Me tranquiliza, me sorprende.

No sé qué tradicionalismo de la deyección lo mantiene a raya, pero me alivia. Pienso en esta forma de la modernidad que consiste en rizar el rizo de lo conocido, persistir en el matiz de lo que no lo necesita –para vender algo más, algo distinto. ¿Hasta qué punto, me pregunto, la máquina que latía bajo mis nalgas esos días fue, digamos, una metáfora de la banalidad de cierta forma de progreso? ¿Hasta qué punto puede ser, me insisto, el símbolo de esos avances por los cuales construimos una red increíble de comunicación para llenarla de siliconas mamiformes, robots complejos para lavar los platos, plásticos extremos para falsificar zapatillas, televisores 4D para tertulias de tercera?».

El tema del inodoro es más complejo que lo que podría parecer a simple vista. A fines del siglo XIX, su irrupción en los hogares fue un símbolo del progreso de la civilización: por fin los excrementos se evacuaban solos por su propio circuito. Y a principios del XXI su equivalente «inteligente», que podría haber marcado una nueva etapa civilizatoria –la automatización del proceso, la desconexión final entre el hombre y sus heces–, no terminaba de imponerse. Autores lo relacionaban con el hecho de que, pese a la aparente revolución, muchas de las tecnologías más habituales de esos días seguían siendo las de 1900 con mejoras menores: la electricidad, la luz, los coches, los aviones se basaban en aquellos criterios.

Y el –relativo– fracaso del inodoro inteligente apoyaría esta hipótesis. No quiero ni pensar qué pensaría el citado quejoso si supiera cómo hemos resuelto aquel problema.

* * *

Algo parecido había pasado con las máquinas de transporte: su gran influencia se ejerció a lo largo del siglo XX, cuando cambiaron el paisaje del planeta. El automóvil había permitido armar ciudades tanto más grandes, más pobladas: si una persona podía recorrer 20 o 30 kilómetros en menos de una hora en vehículos colectivos o individuales, su trabajo y su casa podían estar a esa distancia y, por lo tanto, las ciudades se despatarraron. Las megalópolis que marcaron aquellos años fueron un daño colateral del automóvil –en su versión individual y sus versiones colectivas.

Mientras tanto sus grandes avatares, los camiones, surcaban autopistas y más autopistas para llevar mercaderías hasta los últimos rincones: en los países ricos casi no había lugar que quedara fuera del circuito y, en los más pobres, más allá de las infraestructuras vacilantes, el problema no era la distribución de las mercaderías sino la distribución de la riqueza, la falta de dinero que hacía que en muchos lugares nadie pudiera comprar lo que esos camiones habrían podido llevarles.

Sin embargo los vehículos de la Tercera Década no eran muy diferentes de los de medio siglo antes. Como entonces, seguían moviéndose por tierra a un máximo de ciento y pocos kilómetros por hora. Esto acotaba los desplazamientos: una persona conduciendo una máquina móvil terrestre seguía sin superar los 150. Era veloz: durante los milenios anteriores nunca habían podido pasar de los 40 que un caballo o un elefante pueden sostener. Pero era, aún así, un límite que había durado demasiado y producía un efecto curioso: la industria se jactaba de producir máquinas capaces de llegar a velocidades que nunca podrían sostener legalmente –y que la mayoría nunca alcanzaba. Un buen coche era, por definición, un aparato que solo podía usarse al 50 o 60 por ciento, y el resto era despilfarro.

Y, aunque habían sofisticado sus detalles, lo esencial de esos vehículos seguía igual: una caja pesada con asientos, ventanas, mandos y cuatro ruedas impulsada por motores de explosión según el principio popularizado por Henry Ford cien años antes. Algunos empezaban a funcionar con electricidad –o una mezcla de explosión y electricidad– pero eran pocos todavía. Y se agravaba ese fracaso consistente en tener que desplazar una tonelada de plástico, metal, telas y vidrio para llevar a una señora a su oficina, a un señor hasta el supermercado.

Lo que sí había cambiado era la cantidad. En el mundo había, entonces, unos 1.400 millones de coches. Lo cual equivaldría a un promedio de 175 coches cada 1.000 habitantes –o un coche cada seis personas– si no fuera otro engaño de las estadísticas: en los Estados Unidos había 800 coches cada 1.000 personas, un coche por adulto, el 20 por ciento de los coches del mundo para el 4 por ciento de la población, mientras que en el Congo o Guinea había 5 coches cada 1.000 personas: solo una de cada 200 tenía uno. Entre ambos extremos, el reparto clásico: un coche cada dos o tres personas en los países más o menos ricos, uno cada diez en el resto.

Era otra muestra de cómo estaba organizado el mundo, con unos pocos países cuyas pautas de consumo dependían siempre de la misma condición: que los demás no pudieran replicarlas. Estaba claro: un mundo con cuatro o cinco mil millones de automóviles –con la proporción de coches por habitante de los países ricos– se habría perdido en el humo en unos meses pero antes, en unos días, habría colapsado por falta de espacio, petróleo y electricidad.

Frente a esas amenazas, se empezó a barajar la posibilidad de compartir los coches: la idea de que cada persona poseyera un coche que usaría una hora o dos por día empezaba a parecer un poco polvorienta. Pero la mayoría se resistía: el coche no era un medio de transporte sino una definición personal, medallas y cocardas: soy el que tiene un Tesla, un Mercedes, un híbrido, un tururú. Y, al mismo tiempo, los coches estaban colocándose en el centro de otra de esas injusticias que la preocupación ambiental producía con cierta frecuencia: muchos gobiernos nacionales y municipales empezaron a otorgar privilegios –rebajas impositivas, mejores accesos, aparcamientos especiales– a los pocos coches eléctricos que ya circulaban. Así, los centros de muchas ciudades quedaron más o menos vedados para los coches de gasolina pero autorizados para los eléctricos. Un coche eléctrico todavía era bastante más caro que uno de gasolina y, sobre todo, eran más nuevos: quien no pudiera comprarse un coche nuevo tenía que resignarse a que su vieja máquina de explosión, más barata, no pudiera llevarlo a los mismos lugares donde las caras sí podían entrar. Todo, por supuesto, en nombre de la ecología y la protección del medio ambiente. Una vez más, las buenas intenciones de los progres bienintencionados jodían a los más pobres.

Había, mientras tanto, otra fisura en el sistema automotor: los coches mataban, cada año, unas 1.300.000 personas, más de dos por minuto todos los minutos. Y los coches eran cosa de ricos pero sus muertes no: más de la mitad de sus víctimas no andaban en ellos sino que caminaban o pedaleaban a los costados. Y nueve de cada diez muertes sucedían en los países de ingreso medio y bajo, que solo tenían la mitad de los autos del mundo. Sus coches estaban peor, sus carreteras estaban peor –y las reglas tenían menos fuerza porque sus estados no podían o querían imponerlas.

En cualquier caso, 1.400 millones eran muchos coches: un barullo de desplazamientos continuos, masivos, permanentes. En ese mundo había más coches que vacas –y los coches comían bastante más y se comían bastante menos. Y se amontonaban más: muchas de las ciudades de esos días estaban cotidianamente colapsadas por aquellas acumulaciones en sus calles, horas y horas de inmovilidad que desmentían el nombre de esos auto móviles. De todos ellos, más de mil millones eran particulares, maneras del transporte individual, los famosos mil kilos para mover setenta: la idea de posesión seguía triunfando.

(Que resulta particularmente perversa si se la mide con una herramienta actual para evaluar transportes: la relación de su peso con el peso transportado. Esa proporción de 15 a 1 de los coches habituales podía pensarse como un insulto a la inteligencia, otro fracaso. En un avión de pasajeros de esos días, por ejemplo, la proporción era tres veces menor: cinco a uno).

Los coches eran, en esos años, elementos centrales de la vida. Y sus números no paraban de crecer y su consumo de preocupar a muchos y se anunciaba una variante. Todavía se llamaban «auto móviles» porque se movían sin ser arrastrados por caballos u otros animales, pero sus conductores ya habían perdido parte de su autonomía: los programas que armaban itinerarios estaban a disposición de todos –en sus ordenadores personales móviles– y cualquiera que no conociese mucho su camino los usaba para encontrarlo y recorrerlo. Esto, que puede parecer una obviedad, fue un salto raro: los conductores ya no conducían, no debían arreglárselas para encontrar su ruta en el espacio real; solo tenían que seguir las instrucciones de un pro-grama. Ya no viajaban en el mundo sino en la pantalla; su trabajo consistía en lograr que su máquina siguiera las indicaciones que llegaban de esa otra máquina. Eran intermediarios, ejecutores de una voluntad ajena que se imponía con el argumento de que esa voluntad –virtual– manejaba mucha más información que ellos.

(Lo cual cambió mucho, también, las carreteras y caminos: se hicieron más complejos, muy enrevesados. Se construyeron cruces, desvíos, rotondas y salidas que ningún conductor habría podido seguir sin la ayuda de sus «GPS». Era un buen ejemplo: el rotundo efecto secundario –mucho más sólido que el principal– de una pantallita).

Los conductores terminarían de perder el control poco después: ya en esos días se experimentaba con máquinas a las que sí correspondería llamar automóviles porque se manejarían solas, sin que nadie las guiara. Entonces sí la misma palabra –la misma noción– recubriría dos realidades tan distintas, separadas por más de cien años. En esos días el automóvil auto móvil estaba en fase de experimentación: se anunciaba que pronto andaría por la calle.

(Durante siglos, las máquinas fueron herramientas para hacer más lo que ya hacíamos: en lugar de roturar la tierra con un palo un arado abría surcos, en lugar de moler granos con mortero un molino aprovechaba el viento, en lugar de hacer cuentas una calculadora contaba millonadas. Hasta que se volvieron herramientas para hacer lo que no hacíamos: antes del teléfono era imposible hablar a la distancia, antes de los rayos equis nadie había visto el interior de un cuerpo vivo, antes de los aviones no volábamos. El coche auto móvil estaba pensado con un criterio diferente: hacer bien lo que las personas hacían mal –conducir autos– para salvarlas de sí mismas y su tontería).

El auto móvil era un cambio, aunque no decisivo: el principio de la caja de mil kilos con sus cuatro ruedas seguía siendo el mismo. Pero tenía la fuerza del símbolo: los hombres entregando a una pequeña inteligencia artificial una función de la vida diaria que, hasta entonces, siempre habían monopolizado. Otro avance de los algoritmos sobre las personas.

* * *

Los aviones también funcionaban de la misma forma que medio siglo antes: propulsión a turbina alimentada con combustibles fósiles, no mucho más de mil kilómetros por hora, no mucho más de diez kilómetros de altura, no mucho más de 15.000 kilómetros de autonomía, no mucho más de 500 pasajeros –y casi siempre muchos menos. Los intentos de hacerlos viajar más rápido que el sonido habían fracasado uno tras otro –aunque, como sabemos, se preparaban nuevos.

Pero su uso se había extendido incontenible: pocas cosas contribuyeron tanto a la construcción de una ilusión global como la proliferación de aquellas máquinas –que hacían que los desplazamientos fueran cada vez más fáciles, tanto más baratos. En 2022 el avión era casi un transporte común, que había perdido su aura lujosa y movía multitudes. Cada día entre 10 y 13 millones de personas se subían a un avión y despegaban: más de 4.500 millones de trayectos cada año. En todo momento medio millón de personas estaban suspendidas en el aire, desplazándose hacia algún lugar que, no mucho antes, habría parecido inalcanzable. Corría la sensación de que la Tierra se había reducido considerablemente.

Pero los viajes aéreos también eran el privilegio de un sector: estudios más meticulosos mostraban que el 10 por ciento más rico del mundo, unos 800 millones de personas, acaparaban el 76 por ciento del total de los vuelos. Y aun en los países ricos solo una pequeña parte de las personas usaba regularmente los aviones: en Inglaterra, por ejemplo, la mitad de la población no lo había hecho nunca. Lo cual no solo era otro síntoma de la desigualdad acostumbrada: también significaba que esa minoría era culpable de la degradación de la atmósfera –de todos– que los vuelos causaban. Más privilegiados apropiándose de los recursos comunes, y despilfarrándolos.

No hay datos precisos sobre la cantidad de personas que nunca en su vida se subieron a un avión: cálculos estimativos permiten suponer que en esos días eran cinco o seis mil millones de personas. Aún así, es cierto que los viajes aéreos se habían democratizado y que, como las democracias de esos días, incluían enormes diferencias. El interior de un avión era uno de los lugares más seguros y estratificados del mundo. Tras pasar por los controles más severos, unas cuantas docenas de personas se ajustaban a un plan cuidadosamente diseñado para que ocuparan determinados lugares en función de sus capacidades económicas. Los más ricos, claramente adelante, recibían un trato especial. De ahí en más se dibujaba una línea descendente de patrimonio hasta la cola, donde se amontonaban los que no tenían los medios o la experiencia necesarios para adquirir un asiento mejor. Después, el vuelo en sí era la mejor metáfora de la entrega: los pasajeros se ponían en manos de unas personas que nunca habían visto. Cada despegue inauguraba un tiempo de aislamiento: los aviones no tenían, todavía, buenas conexiones con el exterior, y seguían siendo espacios encerrados, extraídos del espacio global. A cambio ofrecían bastante seguridad: en la década anterior había habido, en los casi 40 millones de vuelos comerciales anuales –más de 100.000 vuelos diarios–, una media de 400 víctimas fatales cada año, una por cada 3.000 muertos en accidentes de coches.

(De pronto, los vuelos parecieron extenderse. Los programas de «la conquista del espacio» habían sido, entre los años 1960 y 1970, una punta de lanza de la pelea entre los Estados Unidos y la entonces Unión Soviética. Así, con inversiones multimillonarias, ambas potencias consiguieron una aceleración que las llevó a poner esos famosos hombres en la Luna, naves en los planetas y miles de satélites alrededor del mundo. Pero la caída del régimen soviético y la privatización del mundo norteamericano llevaron esa carrera a una especie de impasse. Aquellas hazañas que habían enorgullecido a dos o tres generaciones se interrumpieron y, de algún modo, desaparecieron de los discursos más difundidos. Fue un golpe: la idea generalizada de que el próximo gran momento de la humanidad sucedería fuera de los límites del planeta Tierra se fue difuminando, y ni siquiera provocó lamentos, como si nunca nadie lo hubiera imaginado.

Así, durante diez o veinte años, el espacio y su «conquista» parecieron abandonados. Hasta que volvieron a aparecer, hacia fines de la

Segunda Década, en un modo adaptado a los tiempos: privatizados. Lo llamaron «la carrera espacial de los billonarios»: por lo menos tres de los más famosos construyeron sus propios cohetes espaciales y los lanzaron con propósitos distintos. Uno quería armar una base industrial en el espacio, otro una estación en Marte, otro unos paseos para turistas ultrarricos. También en este campo los estados occidentales fueron reemplazados por los potentados que esquivaban pagarles sus impuestos y se apoderaban de sus atribuciones (ver cap. 13). China, mientras tanto, avanzaba callada.

Y, con el mismo silencio, los otros grandes estados del mundo recuperaban parte de sus planes espaciales. En esos días, aunque parezca raro, la mayoría especulaba con la instalación de bases lunares permanentes que les permitieran acceder a Marte, tanto más prometedor.

Pero, aún así, el espacio seguía sin ser un lugar de ilusiones. Y, de todos modos, comprobar la ignorancia tan extrema que había entonces sobre la composición y distribución del universo todavía impresiona).

Y por fin estaban los barcos, que ya habían abandonado su papel de transporte de personas para centrarse en las mercaderías: el 90 por ciento del tráfico de bienes –primarios y manufacturados– del mundo viajaba en esas supernaves (ver cap. 14).

Algo parecido les pasaba a los trenes, que mantenían los mismos esquemas que en 1900, solo que más rápidos. Y, salvo en las regiones más ricas, donde todavía transportaban pasajeros de larga distancia –muchos a más de 300 kilómetros por hora–, en el resto del mundo se habían convertido en un medio para mover ciudadanos suburbanos o mercaderías. Aún así, en todo el planeta había 1.300.000 kilómetros de vías: lo suficiente para darle más de 30 vueltas. Paraguay, el primer país ñamericano en construirse un tren, era el que menos tenía: 38 kilómetros. Y otros diez tenían menos de 100: entre ellos, Laos, Afganistán, Nepal, Sierra Leona. Del otro lado, solo dos países tenían más de 100.000 kilómetros de vías: obviamente, Estados Unidos y China. Los primeros tenían muchos más, pero la gran diferencia entre ellos, tan elocuente, era que mientras la mayoría de las vías chinas estaban electrificadas, en Estados Unidos apenas llegaban a 2.000 kilómetros:

los chinos habían fabricado en esos últimos años, con las técnicas más avanzadas, lo que los norteamericanos habían hecho siglo y medio antes. Detrás, por extensión de vías, los seguían Rusia e India, con poco menos de 100.000 kilómetros. Y, en el medio, la gran mayoría tenía más de 1.000 y menos de 10.000 kilómetros de vías.

* * *

El transporte no había cambiado decisivamente en cien años; la comunicación, en cambio, mucho. Y sus avances fueron uno de los mayores sustentos de la Edad Occidental: el modelo cultural que esas máquinas cada vez más complejas fueron estableciendo se difundió por un mundo que parecía ávido por adoptarlo.

A fines del siglo XIX, un invento permitió que la voz se independizara del cuerpo que la emitía: el así llamado «tele-fono» –sonido a lo lejos– lograba el milagro de que dos personas en dos lugares distantes pudieran conversar. Pero la instalación, con cables y aparatos, era complicada, y tardó décadas en generalizarse. Mucho más rápida fue la difusión de un aparato llamado radio, lanzado durante los años 1920, que funcionaba en una sola dirección –reproducía voces y sonidos emitidos desde un «estudio» lejano–; la radio tuvo, en esos años, un papel importante en la avalancha de regímenes despóticos y músicas cacofónicas.

Fue un primer paso decisivo en el camino de la autonomía de la voz: por primera vez, quien quisiera escuchar sonidos humanos no estaba obligado a reunirse con otros. Hasta entonces, la vida social estaba definida por esa necesidad: para entrar en contacto con semejantes era indispensable juntarse con ellos. En cambio, con la aparición de esas nuevas tecnologías, dejó de serlo: una persona podía estar sola y escuchar voces de otros, ser «comunicado» e, incluso, «comunicarse». Esto, con sus desarrollos posteriores, tendría gran influencia también en el aumento de la proporción de personas que vivieron solas (ver cap. 4)

La novedad conoció un salto cualitativo en los 1950 o 1960, según los lugares, cuando se difundió un aparato que agregaba a esos sonidos una imagen, bastante aproximada, en blanco y negro: se llamaba «tele-visión» –mirada a lo lejos. Esas máquinas –primero una caja, después una plancha– mostraban imágenes de dos dimensiones en movimiento, al principio en «blanco y negro» –una rara tecnología limitaba las imágenes a esos dos tonos y sus mezclas– y más tarde en todos los colores. Sus «programas» –así, curiosamente, se llamaban– incluían compendios de noticias, shows musicales, concursos de destrezas varias, caricaturas de la vida real, debates sobre nimiedades, películas viejas y cada vez más deportes. Los aparatos solían estar en el salón y/o el dormitorio y/o la cocina de la mayoría de las casas y su consumo se convirtió en un eje de sus vidas: llegó a ocupar tres, cuatro, cinco horas de sus días cada día. Hacia 1980 la televisión era el espacio por excelencia, el lugar donde más gente pasaba más tiempo, cuyos sucesos conformaban sus vidas –y fue, de algún modo, un entrenamiento para la virtualidad: millones se acostumbraron a la idea de que lo importante sucedía en una pantalla.

Parecía que la civilización de los televisores estaba ahí para quedarse; cuando, en los 1980, se difundieron los primeros «ordenadores personales» –o PC, *personal computer*–, nadie pensó que a mediano plazo pudieran desplazarla. Esas máquinas tenían funciones limitadas: se podían usar para hacer cuentas y contabilidades, escribir textos, archivarlos, jugar a juegos primitivos –y muy poco más. Solían tener pantallas negras con letras verdes o blancas, muchos comandos complicados, toda la parsimonia. El gran cambio llegó hacia 1990, cuando un par de señores astutos ofrecieron formas más amigables de manejarlas –y se llenaron de oro (ver cap. 13)– y, al mismo tiempo, las máquinas empezaron a interconectarse en grandes redes: la primera fue aquella que llamaron «inter-net» (ver cap. 18). Fueron esas redes las que produjeron otro cambio radical: a diferencia de los aparatos hegemónicos anteriores, estos empezaron a funcionar en las dos direcciones. Allí donde el televisor solo podía ser mirado –ante su receptor solo se podía ser un receptor–, la computadora permitió la intervención de sus usuarios: inauguró un camino de ida y vuelta que regiría, desde entonces, las relaciones con ese tipo de aparatos. El receptor se volvía un emisor posible.

Así que esas máquinas, que habían empezado como una herramienta de trabajo y diversión, pronto ocuparon también funciones de centro de comunicación –primero por textos parecidos a las cartas, después por pequeños mensajitos inarticulados, más después por encuentros de voz, más después aún por encuentros cara a cara, al fin por reuniones multitudinarias. Y, mientras tanto, fueron convirtiéndose también en centros de entretenimiento: la lectura de los «periódicos», la escucha de las músicas, el visionado de los programas de la «televisión», la aparición de producciones especiales para ellas, la irrupción de esos nuevos vendedores de productos y de ideologías que llamaron «influencers» o «youtubers» (ver cap. 19). Los propios televisores se adaptaron: sus viejos canales fueron mayormente reemplazados por «plataformas» a la carta que permitían elegir la película o serie o programa o partido favoritos y el momento de verlos, en lugar de someterse a las decisiones de los programadores y a su manejo del tiempo. Así, el relato audiovisual le quitó a los libros una de sus mayores ventajas: que cada quien podía decidir cuando los consumía.

En un lapso breve esas máquinas ocuparon cada vez más espacio y, ya en los 2000, mucha gente vivía buena parte de su vida en ellas: en ellas trabajaban, se comunicaban, se seducían, se entretenían, se aburrían, controlaban sus finanzas y sus relaciones y sus agendas y más y más y más. Era un primer paso hacia la concentración de funciones en un solo aparato capaz de dar respuesta a casi todo.

Para colmo, unos años antes, el peso de esos gigantes se había visto multiplicado por la aparición de otra máquina inesperada, otra de esas que no respondían a una necesidad sino que la creaban: el ordenador móvil de bolsillo o, como solían llamarla, «teléfono celular o móvil».

«El móvil es la máquina que define estas décadas», escribió hacia 2015 un autor desconocido. «Hace 30 años, los primeros eran como ladrillos y no hacían nada que no hicieran los teléfonos fijos, salvo andar; hace 20 los más nuevos se achicaron y empezaron a conectarse a la inter-red y, así, la catarata. En 2007 apareció el primer *smart phone* –que el castellano tradujo, equivocadamente, como "teléfono inteligente"–: se llamaba *iPhone*. Ahora unos cinco mil millones de personas tienen un móvil; cuatro mil millones son inteligentes, mil millones no –los móviles, digo, por supuesto. Una de cada dos personas en el mundo tiene uno o más; una de cada dos, ninguno: después hablamos de desigualdades».

Pero lo cierto es que la aparición de esos aparatos, más baratos y manejables que los demás ordenadores, multiplicó el uso de la inter net: podían conectarse en –casi– cualquier parte, así que millones de personas que no podían tener una conexión en su casa dieron con una en su teléfono y muchos más que sí la tenían dejaron de depender de su posición para «conectarse» –así que nunca se desconectaban.

«En los países ricos hay más líneas de teléfonos móviles que personas, es decir: muchos tienen más de una. En África, incluso, donde hace nada no había casi ninguna, ahora hay 80 líneas cada cien personas. Y su presencia es permanente: el móvil es, ahora, la máquina con la que cada quien pasa más tiempo. Horas y horas cada día, y esa sensación de que sin tu móvil no eres nadie: no verlo unos minutos es zozobra. Las personas no hacen nada sin ese trozo de metal y vidrio, lo buscan, lo atienden sin parar, en el trabajo, en la casa, en el baño, en la cama; cualquier transporte es otra excusa para enfrascarse en él. El móvil ha cambiado realmente la forma en que vivimos, las formas en que convivimos, las vigilancias que sufrimos: los móviles saben más de nosotros que nosotros y se lo soplan a sus amos. Es de esas rarezas que se convierten en normalidad, novedades que olvidamos que son nuevas: ya no sabemos cómo era preguntar cómo se llega a tal lugar, enterarse de las noticias a la noche, ligar en un azar, no registrar cada momento con imágenes, jugar a no jugar, pensar un rato, pensar incluso antes de hablar, perderse un par de horas», escribió aquel autor.

El «móvil» predominante en 2023 era un pequeño aparato de unos 200 gramos de peso y 50 centímetros cuadrados, con una pantalla que ocupaba toda la superficie y una o más lentes fotográficas (ver cap. 16). Y los «móviles inteligentes», hegemónicos en el MundoRico, ofrecían casi todo lo que ofrecía cualquier computadora y más: la portabilidad, la compañía permanente. Con ellos las personas se hablaban, se mensajeaban, se veían, se fotografiaban con denuedo, consultaban informaciones, escuchaban música, miraban películas, organizaban sus itinerarios, chequeaban el tiempo, anotaban sus obligaciones, apuntaban sus notas, grababan sus conversaciones, controlaban su salud, encontraban amantes, almacenaban sus documentos y pases y pasajes, compraban, vendían, presumían: era cierto que vivían adosadas a esa máquina cada momento de sus vidas. Se calculaba que un usuario medio la miraba cada cinco o diez minutos y, cuando no la miraba, seguía atento a sus anuncios, que le llegaban vía sonidos o vibraciones para avisarle que debía mirarla –aunque, ya entonces, los aparatos más «inteligentes» empezaban a comunicarse con sus portadores por pro-gramas de voz que, por momentos, les evitaban la tentación y el engorro de mirarlos.

Esos engendros eran un paso importante en la dirección que dominaría por un buen tiempo el desarrollo tecnológico: la concentración de las funciones, la búsqueda de la máquina única, capaz de responder a –casi– todas las necesidades. Tenía sentido en esos tiempos en que la comunicación todavía circulaba a través de aparatos.

Las personas 17

UNA HERRAMIENTA INDIVIDUAL

Sus padres eran judíos ucranianos que habían llegado a Chicago a principios del siglo xx: en esos días, en esa ciudad, los nativos eran franca minoría. En esa especie de Babel con ambiciones nació, 1928, su primogénito; lo llamaron Martin.

Su apellido era Cooper, porque sus padres habían dejado su apellido original en algún recodo de su viaje. Habían llegado esperanzados, pero América no resultó tan fácil: para ganarse la vida vendían lo que podían puerta a puerta. Aquellos inmigrantes hicieron todo lo que hicieron para que sus hijos vivieran mejor que ellos, y muchos de esos hijos sentían el peso de esa responsabilidad. Pero el niño Cooper habría sido un niño prodigio si en sus tiempos hubiera habido de eso. Cuentan que a sus cuatro años vio que unos chicos mayores concentraban rayos de sol con una lupa para quemar una hoja. Les pidió que lo dejaran probar pero no le hicieron caso. Así que al rato encontró una botella de refresco, la rompió y usó su base de vidrio para quemar su propia hoja.

Después el jovencito empezó la escuela, estudió en serio, fue aceptado en el Illinois Institute of Technology y se graduó muy rápido, a sus 22, solo para cumplir con su deber americano: meses después era oficial de comunicaciones en un submarino que peleaba la guerra de Corea.

Tres años de combates le dejaron una marca decisiva: si la vida podía terminarse tan de golpe había que aprovecharla. A poco de volver fue contratado por Motorola, una empresa que se llamaba así para decir que fabricaba radios para coches: «motor» por automotor, «ola» por vitrola. Cooper dedicó varios años a diseñar una radio de mano para la policía de Chicago, que cambió la forma en que esos alegres muchachos se comunicarían. La lanzaron en 1967: para entonces, Cooper, ya casi 40, era un señor más o menos rico y respetado, jefe de la división de sistemas de comunicación de Motorola, muy soltero: su trabajo le importaba más que nada.

Y más todavía cuando empezó a trabajar sobre una idea muy nueva: crear un teléfono sin cables, que pudiera conectarse desde cualquier lugar. La idea era dividir el territorio en múltiples fracciones –«células»– e instalar una antena repetidora en cada una: así la señal sería captada y transportada. La meta, al principio, era que los trabajadores callejeros que necesitaban seguir en contacto pudieran hacerlo sin dejar de moverse y cumplir sus misiones.

Cooper y los suyos tardaron varios años en conseguir un prototipo utilizable. Estaban urgidos y nerviosos: sabían que AT&T, el gigante de las comunicaciones, también lo buscaba. Pero a principios de 1973 pudieron construir un aparato que lo hacía. Tenía 25 centímetros de largo y un kilo de peso, era difícil de sostener con una mano. Cooper dijo que el peso era muy útil porque, aunque la batería solo duraba 25 minutos, nadie podría mantener semejante zapato junto a su oreja por más tiempo.

Y funcionaba –o parecía que funcionaba. Aquel 3 de abril Cooper caminaba por una calle de Nueva York con su prototipo en una mano. Lo iba a presentar en una gran conferencia de prensa pero antes se le ocurrió una maldad: marcó el número de su homólogo en AT&T y le dijo que lo estaba llamando desde la puta calle. Su triunfo fue casi completo.

Motorola tardó diez años más en afinar el aparato y conseguir la autorización para producirlo en serie. En 1984 salió al mercado el primer teléfono celular portable: costaba casi 4.000 dólares –una fortuna en esos días– y cada minuto de conversación era otro medio dólar. Era un lujo para ricos o altos empleados. Cooper decía que su invento era «algo que representaba a un individuo, por eso no asignaba un número a un lugar, a un escritorio, a una casa, sino a una persona». Los días del individualismo empezaban con la máquina más individual que había inventado el hombre.

Años después Martin Cooper se casó, montó empresas de comunicaciones con su esposa y socia, se hizo rico con varias patentes, recibió doctorados y medallas, vivió hasta sus 100 años. Su invento había cambiado de muchos modos las vidas de los hombres, pero solo lo conocían en los ambientes especializados. En aquel mundo, una de las personas que más lo había moldeado no era tan relevante como una cantante, un futbolista, una influencer.

18

LOS PODERES VIRTUALES

Donde se trata de esas grandes corporaciones que manejaban el espacio virtual y lo usaban para saberlo todo sobre todos. Y los estados que también empezaban a hacerlo.

«Sí, se puede decir que ChatGPT es un modelo revolucionario en el campo de la inteligencia artificial y el procesamiento del lenguaje natural. Uno de sus principales avances es su capacidad para generar texto coherente y relevante en respuesta a una entrada dada», decía, sobre sí mismo, aquel pro-grama.

El año 2022 se cerró con una gran noticia tecno: la irrupción de la primera «inteligencia artificial» para multitudes. Se llamaba «ChatGPT» y fue furor. El engendro, realmente primitivo, contestaba por escrito en un lenguaje de periódico malo y cumplía de algún modo con el antiguo requisito de Alan Turing, aquel pionero británico condenado por homosexual a mediados del siglo XX, que decía que se podría hablar de inteligencia artificial cuando hubiera «una máquina cuyas respuestas fueran indistinguibles de las de un ser humano».

Estas lo eran, al menos, en su vanidad: cuando algún guasón le preguntaba si era revolucionario, el ChatGPT decía que sí y que había «sido entrenado en grandes cantidades de texto en varios idiomas, lo que le permite comprender y generar texto en varios idiomas. Esto lo convierte en una herramienta muy útil para la comunicación intercultural y la traducción automática. En resumen, ChatGPT es un modelo revolucionario en el campo de la inteligencia artificial y el procesamiento del lenguaje natural, y se espera que tenga muchas aplicaciones prácticas en el futuro».

(El ChatGPT se equivocaba groseramente en sus datos y hablaba de sí mismo en tercera persona, como ciertos personajes bufos de la época. Entre ellos, el señor Maradona y el señor Pelé, ex deportistas, la señora Kirchner y los señores Trump y Berlusconi, ex presidentes, y figuras mitológicas como los llamados Buda o Jesús).

Pero entonces el Chat parlanchín no era más que un entretenimiento y la promesa de un mañana imprevisible. La fuerza de aquella red global, la «inter-net» seguía basada en otros mecanismos. Algunos historiadores todavía lo discuten, pero la mayoría sostiene que su puesta en marcha cambió muchas cosas. Por primera vez la gran evolución no venía de una máquina nueva sino de un procedimiento novedoso, nuevas formas de usarla, unos pro-gramas. O sea: un conjunto de órdenes para que las máquinas existentes hicieran cosas que hasta entonces no hacían. El atractivo de esas nuevas funciones hizo que esas máquinas se renovaran y multiplicaran y llegaran a todos los rincones.

La así llamada «inter-net» había empezado medio siglo antes, creada por ingenieros militares –mayormente norteamericanos– para garantizar la conexión inmediata de sus sistemas de defensa (ver cap. 22). De allí pasó a las universidades y sus académicos, que la usaron para comunicarse sus ideas y trabajos. Y, hacia 1990, se abrió al gran público: hubo un primer momento en que muchos creyeron –y anunciaron– que la inter-net sería un espacio horizontal, democrático, donde todos participarían en pie de igualdad: la utopía de un mundo diferente. Años después la idea empezó a deshilacharse, y no tardó mucho en verse que era, al contrario, la puesta en escena más desnuda de la sociedad que la había producido: codiciosa, falaz, radicalmente desigual. Y, aún así, era algo nunca visto: un acceso relativamente fácil a un mundo que parecía infinito.

En muy poco tiempo estuvo en todas partes. El teléfono había tardado 75 años en reunir 50 millones de usuarios, la radio 38 años y la televisión 13; la inter-net lo hizo en cuatro. Y, por supuesto, no se detuvo: en 2022 se calculaba que había en el mundo unos 35.000

millones de máquinas conectadas a esa red, desde ordenadores hasta coches, televisores a termostatos, alarmas a relojes.

La inter-net consiguió que miles de millones de personas fueran, por primera vez en la historia, piezas de un mismo mecanismo. No en sentido figurado sino perfectamente literal: todos conectados al mismo circuito, todos participando del mismo tejido. (Desde el principio, la inter-net se presentó a sí misma como una construcción inmaterial, etérea, hecha de conexiones en el «cyberespacio». La metáfora de «la nube» le sirvió para dar esa imagen; lo cierto era que, para que funcionara, se instaló en esos años una enorme maraña –1.300.000 kilómetros– de cables escondidos que atravesaban los mares para llevar los impulsos eléctricos a centenares de centros repletos de miles de máquinas de avanzada, hectáreas y más hectáreas de materia pesada que servían para que el mundo se creyera ligado por el éter celeste.

Aquellos cables de fibra óptica funcionaban gracias a una de esas tecnologías discretas que influían tanto más que otras que se veían tanto: en este caso, el rayo láser. El láser –Light Amplification by Stimulated Emission of Radiation– era una herramienta de transmisión e intervención que se había ido afianzando en los 50 años anteriores; en esos días servía para cirugías complejas, industrias de precisión, equipamiento de guerra, guía de máquinas y, sobre todo, para transportar la enorme cantidad de información que los cables repartían.

La metáfora de la ligereza también servía para ocultar una polución desmesurada: la actividad digital, decía un informe, producía cada año tantos gases de efecto invernadero como Rusia. Y su consumo eléctrico suponía entre el 10 y el 15 por ciento del gasto del mundo y se duplicaba cada cuatro años: la situación parecía desesperada y no parecía desesperar a nadie).

Uno de los grandes efectos de la difusión de las máquinas digitales conectadas a la inter-net fue el surgimiento de esas corporaciones gigantescas que la aprovechaban. Su éxito se basó en convencer a buena parte del mundo de que esa debía ser la forma de la red: un espacio multitudinario dominado por unos pocos. En una parodia involuntaria del marxismo, argumentaban que las técnicas utilizadas imponían esa estructura y esa economía; sin embargo, el mecanismo podría haber sido de muchos otros modos –como después se vio. Pero entonces la mayoría aceptó que la única manera consistía en someterse a esas organizaciones desmedidas.

Ya lo hemos reseñado: de los diez señores más ricos del mundo en ese momento, siete debían sus fortunas a estos engendros (ver cap. 13). Sus empresas eran productos perfectos de su época: crearon necesidades que nadie había sentido antes.

Aquellas corporaciones aprovecharon un resabio de los primeros días, cuando la inter-net aparecía como un espacio libre, igualitario. Así, durante demasiado tiempo, lo que caracterizó la relación de los hombres con esas máquinas y esos mecanismos fue la entrega, la confianza. Para empezar, al instalar sus pro-gramas: cualquier usuario medio aceptaba cada semana dos o tres contratos farragosos, disuasorios, de uso y confidencialidad, que ni revisaba ni hacía revisar por algún pro-grama propio. No era fácil: alguien calculó que la lectura detallada de los contratos con los que un usuario medio de la inter-net en el MundoRico se encontraba en un año –y aceptaba sin leer– le habría demandado 90 jornadas laborales completas, más de un tercio de su trabajo anual. Pero, con o sin razones, las personas aceptaban mentir declarando que habían leído algo que no habían leído y se comprometían incesantemente a cosas que ignoraban, entregaban derechos sin saberlo, se entregaban.

Y también en el uso, por supuesto: un señor o una señora querían ir a algún lugar y se lo comunicaban a su ordenador móvil de bolsillo; él les decía vaya por aquí y por allá y por acullá, y él o ella lo hacían. Una señora o un señor querían comer pizza: se lo comunicaban a su ordenador móvil o menos móvil y se sentaban a esperar que apareciera. Una señora o un señor tenían un dolor de cuello y buscaban en sus ordenadores por qué sería, cómo se lo podría tratar, si era mortal. Para eso, por supuesto –y tantas otras cosas semejantes–, señoras y señores entregaban cada vez más información: eran muy pocos, en esos días, los datos sobre la vida de las personas del MundoRico que no estaban almacenados en algún servidor corporativo. La relación con sus aparatos suponía, decíamos, una confianza extrema: una que casi nadie tenía con otros seres humanos. La máquina había conseguido parecer tan inofensiva que la gran mayoría creía en ella y le creía. Conocemos los efectos de ese error.

Pero entonces los más eran incautos, inocentes. Los que sí sabían lo que había en esos aparatos, sus peligros, sus posibilidades, solían trabajar para las grandes corporaciones que los manejaban y explotaban, que escapaban al control de los estados usando mecanismos y procedimientos que nadie entendía, que funcionaban más allá de los controles existentes. Eso debía ser, en principio, lo que entonces llamaban «tecnocracia»: el poder de unas pocas empresas tecnológicas que, en muy pocos años, concentraron de una manera inusitada los recursos del sistema. Esas empresas ejercían, en esos días –algún– control sobre mucha más gente que la que nunca nadie antes había controlado.

(Un buen ejemplo eran los Global Positioning System, GPS, esos pequeños dispositivos que enviaban señales a varios centenares de satélites en órbita para ofrecer su localización constante. En esos días los 4.000 millones de poseedores de ordenadores personales móviles portaban por lo menos un GPS que permitía saber dónde estaban en cada momento. Muchos de ellos cargaban más: su reloj tenía otro, su coche tenía otro, su perro tenía otro, sus hijos o sus empleados los tenían, y así de seguido. Y las empresas que proveían el servicio de localización vendían –en millones de subastas digitales que duraban segundos– esos datos a anunciantes y compañías que los usaban para vender, a su vez, sus productos según la posición, actividades y costumbres de cada persona).

* * *

Se hablaba en esos días del «Grupo GAFA», compuesto por las cuatro grandes que manejaban aquel espacio. La G inicial iba por Google, el «buscador», una herramienta digital que servía para organizar el mundo que inesperadamente se había montado en aquella inter-net, cuyo uso se complicaba por el exceso de posibilidades: más de mil millones de sitios enredados en esa trama caótica. Google, que había sido lanzada en 1998 por dos estudiantes californianos –Larry Page y Serguei

Brin–, procesaba unas ocho mil millones de búsquedas al día. Su rutina consistía en catalogar y jerarquizar todos esos contenidos, es decir: imponer su orden a ese caos. Lo hacía a través de sus famosos «algoritmos», pro-gramas que definían qué importaba y qué no, qué páginas había que mostrar primero y cuáles último. Esos algoritmos eran, en síntesis, una idea del mundo: priorizando ciertos valores y formas sobre otros, premiaban a los que se adaptaban a ellos dándoles más circulación: más visitas, más ventas, más «éxito». Se armaba entonces un círculo vicioso: las grandes empresas invertían fortunas en adaptarse a esos algoritmos –para mejorar su negocio– y, así, esa idea del mundo se difundía y asentaba más y más. La palabra algoritmo se volvió un anatema para supuestos entendidos: en esos días quedaba muy bien hablar mal del «algoritmo», aunque la mayoría de los que lo denigraban no tenía mucha idea de qué era, como funcionaba. En todo caso, no parecían caer en la cuenta de que esa autoridad del algoritmo, que definía las búsquedas y los encuentros, era muy semejante a la que habían ejercido, de forma aún más secreta y arbitraria, sacerdotes y sabios desde el principio de los tiempos.

Google prosperaba. Su éxito le permitió crear o comprar varias otras iniciativas exitosas: una llamada Youtube que era, en esos días, la principal difusora de videos, una llamada Gmail que procesaba buena parte de los «correos» enviados entonces, una llamada Google Maps que, junto con otra llamada Waze, también suya, dirigía el recorrido de millones de vehículos e individuos cada día, una llamada Android que estructuraba el funcionamiento de cientos de millones de aparatos móviles, una llamada Chrome que estructuraba el acceso a la inter-net de otros tantos millones.

En esos días, Google mostró su ambición de definir la comunicación del mundo cambiando su nombre por Alphabet, el conjunto de los signos más usados, el código básico. Ya sabemos cómo terminó.

La primera A de GAFA iba por Apple, la única de las cuatro que fabricaba objetos materiales. Apple también era la más antigua: había sido fundada en 1976 por un señor Steve Jobs –muerto veloz a sus 56– para dedicarse a la producción de ordenadores muy diseñados, muy coquetos, pero había conseguido terminar de dominar el mercado gracias a un par de dispositivos más chicos, más portátiles. Se había presentado, al principio, como una competencia «cool» –inteligente y joven y atrevida– a empresas más tradicionales como IBM y Microsoft, pero ya en los años 2000 se convirtió en el gran grupo, el modelo a seguir. En 2023, con un valor en bolsa de 2,5 millones de millones de dólares, era la compañía más cara del mundo –aunque había «perdido» 500.000 millones de dólares el año anterior– y sus aparatos eran objetos aspiracionales con los que sus usuarios pretendían mostrar que formaban parte de algo.

Apple era el gran adalid de la «obsolescencia programada» (ver cap. 16). Por un lado sus materiales se desgastaban rápido y, al cabo de un tiempo relativamente corto, dejaban de funcionar. Por otro, su política consistía en lanzar cada otoño una nueva colección –a la manera de los modistos– que, por sus «nuevas prestaciones» tornaba obsoleta la anterior. Su gran éxito, en esos días, era aquel ordenador de bolsillo llamado «iPhone», que había conseguido constituirse en el modelo que sus competidores querían imitar y todos poseer. No vivían de los datos de sus usuarios: solo de definir –con sus máquinas– cómo tenían que ser.

La F iba por Facebook, un engendro digital. Lo había creado en 2004 un estudiante universitario de 20 años llamado Mark Zuckerberg para facilitar la sociabilidad entre sus colegas; rápidamente se había difundido fuera de las universidades como una forma de organizar comunidades virtuales y recuperar contactos con amigas y novios olvidados y recordar los cumpleaños y compartir sus fotos pero, con el tiempo, se había transformado en un espacio donde 2.000 millones de personas se enteraban de lo que hacían sus próximos o sus ídolos, leían la prensa, comunicaban sus triunfos y desgracias, compraban y vendían y, sobre todo, construían una imagen de sí mismos.

Quizás uno de sus grandes aciertos fue llamar «amigos» a los contactos que cada quien tenía en sus redes: las personas, cada vez más solitarias, desbordaban de amigos. Un «Comité invisible» francés proclamó que «tal vez era necesario pasar por eso tan absurdo de tener centenares de amigos que pasan de ti en tu Facebook para recordar lo que puede ser un verdadero amigo que te dé una mano». Facebook ya enfrentaba un torrente de críticas: sus recursos eran usados para manipular votaciones, reclutar sicarios, traficar personas, promover actos violentos, ofrecer pornografía infantil. Los que la defendían decían que la culpa no era del engendro sino del mundo: que el engendro no hacía más que reflejarlo. En cualquier caso, su éxito le permitió hacerse con otros engendros complementarios: Instagram, un espacio de promoción individual basada en las imágenes, y Whatsapp, un engendro de comunicación simple –mensajes y conversaciones– que, por un tiempo, dominó ese mercado y por el que circulaban, cada día, unos cien mil millones de recados. Pese a su aparente solidez, Facebook ya estaba en un declive que terminaría de confirmarse aquel día de febrero 2022 en que perdió un cuarto de su valor en unas horas (ver cap. 12); había empezado el año con una cotización de 921.000 millones de dólares y lo terminó en 272.000 millones, 70 por ciento menos. Para entonces ya se había cambiado de nombre –se hizo llamar Meta– y anunciado el lanzamiento de un «universo virtual paralelo». En ese metaverso cada cual tendría un cuerpo sin poner el cuerpo, sin depender tanto de ese azar que es el cuerpo que le tocó en la gran lotería. Fue un precursor: quizá se adelantó a su tiempo, quizá no se tomó el tiempo de hacerlo mejor.

(Con el cambio de nombre de la ex Facebook, analistas reemplazaron la sigla GAFA por GAMA. La referencia era cruel: los rayos gama estaban entre lo más destructivo que había creado la naturaleza).

Y la segunda A iba por Amazon. Amazon era un mercado, un espacio para compras digitales. Había sido lanzada en 1995 por aquel (alias) Jeff Bezos, otro joven ambicioso americano, como una librería virtual –no por ningún interés particular en los libros sino porque había llegado a la conclusión de que era un nicho poco atendido en la inter-net. En unos años había conseguido ampliar su negocio hasta convertirlo en el engendro donde millones compraban todo o casi todo lo que necesitaban, desde su ropa o su comida hasta un colchón o un perro o su comida o incluso un libro. Su peso en el comercio mundial fue tal que en esos años se produjo una gran carencia de papel para libros y periódicos porque Amazon usaba, para empaquetar sus envíos, cantidades ingentes de aquel papel duro que llamaban «cartón».

Al convertirse en ese centro de compras, potenciado por unos altavoces caseros con los que los clientes podían interactuar de viva voz, pidiéndole lo que necesitaban, Amazon fue compilando megamillones de datos sobre los gustos y requerimientos de cada cliente. Lo hacían, en principio, para saber qué productos ofrecer a cada uno; en su caso, el sistema era más directo: pura venta. Que se beneficiaba, por supuesto, de uno de los rasgos fuertes de la época: la ética de la satisfacción inmediata. Cuando alguien quería algo, lo quería ya mismo –y esos pro-gramas le garantizaban que, dinero mediante, podía tenerlo en pocas horas con el lánguido esfuerzo de un clic.

(La idea de la satisfacción inmediata era el reverso perfecto de uno de los grandes motores de la época: la insatisfacción permanente. En el MundoPobre la insatisfacción era real: muchos no tenían qué comer al día siguiente. En el MundoRico era igualmente real pero distinta: a tantos les faltaba aquel coche brilloso, más reconocimiento, el último aparato (ver cap. 16). Era aquello que la guasa anglófila de la época llamaba FOMO: «Fear Of Missing Out», que en castellano podría ser PAPA: «Pánico A Perderse Algo».

Es probable que nunca en la historia tantos poseedores se sintieran tan desposeídos. Los poderes siempre inventaron formas de calmar a sus vasallos convenciéndolos –con cultura, religión, costumbres– de que tenían lo que necesitaban y no necesitaban pedir más: que debían aceptar lo que «les daban» y quedarse tranquilos. Era, entre otras, su garantía de controlarlos. En cambio los poderes 2020 confiaban tanto en su control que se basaban en lo contrario: que sus vasallos siempre «necesitaran» algo más. Así se sostenía el modelo del crecimiento continuo. Gracias a esa insatisfacción permanente siempre podían vender más, ofrecer más, producir más, vender más, ofrecer más, convencerte de que más cosas te faltaban. Y adquirir lo deseado era una droga de un efecto múltiple: calmaba brevemente la necesidad, reforzaba el mecanismo, promovía deseos nuevos).

* * *

El negocio de Google y compañía limitada no se entendió enseguida: parecían ofrecer servicios –de información, de comunicación, de búsqueda– gratuitos, sin un precio claro ni recompensa para quien los prestaba. Pasó tiempo hasta que quedó claro que su interés consistía en captar el interés de cada usuario y mantenerlo. Por eso lo llamaron «economía de la atención»: la idea era que, cuanto más tiempo estuviera cada persona conectada a esos pro-gramas, cuanto más interactuara con ellos, más datos personales podrían extraerle. Y esos datos –esas montañas de información– eran su mercadería privilegiada: se la vendían a sus clientes empresarios para que les compraran más espacios de publicidad y enfocaran sus anuncios y sus ventas hacia los más susceptibles de comprarlos. Era lo que una autora norteamericana llamó «capitalismo de vigilancia»: este sistema que se alimentaba de los datos que sus pro-gramas extraían de sus miles de millones de usuarios –a quienes, so pretexto de servir, espiaba hasta niveles nunca vistos.

Esa acumulación de datos individuales buscaba algo viejo como el mundo: predecir los deseos de los otros. Toda interacción se basó siempre en ese intento: los amores, los emprendimientos, las aventuras, los negocios, las varias religiones. Pero siempre había dependido de las percepciones de unos cuantos audaces. La «diferencia Google» fue que no lo hacía a partir de intuiciones e inferencias sino por acumulación y análisis de datos –y los resultados parecían decir que funcionaba, según los criterios de la época. Se trataba, en síntesis, de prever los comportamientos futuros de las personas, no por curiosidad o para ayudarlos a mejorar sus vidas sino para saber qué les podrían vender, qué más «querrían» comprar.

Era cierto que esas corporaciones empezaron a saber sobre las personas más que las propias personas, y se jactaban de su espionaje: cada quien, argumentaban, tenía sobre sí mismo y sus apetitos una idea teñida de indulgencia; ellas, en cambio, conocían la realidad sin filtros, sin engaños. Google sabía qué leía o miraba o escuchaba cada cual, qué le interesaba y qué no, sin mentirse; Amazon, más aún, sabía qué consumía cada uno, ergo: quién era.

(En esos días se impusieron los robots limpiadores. Eran unos aparatos muy primarios, redondos y bajitos, que se movían solos y chupaban el polvo de los suelos. Pero su módica pro-gramación les permitía mapear cada casa y todos sus objetos –en principio, para limpiarlos mejor. Amazon compró esa empresa porque así podría saber cómo eran las viviendas de sus clientes y, por lo tanto, conseguir mucha más información sobre ellos, sus hábitos, sus medios, sus vidas. Para eso, 1.700 millones de euros no parecían demasiados).

Los diversos mecanismos de vigilancia y su uso comercial pueden parecernos torpes, pero se dice que cumplían su cometido inicial. Hay multitud de ejemplos cotidianos: si alguien miraba muchas fotos de Roma, la antigua capital de Italia, era probable que al día siguiente le apareciera en su pantalla un anuncio de vuelos baratos a Fiumicino, su «aeropuerto»; si alguien leía dos o tres artículos sobre vinos blancos, se pasaría horas viendo publicidades de chardonnay en la página de su diario habitual. Una vez más la gran mano del mercado había encontrado una forma espléndida de monetizar lo que millones hacían. O de convertirlo en obediencia, a través de la publicidad política dirigida: las «aplicaciones» usaban los intereses e intervenciones de sus usuarios para determinar sus ideas y, entonces, partidos políticos compraban esa información para mandarles mensajes personalizados donde los convencían de que pensaban exactamente eso –y que el receptor debía, por lo tanto, votarlos sin dudar.

(Un ejemplo menor puede mostrar cómo se estaba envenenando la relación con las máquinas: una guía de viajes explicaba a su usuario que para conseguir un pasaje de avión a buen precio debía borrar toda la actividad anterior de su computadora porque, si no lo hacía, la página de la aerolínea o agencia donde lo compraba sabría que estaba interesado en ese viaje y le subiría el precio. Defenderse de la máquina era una consigna que empezaba a abrirse paso, las primeras escaramuzas de aquella larga guerra).

En todo caso, entonces, la economía de la atención se volvía economía del espionaje, y ciertos sectores empezaron a denunciar toda esa «minería de información» como una avanzada visible de ese avance invisible en el que estas corporaciones recopilaban datos que les permitirían manipular cada vez más a miles de millones de personas. El tiempo probaría su dramático acierto.

* * *

Alguien, entonces, lo llamó «feudalismo tecnológico»: sin ningún control de gobiernos u organizaciones internacionales, esas corporaciones fueron concentrando su poder sobre la red, y en tres décadas intensas consiguieron quedarse con todo. No había regulaciones; cuando aparecía algún competidor –cuando alguien inventaba una «necesidad» que ellos no habían imaginado– usaban sus miles de millones para hacerle una oferta imposible de rechazar y terminaban por comprárselo. Hubo un momento, incluso, en que los inventores y emprendedores más audaces creaban novedades y pro-gramas con el fin casi exclusivo de vendérselos: el mejor negocio posible era entregarse al oligopolio. Estas corporaciones eran el mascarón de proa del capitalismo global, un sistema que siempre había proclamado que la competencia era su motor –y tendían a eliminar cualquier posibilidad de competencia. Y al mismo tiempo fueron, es cierto, un caso extraño en la historia de la humanidad: cómo unos pocos señores sin fuerza política, sin aparato militar, sin apoyos previos, consiguieron concentrar un poder extraordinario –y ganar fortunas sin par. La dependencia global de esas grandes plataformas era algo pocas veces visto: cuatro o cinco corporaciones se habían hecho indispensables, cuatro o cinco mil millones de personas no sabían vivir sin ellas –y aceptaban por lo tanto su poder.

Las cuatro GAFA estaban entre las cinco empresas más cotizadas de esos días; la quinta era otra productora de pro-gramas digitales llamada Microsoft, más convencional pero dueña, entre otras cosas, del «sistema operativo» que usaba el 85 por ciento de los ordenadores del mundo –más de 1.500 millones– y del pro-grama de escritura más empleado, Word, y de las tablas de contabilidad más difundidas, Excel, entre otras.

Todas ellas, además, eran ejemplos de la forma en que las grandes compañías digitales evadían fortunas en impuestos. Los mismos estados que, en esos días, se los habían subido a bancos y corporaciones energéticas, no conseguían cobrarles lo que correspondía (ver cap. 12).

Su carácter global les permitía radicar formalmente sus actividades mundiales en los países que les permitían pagar menos y, así, estafar a esos miles de millones de usuarios que constituían, al mismo tiempo, su única riqueza.

En esos días, sin embargo, las grandes compañías tecnológicas atravesaban una crisis que había licuado porciones importantes de su «valor» –y se dedicaban a echar empleados. Lo cual no significaba que no tuvieran, todavía, una posición de poder extraordinaria.

Su tamaño y su prepotencia, el control de tantas actividades en manos de tan pocos, la concentración de información en esas mismas manos, las posibilidades de manipulación que esa concentración ofrecía, empezaban a despertar todo tipo de resquemores. Muchos se quejaban de que esa explosión permitía un control social –por parte de los estados y las corporaciones– inusitadamente extenso e intenso: que las fuerzas del negocio y la conservación tenían una masa de informaciones sobre cada una de las personas que les permitiría mejorar su penetración y su manejo hasta niveles nunca vistos; que ese sería el enemigo de las próximas décadas.

* * *

Los estados también utilizaban las nuevas tecnologías para el control de sus vasallos. No eran solo los métodos clásicos potenciados por la tecnología –escuchas de teléfonos, espionaje de comunicaciones varias, cruce de datos bancarios y desplazamientos, todas esas cosas que los Estados Unidos habían hecho visibles cuando el ataque de unos desaforados a un edificio de oficinas de Nueva York les dio la excusa perfecta para llevar la represión a niveles que las democracias, hasta ese momento, solían disimular.

En esos días también se pusieron en marcha formas técnicamente nuevas de control –y su vanguardia fue, sin dudas, la nueva vanguardia del mundo. El gobierno chino, encabezado por el señor Xi, se lanzó a una campaña sistemática de instalación de cámaras en los espacios públicos: calles, transportes, edificios, baños se llenaron de aparatos que mandaban imágenes a los centros de rastreo, donde otros aparatos las analizaban para encontrar personas, detectar conductas «sospechosas» e incluso predecir delitos. La llamaron operación Xue Liang –«Ojos agudos»– y fue masiva: la ciudad de Chongqing, por ejemplo, tenía en esos días dos millones y medio de cámaras para vigilar a sus 15 millones de habitantes. Todo, absolutamente todo, parecía bajo control: ya sabemos cómo evolucionó.

Pero quizá más innovador –y con mayores consecuencias– fue el sistema de «créditos sociales» que el gobierno chino inició en esos años, con la colaboración –forzada o no, según los casos– de las grandes corporaciones de su país. La vigilancia se extremaba: el sistema registraba a cada persona en un pro-grama central que grababa lo que hacía con su vida, con quién se relacionaba, dónde trabajaba, cuánto rendía en su empleo, qué decía en las redes sociales, qué consumía, qué deudas tenía, cómo pagaba sus impuestos, dónde viajaba, cómo manejaba, qué otros delitos había cometido. Y la combinación de todo eso según los algoritmos correspondientes adjudicaba a cada «ciudadano» un puntaje que lo habilitaba o inhabilitaba para viajar, continuar su educación, conseguir ciertos empleos, comprar ciertas cosas, entrar en ciertas redes, pedir créditos o líneas telefónicas. Por sus vidas los conoceréis –y los premiaréis o castigaréis. El estado había puesto en marcha un enorme sistema que dividía a los ciudadanos en categorías según sus conductas. Era cierto que para hacerlo funcionar se necesitaba el poder de un sistema como el chino; fue cierto también que otros empezaron a mirarlo con envidia.

Había quienes decían que las mismas tecnologías que facilitaban el control también podían ayudar a rebelarse contra él: que esas formas de difusión y comunicación inmediatas permitían mejorar, agilizar, potenciar las movilizaciones populares –información, convocatorias, organización. Citaban los ejemplos de varios levantamientos significativos en países pobres –norte de África, Ñamérica– que no habrían podido prosperar sin esa red que permitía que los participantes actuaran juntos sin necesidad de un poder central: que les daba la posibilidad de armar –entonces sí– una trama horizontal que coordinara sus movidas. O sea: que había armas tanto más potentes y que todos podrían usarlas y que todo dependería de quién aprendiera a usarlas cómo.

Pero, como solía suceder en esos días, la queja y el victimismo tuvieron mucho más recorrido y se impuso, en ciertos sectores, una sensación –justificadamente– paranoica sobre el peligro de esas corporaciones y sus métodos. Aunque parece comprobado que, en ese momento, sus advertencias no tuvieron una repercusión en absoluto comparable al poder de esos instrumentos sobre los que advertían. En ese mundo –lo sabemos– nada tenía tanto peso como la ciencia y sus técnicas. Casi todas las actividades humanas estaban regidas y definidas por alguna máquina, y sin embargo la enorme mayoría de los ciudadanos ignoraba todo sobre las formas en que se imaginaban, producían y manejaban los aparatos y los pro-gramas que las sustentaban. Estaban, en ese sentido, tan entregados como mil años antes, cuando unos oscuros personajes los conducían en nombre de los misterios de algún dios. Usaban con tesón y devoción unos objetos sobre los que no sabían nada más que lo que sus pantallas les mostraban –y creían en ellos lo suficiente como para tenerlos todo el tiempo junto a sí, confiarles sus vidas.

Las personas 18

EL GRAN INVENTO

Era la mujer perfecta –o algo así. Y es cierto que entendió como nadie el clima de su tiempo y decidió aprovecharlo todo lo posible.

Había empezado con ventaja: sus padres descendían de familias tradicionales norteamericanas, profesionales y empresarios y políticos a lo largo de generaciones. Su papá era un alto funcionario de USAID que tenía un número IV junto a su apellido; su mamá asesoraba a un senador cuando Elizabeth nació, en 1984. La niña tenía, en principio, una buena vida por delante.

Y movida y variada: a sus 10 años su familia se mudó a Houston, Texas, por cuestiones de empleos, y después a Pekín; allí la pequeña Liz aprendió, entre otras cosas, mandarín. Pero su educación debía ser de élite americana: a sus 18 ingresó en Stanford, la universidad más prestigiosa y reaccionaria de la costa Oeste, para estudiar química. Ese verano consiguió una beca para un laboratorio en Singapur, y allí tuvo su primera idea: un dispositivo para monitorear a distancia las constantes de cualquier paciente.

Lo patentó, pero quería ir más allá: ya de vuelta en California se le ocurrió que las extracciones y análisis de sangre eran demasiado cruentos y complejos, y que podría mejorarlos. Empezó a diseñar un aparato que solo necesitaba unas gotas que se conseguían pinchando el dedo del paciente. Si lo lograba, la industria de la sangre humana cambiaría de cabo a rabo.

Entusiasmada, dejó la universidad a sus 19 y, con el dinero que sus padres habían guardado para pagarle los estudios, estableció las bases de su compañía y salió a buscar socios. Corrían años ávidos: tantos ricos obsesionados por no perderse la «next big thing», el próximo invento que los haría más millonarios todavía.

Elizabeth era joven, rubia, elocuente, impecablemente americana: una versión, dirían después, femenina de un famoso inventor llamado Steve Jobs. Y, sobre todo, era mujer en una época en que la culpa masculina buscaba mujeres que la restañaran. Así que no le resultó difícil encontrar inversores para su nueva maravilla. En menos de un año se le había sumado, entre otros, un tal Larry Ellison, uno de los hombres más ricos del mundo, y dos ex secretarios de Estado –Henry Kissinger y George Shultz– y un ex secretario de Defensa –William Perry–, que participaban de su directorio. En menos de dos años su empresa, Theranos, ya empleaba a 500 personas y valía 9.000 millones de dólares. Elizabeth fue saludada como la primera mujer en ganar mil millones de dólares con una idea propia: ya estaba, a sus 23, entre los grandes billonarios del planeta.

Todo parecía perfecto. Elizabeth era riquísima, innovadora, tremendamente inteligente, y su cara juvenil llenaba las tapas de las revistas prestigiosas. Además había hecho pareja con su segundo en la compañía, Ramesh «Sunny» Balwani, veinte años mayor, pakistaní con experiencia en gestión de empresas tecnológicas y, dicen, perdidamente paranoico, siempre asustado ante las amenazas de espionaje. Los tórtolos/socios escondían su relación todo lo que podían pero se compraron una casa falsofrancesa de 2.000 metros cuadrados cubiertos –y varios miles más de jardines–, llenos de chimeneas y mármoles y arañas y bronces y tapices y todo lo falsofrancés que el mundo ofrecía entonces a los triunfadores de Silicon Valley.

Así estuvieron durante varios años. Theranos no hacía más que crecer y nadie le prestaba demasiada atención a los resultados de sus famosos tests: eran fáciles, baratos, modernos y todos creían sus informes. Elizabeth Holmes seguía siendo la encarnación de la inventora/emprendedora moderna, un modelo para las nuevas generaciones de mujeres que no estaban dispuestas a dejar todo eso en manos de los hombres. Hasta que, en 2015, empezó la sospecha. Un artículo de un diario empresarial norteamericano decía que la agencia federal de control había descubierto que los resultados de los tests y diagnósticos de Theranos fallaban demasiado: sus bases científicas eran, dijeron, muy poco científicas. Y entonces descubrieron que sus informes financieros –que les permitían atraer inversores– también eran dudosos.

«Fake it till you make it», recomendaban ciertos emprendedores avezados. Se puede inventar un invento o se puede inventar que uno ha inventado un invento: el camino de Holmes fue el segundo –que, a veces, resulta más difícil. Pero la dificultad no siempre es un mérito o una garantía. En 2016 la empresa tuvo que declararse en quiebra y tirar sus probetas. La fortuna de Elizabeth Holmes pasó de 4.500 millones de dólares a mucho menos que cero en un par de semanas –y la justicia la acusó de varios cargos de fraude y conspiración. Se separó de su socio/novio entre gritos y reproches, y estaba preparando su defensa cuando se casó, siempre en secreto, con un empresario hotelero de California. Se quedó embarazada y tuvo un hijo, así que su juicio se retrasó dos años. Fue, cuando se hizo, muy sangriento: Balwani y Holmes se acusaban mutua y despiadadamente de todo lo peor; ella terminó diciendo, entre lágrimas, que él la había violado muchas veces.

Por fin, en enero de 2022, Elizabeth Holmes fue condenada a once años de cárcel. En mayo de 2023, tras una serie de apelaciones y otras fintas, entró en una prisión federal en Texas, Estados Unidos, para cumplir una condena de once años. Allí debía trabajar en la cafetería o el taller con un sueldo de 9,20 dólares al día –aunque, antes, debió pasar exámenes para evaluar su capacidad en contabilidad, administración, lógica y negocios; aprobó.

Ya se había vuelto, entonces, un personaje de ficción. Su figura, encarnada por otras rubias semejantes, pasó a representar la credulidad del establishment norteamericano, la facilidad con la que alguien astuto y angelical podía engañarlos. Fue, de algún modo, una heroína de su tiempo.

19

LAS VIDAS VIRTUALES

Donde se trata de los grandes cambios de la virtualidad y cómo cambiaron las vidas, las formas de vivirlas.

Aquel año una novedad absoluta sacudió el cyberespacio. Los medios de comunicación no le hicieron mucho caso: si acaso constataban que TikTok, una «aplicación» que reproducía imagen y sonido en trozos cortos, había sido la más frecuentada por el público. Decían que en 2022 había superado en visitantes a Google y en permanencia a Youtube, y que había llegado a los 1.000 millones de usuarios en cinco años, la mitad de lo que había tardado Facebook.

TikTok era un sistema de reproducción de «videos» –secuencias breves de sonido e imagen plana animada– con pequeñas historias, bailes, chistes, intimidades públicas, noticias incluso. Para verlos no había que armar listas o buscar amigos: tras unos pocos usos, la propia aplicación decidía qué le gustaría a cada quien y se lo ofrecía –y dicen que no solía equivocarse. Suponemos que sus algoritmos eran los mejores para extraer y analizar la información de sus usuarios. O que quizás esos usuarios gustaban de adaptarse a la imagen de ellos mismos que les presentaba el algoritmo.

Pero nada de esto habría importado si no fuera por un dato: TikTok era china. O sea que, por primera vez desde la invención de la inter-net, una aplicación «extranjera» quebraba el monopolio de las norteamericanas. También en ese espacio virtual la escalada oriental se confirmaba. TikTok era, de varias maneras, una gran metáfora de ese momento de la historia: el ocaso de la Edad Occidental.

Porque el «cyberespacio» seguía siendo el lugar. Las grandes corporaciones digitales (ver cap. 18) tenían sitios y canales para casi todos los sectores del mundo, y casi todos los sectores del mundo los usaban. En cada momento la mitad de los habitantes del planeta estaba conectado a sus servicios. Y los «sistemas operativos» de los ordenadores móviles de bolsillo eran un buen ejemplo de ese copamiento del mercado: solo dos empresas lo controlaban por completo. Apple, la elegante, manejaba el 16 por ciento con su «iOS»; Google, la popular, controlaba todo el resto con su «Android».

En solo cinco años, entre 2017 y 2022, la circulación de información en las redes se había multiplicado por ocho, y casi todo el aumento venía de la transmisión de imágenes animadas. El 71 por ciento del consumo de la inter-net consistía en mirar «videos» –sobre todo en TikTok, Youtube y Netflix–: a esos efectos, la red se había transformado en una gran televisión a la carta. Pero, además, cada minuto de esos días se mandaban unos 70 millones de mensajes llamados «whatsapp», se realizaban tres millones de «búsquedas» en Google, se incluían 575.000 frases sañudas en Twitter, 65.000 «foto-grafías» –imágenes fijas– en Instagram, 240.000 en Facebook y así de seguido. Otros usos eran muy impresionantes: en un período en que tantos anunciaban el final de la cultura escrita, cada día se mandaban 300.000 millones de «mails». La mitad era «spam», porquerías automáticas, pero la otra mitad no: cada día los 4.000 millones de usuarios del correo electrónico se asestaban 150.000 millones de mails que habían escrito. Sí: 150.000 millones de mensajes cada día. Esa gente, se ve, tenía tanto que decirse.

(Aquel mundo rebosaba de imágenes que nadie miraría. Un documento de época aseguraba que en 2020 la humanidad hacía en un minuto más fotos que todas las que se habían hecho en todo el siglo XIX. Ya en 1990 se hacían muchas, pero la invención del digital y los ordenadores móviles de bolsillo dispararon las cifras: alguien calculó que en 2020 se habían gatillado más de un millón de millones de fotos –de las cuales cada vez más eran «selfies», imágenes que ponían en primer plano a su autor. El selfie –¿la selfie?– triunfaba: la sociedad del yo aburrido los o las favorecía mucho. Si alguien no sabía qué decir ni qué mostrar era fácil dirigir su cámara-teléfono a sí mismo, mirarla, componer la sonrisa, apretar, «compartirlo» en las redes y ofrecer un momento de sociabilidad basada en lo que más importaba: la imagen, la apariencia, yo. Para lo cual se fue armando un protocolo simple pero eficaz: había que mirar a la cámara, torcer un poco la cabeza y sonreír. Nunca en la historia tantas personas sonrieron tanto; nunca en la historia las sonrisas significaron tan poco –salvo el privilegio de clase de exhibir unos dientes radiantes.

Como predecía entonces un autor afilado: las personas se habían pasado milenios sin preocuparse demasiado por su apariencia porque, para empezar, no la veían y, para seguir, nadie podía registrarla. Y que en esos días, tras la explosión de las imágenes, volverían a despreocuparse porque estaban hartos de verse y todos registraban todo todo el tiempo).

Esas redes, las más vastas que el mundo había conocido hasta entonces, ofrecían a cada quien la posibilidad de mirar escuchar leer lo que quisiera: les proponían tantas posibilidades –«un poquito de todo todo el tiempo»– que era imposible concentrarse en ninguna. Uno de los rasgos más fuertes de la época fue la dispersión, la imposibilidad de mantener la atención, el devaneo. Alguien entonces se quejaba de que «la Red me crea un hambre que no puede saciarse, que me obliga a saltar de platillo en platillo». Era, decían, como vivir en un tapeo incesante, picoteo que nunca se completa, mordisqueos que solo sirven para darte más hambre.

Y así, en esos saltitos sin freno, cada quien se armaba su mundo. Allí también la paradoja: tanta información compartida y disponible permitía que cada uno se recluyera en un espacio hiperindividual, organizado por él mismo a su medida. Nunca las personas habían estado tan numerosamente comunicadas; nunca estuvieron más encerradas en sí mismas.

Y empezaron a producirse cambios que todavía nos sacuden. En aquellos tiempos primitivos de las redes, nada había cambiado tanto como eso que podríamos llamar la «deslocalización de las relaciones personales»: tras milenios en que los encuentros se producían cuando dos o más personas coincidían en un mismo lugar, aquellas máquinas inauguraron la era en que eso dejó de ser central y las personas empezaron a relacionarse más allá de su localización. Podían encontrarse desde lugares muy lejanos: circulaba la sensación de que la distancia ya no era lo que había sido. O, para decirlo más preciso: fue entonces cuando el mundo material dejó de ser el sitio donde sucedían las relaciones humanas. La virtualidad los hizo ubicuos: alguien podía «estar» en varios sitios al mismo tiempo, interactuar en tiempo real con personas ubicadas en los espacios más diversos. Empezó a imponerse la evidencia de que estar en un lugar no significaba estar solo en ese lugar, y los hombres y mujeres se sintieron liberados de uno de los yugos más persistentes, más aparentemente férreos de su historia: el tiempo siguió condicionándolos, el espacio mucho menos. La noción misma de la «unidad de tiempo y espacio» se agrietaba.

(El mundo en red había inaugurado una forma rara de coexistencia y simultaneidad globales. Para empezar, se relacionaban personas en momentos diferentes: no era raro que en una reunión virtual unos acabaran de despertarse y otros tuvieran prisa por cenar. Y todo pasaba en un tiempo unificado: hasta entonces lo que le sucedía a una persona, cuando estaba lejos, sucedía sin que los suyos lo supieran y era, por un lapso variable, como si no hubiera sucedido; entonces ya no).

En paralelo, el hecho de tener todo el saber de la humanidad archivado en circuitos –inmediatamente– accesibles hizo que la duda se volviera un lujo, algo superfluo que nadie se permitía ejercer: fue ahí cuando empezó la costumbre de que cualquier interrogante se consultara y despejara de inmediato –lo cual, como sabemos, tuvo consecuencias decisivas sobre nuestras maneras de pensar. Las personas empezaban a descubrir que tenían acceso directo a la memoria mundial y que no valía la pena tratar de recordar cosas que sus máquinas recordarían mucho mejor. Empezaba esa externalizacion de la memoria que hoy nos parece tan normal; lo que nos cuesta imaginar ahora es la increíble cantidad de datos que un cerebro común debía

–y podía– recordar en esos tiempos. Y, curiosamente, se discutía si toda esa capacidad cerebral humana que se liberaría sería usada por cada hombre o mujer para algún fin interesante o si se perdería por falta de uso –lo cual, como sabemos, también tuvo consecuencias decisivas sobre nuestras conductas. «¿Para qué nos sirve hoy la cabeza? Antes sirvió para memorizar. En la modernidad sirvió para ordenar. Hoy se le exige escuchar, mutar e inventar», dijo un filósofo –optimista– de esos días.

Aquella era, todavía, una comunicación mediatizada e imperfecta –las máquinas seguían interponiéndose– pero fue el primer paso de lo que vendría. Quizás una de sus mayores anticipaciones fue que esas redes consiguieron sentar la sensación de que las cosas importantes pasaban allí: que el mundo material –comer, dormir, tocar, trabajar, esas cosas– era el soporte necesario para que las personas pudieran adentrarse en el mundo importante, el espacio virtual. Lo cual se veía a cada momento, en cada lugar. En cuanto cumplían con su necesidad –en cuanto se sentaban en el asiento del autobús o de su sala o de su baño– las mayorías se encerraban en su red. El tiempo de uso medio por persona podía ir desde las 10 horas diarias en Filipinas o Brasil o Tailandia hasta las cinco en Australia, Austria, Corea –para una media mundial de unas siete horas por día. Muchas personas pasaban más tiempo «conectadas» –como solía decirse, en un nuevo uso revelador de una vieja palabra– que durmiendo.

Y muchas, también, pasaban tanto tiempo intentando recordar quiénes eran. La identidad simple del nombre y el documento estatal había sido suplantada por una miríada de identidades: todos los alias –«usuarios»– y claves –«contraseñas»– que cada quien tenía que manejar para acceder a sus espacios favoritos. No era fácil –comentan textos de la época– tener que recordar que uno era tantos. Había pro-gramas que lo hacían, pero muchas personas no confiaban en ellos: la sustracción o la pérdida de una de esas identidades podía producir diversos daños. Así que cada cual tenía que recordar quién era según dónde estaba: esa falsa multiplicidad se podría interpretar, ahora, como una especie de signo precursor.

Otros cambios eran físicos, veloces. Un ejemplo de la influencia de lo virtual en lo real fueron las grandes mutaciones urbanas que produjo un pequeño pro-grama de alquiler de pisos y habitaciones llamado Airbnb. Diseñado primero para que particulares alquilaran por pocos días sus propias viviendas, rápidamente fue copado por empresas que compraron docenas de apartamentos para arrendarlos: en poco tiempo el pro-grama ofrecía más de siete millones de alojamientos en decenas de miles de ciudades. Los llamaron «pisos turísticos» y cambiaron radicalmente los centros de las más «bonitas» –más visitadas– de Europa (ver cap. 14). Viejas capitales como París, Roma, Barcelona, Ámsterdam vieron cómo sus barrios más tradicionales se quedaban sin sus vecinos, que no podían pagar lo que un piso recaudaba cuando lo alquilaban a los visitantes –y, así, esas calles se vaciaron y transformaron en grandes escenografías huecas, caricaturas de sí mismas.

* * *

La inter-net cambió demasiadas cosas, y no podemos ser exhaustivos. Pero entre ellas destacaban, por ejemplo, los rituales de cortejo. Aparecieron en esos años unos pro-gramas de citas –Tinder, hetero, y Grindr, homo, sobre todo– que producían un millón de encuentros por semana entre sus 60 millones de inscriptos en base a calificaciones y –en el sentido más estricto de la palabra– discriminaciones: su tesoro eran los algoritmos que iban clasificando cada nuevo inscripto en categorías definidas por edad, poder adquisitivo, intereses varios y, sobre todo, el supuesto atractivo físico definido por normas que suenan a parodia: musculatura en los hombres, curvas en las mujeres, ojos más claros que oscuros, caras angulosas, dientes blancos en sonrisas opas. Así el pro-grama armaba grupos diferenciados que les servían para juntar a –digamos– semejantes. Sus dueños y operadores decían que así ofrecían más posibilidades de que el rejunte funcionara; también es cierto que era una manera de pre-juzgar sobre las condiciones del amor o de un buen polvo. Ayudaban a mantener un orden, las viejas diferencias: se aseguraban de que los ricos y bonitos se encontraran entre ellos y que a una chica despampanada y pretenciosa no le tocara un guardia chaparrito. Gracias a tanta precisión, en el MundoRico estos pro-gramas se convirtieron en la forma más habitual de conocer parejas –de baile, de cama, de vida– para los jóvenes y no tan jóvenes. Autores de esos días suponen que su desarrollo se aceleró por la difusión de esas convenciones que consideraban agresivo, inapropiado, que una persona se acercara a otra en un bar o un transporte o en la calle o incluso en ciertas fiestas –las formas en que desconocidos solían conocerse antes (ver cap .5). Y que los pro-gramas de citas sirvieron para llenar ese vacío.

Es posible, aunque no podamos demostrarlo. En cualquier caso, conocer a alguien conveniente siempre había sido un azar: justo esa noche estaba ahí, justo ese amigo era amigo de ese chico, justo a esa chica se le cayó el bolsito. Es cierto que era un azar habitualmente limitado por los sectores, los ambientes, la circulación que cada cual mantenía –pero tenía sus excepciones. Con estos pro-gramas cualquier azar era reemplazado por una cuidadosa estratificación y calificación: los lindos con los lindos, los ricos con los ricos, las feas con los horribles. En cualquier caso, el negocio de estos servicios era, también, la enorme cantidad de datos –más y más íntimos– que podían sacar a sus usuarios y vendérselos a las compañías que los usaban para dirigir sus ofertas y sus publicidades (ver cap. 18).

«Tinder es uno de los dos grandes cambios que han alterado el apareamiento humano en los últimos cuatro millones de años», decía entonces, con la exageración que definía a esos tiempos, un experto respetado. «El primero tuvo lugar hace entre 10.000 y 15.000 años cuando la agricultura nos hizo sedentarios y se estableció el matrimonio como contrato cultural, y el segundo ha llegado con las apps para ligar, en el teléfono y con geolocalización incluida, que han convertido la búsqueda de pareja sexual en un trámite similar al de pedir comida o reservar un vuelo barato».

Pero estos lugares de citas no estaban, por supuesto, ni cerca de la cantidad de visitas que tenían los diversos espacios de pornografía. Algunos cálculos aseguraban que, aunque solo el 4 por ciento de los sitios web ofrecían esos materiales –registros visuales de hombres y mujeres entremezclando cuerpos excesivos–, alrededor del 20 por ciento de las búsquedas preguntaban por ellos. En los Estados Unidos los habían medido: el 87 por ciento de sus hombres lo miraba por lo menos una vez por semana; sus mujeres, tres veces menos. En cualquier caso, la carne entreverada era una de las grandes ofertas de la inter-net: por momentos parecía extraordinario que tanta invención, tanto trabajo, desembocaran en algo tan arcaico.

Pero el quinto lugar más visitado de la red –por delante del primer porno, un tal Youporn, de nombre inclusivo– era una especie de milagro. Wikipedia era un espacio-enciclopedia construido en colaboración por millones de usuarios que escribían, corregían y completaban cada artículo y, con esa labor colectiva, los mejoraban constantemente. Fue un cambio radical en la concepción del saber: ya no dependía de una supuesta autoridad, como en los viejos diccionarios y otras enciclopedias, sino de la colaboración de muchos. Wikipedia se revolvía contra el poder de los sapientes, y era democrática en el mejor sentido de la palabra (ver cap. 10): no se basaba en la cantidad, en la mera acumulación, sino en las interacciones de esos millones de usuarios que conformaban un saber colectivo como nunca –hasta entonces– había podido cristalizar en un espacio común. Hubo, por supuesto, quienes intentaron la traslación de este modelo a la política. Ya sabemos lo que sucedió.

* * *

Curiosamente, en ese momento las redes todavía ofrecían la ilusión de la «libertad de expresión para todos». Era cierto que todos los que quisieran podían expresar sus opiniones; también lo era que se las exponían a sus próximos y, más en general, a aquellos que las compartían. Una de las características de casi todas estas redes era que ponían en contacto a los que tenían intereses e ideas comunes: creaban comunidades de hecho que se ilusionaban pensando que todos creían lo que ellos creían –porque se encerraban en esos retiros o retretes. El viejo sistema de las tribus urbanas se reproducía con nuevos medios técnicos.

Las redes también ofrecían la ilusión de que todos tenían el mismo derecho a expresarse, que un empleado sin estudios podía debatir con un analista famoso o una política con poder o el cantante de moda. Y era cierto que el derecho existía, y que el debate podía eventualmente suceder en esas «redes», pero, en la realidad, los poderes habituales –grandes compañías, jefes políticos, famosos varios, influencers– lo tenían tanto más grande.

(Se había constituido una especie de «sociedad declarativa»: muchas personas que querían intervenir de algún modo en la cosa pública lo hacían «participando» en disputas en Twitter, Facebook y otras redes. Su intervención, entonces, ya no necesitaba desplazamientos o encuentros u otras molestias; consistía en arrojar una frase, una imagen o lo que entonces se llamaba un «like» –un corazoncito que indicaba que el que lo ofrecía estaba de acuerdo con lo que se decía. Y se daban por más o menos satisfechos, más o menos activos: habían dejado sentada su posición –sin dejar de estar sentados).

En las redes las jerarquías estaban obscenamente claras: se medían en cantidad de «seguidores». Pocas veces el «poder» –o capacidad de difusión y de influencia– de algo o alguien había estado tan perfectamente cuantificado. Y se ponía a prueba constantemente: cada foto, cada video, cada «posteo» necesitaba renovar la aprobación con aquellos corazoncitos que significaban que el emisor había conseguido la atención –siempre la atención– de sus receptores, supuestos pares pero receptores. La lucha por la atención no era solo de las empresas. Los particulares también participaban, a su manera, de esa búsqueda y esa economía.

En esos días la lista de los «twitteros» más seguidos del mundo era casi puramente norteamericana: la encabezaba uno de sus ex presidentes –aquel que había ganado un premio Nobel por ser negro–, con 130 millones de seguidores, lo seguía de cerca el dueño odioso de la red y entre los ocho siguientes había otro ex presidente rubio de Estados Unidos, cuatro mujeres cantantes, un hombre cantante –y un jugador de fútbol portugués y un premier indio, los únicos extranjeros. En Instagram, en cambio, que se suponía más «juvenil», los seguidores eran mucho más numerosos: los 10 primeros de la lista tenían más de 300 millones cada uno pero no había políticos, medios de prensa, millonarios ni nada que no fuera espectáculo puro: futbolistas, cantantes, actores e «influencers», esa raza tan propia de aquella circulación. En esos días un escritor norteamericano decía que en el futuro «los famosos globales tal como ahora los concebimos nos van a parecer una extraña aberración de la cultura humana. La idea de que la mayoría del planeta se preocupaba por dos docenas de personas que cantaban canciones o aparecían en películas nos va a parecer extraña e incómodamente conformista». No sabía lo que se venía.

(Mientras tanto, China tenía sus propias redes porque bloqueaba todas las demás. Weibo, por ejemplo, era semejante a Twitter, y así de seguido. En otra muestra de su fuerza, aquellas redes solo chinas tenían cantidades de usuarios parecidas a las de sus equivalentes del resto del mundo).

Los «influencers» –o influidores– eran un efecto y un síntoma de la falta de autoridades, en el sentido de «personas legitimadas para opinar sobre determinadas cosas». Muchos jóvenes preferían creerle a alguien parecido, a un semejante, que a uno que pretendiera que, gracias a sus conocimientos y experiencias, podía explicarles cómo eran esas cosas. Habiendo engañado a tantos tantas veces, ese tipo de personaje no encontraba confianza.

Así que los influencers eran jóvenes que no solían tener una habilidad especial más allá de sus morisquetas para tratar de convencer a millones con sus recomendaciones sobre distintas formas de consumo: ropa, sobre todo, pero también cremas, champús, músicas, comidas, viajes, los calzados, maneras varias de «pasarla bien» y convencerlos, de paso, de las ventajas del sistema –o de alguna de sus vertientes principales. Al principio supieron ser personas que triunfaban en alguna actividad abierta a todos: deportistas, cantantes, actores varios. Y después aparecieron dos sectores nuevos: los empresarios, glorificados como chicos –nunca chicas– superinteligentes que habían inventado algo en un garaje y, sobre todo, los famosos por ser famosos. Eran, en general, personas de algún modo atractivas que se habían hecho conocer por circuitos de televisión o inter-net y ejercían su autoridad: mostraban a millones lo buenas que eran sus vidas y, al mostrarlo, les decían que quizá las suyas podrían ser igualmente buenas si las copiaban de algún modo, hacían algo un poco extraordinario o, más modestos, consumían tal o cual producto –que, por supuesto, les pagaba por ello. Eran la forma más reciente de una de las formas más antiguas del relato: la publicidad (ver cap. 18).

La publicidad siempre había sido una forma de instalar arquetipos y dirigir deseos: relacionar un determinado producto con una situación o un personaje que resultaran envidiables para sus posibles consumidores. Los influencers suponían, en muchos casos, un sinceramiento: publicidad pura, puro producto sin la coartada de una historia o una opinión al lado; lo hacían de una forma tan desembozada, tan artificialmente natural, que descollaba en esos días de confusión extrema.

(También había influencers que no vendían más que su propia banalidad, sus propios problemitas: jóvenes «comunes» que hablaban de sus vidas «comunes» a millones de seguidores más «comunes» todavía. Aunque, por más cantantes, futbolistas, influencers y presidentes que lo intentaran, nadie tenía en esas redes primitivas más circulación que los gatitos y perritos y otros animales de ocasión, que provocaban ternura, risas, identificación. Analistas buscaban, sin gran éxito, causas y explicaciones; lo cierto es que nada convocaba tanto interés como ver a un cuadrúpedo haciendo cosas medio humanas, que era como ver una humanidad inocente, sin malicia, puro amor –o eso se suponía. Aquellos animalitos eran otra forma de manifestar el desagrado y la decepción culposa de la mayoría de los humanos consigo mismos: una ilusión «buensalvajista» según la cual habríamos sido buenos –como esos gatitos– antes de que la sociedad nos pervirtiera. No por nada los movimientos «animalistas» estaban entre los más exitosos del momento).

Los ordenadores móviles de bolsillo, razón y soporte de todas estas movidas, estaban llegando en esos días a su punto álgido: parecía que no podían crecer más. En esos días se vendían unos mil millones cada año, y habían saturado su mercado. Por un lado, la mitad de la humanidad que estaba en condiciones de comprarlos ya los tenía y no necesitaba renovarlos tanto como la industria habría necesitado. Por otro, aparatos de comunicación más sofisticados, más portátiles, más integrados a su usuario empezaban a aparecer en el horizonte tecnológico –y terminarían por reemplazarlos totalmente.

Vistas desde ahora –pero quién sabe si tiene sentido pensar las cosas desde ahora– aquellas máquinas eran muy inferiores a lo que el estado de la ciencia en esos días podía permitir. Eran una infrautilización flagrante de los recursos intelectuales de la época: una adecuación de esos recursos a las necesidades económicas del pequeño grupo que controlaba ese mercado enorme. Empezaban, en esos días, los experimentos exitosos con aquello que entonces llamaban «ordenadores cuánticos» –la prehistoria de los que conocimos–, que cambiarían todo el sistema. Esos ordenadores, suponían entonces, dejarían a los primitivos a la altura de un ábaco. Y ya se veía que los chinos estaban más avanzados que los demás países: habían registrado más patentes en ese dominio que todos los demás sumados. El retraso de Occidente se consolidaba, y aparecían aquí y allá voces que denunciaban que su avance podría ser mucho más rápido si no lo trabaran las grandes compañías que pretendían seguir explotando sus tecnologías anteriores.

Aquellos «móviles» eran, como su nombre lo indicaba, independientes del lugar donde estuvieran: u-tópicos por excelencia, ubicuos. Pero también las casas, el lugar más tópico, empezaban a quedar bajo el control de ordenadores o computadores o computadoras que, poco a poco –primero, por supuesto, en los lugares de los ricos–, empezaban a manejar muchos de sus aparatos y funciones: ya en esos días las máquinas operaban las alarmas, las luces y la música, la provisión de comidas y bebidas, las temperaturas ambientales, el funcionamiento de cocinas, heladeras, lavadoras. Y, en muchos casos, las operaban de viva voz: fue otro de esos momentos en que la voz humana volvía a ser el instrumento básico para ordenar los movimientos. Tras un largo ciclo de teclas y botones –que consiguió que los dedos cobraran una importancia desacostumbrada dentro de los cuerpos–, los comandos volvían a darse a gritos, como el amo ordenando a su esclavo.

Estos engendros seguían una tendencia más amplia: un palo se parecía a un brazo, un anteojo a unos ojos, pero las grandes máquinas de la primera Revolución Industrial no se parecieron en nada a una tejedora. Fue entonces cuando el parecido dejó de estar en la forma para pasar a la función, y así siguió: una bola cuya forma no recordaba la de ningún humano posible hablaba como cualquiera de ellos, contestaba preguntas, recordaba las compras, pedía comidas, organizaba programas de entretenimientos.

Era uno de los ejemplos más difundidos de lo que entonces empezaba a llamarse «el inter-net de las cosas», un nombre ambiguo para designar la comunicación directa de máquinas como esa bola con centrales a las que enviaba información. La fórmula se había instalado en el MundoRico pero muy pocos sabían realmente lo que era y menos aún la practicaban o utilizaban. Los usos más básicos se daban en las casas o en los cuerpos de personas enfermas implantadas con aparatos que los monitoreaban; los más potentes permitían la gestión automatizada de stocks comerciales e industriales, el control de la producción y la mano de obra, el manejo de plantaciones según datos del suelo y el clima, la obtención y proceso de informaciones militares y tantas otras posibilidades. Todas ellas eran, en cualquier caso, formas de prescindir de la intermediación humana.

Eran las primeras experiencias prácticas de «inteligencia artificial», un concepto que empezaba a emerger desde la bruma de la ciencia ficción para instalarse por fin en las vidas de algunos. Y que se iba convirtiendo en la gran amenaza: aquello que muchos amaban temer.

Se llamaba «inteligencia artificial» –IA– a la capacidad de las máquinas de pensar como si fueran –o mejor que si fueran– seres humanos. En esos días, la aparición del ChatGPS fue una bomba mediática (ver cap. 18); también se había hablado mucho de la máquina que le ganó a un gran campeón un partido de go, porque el go era un juego que –se decía– no necesitaba, como sí el ajedrez, un manejo de millones de datos sino un tipo de astucia, de repentización, que solía considerarse muy humano. Un escalofrío de miedo empezaba a recorrer aquellas sociedades: entre sus numerosos temores ganaba espacio la amenaza de aquello que, entonces, llamaban «la singularidad».

La singularidad se produciría, según aquellas definiciones, en ese momento en que las máquinas, cada vez más inteligentes, fueran capaces de crecer solas: que aprendieran a aprender de sí mismas y sus procedimientos y que pudieran, así, mejorarse, rediseñarse, hasta que esos incrementos, graduales al principio, produjeran una aceleración geométrica, una «explosión de inteligencia» que las convirtiera en mentes mucho más complejas y eficientes que la humana, diferentes de la humana –y se despegaran por completo de sus creadores e intentaran controlar el mundo. Los relatos serios nunca definieron cómo se produciría ese golpe de estado más o menos global. En 1993, por ejemplo, Vincent Vinge, un autor norteamericano muy leído, había ofrecido sus certezas: «Dentro de treinta años vamos a disponer de los medios tecnológicos para crear inteligencia sobrehumana. Poco después, la era humana se terminará». Ahora sabemos que en 2023 nada de eso había sucedido. Otro gurú del momento especificaba, ya en pleno siglo XXI, que «la Singularidad nos permitirá trascender esas limitaciones de nuestros cuerpos y cerebros biológicos; tras ella no habrá diferencias entre hombres y máquinas». La historiadora, a veces, tiene sus ventajas: ahora, en 2122, nos alcanza con mirar hacia atrás para saber qué sucedió con esas predicciones.

Pero entonces, todavía, algún guaso se sorprendía de que hubiera «tanta gente que trabaja sobre la inteligencia artificial y tan poca sobre la estupidez natural, tanto más numerosa».

Las personas 19

UN CHINO ENTRE TANTOS

Él siempre dijo que era un hombre común, nada particular. Lo único que tenía, en esos días, era más dinero que ningún otro chino y la aplicación más exitosa del mundo. «Pero cuando daba entrevistas», contaría mucho después, «me pedían giros dramáticos y yo solía contestar que no había nada de especial en mi vida. Se decepcionaban. Yo los decepcionaba».

Zhang Yiming había nacido en 1983, hijo de un trabajador de la construcción y una contable de Longyan, una ciudad mediana del suroeste chino. Fue su único hijo, por supuesto: en esos días las parejas chinas solo tenían derecho a tener uno. Pero su país empezaba a abrirse al mundo: sus autoridades se esforzaban en convencer a millones de que los extranjeros no eran, como les habían dicho tanto tiempo, 鬼佬, *gwailo*, «diablos blancos». Para lo cual, entre otras cosas, empezaron a difundir sus máquinas satánicas: recién entonces la televisión pasó a ser una presencia habitual en muchas casas chinas. El pequeño Yiming la miraba fascinado, pero más lo fascinaba la idea de descubrir cómo y por qué: varias veces su madre tuvo que pararlo cuando intentaba abrirla y desarmarla.

En la escuela sí pudo destripar un par de cosas y terminó de convencerse: estudiaría electrónica, informática. Cuando se graduó creyó que ya había llegado el momento de inventar algo pero no le salía. Trabajó en dos o tres empresas de tecnología: no duraba en ninguna –o las empresas no duraban. En 2009, a sus 25, se fue a la capital y consiguió un empleo en la filial china de Microsoft. No le gustó: demasiadas reglas, demasiados jefes. Se fue tras unos meses, trabajó en otra start-up que quería ser el Twitter chino y fracasó; después volvió a intentarlo por su cuenta.

Su primer ensayo fue un buscador de propiedades que no funcionó ni bien ni mal; su primera idea fue, en 2012, un «agregador de noticias», una aplicación que seleccionara las informaciones que podían interesarle a cada usuario y se las presentara. Pensó que podía prosperar, y en Pekín no debía haber muchos garajes, así que se alquiló un departamento de cuatro ambientes, 60 metros cuadrados, metió allí a sus ocho empleados y se lanzó a la lucha: «Lugar pequeño, sueño grande», escribió en alguna pared. Su empresa se llamó ByteDance y su agregador, Toutiao –«Titulares»–, una aplicación que, en dos años, llegó a los 13 millones de usuarios cada día.

En esos tiempos Zhang era un muchacho bajito, hombros caídos, anteojos gruesos y una sonrisa tímida, la ropa de cualquier joven no tan joven, casado con su novia de la facultad –que ocultaba de la mirada pública. Sus pocos amigos dijeron que no era muy sociable: que prefería actividades solitarias como navegar por esa red, leer, escuchar música, pensar. Quizá fuera cierto que era tan normal: dicen que no aceptaba horarios, que podía pasarse la noche mirando videos o jugando videojuegos, y alguna vez definió su plan de vida: «Come cuando tengas hambre, duerme cuando tengas sueño, trata de inventar».

Y su negocio funcionaba pero seguía sin ser extraordinario. No le faltaba tanto: en 2016 Zhang lanzó Douyin –«Ritmo»–, una plataforma para que sus usuarios subieran videos cortos, bromas, bailes, escenitas. En un año consiguió 100 millones de usuarios y entonces decidió volverlo global: en unos meses programó y presentó una versión mundial y la llamó TikTok. «China solo tiene un quinto de los usuarios globales de internet», dijo entonces. «Si no nos expandimos por el mundo, siempre vamos a perder con la competencia que tiene acceso a los otros cuatro quintos. Así que globalizarse es indispensable».

Su TikTok fue un éxito absoluto, uno de los mayores de esos tiempos. En cinco años había superado a todas las demás aplicaciones del planeta en número de usuarios, y los menores de 25 años –lo que entonces llamaban la Generación Z, los consumidores del futuro– la sentían como «su lugar» por encima de cualquiera de las anteriores. Zhang estaba decidido a saber por qué. Al principio no hacía videos para su aplicación, pero de pronto le pareció que, para conocer mejor su negocio, él y sus ejecutivos debían hacerlos. Los obligó: los que no los hacían –o no conseguían un cierto número de likes– debían hacer docenas de flexiones.

Con el éxito llegaron los problemas. Grandes gobiernos –India, Estados Unidos– acusaron a TikTok de ser un elemento de propaganda y espionaje: una buena excusa para detener el crecimiento de una empresa que amenazaba a las propias. La complicaron pero no la detuvieron: su expansión, en 2023, seguía imparable. Y el señor Zhang mantenía su vida tan común, aunque ya en Singapur, donde podía moverse sin las trabas que China podría haberle puesto: todavía estaba fresco el caso de Jack Ma, el fundador de Alibaba, el anterior chino más rico, que pasó en un par de años de ejemplo inmejorable a enemigo del pueblo.

Zhang consiguió evitarlo. Entre otras cosas, porque el ataque de gobiernos extranjeros hizo que el suyo lo defendiera: al fin y al cabo, era un paladín de esa movida china que intentaba superar sus fronteras. Ya entonces había abandonado la conducción directa de sus empresas pero todavía era la mente y lo fue siendo más y más: su idea de competir en el mismo mercado virtual que los gigantes occidentales fue la inspiración de todo aquello que vendría. Para entonces, Zhang Yiming, multimultimillonario, ya estaba casi retirado, jugaba sus juegos, dormía cuando quería y, de tan valiente, decidió que incluso podría tener hijos. Eso, por alguna razón, le parecía menos normal que haber cambiado tantas mentes.

20

LOS TRABAJOS DEL OCIO

Donde se trata de una revolución que tardó en asumirse: la del tiempo libre. Las personas lo tenían a raudales y lo usaban sobre todo para mirar y escuchar.

En esos días una revolución que no solía contarse como tal había cambiado radicalmente las vidas de las personas: la explosión del tiempo libre. El derecho al ocio era un invento reciente. La jornada de ocho horas no tenía más de un siglo, las vacaciones pagas menos, la semana de cinco días y la consagración del «fin de semana» como momento de reposo eran más nuevas todavía (ver cap. 15). Tanto que, para una buena mitad de la humanidad, la idea de que les pagaran por descansar seguía siendo una ilusión o un disparate. Pero a lo largo del siglo XX grandes sectores habían accedido a la posibilidad de trabajar menos de un tercio del tiempo de sus vidas: era una novedad absoluta en la historia de los hombres, un cambio que aquella época no supo valorar en toda su importancia. Fue, sin duda, un primer paso de grandes proporciones.

Las vacaciones tenían una función principal: «Si el negocio –*nec otium*– definió el trabajo como falta de ocio, la vacación invierte los términos y define el ocio como falta de trabajo: vacaciones es cuando no hay que hacerlo. Para eso sirven, como solía servir el carnaval: suspenden por unos días el orden habitual para que, pasada la pausa, lo retomes y sigas respetándolo. Los mismos patrones que nunca quisieron ofrecerlas

–que precisaron una revolución social para entregarlas– descubrieron, con el tiempo y el uso, que pocas cosas les sirven mejor: las vacaciones son la zanahoria que te ofrecen para que aceptes látigos, el espejismo que te lleva a seguir caminando en el desierto, la forma más ladina de puntuar el tiempo», escribió alguien entonces. Y matizó: «Son, también, gozosas. Las vacaciones son ese momento raro de no tener la vida organizada por la necesidad de ganársela. Es el mes corto en que decimos que ejercemos nuestra libertad, después de entregarla once muy largos a cambio de dinero para vivir –e irnos de vacaciones. Pero la libertad actual, faltaba más, también tiene sus reglas: pocas cosas tan previsibles como esas semanas, esa ruptura que repara. Viaje, playa, comida, más alcohol, caprichos, las deshoras, familia, el ansia de un encuentro: el placer habitual de no ser el de siempre o, por lo menos, intentarlo».

Las vacaciones ampliaron, obviamente, el espacio del ocio, pero otros elementos también contribuyeron: por un lado, en todos los países ricos y en muchos que no lo eran tanto se había consolidado la noción de «pensión» o «jubilación»: el derecho de cada trabajador de retirarse entre sus 60 y sus 65 años y percibir, desde ese momento, una suma mensual que –con más o menos estrecheces– le permitía vivir (ver cap. 15). Esa suma podía venir del ahorro personal o, en muchos países, de fondos estatales que se nutrían con los pagos obligatorios de los trabajadores en activo; el sistema suponía que, cuando a estos les tocara jubilarse, lo recibirían a su vez gracias a los que estuvieran trabajando entonces.

Ya entonces la ecuación estaba en problemas: en el MundoRico la población trabajadora disminuía por la baja de la natalidad y la tecnificación de las tareas y la población pensionada aumentaba por la prolongación de las vidas (ver cap. 6), así que el equilibrio amenazaba con romperse. Algunos gobiernos, como el francés, intentaron aumentar la edad jubilatoria; la oposición general a esa medida ponía en negro sobre blanco lo que se pensaba sobre el trabajo: dejarlo era «empezar a disfrutar de la vida», «ser por fin dueño de su tiempo». Pero el problema de la recaudación se agudizaba. En la sociedad postlaboral, un mecanismo basado en la asunción de que el trabajo seguía siendo el eje no tenía buen pronóstico.

Y, por otro lado, las personas en «edad activa» trabajaban menos tiempo –por esa misma tecnificación– o ninguno –por la escasez de empleo–: su ocio se agregaba al de los pensionados para formar una masa muy considerable. Por distintas razones, entonces, la civilización de principios del siglo XXI fue la primera en milenios que rebosó de «tiempo libre» –y las maneras de ocuparlo ocuparon un lugar preponderante.

Ese lugar era demasiado significativo como para que el capitalismo no lo volviera un producto. El ocio se había convertido en algo que los ociosos no hacían: compraban, adquirían. Las maneras de llenar el ocio eran una mercadería. Que suponían, en general, diversas formas del relato.

* * *

Esos relatos incluían, por supuesto, imágenes en movimiento, palabras dichas, sonidos iracundos, y sacaban mejor partido de las posibilidades de la máquina ineludible de esos días. Aunque se habían pensado pensando en el trabajo, los ordenadores o computadores servían perfectamente para el ocio: con ellos, a diferencia del esquema clásico, trabajo y ocio empleaban el mismo instrumento. Así, los tiempos de uno y otro se mezclaban mucho más que lo acostumbrado hasta entonces. Aquellas máquinas –junto con la televisión «a la carta»– soportaban los dos formatos más característicos de la época: los «videojuegos» –pro-gramas de simulación donde cada jugador debía realizar ciertas acciones, a menudo violentas, a través de dibujos animados que lo representaban sobre una pantalla– y las «series» –historias con imagen plana en movimiento partidas en capítulos. Una de las características decisivas de ambos era su globalización: tanto las series de éxito como los videojuegos de ídem circulaban por todo el mundo. La diferencia era, si acaso, que en los países ricos las consumía un porcentaje muy alto de la población y en los más pobres uno más bajo –lo cual colaboraba en el armado de esa costra global formada por esa mayoría en los países ricos y minoría en los pobres que hemos llamado el MundoRico (ver cap. 2). Ligados por ese consumo común, los más ricos de los países pobres se parecían mucho más, en sus esquemas culturales, a la población de los países ricos que a sus propios pobres. La desigualdad desmentía los espejismos nacionales: la clase, en muchos casos, determinaba más que la nación.

(Lo cual se sintetizaba en una forma relativamente nueva de nombrar algo bastante viejo: el «soft power» era la capacidad de un país o sociedad de imponer a otros sus productos culturales, de demostrar su «poder blando» haciendo que los ajenos cantaran sus canciones, vivaran a sus actores, adoptaran algunos rasgos de sus vidas. Que quisieran, a fin de cuentas, ser como ellos).

Las «series» eran un invento relativamente reciente –o, mejor, una reformulación reciente de un invento viejo. Consistían en adaptar el mecanismo del folletín o folletón, la novela por entregas de los periódicos de papel del siglo XIX, al formato audiovisual de entonces. Habían empezado a imponerse a fines del siglo XX y terminaron de consolidarse con la difusión de esos nuevos proveedores de historias que, a cambio de un abono general, ofrecían una gran cantidad de opciones que el espectador podía elegir y programar para mirar cuando quería. El receptor/consumidor no tenía que aceptar, como hasta entonces, las elecciones y los tiempos del emisor sino que –dentro de cierta oferta– podía manejar los suyos: era un ejemplo típico de lo que entonces se entendía por «libertad». Y originó una forma de consumo que consistía en las llamadas «maratones»: lo que hacían ciertos espectadores más ociosos que otros, que podían pasarse muchas horas mirando sin parar el desarrollo de un relato. Con ese auge, las «películas» unimembres sufrieron: de pronto, tras parecer novelas, se convertían –con perdón de la referencia arcaizante– en cuentos breves que condensaban las historias y se acababan cuando recién estaban empezando.

Aquellas «series», que solían tener entre ocho y doce entregas –«episodios»– por año –«temporada»–, estaban entonces en la cumbre de su ola, tanto en difusión como en prestigio. Eran, sin duda, la forma de narración más difundida de la época: cada año se filmaban unas 10.000, mitad ficción, mitad documentales. Su circulación ocupaba entonces el lugar que décadas antes llenaba la novela escrita –convertirse en el comentario de sobremesa más habitual de los círculos medianamente informados– y su irrupción había roto con la concentración de la producción audiovisual: era cierto que los Estados Unidos seguían siendo los productores principales, pero también lo era que muchos otros países las fabricaban y que, con el sistema de televisión globalizada, esas series llegaban a todos los rincones –y podían, eventualmente, conseguir un éxito mundial que poco antes habría sido imposible. Seguía habiendo, sin embargo, un centenar de naciones que nunca produjeron ninguna: lo que entonces se entendía por diversidad excluía a buena parte del planeta.

La variedad de sus temas tampoco estaba a la altura de su cantidad. La proliferación de relatos criminales podría hacer creer a la historiadora despistada que aquella era una sociedad ahogada en sangre. El crimen estaba sobre todo en las pantallas: su presencia en ellas no guardaba proporción con su peso en la vida cotidiana. Países cuyas tasas no llegaban a un homicidio cada 100.000 personas al año –toda Europa Occidental, entonces muy segura (ver cap. 23)– producían cataratas de historias delictivas como si eso fuera lo central de su experiencia. Más allá de esa rara obcecación, los temas de esas series buscaban otras vetas: románticas, históricas, costumbristas, distópicas, bélicas, cómicas, patéticas. Pero la fórmula empezaba a mostrar sus primeros signos de agotamiento, tanto creativo como comercial. El destino de las series fue una metáfora demasiado obvia de las maneras del mundo en ese entonces: casi todo se arruinaba a fuerza de sobreexplotarlo.

Los videojuegos, en cambio, mantenían su ascenso. Se habían convertido en la segunda industria cultural por peso económico, solo superada por la televisión, y eran una muestra de cierta dinámica de aquellos tiempos: algo que pocos años antes no existía se había vuelto un sector decisivo. Los videojuegos generaban, en esos días, unos ingresos anuales de 180.000 millones de euros –el PIB de países como Hungría o Irak–, el doble que el cine y la música y la pornografía sumados, bastante más que toda la industria editorial globalizada. Sus grandes compañías eran, como siempre en esos días, chinas y norteamericanas, con alguna participación coreana y japonesa. Y producían esas sumas porque –según cálculos de la época– un tercio de la población mundial jugaba con frecuencia. No eran, como podría suponerse, solo jóvenes: los usaban personas de todas las edades, hombres y mujeres, ricos y más pobres. Cuando un juego conseguía éxito global –digamos, por ejemplo, uno llamado «Fortnite», muy difundido entonces– había en cada momento unos 20 millones de personas que lo jugaban simultáneos. Y los cruces eran sorprendentes: no era raro que se encontraran en una misma pantalla competidores de los lugares más alejados de la Tierra. Si las series llegaban a personas de todos esos lugares, los videojuegos las integraban en una participación realmente global y virtual: para usarlos, la ubicación real de la persona no tenía importancia (ver cap. 19).

Aquellos juegos eran artefactos complejos –para la tecnología de la época– que incluían cientos de opciones y niveles y desvíos posibles. Los diseñaban legiones de programadores que los seguían rediseñando en un sinfín de actualizaciones que prolongaban su consumo –y los ingresos de sus propietarios– por períodos relativamente largos. Para usarlos se precisaba aprender diversas destrezas; al principio los jugadores las adquirían a través de la práctica y, si acaso, compartiendo lo que podían averiguar. Más tarde la demanda creciente dio lugar a unos expertos muy jóvenes, jugadores experimentados, que contaban sus secretos en breves intervenciones audiovisuales. Algunos de ellos se volvieron gurús inesperados y convocaban multitud de seguidores. Los llamaban «youtubers» y ganaban millones.

Ahora, a la distancia, los mecanismos de esos juegos pueden parecernos extremadamente primitivos. Pero comentaristas de la época subrayaban que uno de sus mayores atractivos era que permitían a los participantes entrar en otras pieles: volverse vicariamente un mercenario o un constructor de templos o un jugador de fútbol y actuar en él como si fueran él. Encarnarse en lo que entonces se llamaba un «avatar», una primera aproximación a la elección-de-persona.

La temática de esos juegos era más restringida, en general, que la de las series. Necesitaban el enfrentamiento para poder establecer la competencia entre los jugadores, así que los más exitosos solían limitarse a dos tópicos: los combates virtualmente violentos y esos combates inermes que llamaban «deporte». Así, algunos de los más difundidos conseguían que los participantes se encarnaran en los futbolistas más conocidos de esos días. Otros, la mayoría, llevaban a millones de niños y jóvenes a mejorar sus habilidades militares en tiroteos y emboscadas apocalípticas que los convertían en frías máquinas de matar dibujos. Hubo quienes dijeron, en esos días, que esa proximidad acrítica con la muerte criaría generaciones de asesinos sin remordimientos; la predicción no pareció cumplirse.

Aún así, hubo reacciones. En China, por ejemplo, se calculó que un cuarto de la población –más de 350 millones de personas– pasaba por lo menos diez horas por semana jugándolos. Así que su gobierno inició una campaña de desprestigio –los llamaba, evocando lo que un activista alemán había dicho sobre las religiones, «un opio espiritual»– y prohibió que los menores de edad los practicaran más de tres horas semanales. Quizá no lo habrían hecho si hubieran entendido que la violencia era una componente secundaria de esos juegos. La central era la competencia: proponían situaciones donde todo consistía en ganar, donde el más fuerte, el más astuto, el más rico y el mejor armado derrotaba a todos los demás. Eran, en ese sentido, una escuela de conducta cuyos efectos se manifestaron después con tanta fuerza.

* * *

El otro relato decisivo de esos tiempos era uno que no solía considerarse como tal: la música.

La música, entonces, estaba en todas partes: el cambio era casi reciente. A principios del siglo XX la música era todavía esa irrupción escasa y bienvenida, algo que alguien debía producir especialmente –un cantante, una banda, una pianista, la prima Dolores, los borrachos de la taberna, el coro de la iglesia–, algo que se esperaba y escuchaba con agradecimiento. Pero después, con la invención del gramófono, la radio, los altavoces poderosos, el reproductor móvil y el resto de los aparatos, la música se volvió omnipresente: se producía sin el menor esfuerzo con solo el toque de un botón, estaba en todos los lugares todo el tiempo –y lo que resultaba cada vez más difícil de conseguir era el silencio. De esas incomodidades –y otras aún más incómodas– hablaba el texto de un autor menor publicado en esos días:

«Hubo tiempos en que escuchar música era difícil: tiempos en que para que alguien la escuchara alguien tenía que hacerla en ese lugar, ese momento. Tiempos en que lo habitual era el silencio; en que la música era un privilegio y no un engorro, no un apremio. Eran tiempos –que duraron milenios– en que la música era fugaz y había que acogerla, respetarla. Eran tiempos, sobre todo, en que solo sonaban las voces, los sones de los vivos: tiempos en que, para hacerse oír, no había más remedio que estar vivo.

«Ahora, en cambio, vivimos en un mundo con música perpetua, donde no hay nada más difícil que el silencio. La música ya no se escucha; se oye sin querer, sin cesar, sin atender. La música dejó de ser una experiencia: es sonido de fondo, batifondo, el ruido que precisamos para no tener que escucharnos vivir. Y los muertos nos la cantan, nos la tocan. Antaño, de los muertos quedaban los recuerdos, que el tiempo iba gastando. Alguien podía comentar, escribir que había oído cantar a Carusso, recitar a la Duse, pero no era sino una evocación. Las grandes voces eran un apunte cada vez más tenue que se desvanecía; ahora, en cambio, John Winston Lennon canta igual que en 1967, cuando tenía 26 años: cuando vivía, digamos. Son, es verdad, parte de un mundo que rebosa de memorias: vivimos con su presencia inverosímil. Nunca había sucedido pero ahora sucede sin parar: desde ultratumba, sus voces nos llegan con una naturalidad que nadie, hace poco, habría encontrado natural. Nos hemos acostumbrado, las escuchamos como si nada fuera. Ahora las voces de los grandes muertos ocupan el mismo espacio público que las de grandes vivos. No pensamos que por mucho menos se inventaron religiones, satanes, el insomnio. No pensamos que la metáfora definitiva de la muerte es el silencio. Y que, desde siempre, nada fue más aterrador que oír las voces de los muertos».

Pero, además de los muertos, la industria de la música necesitaba hacer cantar a los vivos: producir, cada mes, cada semana, fragmentos sonoros que deberían conocer y reconocer los aficionados que quisieran mantenerse «al día». La música era el espacio perfecto para el desarrollo de esa tendencia decisiva de la época: «estar a la última» –en el sentido, entonces común, de intentar consumir los productos que acababa de lanzar tal o cual industria. Ya recordamos hace poco el FOMO: *Fear Of Missing Out*, que en castellano podría ser PAPA: *Pánico A Perderse Algo* (ver cap. 18).

Era el remedo –pasado por capitalismo post-industrial– de la actitud de las vanguardias de un siglo antes, que valoraban la novedad por su poder de ruptura; en esos días se la valoraba por su poder de venta. En unos mercados sobresaturados de oferta, se esperaba que el relato de lo nuevo pudiera hacer la diferencia.

Por eso, la música era el producto más anclado en el consumo juvenil: la enorme mayoría de esas novedades se fabricaban para ellos, a partir de la noción –muy difundida– de que cada persona se apegaba y asumía como «su música» la que solía escuchar en sus años más mozos. Y que era la que seguía consumiendo de allí en más, o sea: que era bastante impermeable a esas innovaciones que, en cambio, los más jóvenes necesitaban para sentir que tenían algo que no tenían sus mayores, para construirse en esa diferencia. Las músicas, al fin y al cabo, seguían funcionando como los tambores de la tribu o del regimiento: para crear montón.

El momento culminante de esas músicas eran los «conciertos» o «recitales», actuaciones «en vivo» de los músicos. Eran grandes rituales: las músicas no se ofrecían para su conocimiento sino para su reconocimiento. La mayoría de los espectadores las sabían de memoria por haberlas escuchado en grabaciones y concurrían para oír a sus autores repitiéndolas, dar saltos y reconocerse. Esos espectadores, cada vez más, solían mantener un brazo en alto; no era, como en los mitines fascistas anteriores, para saludar al gran jefe sino para grabarlo: nada de todo eso –nada en general, en esos días– tenía sentido si no quedaba registrado.

Y la música servía, por supuesto, para buscar –y encontrar– compañías. Siempre había sido un lubricante en las relaciones amorosas, pero entonces era una herramienta central de los ritos de cortejo. Si no querían usar los recursos virtuales (ver cap. 19), el escenario más habitual para que dos jóvenes de cualquier sexo intentaran seducirse era un baile, un concierto, una discoteca: con escuchas comunes, cierta idea de coincidencia y bailoteos. El baile siempre había sido una mímica sexual pero nunca había alcanzado los niveles de explicitud que entonces sí: según consta en innúmeras imágenes, muchos de los pasos habituales mimaban sin disimulo un coito –no necesariamente interrupto. La música y sus derivados establecían un espacio de tolerancia que permitía aproximaciones que, sin ella, habrían estado fuera de lugar: eso le daba un papel decisivo en el ecosistema de esos tiempos.

(Sobre una de esas danzas, de gran difusión en esos días, decía un comentarista que «el *perreo* era todo un avance, humanos haciendo cosas de animales. O cosas de personas que no quieren ser eso que serlo –supuestamente– implica. Si las danzas siempre fueron una representación más o menos mediata pacata timorata del coito, aquí no había distancia, solo ropa. En el perreo los bailarines mimaban un fornicio sin mimos ni abracitos, puro encuentro de sexos. El perreo fue un sinceramiento extremo de la noción de baile –y alguna noción más»).

Aún así, el negocio declinaba: en esos días la música solo producía unos 25.000 millones de euros anuales –nueve veces menos que los videojuegos, por ejemplo. Una consecuencia de esta proliferación del ruido musical fue el auge de los sistemas de defensa. En 2022 el mundo se gastó casi tanto dinero en auriculares –o, dicho de otro modo: la industria de los «cascos» era tan rica como la industria de la música que se oía a través de ellos. Frente a la polución sonora de todos los espacios, los auriculares –que se aplicaban directamente a las orejas de sus usuarios– permitían que cada quien se aislara del entorno y decidiera sus propios sonidos. Los más sofisticados ofrecían una función llamada «noise cancelling» –cancelación de ruidos externos– con vocación de metáfora: la decisión de apartarse del mundo, rechazar lo colectivo para refugiarse en un espacio individual.

La industria, además, había cambiado mucho. Décadas antes su base era la venta de grabaciones en diversos soportes –vinilos, casetes, discos– pero el invento de un sistema de registro digital llamado MP3 y la difusión de la inter-net propició la instalación de un sistema semejante al de las series: proveedores que, por una suma fija, ofrecían una cantidad desmedida de opciones –y se quedaban con dos tercios de los ingresos totales del sector. Otro rasgo de época: el intermediario como beneficiario principal. Y la idea, que sí era novedosa, de que no era necesario poseer algo para usarlo: las personas escuchaban canciones sin «tenerlas» bajo ninguna forma física.

El más usado de esos sistemas, una empresa sueca llamada Spotify, ofrecía en esos días unos 80 millones de canciones –que aumentaban sin cesar y comprendían buena parte de lo grabado en los cien años anteriores. Pero de los ocho millones de autores de esas músicas, menos de 8.000 ganaban entonces más de 100.000 dólares al año con sus canciones, y menos de 800 más de un millón. Las cifras, siendo desalentadoras, alcanzaban para llevar a tantos a tentar su suerte: cada cuatro segundos se agregaba a las listas una canción nueva. Spotify incluía unas 23.000 cada día, más de 150.000 cada semana, 700.000 por mes: unos ocho millones de canciones nuevas cada año –y algunas incluso se escuchaban. Eran, por supuesto, ínfima minoría.

(Y, sin embargo, los dos artistas que ganaban más dinero en esos días –alrededor de 200 millones al año cada uno– eran músicos británicos: el grupo Genesis y el cantor Sting. Los seguían un actor negro, los creadores de dos series de dibujos –*South Park* y *Los Simpson*– y luego un actor blanco, un director de cine y otros tres músicos. De los diez, nueve eran hombres).

La búsqueda del *hit* –el golpe– era el motor constante. Nadie sabía de antemano cuáles serían, pero había algunas pistas. La música seguía siendo, como lo había sido a lo largo de todo el siglo anterior, una industria que consistía en integrar al sistema la producción de los marginados –que, en general, cantaban su marginalidad pero aceptaban y festejaban esa integración, los dineros y privilegios resultantes. El tango de los orilleros, el jazz de los negros, el rock de los jóvenes rebeldes, el rap de los malandrines urbanos habían sido los puntales de la música más popular precedente; ya en esos días, una ensalada de ritmos latinos lascivos salpimentados con historias más o menos criminales coparon el mercado internacional y vendieron sus cadencias en todos los continentes. Su producción solía ser muy deliberada: los artistas –compositores, instrumentistas y cantores– resignaban su independencia para ponerse a las órdenes de unos artesanos llamados productores, que coordinaban todos los aspectos de su producto con la clarísima, indisimulada meta de vender todo lo posible. Y funcionaba: incluso los hits populares de los grandes mercados de la China o la India –a pesar de sus antiguas tradiciones propias– llevaban la huella de la globalización.

Quizá por eso, la música ocupaba ese lugar de privilegio que las otras artes habían perdido: estaba en todas partes. La plástica, por ejemplo, había cedido tanto que su circulación restringida se había mantenido estacionaria durante décadas, sin mayores novedades: era el coto de unos cuantos artistas y unos pocos entendidos que fogoneaban un mercado limitado a los más ricos y a los museos estatales, y donde un cuadro o escultura recientes nunca alcanzaban los precios –la medida de la consideración– de las obras de más de cien años.

Hasta que, de pronto, a fines de la Segunda Década, empezó a conocerse una tendencia nueva, sorprendente: los NFT –«Non Fungible Token»– eran, en síntesis, registros digitales, garantizados por su ubicación dentro de sistemas de «block chain» (ver cap. 12), que confirmaban que tal o cual persona era la dueña de tal o cual obra. Lo curioso era que la obra, al ser digital, podía ser reproducida infinitamente y disfrutada por cualquiera que tuviera una pantalla; lo que no podía serlo era su propiedad. Había quienes decían –aunque no terminara de estar claro– que lo que se celebraba al fin sin más tapujos, tras tanto disimulo, no era la obra sino su posesión.

* * *

Vista desde ahora, las tasas de ocio que vivían las sociedades de principios del siglo XXI parecen desdeñables, pero esa –relativa– explosión fue decisiva en el desarrollo de los relatos recién reseñados. Aún así, es probable que las dos formas más novedosas y decisivas de ocupar los nuevos tiempos libres fueran dos fenómenos que se originaron y crecieron a lo largo del siglo XX y ocupaban, ya a principios del XXI, un lugar absolutamente preponderante: el turismo, el deporte. Ya nos hemos ocupado del turismo (ver cap. 14). Y quizás el rasgo cultural más sorprendente de esos tiempos fue la influencia y difusión que conseguían esos eventos protagonizados por cuerpos de personas –entre uno y quince, grosso modo– que se enfrentaban según diversas reglas para tratar de imponerse a cuerpos semejantes: el deporte.

La noción de deporte siempre había existido, pero terminó de codificarse y consolidarse a fines del siglo XIX, impulsada por los colonos británicos en muy diversos rincones de la Tierra. Fue entonces cuando se convocaron los primeros «Juegos Olímpicos» –copia de unos rituales griegos que incluían diversos enfrentamientos de los cuerpos– y fue entonces, sobre todo, cuando se afianzaron en el mundo los grandes deportes que lo dominaban todavía en la Tercera Década: el fútbol, más que nada, y el basketball, el tenis, el béisbol o el cricket, el rugby, el box, las carreras de máquinas diversas.

Sería engorrosos repasarlos en detalle. Algunos tenían predominios parciales –el cricket solo se jugaba en los países ex británicos, el béisbol en los ex norteamericanos, el hockey sobre hielo en los helados, y así de seguido– pero el fútbol se había difundido en casi todos. Su fuerza tenía una característica particular: un pensador de la época lo definió como «el invento más exitoso que podría no haber existido nunca» –para decir que nada permitía prever su creación y auge: que si no hubiera sido nadie lo habría extrañado.

El fútbol –*piepelota*– era, quizá, el relato más seguido de esos tiempos: la historia de cómo dos grupos contrapuestos pretenden hacer lo mismo al mismo tiempo y solo uno de ellos lo consigue. Era la gran puesta en escena de esa idea central, que podía discutirse pero allí era indiscutible: que para que unos ganen es necesario que otros pierdan.

(Y que el triunfo compartido –que llamaban empate– es una variación de la derrota).

Como algunos saben todavía, el fútbol físico era un juego que practicaban cuerpos humanos verdaderos, once personas contra otras once encerradas en un predio de una hectárea de pasto para disputarse con los pies el control de una esfera de cuero real de unos 22 centímetros de diámetro y medio kilo de peso con el fin de introducirla –siempre sin las manos– en un espacio de 171.288 centímetros cuadrados delimitado por dos tubos verticales y uno horizontal. Aunque ya empezaban a imponerse los torneos femeninos, los de hombres –que habían sido casi exclusivos durante el siglo xx– mantenían su ventaja de público, repercusión, ganancias.

Los futbolistas eran grandes agentes dinamizadores de la economía: su práctica producía negocios por valor de unos 40 o 50.000 millones de euros al año. Estaba, por supuesto, todo el movimiento directo –transmisiones, publicidades, grandes contratos de las grandes estrellas. Estaba la venta de sus camisetas y demás chucherías: en 2021, las cinco grandes ligas europeas vendieron 16 millones de camisetas de sus jugadores: un negocio de 1.600 millones de euros. Y había efectos más impensables, como la explosión de una rama artesanal de época: la peluquería para hombres. Hasta entonces los peluqueros inventivos eran para mujeres. Pero los futbolistas imponían peinados o cortes complicados que millones querían imitar y para eso se precisaban profesionales preparados. Gracias a ellos, la peluquería para hombres se multiplicó como salida laboral para miles y miles.

Pero, más allá o más acá de esos negocios, había algo que valía más que nada: el fútbol establecía un modelo. Gracias a la televisión globalizada, el mundo rebosaba de chicos que querían ser como sus ídolos: apuntarse al mito del éxito súbito, inmediato, casi sin esfuerzo, ganar fortunas sin saber gran cosa, acelerar los coches más potentes, beneficiarse a las rubias más taradas, ganarles a todos porque solo importaba yo yo yo; vivir para el triunfo y el dinero y los aplausos. Por eso al capitalismo global el fútbol le salía muy barato: lograba que millones, cientos de millones de chicos en el mundo pensaran que lo mejor que les podía pasar era abandonar su barrio, sus amigos, su país, y apostar a la salvación individual: no buscar la forma de crecer con todos sino dejarlos atrás y transformarse en uno de los otros, triunfar en esta vida.

Mientras tanto, un partido de fútbol consistía en una sucesión interminable de fracasos: su meta de introducir la esfera entre los postes se cumplía muy poco, quizá dos o tres veces a lo largo de la hora y media larga que duraba. Esa conciencia del fracaso sostenido debía darle, imaginamos, un carácter ejemplar que lo enaltecería. En una época en que las víctimas eran la categoría más reverenciada, unos cuerpos que eran víctimas permanentes de su dificultad y su torpeza se merecían toda consideración.

Pero no parece que esta derrota permanente haya podido justificar por sí sola su éxito increíble: el fútbol era uno de los temas centrales de esos días, lo seguían innumerables medios de prensa –diarios y revistas y programas de radios y televisiones especiales– y tenía una facilidad enorme para producir conciencia grupal, lealtades tremebundas. En tiempos en que las personas cambiaban con frecuencia de trabajos, parejas, países, actividades, idea de sí mismas, aun de sexo, muy pocas imaginaban la posibilidad de cambiar de «pertenencia» futbolística: la mayoría elegía, en su infancia, «ser» de un club y seguía «siéndolo» a lo largo de su vida. Esta pertenencia implicaba alegrarse con las victorias de ese equipo y las derrotas de algún otro, apenarse con sus derrotas y las victorias de ese otro, prestarle una atención extrema. Lo cual se reproducía a nivel nacional: los ciudadanos de cada país suponían que su «selección» –el equipo formado con los mejores jugadores nacidos en su territorio– representaba a sus patrias y a ellos mismos, enarbolaban su orgullo y su bandera: durante sus años de gloria el fútbol probablemente fue, entre otras cosas, la mejor manera de resolver sin resolver los conflictos entre países y sectores: de mimarlos, disolverlos en un gran como si. Eran brutas explosiones de nacionalismo donde nada explotaba, una manera casi afortunada de encauzar la estupidez global por vías inocuas.

Ese fue su rasgo principal: la fuerza de la sustitución. Los millones y millones de aficionados conseguían sentir que lo que hacían esos once cuerpos en el campo los representaba, los involucraba; solían hablar de esas acciones en primera persona del plural: ganamos, perdimos, salimos campeones. Era, sin duda, la consagración más extrema de la delegación: ellos hacen, nosotros miramos, lo hacemos entre todos. Con el poder de este mecanismo, se hizo increíble la cantidad de personas que los seguían. El fútbol llegó a un grado de popularidad como nunca antes había tenido nada –salvo, quizás, alguna religión en su momento más glorioso. El último partido de su «Mundial» de 2022 fue visto en directo por más de 1.500 millones de espectadores: no había habido, en toda la historia de la humanidad, ningún momento en que esa cantidad de personas hubiera hecho lo mismo al mismo tiempo.

(Y el triunfo en esa competencia de un país que se llamaba Argentina causó la mayor movilización popular de su existencia, cinco millones de personas en la calle).

Pero el deporte, en esos días de preeminencia de los cuerpos, no solo era un espectáculo. Todavía estaba firmemente arraigada la convicción de que «hacer deporte» era bueno para la mente y el cuerpo: los padres fomentaban esas actividades en sus hijos, las realizaban ellos mismos mientras podían, sentían la pérdida de esas facultades como una prueba irrecusable de su decadencia. Resulta, a la distancia, tan sorprendente recordarlo.

Las personas 20

EL TRONO DE LA HISTORIA

En aquellos días pocas historias eran más conocidas. La suya fue una vida que empezó banal: el hijo de un obrero calificado y una limpiadora en una ciudad tranquila todavía que se llamaba Rosario, la Argentina. Desde muy chico el chico empezó a destacar por su habilidad para el fútbol, en un sitio donde tantos destacaban por lo mismo.

Poco a poco lo suyo se volvió especial. Por un lado, hacía con la pelota lo que se le antojaba; por otro, la pelota era casi tan grande como él. El chico no crecía: ya tenía 10, 11 años y seguía pareciendo aquel piojo de seis que su abuela llevaba a los partidos. Sus padres se preocuparon. Para la mayoría de los progenitores sudamericanos, un hijo futbolista era la imagen misma de la salvación: la única, probablemente, con que podían soñar. Los Messi ya habían empezado a acariciar esa opción pero, de pronto, pareció que el nene podía quedar bonsái. La alarma fue total. El médico que lo vio dijo que la única esperanza era la aplicación de unas hormonas que podrían agrandarlo. No era seguro y, además, eran carísimas.

Cuando su padre lo pidió, el club donde jugaba el chico dijo que no podía –o no quería– pagarlo: la desesperación. Hubo llantos, búsquedas, conciliábulos; a alguien se le ocurrió que la única opción sería llevarlo a Europa para ver si allá algún club quería hacerse cargo. Y dijo que tenía un contacto en uno grande, el Barcelona Fútbol.

(En esos días, el espectáculo se había concentrado en cuatro o cinco países europeos que compraban toda la riqueza futbolística del mundo. En cuanto aparecía en Barranquilla, Dakar o Canelones un jugador de carne interesante, sus ojeadores lo reportaban, lo seducían con dineros, se lo llevaban a la metrópolis que fuera. El fútbol que se veía en esos países importadores era, por acumulación, cada vez mejor; el que se veía en los exportadores era, por sustracción, cada vez más torpe).

Así que la familia del chico viajó con el chico a Cataluña, entonces una región de España: todos detrás de la ilusión de hacerse ricos si el pequeño conseguía crecer. No fue fácil: era una vida tan distinta. La madre y los hermanos se volvieron a su casa, el padre se quedó con él; el chico llegó al metro setenta y su fútbol se comentaba más y más. A sus 17 debutó en la primera división del Barcelona y, muy pronto, se lo consideró un prodigio.

Durante años formó parte de un equipo increíble. Aunque tenía rivales poderosos, nadie negaba que fuera el mejor jugador del mundo; solo se debatía si era el mejor de la historia. Su personaje no lo ayudaba: Lionel Messi era un muchacho taciturno, hablaba poco y mal, no se mostraba. Pero se expresaba con la pelota y entonces era inigualable: jugaba como si todo fuera demasiado fácil, como si nada le costara nada –y eso le quitaba drama y le daba fama de frío, indiferente. No lo era.

Mientras tanto, su vida era un éxito. Se había casado con su novia de los 15, tenían tres chicos simpáticos, vivían como querían. Él ganaba fortunas y disfrutaba de casi todos los honores y triunfos y vendía más y más objetos y le pagaban más y más.Tanto que lo juzgaron por eludir impuestos y, al final, su padre y mánager se echó toda la culpa –y él la confirmó.

El mundo entero quería ser como él: un reportero calculó que, solo en África, había en cada momento entre diez y quince millones de chicos que llevaban su camiseta, se convertían en Messi. Pero a él mismo le faltaba algo: el cariño de los suyos y un logro deportivo.

En esos días los futbolistas de carne eran migrantes: de lujo, pero migrantes al fin. Se volvían famosos y muy ricos, andaban en los coches más brillosos y exhibían las mujeres más tuneadas pero, para hacerlo, debían abandonar sus lugares y su gente, jugar donde más les pagaban y no donde quizás habrían querido. Y soportar, por eso, ciertos repudios: en su caso, la acusación de sus compatriotas de que no era lo bastante argentino, no cantaba su himno, no sentía esa pasión. Lo cual fue aumentando a lo largo de cuatro «mundiales» que no pudo ganar –porque sus compañeros no estaban a la altura.

Creció la idea de que, para terminar de consagrarse, debía hacer algo que sí había hecho su mayor rival: Diego Armando Maradona, otro jugador de carne argentino que había sido el mejor en su momento pero, además, sí había ganado un «mundial». Sin eso, alguien que había conseguido casi todo podía volverse un fiasco. Por esas paradojas del deporte, millones estaban dispuestos a considerarlo un fracaso si no obtenía esa copa –y a imaginar que habían fracasado con él. Ya resultaba muy difícil: a sus 35, bastante disminuido, se enfrentaba con su última chance. Su equipo estuvo varias veces a punto de perderla, pero la ganó: Messi y la Argentina consiguieron esa copa del mundo en Qatar '22 y provocaron un delirio inesperado, una ola global.

Y, sobre todo, él mismo consiguió lo único que le faltaba para terminar de consagrarse. Ya era muy difícil discutir que fuera el mejor de los mejores –o que tuviera el espíritu suficiente para ganar lo que importaba. De ahí en más todo fueron guirnaldas: la celebración de alguien que, habiendo logrado casi todo, deseaba desesperadamente lo que le faltaba. Fue, durante años, una metáfora ridícula, y terminó siendo la quintaesencia del triunfo: alguien que fue tanto pero estuvo a punto de no ser el que quería y, en la última opción, lo consiguió. Era difícil pensar que la vida pudiera ser más generosa; el error, quizá, fue no esperar a la continuación.

21

PALABRAS, PALABRAS, PALABRAS

Donde se trata de esos tiempos en que la lectura seguía siendo decisiva: por primera vez en la historia la mayoría de las personas sabía leer y lo hacía sin parar.

Corrían tiempos de inventos y trasformaciones: las novedades técnicas eran decisivas. Y, sin embargo, el gran código común de la época todavía era la letra escrita.

En ese campo también se había producido un cambio radical en un lapso relativamente breve: cien años antes solo una de cada cinco personas en el mundo sabía leer y escribir. Se descontaba que eran habilidades propias de las clases acomodadas y, dentro de ellas, de los hombres. Pero en 2022 la cuenta se había invertido: en todo el mundo, solo uno de cada cinco adultos no sabía leer –y la diferencia de alfabetización entre hombres y mujeres se había reducido a siete puntos porcentuales.

El proceso había sido largo, impulsado por los sistemas de educación pública obligatoria: todos los países los aplicaban, al menos en el papel. Había, por supuesto, enormes diferencias entre aquellos que podían hacerlo eficazmente y los que, por su pobreza y la pobreza de sus ciudadanos, se quedaban en el terreno de las intenciones. En una veintena de países africanos más de la mitad de la población era analfabeta; en todo el continente eran más de un tercio. En cambio en Europa, América y buena parte de Asia, muchos países habían alfabetizado a casi todos; la India era una excepción, con solo tres cuartos de sus habitantes capaces de leer y escribir. Eso no significaba que todos los «alfabetizados» pudieran entender plenamente un texto apenas complejo; sí, que podían descifrar carteles, firmar sus nombres, acercarse.

Pero, en la teoría, se asumía que, desde sus cinco o seis años y durante diez o doce, todos los niños y niñas debían acudir cinco días por semana a unos espacios llamados «escuelas». Eran edificios más o menos grandes, idealmente divididos en varias salas, donde los chicos pasaban entre cuatro y ocho horas diarias repartidos en grupos según sus edades y recibían, bajo las órdenes de esos funcionarios llamados maestros, una serie de lecciones que, para empezar, les enseñaban a leer y, para terminar, los adiestraban en los relatos habituales: lenguajes, matemáticas, técnicas manuales, habilidades sociales, un contacto leve con las ciencias y la persuasión de que eran parte de un gran colectivo llamado país o patria o reino. Sus sistemas de enseñanza requerían mucho esfuerzo de recordación –porque era una época en que la memoria todavía no estaba del todo tercerizada (ver cap. 19).

Allí también había habido, en buena parte del mundo, un cambio importante: hasta unas décadas antes, distintas órdenes religiosas habían mantenido su hegemonía sobre la formación infantil, que privilegiaba la imposición obstinada de sus dogmas a unas mentes en pleno desarrollo. En 2023 esa coerción ya se daba menos en los países católicos y más entre los más pobres de los países islamistas. En el resto era rara.

La «escuela», en cualquier caso, cumplía un rol decisivo. Con los cambios de condiciones de vida –la urbanización, la aparición de más y más empleos en servicios (ver cap. 15)–, no ser capaz de leer se había convertido en un handicap decisivo. Es difícil exagerar el peso de ese instrumento. Ahora nos cuesta imaginar su poder: baste decir que era la base sobre la cual casi todos los chicos del mundo eran formados para encarar sus vidas adultas, el mecanismo de normalización más difundido y eficiente de esos días.

La educación se había extendido hasta niveles desconocidos: la llamada «universidad», la educación específica profesional tras la decena de años de educación generalista, conoció un desarrollo nunca visto. Las universidades más antiguas ya tenían varios siglos pero, hasta mediados del XX, habían sido un refugio para hombres jóvenes de clase alta y media alta que allí se volvían abogados, médicos, ingenieros, científicos, economistas. Poco a poco empezaron a abrirse a las mujeres y a las clases medias: en el año 2000 ya había 100 millones de estudiantes universitarios en el mundo. Pero en 2022 eran 235 millones: más del doble. (Si se considera que entonces había en el mundo unos 1.200 millones de jóvenes entre 18 y 26 años, vemos que uno de cada cinco frecuentaba una universidad. Era algo nunca visto).

Entre ellos, un tercio asistía a universidades privadas, que solían ser las más deseadas. Aquellas academias, como todo el resto, estaban claramente divididas: había 30 o 40 instituciones de élite –la mayoría en Estados Unidos e Inglaterra, donde solían ser muy caras, y en Australia, China y Canadá– y unas doscientas de buen nivel en el resto del mundo, entre ellas algunas públicas, gratuitas. Nadie parecía capaz de precisar cuántas había, pero los cálculos más comunes suponían unas 30.000: la cifra incluía desde las instituciones más complejas y prestigiosas hasta miles de pequeños negocios engañabobos –que algunos países llamaron «universidades de garaje» porque funcionaban en una cochera.

La enseñanza universitaria, de todos modos, se volvió ineludible para cualquiera que quisiera conseguir un buen puesto de trabajo público o privado, un lugar de prestigio en su sociedad. Las únicas personas «exitosas» que no necesariamente habían pasado por la universidad eran los ídolos de la cultura pop: músicos, actores, deportistas (ver cap. 20). En los países ricos –Europa y Estados Unidos, sobre todo– alrededor del 10 por ciento de las personas tenía su diploma: con sus grandes diferencias internas eran, sin duda, la capa privilegiada de aquellas sociedades. De distintas formas manejaban el mundo: copaban los gobiernos y legislaturas, dominaban absolutamente la ciencia y la técnica, controlaban y operaban bancos y finanzas, sintetizaban las cuestiones que el resto del mundo discutía, lo contaban.

Y había quienes sostenían que las universidades eran islotes de pensamiento exótico. Que esas personas que debían timonear la sociedad se habían criado en espacios aislados de esa sociedad, que tenían una visión sesgada, que ignoraban muchos de sus aspectos pero creían que sus ideas eran aplicables al conjunto. Generaciones anteriores habían tenido la humildad de suponer que también debían aprender de otros sectores; esta, no: creía que solo tenía que enseñarles. De esa situación surgieron muchas de esas ideas que provocaron todo tipo de conflictos. En cualquier caso, es imposible entender aquella época sin estudiar de algún modo sus universidades, sus sistemas de transmisión del saber, sus disputas de poder, sus fallos y sus fallas.

* * *

En esos días, las letras estaban por todas partes: en diarios y revistas, en carteles y publicidades, en libros, en los mensajes que miles de millones se intercambiaban en sus ordenadores móviles, en las órdenes que les daban sus usuarios (ver cap. 19). La muerte del lenguaje escrito, tantas veces pronosticada en las décadas anteriores ante el avance de tele-fonos y tele-visiones, se había contenido –aunque más no fuera por un tiempo– y las letras gozaban de una circulación que nunca antes habían conocido, aun si, en muchos de esos mensajes, las gramáticas y escrituras tradicionales dejaban paso a formas de anotación más laxas –pero hechas de letras todavía. Y ya aparecían los signos que anticipaban su decadencia.

Para empezar, aquellos aparatos ofrecieron la posibilidad de enviar mensajes de voz y empezaron a aceptar comandos e interacciones orales. Pero, mientras tanto, tuvieron su auge unas formas de escritura no alfabética muy curiosa: eran todo un nuevo ecosistema de ideogramas llamados emojis –del japonés, donde *e* significaba imagen y *moji*, letra. Los emojis –o emoticones– tenían todas las características de los viejos ideogramas: dibujos que expresaban un mensaje. Y, como los ideogramas de los egipcios –jeroglíficos–, mantenían una ambigüedad que las letras no: con ellos, el receptor debía imaginar qué le decía su interlocutor, y sus interpretaciones aceptaban un registro muy amplio –que hacía que cada quien entendiera lo que quería, una de las grandes ventajas de ese tipo de comunicación. Los emojis se adaptaban a esos tiempos más alusivos que analíticos: la sugerencia desplazaba a la precisión, la evocación a la descripción. Eran una forma de expresión vaga pero eficiente, fácil de leer, simpática, que podía malentenderse más allá de los idiomas: su poliglotismo los acercaba a un lenguaje universal –y los convirtió en un avance de lo que vendría.

(Los ideogramas, que aquella cultura imaginaba arcaicos, superados, estaban por todas partes: los números, tan decisivos entonces, lo eran. Frente a lenguajes alfabéticos, donde cada letra reproducía sonidos cuyo sentido conjunto dependía del idioma en que estuvieran, el número *6* –por ejemplo– era una idea que un castellano llamaría *seis*, un alemán *sechs*, un ruso *число*, un samoano *ono*, un nahuátl *chicuacē* y así de seguido. El número no suponía una fonética sino un concepto, que cada idioma decía a su manera).

Pero el lenguaje oral y escrito seguía, por supuesto, sin ser universal: subsistían seis o siete mil variedades, cada una con sus características y riquezas y dificultades. Algunas tenían cientos de millones de hablantes; algunas unos pocos miles: de hecho, más de 2.500 lenguas estaban, entonces, «en peligro de desaparición».

Desde mediados del siglo XX la inglesa era la más hablada: había ocupado el lugar de lengua común entre aquellos que no hablaban una lengua común, una herramienta de comunicación facilitada –según un lingüista italiano de la época– porque era un idioma que, a diferencia de otros, «bien se podía hablar mal». Se calculaba que entonces lo practicaban unos 1.600 millones de personas: los 500 millones que la tenían como lengua materna y los 1.100 que la usaban para entenderse más allá de las suyas. Lo seguían el chino mandarín –con más hablantes nativos, unos 930 millones, pero menos incorporados, alrededor de 200. El hindi y el español rondaban los 600 millones en total; el francés, el portugués, el bengalí, el árabe y el ruso rozaban los 300 millones. El indonesio, el urdu, el alemán, el swahili y el japonés estaban entre los 200 y los 100 de usuarios –y los seguían una veintena de lenguas que hablaban entre 100 y 50 millones de hablantes. Se aprestaban en esos días las primeras máquinas de traducción simultánea: era el inicio del proceso.

* * *

Generaciones enteras de bienintencionados habían imaginado que cuando las grandes mayorías estuvieran alfabetizadas se lanzarían a leer y consumir eso que entonces llamaban «cultura» –y que solía asimilarse a lo escrito. No parece que haya sido el caso. La circulación de libros todavía era importante en el MundoRico, pero parecía claro que, incluso en él, las nuevas generaciones los estaban abandonando frente a otras formas de narrar. Y nunca parecieron imponerse entre las grandes poblaciones del MundoPobre. Quedó penosamente claro que, para leer libros, lo decisivo no era saber leer.

La mayoría de los libros aun era de papel: una cantidad de hojas –más de cien, menos de mil– del tamaño de una mano abierta, unidas por uno de los bordes verticales, cubiertas por sus dos lados de letras impresas y envueltas en un papel más grueso, generalmente ilustrado con un dibujo o una foto y el nombre de la obra y de su autor en letras grandes. Se publicaban, cada año, en el mundo, unos tres millones de títulos –entre los nuevos y las reediciones de los viejos. El más prolífico era China, con unos 440.000; la seguía, como siempre, Estados Unidos, con 300.000; mucho después venían Japón y el Reino Unido, con menos de 200.000. Solo nueve países publicaban más de 100.000 títulos al año –y ni la India ni Alemania ni España ni Brasil ni Corea, entre otros, estaban entre ellos. La mayoría no llegaba a los mil títulos anuales: los libros eran, como todo lo demás, marcas de la diferencia.

Aquellos libros de papel mantenían todavía cierto prestigio; los eléctricos avanzaban, pero menos de lo previsto: no se habían difundido como al principio amenazaban. Algunos los daban por muertos y no prestaban atención a un dato: en los dos países donde circulaban más libros –otra vez China y Estados Unidos–, un cuarto de ellos se leían en pantallas y más de la mitad de sus usuarios tenía, entonces, menos de 35 años. El libro eléctrico ofrecía ciertas ventajas: cada texto costaba, según los casos, tres o cuatro veces menos que en papel –y, por supuesto, pesaba tanto menos y estaba siempre disponible, en cualquier lugar y todo momento, y no destruía árboles. El libro eléctrico representaba una opción que ya entonces se propagaba en varios campos: que los contenidos no dependieran de un continente único sino que pudiesen aparecer en muchos; en su caso particular, que un texto no estuviera encerrado en un libro de papel sino que pudiera leerse en todas las pantallas de su dueño. Así, la ubicuidad de los escritos se sumaba a la ubicuidad generalizada. Era la continuación de ese movimiento que, pocos años antes, cuando los «cajeros automáticos» se difundieron por el mundo, un viajero empedernido celebraba diciendo que «antes mi mayor problema en viaje era transportar y esconder y cambiar mi dinero; ahora mi dinero está por todas partes». La deslocalización –la ubicuidad– iniciaba ese camino que nos llevó hasta aquí.

Todo lo cual sucedía bajo las quejas de los nostálgicos de siempre: deploraban que el libro eléctrico amenazara tradiciones tan entrañables como las librerías, los bosques productores de papel, la tala de esos bosques, las imprentas, los camiones de distribución, la quema regular de millones de ejemplares, las grandes bibliotecas materiales y sus diversos operadores. Alguien los parodió lamentando la invención de la imprenta desde el punto de vista de los lectores de 1460: cómo se perderían aquellos maravillosos manuscritos, decía, y qué sería de esos monjes laboriosos que los copiaban con plumas de ganso y una paciencia extrema encerrados en sus conventos congelados. Cualquiera, dirían entonces, podrá tener un libro, cualquiera los leerá: no sabrán interpretarlos, todo ese saber será desperdiciado en una horda de ignorantes. Pero el sarcasmo no les hizo mella: suele pasar con los conservadores.

No argumentaron, en cambio, lo brutal: que el libro eléctrico era otro ejemplo de la vigilancia del capital (ver cap. 18), que por su intermedio las corporaciones podían saber cuánto había tardado cada quien en leer cada texto, qué subrayaba o comentaba, hasta dónde había llegado –y el editor podía usar esas informaciones para adecuar sus siguientes ofertas. Los usos de la experiencia ajena tenían cada vez menos límites.

Mientras, empezaba a imponerse otro formato: el llamado «audiolibro» era un libro que alguien leía en voz alta y el «lector» escuchaba. El audiolibro instalaba una relación completamente distinta con la palabra escrita, una relación determinada por la costumbre de la radio y la televisión, donde el ritmo de lectura ya no estaba definido por el lector sino por el locutor y que permitía cumplir con una neurosis de la época: no hacer solo una cosa, multitarear, simultanear. Los oyentes de audiolibros solían oírlos mientras hacían algo más: correr, ejercitarse, bañarse, manejar, dormir, simular un trabajo. He encontrado comentarios –pero no pruebas– de que algunos los escuchaban también durante sus fornicios conyugales.

Pero los libros –más allá de sus formatos– todavía conservaban ese lugar de reserva última de los saberes y del arte que habían acaparado durante siglos. Lo cual les daba un plus de prestigio que resultaba, por supuesto, una ilusión: algunos intentaban esfuerzos serios por ofrecer análisis y relatos de calidad, pero los que se limitaban a dar consejos para ganar más plata o seducir mejor o comer sin consecuencias visibles también participaban de esa reputación y de ciertas ventajas fiscales –y eran más numerosos y se vendían más. Aun la enorme mayoría que no leía asumía de algún modo confuso que pocas cosas resultaban más prestigiosas que «escribir un libro», una forma todavía común de integrarse a la élite supuestamente educada: empresarios, políticos y otros personajes sin nada particular que decir lo hacían regularmente para darse importancia. Todo lo cual se sintetizaba en la supervivencia de una antigua conspiración escandinava llamada «Premio Nobel», que lograba cada año que el mundo aceptase con resignación que docena y media de académicos suecos le dijeran quién sería, de ahí en más, un escritor extraordinario.

* * *

La otra forma tradicional de uso del escrito era el cuento de lo efímero, eso que la cursilería de aquellos días llamaba «información» –de informar, dar forma, disciplinar un relato. Se podría suponer que la difusión inédita de la palabra impresa en los primeros años del siglo XXI podría haber producido un auge de los «medios de información» que la empleaban, pero no.

Durante milenios las personas no habían sabido qué había más allá de sus pueblos y comarcas: cómo era todo eso, qué pasaba. Dedicaban toda su atención a los asuntos de su pequeña comunidad: su familia, sin duda, los vecinos, los ricos de la villa, sus señores. Lo que les daba, si acaso, cierta idea de cosmos –de mundo ancho y ajeno– era la religión, que les mostraba parajes lejanos, algunos más reales que otros, que nunca alcanzarían pero que escuchaban nombrar con frecuencia: que si allí tal santo hizo tal cosa, allá la santa cual tal otra, Jesús esto ahí y su padre en el cielo, y ni hablar de Mahoma o Gautama, viajeros entusiastas.

Pero a fines del siglo XIX la «prensa» rompió, por lo menos en el MundoRico, ese aislamiento. El proceso fue largo y complicado y no tiene lugar en estas líneas; lo cierto es que en la Tercera Década los cosmos donde vivían las personas eran dos muy distintos. Estaba, por un lado, la minoría de los que se consideraban «informados». Esas personas –mucho MR, un poco de MP– buscaban en los medios un reflejo de cierta marcha del mundo, que incluía los gobiernos poderosos, los avatares económicos, el cambio de conductas, las pruducciones cultas, las muertes de personajes respetables y algunas novedades coloridas: todo eso se presentaba como el acceso a un cosmos más o menos oculto que importaba conocer y entender.

Para la mayoría, en cambio, su cosmos global estaba compuesto, si acaso, de hechos que solo existían para mostrarse: canciones y estrellas y celebridades y curiosidades y variados deportes, y si acaso crímenes horribles y algún reflejo lejano de todo eso que los primeros consideraban «importante». Su relación con las noticias era esporádica, dispersa: muy de vez en cuando veían o escuchaban algo sobre los poderes o los dramas o las catástrofes del mundo en que vivían. El primer grupo suponía que aquello que le interesaba modificaba las vidas de todos –y por lo tanto era conveniente conocerlo y tratar de influirlo– mientras que el segundo no tenía esa pretensión: su cosmos estaba ahí para mirarlo, espectáculo puro (ver cap. 20). Por eso el primero suponía que adoptaba una conducta proactiva mientras que el segundo mantenía la actitud de los antiguos feligreses, espectadores de un olimpo. Era, seguramente, otro ejemplo de la mirada desdeñosa que los supuestamente «enterados» lanzaban hacia el resto.

Pero más allá del matiz despectivo, la diferencia existía y era una de esas que percudían el tejido común. La noción de que todos consumían información era otra de esas ideas que algún chusco de la época llamó «el rosario de mitos burgueses»: cosas que unos pocos creían que todos hacían –porque solo conseguían ver su ombligo y lo confundían con el mundo.

La forma en que esas informaciones circulaban también estaba en pleno cambio. Ya en la Tercera Década los grandes diarios escritos e impresos en papel –otro producto y símbolo de la Edad Occidental– que habían definido las percepciones del sector informado durante el siglo anterior estaban desapareciendo. Había sido un proceso largo y lento: empezaron a perder su monopolio en la primera mitad del XX, con la irrupción de la radio y, más tarde, de la televisión, que ocuparon su lugar de difusores masivos de noticias, pero aún así mantuvieron su condición de referencia seria. Entonces, los grandes «diarios» o «periódicos» eran un hato de hojas de papel que medían entre 800 y 1.700 centímetros cuadrados y aparecían cubiertas de letras divididas en varias columnas, fotos tradicionalmente en blanco y negro y la mayor cantidad posible de ofertas comerciales y políticas. Esos fajos se vendían cada mañana –o incluso cada tarde– en pequeños cobertizos callejeros habilitados para tal efecto, que fueron, durante mucho tiempo, los únicos comercios autorizados a plantarse en medio de las aceras de las ciudades «modernas» –y que, en 2023, ya estaban desapareciendo de ellas.

Aquellos diarios pontificaban con la misma seguridad sobre temas tan diversos como la economía internacional, la política local, la meteorología, los encuentros deportivos, las vidas de los famosos y los santos, los descubrimientos científicos, las recetas de cocina, los entretelones del poder, las tendencias indumentarias, los crímenes resonantes, los vaivenes astrológicos. Cada diario ofrecía un resumen del mundo, todo lo que un lector debía saber para saber dónde vivía –y determinaban su idea de sí mismo. Cada diario intentaba ser un mundo.

Formaban parte del paisaje: en cada país o ciudad importante había uno que funcionaba como referente de la verdad verdadera y varios más que intentaban disputarle ese lugar. Si bien todos ellos habían surgido como expresión de una corriente o partido político, se arrogaban una manera de mirar y contar el mundo que denominaban «objetiva». Y, aunque todo parecía desmentirlo, su público a menudo lo creía. Su influencia era más cualitativa que cuantitativa: aun en sus mejores momentos, los diarios de referencia no llegaban a más del uno o dos por ciento de la población de sus países –pero era el uno o dos por ciento que contaba, que multiplicaba de muchas formas sus opiniones y relatos. El modelo había durado más de un siglo, pero entonces su caída era dramática: en una o dos décadas los más importantes habían pasado de imprimir centenares de miles de ejemplares diarios a mantenerse con dificultades en unas pocas decenas.

Los operaba un personal medianamente especializado, formado en carreras universitarias no muy exigentes que, según sus críticos, producían profesionales cada vez más adocenados, entrenados para aplicar con mayor o menor desgana una serie de reglas perfectamente básicas. Quizá por eso –y por su colusión con distintas formas del poder, políticos, empresarios e incluso delincuentes más caracterizados– los «periodistas» solían aparecer en los puestos más bajos de todas las encuestas de confiabilidad, junto con los citados políticos, los banqueros, los publicitarios y los abogados: todos ellos, como se ve, oficios de la palabra.

Los periodistas solían quejarse/jactarse de los riesgos que suponía el ejercicio de su profesión pero, a la distancia, algunos datos parecen desmentirlo: una organización ad-hoc calculó que en 2022 había en el mundo más de 500 periodistas presos por su ejercicio; eran, seguramente, muchos menos que los médicos o contadores o abogados que habían sufrido destinos semejantes. Los periodistas podían contestar que a ellos los encarcelaban por hacer bien su trabajo mientras que a otros los encarcelaban por hacerlo mal: el argumento es atendible.

En la prensa de esos días, una palabra –hecha de dos– se había puesto de moda. Siempre ha habido palabras de moda. Quizás una de las formas de entender una época, que ninguna historiadora ha acometido todavía, sea la de producir una colección de las veinte o treinta palabras que surgen en cada momento y analizarlas y analizar sus relaciones. Sin ir tan lejos, me interesa recuperar una de ellas: «fake news», así, en inglés en muchas lenguas, fue una palabra porfiada de esos días.

El auge de las fake news fue un excelente ejemplo de aquello que un escritor sudamericano del siglo XIX quiso decir cuando dijo que «le tocaron, como a todos los hombres, tiempos difíciles en que vivir»: la idea de que cada momento vive lo mismo que han vivido tantos otros como si fuera la primera vez –o la peor. De pronto, en esos días, millones de personas del MundoRico descubrieron que los medios de prensa (les) mentían. Veinte años antes, por ejemplo, algunos de esos medios, los más pagados de sí mismos, habían sido cómplices de una guerra que produjo un millón de muertos: sus mentiras facilitaron la invasión estadounidense de un país asiático, Irak, del que aseguraron que tenía «armas de destrucción masiva» que nunca había tenido –y entonces nadie había hablado de «fake news». En cambio en 2020, cuando esas mentiras producían afortunadamente menos víctimas, pasaron a ocupar el centro de la percepción. Y lanzaron una ola de indignación biempensante que se parecía mucho a la ingenuidad boba o la hipocresía más boba todavía. O, como decía aquel filósofo ignorado: por cada realidad que produce un concepto, diez conceptos producen realidades.

(Era cierto que las «redes sociales» aceleraban como nunca antes la difusión de esas «fake news». Una muestra de su poder –y el poder de sus mentiras– sucedió hacia fines de ese año, cuando una corporación farmacéutica perdió en un par de horas 14.000 millones de euros en la Bolsa de Nueva York por efecto de un mensaje supuestamente suyo en Tweeter que decía que uno de sus principales productos –la insulina– se volvería gratuito. Pero también era cierto que esas mismas redes permitían desmentir cualquier engaño con la misma celeridad, lo cual era imposible en tiempos de los medios hegemónicos).

* * *

En vista de sus fracasos, los grandes diarios clásicos se lanzaron a ofrecer versiones «digitales» de sí mismos que intentaban, sin lograrlo, reproducir su hegemonía de papel (ver cap. 18). Esas versiones causaron un daño colateral inesperado: su tecnología permitía comprobar al segundo qué relatos convocaban más público y, en esos días en que muchos editores no manejaban ningún criterio firme sobre qué importaba contar y qué no, la cantidad se impuso como la única medida. La lógica del rating había llegado a la prensa escrita. Era, también allí, el triunfo de lo que entonces se llamaba «éxito».

Los directivos lo justificaban por la importancia de su «cuenta de resultados» y su influencia en la venta de publicidades; lo cierto fue que empezaron a buscar con avidez esos artículos que, aunque no tuvieran la menor solidez, inflaban los números: solían ser sandeces sobre ricos y famosos, crímenes llenos de sangre, listas de cositas y consejos para mejorar el cutis de la cara. Fue ese momento que algunos, entonces, llamaron «dictadura del clic», y que tan caro pagarían. Voces aisladas llamaron a escribir «contra el público»: no seguir sus supuestos apetitos y ofrecerle en cambio lo que los profesionales consideraran pertinente. Otras dijeron que eso no sería escribir contra el público sino a favor de un público que no siempre existía –pero había, si acaso, que ayudar a formar–: la fórmula no terminó de concretarse.

En cualquier caso, gracias a la tontería de sus lectores, muchos grandes diarios se volvieron cada vez más tontos y entraron en un círculo muy vicioso: eres tonto, quieres tontería, te doy tontería, te hago un poco más tonto, quieres más tontería, te doy más tontería, te hago otro poco más tonto, quieres más y más tontería, te la doy te la doy. Así, no fue de extrañar que esos lectores –al fin y al cabo no tan tontos– terminaran por aburrirse y alejarse. Empezaron a aparecer ciertos medios –«nativos digitales», los llamaban– que trabajaban con criterios distintos, más propios de la cultura dominante audiovisual y multiforme, pero tampoco terminaban de encontrar un camino realmente propio.

(Ya entonces, en países muy letrados como Alemania, la proporción de personas que se informaban en los medios impresos había bajado del 63 por ciento en 2013 al 26 por ciento en 2022. No parecía ser solo un problema del soporte: otra encuesta de ese mismo año, en Estados Unidos, decía que solo el 11 por ciento tenía «mucha o bastante confianza» en las noticias de la televisión; en 1991 eran uno de cada dos).

Les quedó, entonces, a los medios, un último recurso –que, en realidad, siempre había sido el primero–: servir a un sector determinado las ideas y el tipo de noticias que ese sector buscaba. Así armaban un mundo autorreferente donde todo confirmaba lo que cada cual pensaba, un espacio donde vivir protegido de las ideas distintas; así reforzaban la sensación de pertenecer a una tribu poderosa, henchida de verdades. Pero este mecanismo también se complicaba en tiempos en que la circulación de informaciones y opiniones se había desbocado y erraba sin control por tantas vías. Aún así, millones de personas se empeñaban en mantenerse en esos reductos, reconfortantes, tranquilizadores: lo intentaban.

El mecanismo, originado en los diarios de papel, se había extendido a sus versiones digitales y, también, a unidades de televisión y radio que intentaban replicarlo: creaban refugios seguros donde cada sector encontraba lo que quería encontrar. Lo mismo hacían muchos millones que recurrían a esas «redes sociales»: Google, Twitter, Facebook y compañía limitada. Facebook, en particular, se había transformado en uno de los medios de información más leídos del mundo sin haber producido nunca una noticia. Era la quintaesencia del efecto reducto: allí, cada participante leía los relatos escogidos por su grupo de «amigos» (ver cap. 19), aquellos que había elegido para reafirmar sus filias y sus fobias y, por supuesto, conseguía confirmarlas, ratificar que el mundo era lo que él creía. Y mientras tanto, gracias a su éxito, esas corporaciones se llevaban la publicidad de las empresas que había mantenido durante décadas a los grandes medios. Cada año, cientos de diarios cerraban en todo el mundo. La caída se aceleraba; se preparaba, como sabemos, un modelo completamente nuevo, diferente, de producir un cosmos.

Algo de él ya despuntaba: en esos días, cualquier pequeño grupo o individuo podía difundir lo que escribiera o filmara o compusiera en cualquier formato sin tener que pasar por el filtro de ninguna institución o gran empresa: «publicar» –hacer público– se volvía más y más fácil; lo que era cada vez más difícil, en esa marejada, era encontrar quien lo mirara.

Las personas 21

LA ESCUELA DE LAS NENAS

Al principio lo que le daba más envidia era verlo cabalgar. Sayana insistió e insistió y, tras mucha queja, consiguió que su padre le enseñara a montar casi como a Bataar, su hermano mayor. Sayana, a sus cinco o seis años, se pasaba las horas encima de su yegua.

Sayana había nacido en 1991 en algún rincón despoblado de ese país despoblado que era entonces Mongolia. Sus padres eran pastores nómades, así que el lugar exacto nunca estuvo claro, pero no fue muy lejos de los sitios donde siguió su vida: ya entonces los pastores mongoles no hacían grandes migraciones sino desplazamientos de unos pocos kilómetros, según el ritmo de los pastos y las estaciones. Sayana siempre vivió allí, en aquellos valles bellísimos enmarcados por colinas suaves, verdes en primavera, blancos en invierno, donde las temperaturas podían ir desde los 35 grados de julio hasta los 40 bajo cero de diciembre, y donde el vecino más próximo vivía a dos o tres kilómetros: donde era fácil pasarse mucho tiempo sin ver a ningún desconocido; donde muy pocos momentos de la vida eran diferentes de lo que habían sido tres siglos, ocho siglos antes.

Y más para una chica. A veces, por ejemplo, su padre la dejaba acompañar a Bataar a cuidar las ovejas, llevarlas a los lugares con mejores pastos, aprender qué yerbas les hacían bien y cuáles mal, cuidarlas de todos los peligros: el frío, los lobos, los ladrones. Pero a menudo debía quedarse en casa con su madre para ir aprendiendo sus tareas: lavar, cocinar, tejer, hilar, fermentar quesos para vender en el mercado. Sayana se aburría cuando debía quedarse en el *ger*, pero ya le habían dicho tantas veces que ese era el lugar de una mujer que había perdido las ganas de rebelarse.

El *ger* era el centro de la cultura pastoril mongola: una tienda redonda de unos seis metros de diámetro, armada sobre una estructura de madera pintada de colores, con un techo cónico y una puerta decorada. El *ger* se montaba o desmontaba en un día y contenía todos los objetos de la familia: en el medio, la estufa de hierro para calentar y cocinar; a los costados, contra la pared de tela, un par de camas –que de día eran asientos–, los armarios, el espejo, las fotos de familia, el pequeño altar, a veces un reloj despertador. Sayana podía aceptar las tareas domésticas y tragarse la envidia de su hermano mayor –que salía todos los días a pastorear las ovejas y las cabras, las vacas, los caballos– pero había algo que no soportaba: que a él lo hubieran mandado tres años a la escuela del pueblo, lejos, un galope muy largo, y que hubiera aprendido a leer.

Sayana se lo dijo a su padre tantas veces. Su padre se reía:

–¿Te crees que porque te di permiso para montar te voy a dar permiso para cualquier cosa? Una chica no puede ir a la escuela.

–Pero padre, los chicos tampoco iban y usted mandó a Bataar.

–Y ya casi me estoy arrepintiendo...

Decía el padre y se iba, la dejaba con las palabras en la boca. Tras muchos intentos Sayana perdió las esperanzas. Pero un día en que cuidaba con su hermano las ovejas se le ocurrió una idea:

–¿Y tú no me enseñarías algo de lo que aprendiste?

–¿Algo, qué?

–Nada, leer. Quiero poder leer. Quiero leer.

Sayana tenía ocho o nueve años; su hermano, trece o catorce. Esa mañana no le contestó; Sayana tuvo miedo de que la denunciara. Pero unos días más tarde, mientras limpiaban el corral de las vacas, le dijo que sí, que podía hacerlo mientras ella fuera capaz de guardar el secreto. Sayana le dijo que claro, por supuesto: estaba más feliz que nunca.

Las clases duraron unos meses: rápido, Sayana aprendió a leer los dos o tres libros de la escuela de su hermano. Y las etiquetas de los pocos productos que compraban y todo lo que le cayera entre las manos. Le daba vergüenza y un poco de miedo: si su padre la descubría le daría una buena paliza. Después, años después, sabría que lo sabía y simuló que no, para dejarla seguir sin perder su autoridad.

Sayana creció. Aprendió a arreglarse, a bailar en bodas y otras fiestas, se fue haciendo mujer. Era bonita, le brillaban los dientes. Sus padres solían decirle que habría que casarla pronto; ella, que no tenía con quién. Entre los mongoles los matrimonios arreglados estaban olvidándose, pero tampoco era fácil encontrar novio en medio de la estepa. Hasta aquella tarde de verano en que lo vio.

Giijee era un muchacho apuesto y un jinete perfecto, que se acercó al *ger* de los padres de Sayana buscando un caballo que se le había perdido. Debía venir de lejos: el suyo estaba muy sudado y él también. Pero a Sayana le importó muy poco: lo miró como no había mirado nunca a nadie. Y creyó que él también la miraba.

Pasaron semanas y ella seguía pensando en él: sabía que era una tontería, pero no se lo podía sacar de la cabeza. Hasta una tarde, ya casi otoñal, en que lo vio aparecer rodeado de sus amigos y parientes, como hacen los jóvenes mongoles cuando quieren mostrar a sus futuros suegros que son personas respetables. Jiigee se presentó, se inclinó ante los padres de Sayana, pidió su mano, se la dieron. Semanas después celebraron la boda.

Sayana tuvo que acostumbrarse a ser la mujer de la casa –o de la tienda. Jiigee era bueno con ella, a veces incluso la invitaba a cabalgar con él, no se quejaba cuando el té se le salaba demasiado. Su primera hija, Sarnai, nació un año más tarde: el parto fue tranquilo. La vida se le volvió rutina: cada mañana se levantaba al alba, alimentaba a su bebé, preparaba el desayuno para su marido –el té con mucha leche y sal y grasa de cordero, algún trozo de carne o de queso– y, cuando él salía, se dedicaba a sus labores. Hasta que un día se atrevió: Jiigee tenía que ir al pueblo y Sayana le pidió que le trajera una revista de la que alguien le había hablado, con unas recetas que podría preparar. Él la miró extrañado: ¿una revista? Sí, una revista. Él no dijo más nada.

Pero esa noche, sorprendido, inquieto, la miró en silencio mientras ella leía. A partir de ese día, de tanto en tanto él le llevaba otra revista, sin decirle nada. Ya habían pasado dos o tres años –y nacido una segunda niña, que lo desilusionó– cuando al fin se lo dijo: «Si hubiera sabido que leías no sé qué habría hecho». Sayana no entendía. Jiigee le dijo, muy confuso, que no estaba bien que su esposa supiera algo que él no. Ella le dijo que lo sentía y murmuró que trataría de no hacerlo –pero sabía que no era verdad.

Los dos intentaron olvidarlo. Giijee no le trajo más revistas; Sayana releía las viejas a escondidas. Un día un primo de él llegó de la ciudad con un encargo: Giijee le había pedido un teléfono móvil para hablar con su madre, que vivía en un pueblo con su hermana. Sayana y él se quedaron muy maravillados cuando vieron la pantalla con dibujos, y mucho más cuando oyeron esa voz en el aparatito. Después, de tanto en tanto, ella se lo pedía para mirarlo y toquetearlo.

Más tarde aquella primavera llegó hasta su *ger* el comerciante que cada año le compraba la lana de cachemir y le ofreció, como siempre, un precio bajo. Pero esa mañana Sayana le hizo un gesto a su marido y fue a buscar el teléfono al lugar donde sabía que lo guardaba. Lo encendió, lo consultó, y encontró la cotización de la lana en la ciudad: era casi el doble. Se lo dijo a Jiigee, que le dijo al comerciante que no aceptaría menos. El hombre no tuvo más remedio que pagar y Jiigee no lo podía creer: gracias a su mujer ya no era un pobre pastor tonto al que cualquier tipo de la ciudad iba a engañar.

Aquella noche hubo fiesta en el *ger*: Sayana se vistió especial, Jiigee le pidió disculpas, la besó con un cariño que parecía perdido. Después le dijo que había decidido algo:

–Cuando las nenas crezcan vamos a mandarlas a la escuela.

Su sonrisa llenó toda la estepa.

22

LAS FUERZAS MÁS ARMADAS

Donde se cuentan los grandes cambios de las tácticas militares: en los ejércitos ricos las máquinas reemplazaban a los hombres y el «terrorismo» seguía justificando muchas cosas.

El año 2022 trajo consigo un cataclismo que, entonces, nadie supo cómo interpretar. En Europa, donde la guerra entre naciones parecía el recuerdo de un pasado que nunca volvería, retumbaron una mañana los cañones. Un líder ruso autoritario –pero elegido por los votos del 76 por ciento de sus ciudadanos– decidió invadir un país fronterizo, Ucrania, que había pertenecido a la antigua Unión Soviética, y lanzó miles de tanques, aviones y tropas a ocuparla. Buena parte de sus compatriotas apoyaba el intento: dos de cada tres extrañaban los tiempos en que la URSS aseguraba el dominio ruso sobre una docena de países vecinos. Y creían, según se vio después, que su ejército era mucho más poderoso que lo que realmente era.

La barbarie de la invasión dio aún más argumentos a los que sostenían que la perdición del socialismo había sido haber triunfado en Rusia, ese país que degradaba casi todo –salvo los magníficos relatos de sus degradación. Y el mundo occidental se sacudió: volvía, tras tanto tiempo, el peor de los fantasmas.

La guerra, como suele pasar en estos casos, fue un tornado en sus primeros días –emociones, declaraciones, realineamientos, reacciones, ayudas– pero poco a poco fue quedando en segundo plano, y si se la recordaba de tanto en tanto era sobre todo por sus consecuencias económicas: el aumento de ciertas materias primas –gas, petróleo y cereales– produjo una inflación tan desacostumbrada como los bombardeos de los aviones. La invasión rusa no prosperó como su jefe esperaba –al fin y al cabo, un gran ejército habría debido avasallar a uno débil y chiquito– porque Estados Unidos y Europa mandaron a Ucrania grandes cantidades de armas que le permitieron resistir e incluso contraatacar.

Así que el ataque provocó el reforzamiento inesperado del bloque OTAN, grandes ganancias de los fabricantes de armas, varios millones de refugiados, la división entre los que promovían una paz a cualquier costo y los que sostenían que su precio no podía ser la aceptación de una ocupación militar. Y, sobre todo, el desasosiego de no saber qué vendría después: si esa invasión sería el prólogo de otra época de guerras o se mantendría como un hecho aislado.

Ahora sabemos qué pasó, pero era lógico que aquellas personas dudaran y se preocuparan: se habían desacostumbrado. Quizá nunca en la historia del mundo haya habido unas décadas con tan poca violencia como el final del siglo XX y el principio del XXI. Entre 1905 y 1975 las diversas guerras habían matado a unos 150 millones de personas. En todo el año 2020 solo dos zonas de combates habían producido más de 10.000 muertes –pero menos de 20.000–: Afganistán, donde fuerzas fundamentalistas peleaban contra el ejército pagado y conducido por los Estados Unidos, y Yemen, donde sectores religiosos, regionalistas, saudíes y demás se enfrentaban en un laberinto bastante inextricable –que, por otro lado, casi nadie intentaba extricar. Los combates se habían vuelto todavía más locales, más civiles: fracciones nacionales –apoyadas por algún poder extranjero– peleando por el control de un suelo apetecible por su subsuelo o grupos religiosos intentando ejercer su poder en el subcielo. Conflictos internos y espásmodicos en Somalia, Etiopía, Libia, el Congo, Myanmar, Nagorno-Karabaj, Siria todavía. La guerra se había vuelto una consecuencia –no necesariamente la peor– de la pobreza extrema. Las luchas militares entre estados –lo que tradicionalmente se había denominado «guerra»– no existían y, hasta la invasión rusa de Ucrania, los países ricos llevaban décadas sin ellas: es probable que esa –relativa– paz fuera el efecto de la bomba atómica.

Ya habían pasado casi 80 años desde que el lanzamiento de aquella primera máquina en tierras japonesas cambiara la idea de la guerra. Su aparición fue la cumbre del triunfo de la técnica humana sobre la fuerza humana: cinco personas en un avión podían matar, de un solo gesto, a cien mil, doscientas mil, millones.

Por primera vez en la historia el hombre tenía el poder de acabar con la humanidad. Hasta entonces la destrucción conocía límites: una guerra podía asesinar a miles de soldados y civiles, producir desolación y hambre, pero siempre dentro de un orden que permitiría la reconstrucción. Cuando varios países empezaron a completar un arsenal atómico quedó claro que su uso –las explosiones, la radiación– podría terminar con toda vida humana. Fue un momento crucial: en esos tiempos tan antropocéntricos, en esos días en que los hombres se creían capaces de casi todo, conquistaron uno de los últimos privilegios de los dioses: la capacidad de destruir el mundo. El apocalipsis se volvió una prerrogativa de la razón humana.

La aparición de la bomba fue, también, un ejemplo extremo de la vieja frase latina: «si vis pacem, para bellum» –si quieres paz, prepara la guerra. Cuando los dos enemigos principales del momento –los Estados Unidos y la Unión Soviética– confirmaron que tenían la posibilidad de aniquilarse mutuamente, la guerra total se convirtió en el horror total: desencadenarla significaba asumir el riesgo de desaparecer de la superficie de la Tierra y, afortunadamente, nadie quiso. Pero ambos superpoderes debían simular que podían y sostener, para eso, una carrera de actualización de sus armas que les costó fortunas –y llevó a la URSS a la ruina. Mientras tanto, la pelea entre ambos se jugaba en todo tipo de conflictos regionales con su participación directa o indirecta: guerras del estilo de las de Corea o Vietnam o Afganistán o Medio Oriente, invasiones controladas como las de Hungría o Panamá o Checoslovaquia o Santo Domingo, golpes de Estado como los de Chile o Egipto o Indonesia.

Después, ya llegando al siglo XXI, dos elementos cambiaron otra vez el tablero. Por un lado, la caída de la Unión Soviética dejó a los Estados Unidos sin un enemigo de su talla –y la amenaza de la destrucción nuclear desapareció de los primeros planos. En 2023 todavía quedaba en el mundo una docena de países –Rusia y Estados Unidos, sobre todo, pero también China, Inglaterra, Francia, Pakistán, India, Israel, Corea del Norte– con suficientes bombas de hídrogeno como para destruir el planeta en media hora, pero no se suponía que tuvieran razones para hacerlo. Y los hombres habían olvidado la amenaza nuclear: ya no formaba parte de sus fantasmas, de sus miedos. Sin embargo, varios de esos estados atómicos tuvieron, en esos años, líderes lo bastante inestables –el norcoreano Kim, el norteamericano Trump, el indio Modi, el israelí Netanyahu– como para temer sus arrebatos.

Al mismo tiempo parecía que la idea de dos estados más o menos poderosos mandando sus ejércitos a una zona de conflicto y enfrentándose en ella con armas, vehículos y hombres ya no era posible. Expertos militares habían asegurado que ese tipo de guerra no era siquiera realizable: que un regimiento desplegado en un espacio abierto podía durar minuto y medio antes de ser destruido por misiles y drones, ya que cualquier movimiento era inmediatamente detectado por la pléyade de satélites que giraba alrededor del planeta. Su circulación todavía no estaba regulada y más de 7.500 aparatos se amontonaban en la órbita terreste –muchos de ellos, espías de los grandes ejércitos; algunos, científicos o meteorólogicos; bastantes, basura que se quedaba allí, dando vueltas hacia la eternidad.

Por eso, también, el impacto de la invasión rusa a Ucrania: fue la demostración de que la vieja guerra de ejércitos y posiciones y bombardeos y ocupación de objetivos civiles seguía siendo factible. Fue un shock extraordinario. Que se profundizó cuando millones descubrieron que, además, la amenaza atómica volvía al escenario.

* * *

Y, sin embargo, ya entonces se anunciaba el cambio decisivo de las técnicas bélicas: que los cuerpos empezaban a desaparecer de las guerras de los ricos. Fue el resultado de otro larguísimo proceso: al principio los hombres guerreaban con sus cuerpos desnudos, desprovistos de cualquier herramienta. Poco a poco aprendieron a usar palos y piedras que primero manejaron con sus manos y después lanzaron: una nueva etapa histórica empezó cuando un hombre pudo matar a otro a la distancia. Durante varios milenios las dos formas de matar se complementaron; cada vez más, las formas distantes se fueron imponiendo a las cercanas: de la lanza a la flecha al mosquete al cañón al fusil a la ametralladora la progresión se fue haciendo más y más mortal. Los cuerpos siguieron yendo a la guerra pero se mantenían cada vez más alejados: en las guerras del siglo XX los combates cuerpo a cuerpo se volvieron raros.

Pero fue a principios del siglo XXI cuando los soldados de los países ricos empezaron a pelear guerras sin sus cuerpos: sentados frente a una pantalla de computadora en un cuartel de su país, atacaban con drones o misiles unos blancos que podían estar en otro continente. El primero en hacerlo fue Estados Unidos en sus guerras asiáticas –Irak, Afganistán. Para bombardear o ametrallar un sitio, para volar un puente o matar enemigos ya no era necesario estar allí: ya no había que arriesgar la vida propia, solo tronchar la ajena. El invento era comparable a lo que fue, en el siglo XVI, la difusión de la pólvora: la posibilidad de matar a la distancia, sin correr un riesgo inmediato. Pero si entonces los artilleros debían estar al pie de su cañón y, así, exponerse, la guerra de drones y misiles podía conducirse desde cualquier oficina al otro lado del planeta: su operador –su piloto– era una persona que había entrado a las 9 y sabía que en principio saldría a las 5 tras una pausa para comer algo y que, sobre todo, saldría vivo.

Esos embates permitían eludir el viejo precio de las guerras: en cualquier ataque de soldados podían morir soldados propios; en un ataque de drones, no. El dron era pura desigualdad en acto. Y sus ejecutores tenían la sensación de estar embarcados en algún videojuego (ver cap. 20): matar era tanto más fácil cuando se hacía desde tan lejos, con tal calma. En una muestra de las paradojas de esos años, quien terminó de instalar la violencia a distancia fue un jefe supuestamente progresista, el primer presidente negro de los Estados Unidos, que proclamaba que la guerra debía ser «más humana»: su forma de hacerlo fue matar en pantallas.

(Quedaron testimonios de que el sistema era claro: ese presidente recibía cada semana la lista de los enemigos que sus servicios de espionaje habían localizado en sus escondites y residencias lejanas y él señalaba los nombres de los que debían ser bombardeados en lo que algún bromista involuntario bautizó como «operaciones quirúrgicas». La guerra –ese estadío de la guerra– se había transformado en una sucesión de ejecuciones más o menos controladas y seleccionadas –que, por supuesto, casi siempre producían «daños colaterales». Por eso algunos hablaron de «guerra post-heroica»: una gran operación represiva sin fronteras).

Esa forma de hacer la guerra era el privilegio absoluto de los tres o cuatro países más ricos, siempre que lo ejercieran contra países más pobres, que no contaban con la misma tecnología. En otro ejemplo de la disparidad despiadada del período, los países pobres seguían peleando con sus cuerpos como los animales. Y, aun en los más desarrollados, todavía se necesitaban personas para manejar las armas remotas; el reemplazo completo no era siquiera un proyecto todavía.

(Aunque se empezaba a hablar de los primeros soldados-robots, y se suponía que ya estaban en experimentación, todavía no habían participado en ningún enfrentamiento. Faltaban unos años).

La guerra técnica alejaba la violencia del cuerpo ciudadano, la volvía una noticia ajena: ya no implicaba –como las grandes guerras del siglo XX, las más mortíferas de la historia– a todos sino a unos pocos, los profesionales. Para los demás no era un peligro ni una realidad; era una molestia vaga, una amenaza muy lejana, algo que podían olvidar la mayor parte del tiempo. Por eso, también, el horror ucraniano: ciudades bombardeadas y civiles huyendo ya parecían, en Europa, escenas de un pasado olvidado.

Y al mismo tiempo esos ejércitos tecnificados mantenían las mismas estructuras jerárquicas de tiempos de Napoléon –o de Julio César–: las órdenes de un superior eran irrebatibles, no cumplirlas podía pagarse con la vida. Eran estructuras mayormente masculinas que justificaban su culto a la obediencia por el hecho de que cualquier desvío podía costar la muerte –aunque cada vez murieran menos.

En los veinte años –desde 2001 hasta 2021– que duró la guerra de Estados Unidos en Afganistán murieron en combate 2.448 soldados americanos: poco más de 100 por año. En cualquiera de esos años más de 35.000 estadounidenses murieron en su país por errores y fracasos de automóviles dirigidos por personas (ver cap. 17.)

* * *

En la medida en que la tecnología ocupaba más espacio en las guerras, el dinero pesaba más y más. Era la continuidad de una línea inmemorial: en la primera pelea a la entrada de la cueva entre dos hombres armados de palos los bienes de cada uno no influían, pero en cuanto ese hombre solo se integró en un grupo familiar, el grupo que conseguía más comida y por lo tanto crecía más y tenía más miembros empezó a ganar ventaja. La tendencia nunca se detuvo: una ciudad griega rica podría alimentar a más ciudadanos que la defendieran que una pobre y Carlos V podría pagar sus Tercios que saquearon Roma con oro de la Indias y Napoleón aprovecharía las requisiciones de la Revolución para aumentar su Grande Armée y Alemania usaría su potencia industrial para fabricar los tanques que arrasaron Europa. El dinero siempre ganó guerras, pero esa regla aumentó su poder cuando los seres humanos dejaron de ser necesarios en muchas de las operaciones. Era, por supuesto, más agradable para los soldados de las superpotencias, y mucho más para sus industriales y banqueros.

Cuanto menos peso tenían los hombres y más los aparatos, más dinero había para sus fabricantes y vendedores. Durante siglos los que más recaudaron con las guerras fueron los proveedores, que abastecían los víveres y uniformes y caballos y otras necesidades de esas bandas enormes. Poco a poco fueron perdiendo su lugar, y la industria armamentista se convirtió en uno de los sectores más influyentes. Propia de los países más ricos, les servía para un doble propósito: conseguir poder militar proveyendo a sus propios ejércitos y conseguir dineros proveyendo a los ajenos. Servía también para consolidar la influencia del gran capital sobre los gobiernos de sus países: esos estados estaban sometidos al chantaje permanente de los productores de las armas que necesitaban. Y servía para que los gobernantes consiguieran grandes ventajas –llamémoslas ventajas– arreglando contratos multimillonarios con este o aquel.

(La corrupción de políticos que debían decidir la compra de armas era moneda corriente. Más curioso era el caso inverso: cuando un monarca riquísimo como el emir de Qatar ofrecía al presidente de un país como Francia comprarle aviones de combate si lo apoyaba para organizar una copa de fútbol).

La industria armamentista incluía, entonces, desde bombarderos y helicópteros hasta guantes ignífugos y visores ultravioletas, pasando por satélites, barcos de guerra, armas de todo tipo, equipamiento personal, submarinos, cohetes, alimentos no perecederos, computadores superpoderosos o ciertas medicinas.

La industria armamentista era también una de las formas más eficientes de traspaso de capitales desde los países menos desarrollados pero ricos en materias primas –ricos en dinero– a los países más desarrollados. Los tres mayores exportadores de armas eran Estados Unidos, Rusia y Francia; los tres mayores importadores eran India, Arabia Saudita y Egipto.

Por efecto de la tecnificación siempre creciente, los gastos en violencia crecían sin parar. Con ejércitos mucho menos numerosos, con muchas menos guerras, los gastos militares eran, en 2021, casi el doble que veinte años antes –más de dos millones de millones de euros: dos billones en castellano. De ese total, Estados Unidos todavía pagaba más de un tercio para seguir teniendo el ejército más caro de la historia: en ese año 2022 había gastado, él solo, entre 700.000 y 780.000 millones de euros, según las fuentes. Era, en cualquier caso, más que los diez siguientes –China, Arabia Saudita, India, Inglaterra, Alemania, Japón, Rusia, Corea del Sur, Francia y Brasil– sumados. El 40 por ciento de los gastos militares del mundo los hacía un país, Estados Unidos, donde vivía un cuatro por ciento de su población. O, dicho de otra manera, cada norteamericano invertía –involuntariamente– en poder militar diez veces más que la media de la humanidad.

Mientras tanto, los gastos militares de China y Rusia habían aumentado mucho en las dos décadas anteriores. Y ambos habían multiplicado, también, su gasto en espionaje de sus propios ciudadanos (ver cap. 18). Aquella Rusia, por ejemplo, tenía cuatro veces más espías por persona que la Unión Soviética: el doble de agentes para la mitad de población.

Gracias a la generosidad de esos estados el negocio legal de las armas era entonces uno de los más florecientes del planeta: más de

600.000 millones de euros anuales. Y, por supuesto, las cinco mayores compañías eran norteamericanas –e ingresaban, solo ellas, unos 170.000 millones al año. Frente a eso, los dos o tres mil millones de euros que supuestamente circulaban en el famoso tráfico ilegal de armas eran una bicoca –pero servían para hacer muchas películas.

* * *

Todavía quedaban, pese a todo, en los ejércitos más ricos, soldados que bajaban al terreno. Iban revestidos de tecnología: eran soportes de carne y hueso para todo tipo de aparatos. Un soldado moderno de un ejército moderno de los años 2020 llevaba 50 kilos de equipo sobre sus espaldas: varias placas y dispositivos antibalas, el casco de combate, el arma automática, sus proyectiles, su mira termal, los anteojos de visión nocturna, los equipos de comunicaciones, las pilas para los equipos, las raciones de comida, el uniforme, el agua, el kit de primeros auxilios, la bolsa de dormir, la mochila con cosas. Combatir, entonces, no debía ser tan difícil como llegar al lugar del combate.

Y cada vez más ejércitos reclutaban mujeres en sus filas. La regla casi unánime de que solo los hombres hicieran la guerra se había mantenido durante milenios pero estaba cediendo. Las mujeres accedían con orgullo a la posibilidad de matar y ser matadas en un acto bélico; es cierto que no poder hacerlo era una de las exclusiones con que los hombres las habían apartado de los poderes fácticos; también es cierto que hay poderes que es mejor no tener.

Pero las mujeres seguían siendo algo relativamente nuevo en los ejércitos: los mayores cuerpos militares contaban entre un 10 y un 15 por ciento de soldadas –aunque la mayoría de ellas seguía en puestos de apoyo: servicios, logísticas diversas. Para justificarlo, algunos ejércitos poderosos –como el norteamericano– ofrecían baterías de ejercicios y simulacros que supuestamente demostraban que, en esas circunstancias, las unidades de hombres solos funcionaban mejor que las mixtas; algunas mujeres seguramente se alegraron, otras muchas no.

A esa altura la mayoría de los países ya había abolido el servicio militar obligatorio que mantuvieron hasta fines del siglo XX y que había sido casi exclusivamente masculino. El ejército nacional ciudadano se había acabado con el fin –aparente– de la era de las guerras estatales. En 2023 casi todos los ejércitos estaban formados por voluntarios profesionales destinados a una carrera de décadas: soldados por gusto y vocación. Solo unos cuantos países mantenían, por razones variadas, el servicio militar, uno o dos años de reclusión y entrenamientos que habilitaban para formar parte de la reserva. Y diez de ellos incluían hombres y mujeres: Israel, Libia, Eritrea, Malasia, Corea del Norte, China, Taiwan, Perú, Suecia y Noruega. En países tan aparentemente civilizados como Suiza, con una larga tradición de pacifismo armado, el servicio seguía siendo obligatorio solo para hombres.

(Hubo, en esos días, un caso extraordinario de cuerpo militar femenino: los destacamentos de mujeres del Partido de los Trabajadores de Kurdistán, en su lucha contra un grupo ultrarreligioso llamado Isis o Ejército Islámico –que llegó a controlar vastos territorios en Irak y Siria. La idea era simple: aquellos islamistas seguían al pie de la letra unos raros textos religiosos (ver cap. 24) que decían que los soldados que murieran peleando irían a su paraíso, a menos que los matara una mujer. Esos fanáticos intrépidos –grandes verdugos, grandes violadores– se aterraban cuando debían enfrentar mujeres que los matarían definitivamente y, así, aquellos destacamentos femeninos consiguieron victorias resonantes. Era una toma de judo tan perfecta, un triunfo tan extremo de la razón sobre la superstición, de cierta astucia femenina contra la estupidez de tantos hombres, que muchos intentaron acallarlo: podría haber servido como ejemplo).

De todos modos, la reducción de las expectativas de guerra abierta y la tecnificación de los combates había hecho que los grandes ejércitos mundiales redujeran mucho sus integrantes. En 1990 el ejército de la Unión Soviética tenía 3.350.000 efectivos, y el de Estados Unidos 2.170.000; en 2020, el ruso se había reducido a un millón y el norteamericano a un millón trescientos mil.

(También perdieron su utilidad muchos ejércitos de países más pobres. El caso de América Latina es ejemplar: allí los ejércitos nacionales casi no combatieron durante todo el siglo XX, pero sirvieron para corregir con sus «golpes de estado» cualquier desviación del orden de los ricos. Esa función también se volvió innecesaria, porque los mecanismos de la delegación democrática aseguraban esa defensa –que entonces no estaba amenazada por movimientos radicales).

Mientras tanto la guerra, en los raros casos en que había, dejó de ser un monopolio de los estados involucrados: los ejércitos nacionales dejaron de ser sus únicos actores. Aquel orgullo de «defender a la patria» que, fogoneado por escuelas, medios y sacerdotes, había servido para que generaciones de jóvenes fueran a hacerse matar por ella, se iba deshilachando. Muchos descreían de sus patrias, y los que creían y la reivindicaban tampoco querían que los mataran. Así, el inmenso ejército de los Estados Unidos no tenía soldados suficientes para sostener sus largas ocupaciones asiáticas y, ante la perspectiva de tener que volver a la conscripción obligatoria, su gobierno prefirió «tercerizar» parte de sus tareas a firmas privadas que ofrecían los servicios de mercenarios. Nunca se confirmó su cantidad, pero cálculos de época suponían que, por ejemplo, en la ocupación de Irak los americanos usaron entre 20 y 30.000 «empleados» de una empresa que primero se llamó «Blackwater» –y después cambió su nombre a «Academi» para evadir la mala fama que había ganado con sus intervenciones sanguinarias.

Esos servicios tenían la ventaja de que podían hacer cosas que un cuerpo estatal y demócrata no debía, y que podían hacerlo sin rendir cuentas, en secreto. Dos siglos después de que la Revolución Francesa consagrara los «ejércitos nacionales ciudadanos», la Patria-en-Armas, los mercenarios habían vuelto a ser parte importante de las guerras. Muchos de ellos ni siquiera eran estadounidenses; un colombiano o un croata cobraban menos. Y, en los pequeños conflictos regionales, las peleas por una mina de uranio o un gasoducto o el control de una provincia centroafricana, solía ser más fácil contratar personal extranjero y temporario que confiar en las velcidades de coroneles locales: el uso de mercenarios se extendió, en esos años, como nunca antes.

Era un retorno a los orígenes. Durante miles de años los ejércitos habían sido empresas privadas –de un rey, un califa, un maharajá– operadas por trabajadores contratados. Fueron públicas poco más de dos siglos: ya aparecían los primeros analistas que imaginaban que esa forma había sido un paréntesis en la larga historia de los soldados de alquiler. Las compañías que los proveían prosperaban en –relativo– secreto, aprovechando la falta de atención. No solo ofrecían operaciones armadas; proponían también una amplia gama de maniobras de espionaje –lo que entonces se llamaba, sin sorna, «inteligencia»– y otros servicios paramilitares. Los estados estaban perdiendo una de sus justificaciones principales: el monopolio de la violencia. Era lógico: si las grandes corporaciones empezaban a tener más poder que muchos estados, correspondía que consiguieran sus propios ejércitos, sus propios espías, sus propias formas de usar la violencia en beneficio propio.

* * *

Hasta la invasión rusa, las guerras habían sido escasas y distantes: en el mundo rico, la forma más reconocida de la violencia pública era eso que, entonces, solía llamarse «terrorismo». Se trataba, en general, de operaciones aisladas de bombas o tiros contra la población de una ciudad más o menos importante, habitualmente llevada a cabo por un pequeño grupo de hombres dispuestos a arriesgar sus vidas. Aunque durante mucho tiempo había tenido ejecutantes y metas variadas –anarquistas, resistentes, movimientos de liberación nacional–, en esos años era casi exclusivamente practicada por islamistas extremos: su religión les hacía más fácil convencerse de que valía la pena morir en el intento, ya que para ellos morir –si los mataba un hombre– significaba transferirse a un «paraíso» lleno de luz y miel y mujeres complacientes. A diferencia de aquellos «terroristas clásicos», los islámicos no pretendían imponer formas nuevas de organización política y social sino esquemas antiguos y tradicionales: califatos, sharías, dogmas varios. Y, mientras aquel «terrorismo» solía tener blancos definidos, claros, el islámico se caracterizaba por el ataque azaroso, sin objetivos particulares, tendiente a instalar un terror confuso y generalizado en una población: «Como esa violencia no tiene lógica, nada me garantiza que no me alcance».

Esas «operaciones terroristas» tenían mucha repercusión cuando sucedían en capitales occidentales y mucha menos cuando lo hacían en ciudades asiáticas o africanas donde, por supuesto, mataban tanto más. Era coherente con su desarrollo: habían llegado al primer plano de la actualidad internacional con el ataque de un grupo islamista de origen saudí a dos torres de la ciudad de Nueva York en 2001. En esa operación dos aviones comerciales secuestrados se lanzaron contra esos dos edificios emblemáticos y mataron a unas 3.000 personas. (Ese mismo día, en el resto del globo, unas 30.000 personas murieron por causas relacionadas con el hambre. Y al otro día otras tantas, y al otro, y al otro).

Aquel ataque tuvo un toque de genio –malvado–: instaló en la conciencia global la idea de que –casi– cualquier objeto cotidiano podía volverse un arma. Si un par de aviones –entre las decenas de miles que recorrían el mundo– podían usarse para atacar una gran capital, el mundo se transformaba en un arsenal insospechado.

Veinte años después, sin embargo, se podía decir que la lección no había hecho escuela: salvo algunos atentados menores con camiones y camionetas y cuchillos de cocina, no había habido más uso violento de los objetos habituales.

Aun así, aquel ataque de 2001 permitió a los gobiernos la puesta en marcha de un gran aparato represivo. Los «aeropuertos», por ejemplo, se convirtieron en lugares de control social extremo –revisiones con rayos equis, cacheos, interrogatorios, detenciones arbitrarias–, sustentados por la aprobación de las mayorías, lo suficientemente atravesadas por el discurso dominante como para agradecer que las controlaran –las «cuidaran»– así. Y la amenaza terrorista sirvió también para justificar más medidas que habrían sido rechazadas en otras circunstancias: el espionaje de teléfonos y redes sociales, el rechazo de migrantes, las cárceles ilegales para sospechosos. La «lucha contra el terrorismo» habilitaba gastos extraordinarios: se consumían en ella muchos miles de millones de dólares al año, tantos más que lo que las Naciones Unidas reclamaban para acabar con el hambre en el mundo.

Este uso de la amenaza terrorista fue un ejemplo de persistencia de un relato mucho más allá de la realidad que le había dado origen. En el año 2021, por ejemplo, el «Fondo de Seguridad Interior» contra el terrorismo de la Unión Europea gastó unos 275 millones de euros. Ese año el terrorismo islámico produjo, en toda la región, dos víctimas mortales: una fue acuchillada en Rambouillet, Francia; la otra en Leigh-on-Sea, Inglaterra.

Los mismos grupos que actuaban cada vez menos en las capitales ricas mantenían una actividad importante e incluso ocupaban territorios en sus propias regiones. De los diez países más golpeados por el terrorismo, cinco eran africanos y cinco asiáticos. Sus tropas se desplegaban sobre todo en ciertas naciones del Sahel –Burkina Faso, Mali, Níger, Nigeria– que estaban, entonces, entre las más inestables y peligrosas del planeta. Allí sí las acciones de los «terroristas» producían cientos o miles de muertes cada año, pero sus métodos y metas eran diferentes: trataban de ocupar territorios y crear bases donde asentarse. Así consiguieron definir unas zonas de exclusión a las que nadie se acercaba y la convicción generalizada de que las peores violencias tenían dos causas: o la voluntad de imponer los preceptos islámicos o la de acaparar ciertas materias primas –o una buena combinación de ambas. Y crearon, sobre todo, la ilusión de que la violencia pública del mundo, concentrada en unas pocas regiones pobres, era propia de sociedades pobres –cuando, hasta entonces, parecía claro que las guerras siempre habían implicado al menos un estado rico que intentaba imponer su poder o dos que se peleaban por una hegemonía.

* * *

Los ejércitos se reducían, los estados contrataban mercenarios, las armas cambiaban, las guerras –salvo la rusa– no enfrentaban estados sino grupos más o menos irregulares. Sin embargo, analistas ya imaginaban que el conflicto geopolítico y económico por la supremacía mundial entre Estados Unidos y China terminaría por llevar a alguna forma de guerra global: que ningún superpoder se entrega sin pelear y que llegaría un momento en que los americanos deberían luchar por su supervivencia.

El ejército chino seguía siendo el más numeroso del mundo, con más de dos millones de soldados –un millón menos que en 1990. Pero en ese lapso había mejorado enormemente sus arsenales, barcos, aviones, satélites, misiles: se había convertido en un poder militar a la altura de su poder económico. Nadie preveía cómo sería ese conflicto, que sucedería en condiciones que la época no sabía ni quería imaginar. Unos pocos lo consideraban inevitable; la mayoría hablaba de otras cosas.

La invasión rusa a Ucrania lo puso, brevemente, en primer plano. La cumbre de la OTAN en Madrid, entonces la capital de España, en junio de 2022, marcó un punto de inflexión. Europa había pasado varias décadas tratando de despegarse de Estados Unidos pero la invasión produjo tal ola de temor que volvió a acercarlos. Su «Organización del Tratado del Atlántico Norte», que, según el entonces presidente de Francia, «estaba en muerte cerebral», resucitó de pronto. Estados Unidos logró que los europeos se encolumnaran tras su liderazgo para enfrentar la amenaza rusa –y china–: así captó a dos de los últimos países neutrales que quedaban en la región, Suecia y Finlandia, y, sobre todo, consiguió que todos se comprometieran a aumentar considerablemente su gasto militar –un mínimo de dos por ciento de su PIB– y la cantidad de soldados dispuestos al combate.

Se impusieron, para eso, las ideas de los analistas que interpretaron la invasión rusa como un ensayo que los chinos aprovechaban para tantear las reacciones de Estados Unidos y sus aliados y definir, en función de ellas, si lanzarían por fin su tan temido ataque a Taiwán, la isla que durante siglos había formado parte de su reino. Muchos imaginaban que esa invasión era ineludible: solo dudaban de cuándo sucedería. Y que sería –quizás– el principio de esa guerra que redibujaría el mapa del mundo. Ya sabemos, por supuesto, en qué se equivocaban, en qué no.

La situación era confusa. Y la desorientación general –o el miedo– de los poderes del mundo frente a la evolución de las formas de la guerra puede sintetizarse en una historia menor: en esos días el gobierno francés contrató a cinco escritores de ciencia-ficción para que imaginaran cuáles podrían ser las amenazas tecnológicas militares y paramilitares que enfrentarían en el futuro. Es probable que hayan imaginado sobre todo combates espaciales y esas vicisitudes que la época todavía suponía, pero nunca lo sabremos: los resultados de la iniciativa se perdieron en algún vericueto burocrático y ya nadie recuerda cuáles fueron ni, por lo tanto, cuánto se cumplieron.

Las guerras siempre habían producido avances técnicos importantes –y muchos de los grandes inventos de esos tiempos tenían que ver con los militares: el inter-net, sin ir más lejos, o el GPS o la fotografía digital (ver cap. 18). Pero servían, sobre todo, para que algunos ganaran mucha plata. En la fabricación de armas, por supuesto, pero también en la reparación de lo dañado por ellas: un negocio redondo. En esos días, con la invasión de Ucrania en su momento más brutal, miles de compañías –literalmente miles de compañías– de docenas de países, de muy diversos sectores, ya habían empezado a ofrecer sus servicios para la «reconstrucción» de la nación dañada. Cálculos muy preliminares imaginaban que la operación podía llegar a mover unos 500.000 millones de dólares.

Aunque, entonces, la ofensiva rusa aparecía cada vez menos en los diarios y otros medios de la época. La historiadora desatenta podría fácilmente creer que se había convertido en un conflicto casi durmiente; pero, al buscar más información, se encuentra con que la violencia y sus víctimas seguían siendo por lo menos tantas como al principio, solo que la novedad ya se había disipado. Pocos procesos ilustran mejor la visión que tenía aquella sociedad de sus problemas: le interesaban cuando eran nuevos, se asustaba, se indignaba, reaccionaba airada, y después se iba acostumbrando hasta que, al final, aquello que poco antes le había parecido intolerable desaparecía de su foco de atención.

Las personas 22

EL GRAN HOMBRE

Siete metros cuadrados: su historia oficial –y las demás– insisten en que el cuarto donde vivieron, durante años, Vladímir Spiridónovich Putin y su esposa María Ivánovna con su único hijo, Vladímir Vladímirovich, tenía siete metros cuadrados. Vladímir padre era soldado, María era obrera industrial y Vladímir hijo era su tercer hijo, pero los otros dos ya se habían muerto. Corría 1952 y la Unión Soviética sufría la pobreza de la posguerra –y de una economía desquiciada.

Vladímir era un chico rebelde. Estudiaba poco, se pasaba las horas en la calle, peleaba, rapiñaba; a veces se jactaba de que su abuelo había sido el cocinero personal de Lenin y de Stalin pero sabía que eso tampoco era gran cosa. Cuando terminó la escuela pasó a la universidad: sin mucho esfuerzo terminó la carrera de Derecho y entró en el Partido Comunista. Pero lo que realmente cambiaría su vida fueron las clases de judo y box y otras artes marciales. Allí, su instructor le propuso postularse al KGB, la policía secreta soviética. Vladímir se entrenó, pasó los cursos, fue aceptado: a sus 23 entró en una de las organizaciones represivas más eficaces de la historia.

Durante años su trabajo fue muy burocrático: clasificar información, llenar papeles. Recién en 1985, a sus 33, lo mandaron a su primera misión en el terreno: un puesto en Dresde, Alemania del Este, donde fue con su esposa Liudmila y sus dos nenas muy chiquitas. En esos días era un agente entre tantos, ni especialmente astuto ni especialmente dedicado, que trataba de sobrevivir sin problemas mayores. Pero la historia se estaba acelerando: cuatro años después, cuando la República Democrática Alemana se hundió en un par de días, Putin debió quemar todo lo que pudo y escaparse.

Ya en Leningrado su situación era confusa. Sus jefes no estaban convencidos de su lealtad y lo dejaron en reserva. Pero poco después la Unión Soviética también periclitó, Leningrado volvió a ser San Petersburgo y Putin se fue acercando al nuevo alcalde, un Anatoly Sobchak: se convirtió en su custodio y monje negro, lo seguía a todas partes, le armaba negocios y negociados, aprendía. Era, entonces, un cuarentón bajito, rubio, ojos muy celestes, con unos labios gruesos y cara preocupante.

Y prosperó. Pero en 1996, cuando Sobchak perdió –por su fama de corrupto– su reelección a la alcadía, debió buscarse otro cobijo. Fue entonces cuando se mudó a Moscú e intentó acercarse al presidente Boris Yeltsin: lo logró en pocos meses.

En 1997 quiso apuntalar su carrera con una tesis doctoral sobre economía: tiempo después se descubrió que había plagiado un manual norteamericano. No importó: en 1998 Yeltsin lo nombró director del Servicio Federal de Seguridad, la organización de inteligencia que había reemplazado a la KGB en la Rusia democrática. En esos días el ex espía comunista se declaró ferviente católico ortodoxo –que nunca se sacaba del cuello la cadenita con la cruz bautismal, regalo de su madre. Un año después, Yeltsin volvió a ascenderlo: lo designó primer ministro y, sin decirlo, su sucesor en la presidencia.

El problema era que debían votarlo millones de rusos que no lo conocían: Putin siempre había trabajado entre las sombras. Cuentan que su solución fue poner unas bombas. En esos días, dos edificios de Moscú explotaron y cientos de personas murieron. Muchos sospecharon que había sido una maniobra del nuevo candidato para mostrar su poderío: anunció que habían sido extremistas chechenos y escaló la guerra contra ellos. Así se armó una imagen de hombre fuerte, salvador de la patria y esas cosas. El 26 de marzo de 2000 ganó las elecciones en primera ronda con el 53% de los votos. Cuentan que esa noche su padrino Yeltsin esperó una hora y media que su invento le devolviera su llamada, y que nunca lo hizo. Vladímir Vladímirovich Putin había decidido que nunca le debería nada a nadie.

De la misma forma se pasó sus primeros años de gobierno desarmando el poder que había armado su padrino: unas pocas docenas de señores se habían quedado con las enormes riquezas –petróleo, gas, carbón, medios, bancos, transportes– de la antigua Unión Soviética y habían formado una clase nueva, opulenta, violenta, que controlaba el país: los «oligarcas». Vladímir Vladimírovitch no quería compartir nada con nadie y se lo comunicó. Los que lo aceptaron –y aceptaron entregar parte de sus fortunas– sobrevivieron; los que no, terminaron encarcelados o asesinados –con bala, veneno y otras formas. No solo los mataba en Rusia; también alcanzó a los exiliados en Inglaterra, Suiza y otros sitios. Quería que supieran que nadie le escapaba.

Sería largo y cansino registrar cada recodo de su larga carrera. Baste decir que veinte años después seguía siendo el gran jefe de Rusia. Tras sus dos primeras presidencias no había podido presentarse a una tercera, así que puso a un pelele que lo nombró primer ministro para que gobernara también en ese lapso; cuando acabó esa presidencia falsa pudo volver a presentarse y volvió a ganar dos períodos más, fraudes diversos. Los que lo atacaban decían que era un dictador; los que lo defendían decían que el pueblo ruso lo elegía una y otra vez. Los que lo atacaban decían que el pueblo ruso no podía ser medida de nada. Mientras tanto, la prensa estaba estrechamente controlada, las protestas eran reprimidas sin piedad, los sufragios nunca fueron claros.

Pero debía ser un hombre muy querido. Los militares lo apreciaban y lo sostenían: había vuelto a darles un papel importante en el esquema ruso. Y sus ciudadanos mayormente también: era un hombre duro, un padre sin debilidades, un verdadero jefe, un patriota dispuesto a todo para cuidar a la Gran Madre Rusia. Solía mostrarse boxeando y cazando y cabalgando y, además, se había casado con una gimnasta olímpica 30 años menor: se notaba que era un macho auténtico, bajito pero poderoso.

En esa línea, Putin lanzó en 2014 una guerra contra Ucrania y ocupó una porción de ese país, Crimea. Después participó en otra guerra en Siria y, por fin, en 2022, invadió Ucrania con la intención de quedársela toda. Era la primera vez en muchas décadas que dos Estados europeos estaban en guerra y los países occidentales reaccionaron en masa. El ejército ruso cometió todo tipo de matanzas y crímenes; Vladímir Vladímirovich se convirtió en el blanco preferido de buena parte de Occidente, pero su apoyo entre sus compatriotas aumentó bastante.

A esa altura el hombre ya tenía más de 70 años y un supuesto cáncer de tiroides que, decían, se trataba con baños de sangre de asta de ciervo. Así, estaba claro, no podía durar mucho.

23

LA VIOLENCIA PRIVADA

Donde se cuenta cómo la violencia privada crecía en muchos países, especialmente contra las mujeres. Y que la pena de muerte retrocedía como nunca pero las grandes potencias la mantenían como siempre.

Ahora, mirado a la distancia, resulta evidente que el dominio del liberalismo se había extendido a las violencias: que la violencia privada –la violencia de los ciudadanos– había reemplazado en buena medida a la violencia pública –la violencia de los estados. Era el caso, por ejemplo, en la zona más violenta del mundo en esos años, América Latina. Donde, a diferencia de las regiones islámicas, los violentos no tenían nada en qué creer salvo la codicia y, si mataban, era para conseguir más dinero, más poder personal.

Un dato lo muestra sin recodos: en esos años el país del mundo con la mayor cantidad de muertes violentas era México, donde no había guerras ni guerrillas ni grupos insurrectos. En México los miembros de varias empresas dedicadas a la producción, venta y exportación de drogas prohibidas se mataban los unos a los otros para conseguir o mantener ventajas comerciales. Esa competencia llevaba casi dos décadas asesinando a más de 30.000 personas cada año. En 2020 fueron unos 43.000, más del doble que en el conflicto político más mortífero del momento, Afganistán, donde ese año no llegaron a 20.000 (ver cap. 22).

Semejante cantidad de muertes no era indispensable para el negocio –podía, incluso, perjudicarlo–, pero era el reflejo de una dinámica ineludible: que el uso de la violencia privada engendraba más violencia privada. Si una empresa de exportación de drogas debía pagar una nómina importante de pistoleros, tendía a usarlos. Y, así, se embarcaba en una serie de negocios secundarios –robos, secuestros, asesinatos por encargo, venganzas diversas– para rentabilizar sus recursos. Lo cual producía un efecto directo: esa sociedad, enfrentada a una violencia excepcional, se armaba a su vez, so pretexto de defenderse, y producía más violencia. Y una serie de efectos secundarios: el crecimiento de una industria de la «protección» –que en México en esos días movía unos 2.000 millones de euros al año– ponía en la calle a cientos de miles de hombres legalmente armados; algunos de ellos lo aprovechaban para amenazar y extorsionar y robar a su vez. En medio de tantas armas, los conflictos entre las personas llegaban muy rápido a un punto de violencia al que nunca habrían llegado en otras circunstancias: demasiadas cosas se arreglaban a tiros.

La situación era apenas mejor en otros países de la región. En ninguno se mataba tanto como en Venezuela, con una media de 40 homicidios cada 100.000 habitantes en 2021, y lo seguía Honduras con 38, Colombia y Ecuador con 25, Brasil, 18, Guatemala y El Salvador, 17. En todas las listas de las ciudades del mundo con más muertes violentas las nueve o diez primeras solían ser mexicanas –y a veces se colaba alguna norteamericana o caribeña. Aunque muchos de sus países no eran especialmente homicidas, América Latina era, en conjunto, la región más asesina del mundo en esos días con un promedio de 20 homicidios al año cada 100.000 personas: diez veces más que las medias de Europa y Asia. Entre quejas y lamentos, la barbarie se mantuvo hasta que ciertos líderes entendieron que la razón era muy simple: que solo uno o dos de cada cien asesinatos recibían el castigo de la justicia y que, por lo tanto, matar era demasiado barato como para privarse.

Pero si las cifras latinoamericanas descollaban era, también, porque las otras habían disminuido. En el mundo en general la violencia criminal estaba en baja: en Asia y Europa, por ejemplo, en 2020 se mataba menos de la mitad que tres décadas antes. No había acuerdo sobre las razones de ese descenso. La causa no era, claramente, la severidad de la justicia, porque en ese mismo lapso las penas aplicadas a los delincuentes habían disminuido igual o más.

Las diferencias entre el MundoRico y el MundoPobre también se manifestaban en el terreno de los delitos y la delincuencia: en el Pobre los crímenes solían involucrar violencia, cuerpos, materialidad; en el Rico implicaban negocios, dineros: eran inmateriales.

Salvo en Estados Unidos, un caso extraño: todavía era el país más rico y poderoso del mundo pero tenía tasas de homicidios propias de un país pobre, diez veces mayores que las de Europa Occidental. Muchos creían que esa plaga se debía a la antigua tradición según la cual todo buen ciudadano debía tener sus propias armas –para defenderse de los extraños, los extranjeros, los delincuentes, los diferentes o los dirigentes–: el arma como un rasgo central del ser americano. Allí la proporción terminaba de invertirse: si, cuando se inventaron, la inmensa mayoría de las armas se usaba contra los animales y unas pocas contra personas, si durante buena parte de la historia la proporción se mantuvo equilibrada, el siglo XXI terminó de consagrar la tendencia contraria: la mayoría absoluta de las armas se dedicaba al uso entre personas –y usarlas contra animales se consideraba despreciable.

Lo cierto es que los 330 millones de estadounidenses se repartían, en esos días, casi 400 millones de armas de fuego: en promedio, cada uno poseía más de un arma. O, para no dejarse engañar por las medias: muchos no tenían ninguna, pero muchos más tenían varias. En cualquier caso, casi la mitad de las armas de fuego «personales» del mundo estaba en los Estados Unidos, y cada año se compraban 25 millones más. Nunca un país había estado tan –privadamente– armado.

Lo cual se traducía en unos 15.000 asesinatos y unos 24.000 suicidios con arma de fuego cada año: en ningún otro lugar del mundo era tan fácil pasar de la idea del suicidio a su realización. Para no hablar de aquella marca cultural americana de la época, los *mass shootings,* cuando un loquito o dos abatían a cuantos más mejor en algún lugar público: un centro comercial, una escuela, una disco. Eran masacres azarosas, donde el hecho de estar por casualidad en tal lugar a tal hora alcanzaba para acabar con tu vida; en ciertos casos, el asesino argumentaba que quería matar negros u homosexuales. En una demostración del poder de ciertos poderes, nunca nadie intentó llamar a esto «terrorismo».

(En esos días el modelo americano, como solía, empezaba a difundirse por el mundo: hubo masacres azarosas en una veintena de países, pero todas ellas sumadas no llegaban a la mitad de las registradas en Estados Unidos).

En cambio, despertaba en esos años una conciencia global sobre el llamado «femicidio» o «feminicidio»: el asesinato de mujeres por su condición de mujeres. Estudios de la época calculaban que lo sufrían, cada año, entre 80 y 90.000 mujeres en todo el planeta. Más de la mitad, decía uno, morían a manos de familiares o parejas –o de una pareja anterior que no soportaba dejar de serlo. Era una cifra espeluznante, que, junto con la movilización de millones, contribuyó a que muchos países empezaran a legislar contra las violencias de género. Pero era, también, una evidencia de que la violencia seguía siendo mayormente masculina: no solo los victimarios, sino también las víctimas lo eran. Aquel mismo año, por ejemplo, los hombres asesinados en el mundo fueron cuatro veces más, alrededor de 400.000 individuos.

En América Latina, que el lugar común de la época solía considerar particularmente machista, la diferencia era mucho mayor: diez hombres por cada mujer asesinada. Y nueve de cada diez asesinos –de hombres y mujeres– eran varones: matar seguía siendo cosa de machos.

Entre los hombres la mayoría de los homicidios tenía que ver con razones comerciales: peleas de negocios, disputas por una zona de ventas, apropiaciones de valores en calles y casas. Aunque había, también, por supuesto, las que se relacionaban con alguna relación familiar o sentimental que se había complicado –pero la proporción era mucho menor.

Mientras tanto, las fuerzas policiales habían crecido en todas partes: eran el último intento de los estados de mantener cierto monopolio sobre la violencia e imponer en sus territorios el orden que eligieran. Hacia 2020 se calculaba que sumaban, en todo el mundo, más de 13 millones de efectivos –les decían «efectivos»–: dos millones en

China, otros dos en la India, más de medio millón en Rusia, Estados Unidos, Indonesia. Pero la cantidad de policías por habitante era mayor en Argentina, España, Turquía, Uruguay, Grecia, Hong Kong, México, Italia –una lista que parece caprichosa. En todo caso, sus equipamientos cada vez más sofisticados les aseguraban una posibilidad de control que nunca antes habían tenido: las calles de las ciudades importantes rebosaban de cámaras que registraban casi todo lo que sucedía y lo transmitían en tiempo real a centros de vigilancia o lo grababan para investigaciones posteriores; algunas de esas cámaras tenían incluso sistemas de reconocimiento facial o de placas de coches que les permitían alertar cuando una persona o un vehículo «registrados» aparecía en algún lugar sensible. Y los equipos de espionaje de llamadas y conversaciones eran cada vez más eficaces, y las redes de información computerizadas les daban un nivel de información inédito (ver cap. 18).

Las policías más poderosas se beneficiaron así del avance técnico justificado y pagado por «la amenaza terrorista» (ver cap. 22). Y sobre todo aprovecharon el miedo a la violencia, tan bien instalado en esos años, para legitimar sus acciones, para mostrarse como los salvadores. «Yo me pasé décadas temiendo a la policía más que a nadie», decía un personaje de una novela de época, «y ahora en ciertas situaciones los veo y me quedo más tranquilo. Es curioso: a mí los ladrones y los terroristas nunca me hicieron ningún daño, y en cambio los policías muchas veces, y sin embargo…». El personaje se refería a viejas represiones; también podía haberse referido a tantos momentos y lugares en que las policías, gracias a su posición de poder, ejercían actividades muy cercanas al crimen: extorsiones, tráficos, sobornos, las más diversas arbitrariedades.

En muchos países la policía era el cuerpo armado más potente: sus integrantes solían aprovecharlo para imponer su voluntad y cometer muy variados delitos. O recurrían a un método más directo: amenazaban con «descuidar» el control de un determinado territorio si sus autoridades intentaban ponerles un freno. Ante el aumento de la violencia y la inseguridad y el malestar ciudadano que eso suponía, esas autoridades solían ceder sin más defensa.

Las posibilidades de aplicar violencia en nombre de la justicia se habían restringido mucho –al menos legalmente. Cien años antes casi todos los países imponían la pena de muerte para distintos tipos de delitos: la idea judeo-cristiano-islámica del ojo por ojo primaba y cada año se ejecutaba a miles de convictos con guillotinas, cimitarras, horcas, rifles, venenos variados, silla eléctrica, garrote vil. A lo largo del siglo XX la pena de muerte se fue desnaturalizando y cada vez más sociedades empezaron a verla, por primera vez en la historia, con sospecha y repulsa.

Fue un cambio radical: la mayoría de los estados dejó de matar a sus réprobos. Y fue muy poco subrayado: quizá, tras haberlos matado durante siglos, preferían no recordarlo –y por eso no celebraron demasiado su final. Pero, en cualquier caso, los errores de los tribunales, el escepticismo religioso y el auge de los «derechos humanos» fueron provocando el abandono de esa tradición milenaria: en 2020 tres cuartos de los países del mundo la habían abolido o, aún manteniéndola en sus legislaciones, no la practicaban. Quedaban 56 países que sí lo hacían, con entusiasmos diversos. Los más grandes estaban entre ellos: China, India, Estados Unidos, Rusia –y la mayoría de los musulmanes. Era otra evidencia de un mundo dividido, desparejo, que debía buscar maneras de igualarse.

China era, con diferencia, el país que más ejecutaba: aunque no daba cifras, una gran institución humanitaria calculaba que mataba cada año a «miles de personas», y se decía que el estado cobraba a los deudos la bala final. Los delitos más mortales eran asesinatos, violaciones, actividades mafiosas, corrupción. En Corea del Norte y Vietnam la cantidad de ejecuciones era importante pero también secreta. En el resto del mundo, en 2022, los ejecutados fueron unos 900. La República Islámica de Irán era la más verduga: 576 asesinados, la mayoría en la horca, por homicidios, homosexualidad, prostitución, incesto, adulterio, blasfemia, falsificación, contrabando, militancias varias, «enemistad con dios» y manifestaciones callejeras; doce fueron mujeres. En Arabia Saudita los decapitaban en la plaza pública por razones casi tan variadas como en Irán. En 2022 fueron 196; en un solo día de furia ejecutaron a 81 personas, incluida una mujer.

Egipto ahorcó o fusiló a 24, la mayoría por oponerse al gobierno, Irak y Singapur a 17, Kuwait a 7; la cifra siria no aparece clara. Y por fin, en Estados Unidos, aquel año 18 hombres acusados de algún asesinato recibieron la inyección letal –que habían esperado en sus pasillos de la muerte alrededor de dos décadas y que se resolvía como una mezcla de espectáculo y venganza: los familiares de la víctima eran invitados a presenciar, de muy cerca, la agonía del victimario.

(El gobierno norteamericano también aplicaba la pena de muerte sin juicio previo ni ninguna otra precaución legal a cualquiera que sus servicios de «inteligencia» hubieran definido como «terroristas» o «enemigos» –y la ejecutaba con aquellos drones o misiles enviados a miles de kilómetros de distancia o, incluso, con operaciones presenciales de sus fuerzas más especiales (ver cap. 22). En general, las policías de los países occidentales solían matar en el terreno a cualquier persona que interceptaran cometiendo un acto «terrorista». En el dialecto de la época, esta acción se definía con una palabra particular, que debía parecerles más limpia o inocente o apropiada: «abatir». La policía «abatía terroristas»).

El resto de las ejecuciones sucedieron en una decena de países africanos o asiáticos –Japón, Yemen, Afganistán, Somalia, Botswana, Sudán del Sur, Palestina, Bielorrusia, India, Bangladesh, Taiwán– que mataron a uno o dos reos cada uno: todos hombres.

Pero lo más habitual eran las «cárceles». Decíamos (ver cap. 10) que se mantenía el uso de esa extraña forma de tortura consistente en almacenar durante años en espacios muy custodiados a personas de un mismo sexo. Esos depósitos contenían, en esos días, en todo el mundo, unos doce millones de cuerpos: curiosamente, casi la misma cantidad que policías. Solo Estados Unidos tenía más de dos millones, poco menos del uno por ciento de su población –y la mayoría de ellos por asuntos relacionados con el comercio de drogas ilegales: aquel sistema socioeconómico basado en la libertad de mercado y la compra-venta se reservaba celosamente el derecho de definir qué se podía comprar y vender, y qué no.

Esas fortalezas se presentaban como lugares donde los prisioneros debían ser «resocializados» –entrenados para reintegrarse y volverse «personas de bien»–, cosa que sucedía muy poco. En todos los países estaba claro que la posibilidad de pasar una temporada en prisión era directamente proporcional a la pobreza: las cárceles estaban muy mayoritariamente ocupadas por personas de los sectores y las razas más pobres de cada sociedad.

Las prisiones habían sido, durante mucho tiempo, otro monopolio de los estados. Pero en esos años algunos países –otra vez, Estados Unidos a la cabeza– habían privatizado muchas. Las manejaban empresas que cobraban por preso y obtenían su ganancia en la diferencia entre lo que cobraban y lo que gastaban, o sea: bajando el costo del mantenimiento de sus usuarios. Debía ser un buen negocio, porque en ese país, en 2020, había 158 prisiones privadas –y gobiernos que pagaban una media de 23.000 dólares por prisionero por año: cada uno costaba casi 2.000 dólares al mes, mucho más dinero que el que manejaban nueve de cada diez personas en el mundo.

* * *

Más allá de todos estos matices, culminaba en esos días uno de los períodos de paz más largos y generalizados que la historia había conocido. La invasión rusa de Ucrania se sintió como un punto que podía ser final; no sabían lo que se venía. Aún así, ese conflicto produjo en 2022 unos 50.000 muertos –aunque la cifra era muy discutida. Eran demasiados, por supuesto, pero eran, comparados con conflictos anteriores, tantos menos. Un experto ucraniano dijo en esos días que la invasión alemana había causado 30 veces más bajas militares diarias que la rusa: de 3.000 en 1941 a 100 en 2022 –y millones de bajas civiles.

Sin embargo, en ese mundo donde la violencia era menor que casi nunca antes, la sensación de violencia era intensa. Para empezar, la posibilidad de registro global producía ese efecto: todo lo que sucedía en el espacio –más o menos– público de cualquier rincón del planeta era grabado por alguna de los millones de cámaras instaladas en las calles, de los miles de millones de cámaras que las personas llevaban en los bolsillos so forma de ordenadores móviles. Esas imágenes, difundidas al momento por todo el espacio, provocaban la sensación de que el mundo estaba desbordado por esa violencia –esporádica, episódica. (Y su crudeza gráfica producía, a su vez, ciertas violencias: no era en absoluto lo mismo leer que un hombre negro había sido asesinado por la policía en Minneapolis que ver a ese hombre mientras un policía de Minneapolis lo mataba; las reacciones eran, por supuesto, tan distintas).

Esa violencia, además, saturaba los juegos y entretenimientos. Desde siempre los chicos –los varones, más que nada– jugaron a la guerra: una espada de madera o un par de puños los transformaban en soldados. Pero la omnipresencia de los juegos digitales (ver cap. 19) le dio a la violencia un lugar extraordinario: millones de chicos se pasaban horas y horas utilizando todo tipo de armas, persiguiendo, emboscando, acribillando, muriéndose. El combate, aunque virtual, formaba parte de sus vidas como nunca antes.

Y lo mismo pasaba con los adultos de un modo más pasivo: no hay cálculos precisos pero, sobre el total del material audiovisual ficticio –las llamadas series y películas– que circulaba en esos días, el porcentaje de las que estaban dedicadas a crímenes, policías, batallas varias y otras representaciones de la violencia no tenía ninguna relación con su realidad (ver cap. 20).

Y también las «noticias». En un país medio como España, por ejemplo, los espacios de tele-visión matutina dedicaban una media de hora y media a noticias de violencia. No tenían suficiente materia prima: España era, entonces, uno de los países con menos homicidios del mundo –0,6 asesinatos cada 100.000 habitantes por año– y los crímenes no abundaban. Pero los productores sabían que el tema «vendía»: no lo hacían por ningún designio maquiavélico sino por pura ambición comercial, para conseguir más espectadores. Para eso, a veces, tenían que mantener viva una historia durante períodos inverosímiles –porque no conseguían otras–, y convencían a sus espectadores de que vivían en un infierno. Así, la mayoría de los ciudadanos de esos años sentía que estaba inmerso en un pantano de violencia extrema, tan descontrolada –mientras vivía, como queda dicho, el momento más pacífico que la humanidad había conocido hasta entonces.

Era una época en que las sociedades estaban mucho más controladas, donde la violencia se mantenía en poder de los estados y de muy pocos resilientes. Los ciudadanos en general ya no andaban armados ni debían combatir por sus patrias o su supervivencia. Casi nadie mataba a casi nadie, y la enorme mayoría no sabía cómo era, qué efecto producía en su autor el acto de matar.

Pero el cine y la tele-visión mostraban a tanta gente matando –tanta gente matada– que lo normalizaron. Lo mismo que tantos fornicando: cosas que, durante milenios, casi nadie casi nunca veía, se habían vuelto espectáculo común (ver cap. 4). A fuerza de mirar tanta muerte les resultaba casi fácil suponer que matar era algo –más o menos– normal, que el que lo hacía seguía su camino sin grandes cicatrices. Lo hacían menos que nunca; lo veían más que nunca. Esa distancia entre relato y realidad era una marca decisiva de los tiempos.

Las personas 23

CALLAR O MORIR

Entre todos los azares que definen a un hombre, probablemente ninguno pese más que el lugar y el tiempo en que ha nacido. Javier lo hizo en Culiacán, Sinaloa, norte de México, en 1967: la zona siempre había sido violenta, pero poco después se volvería más violenta que ninguna.

Tuvo suerte: en su ciudad no muchos muchachos podían ir a la universidad. Primero intentó la abogacía pero al cabo de un año se pasó a sociología: empezaba a pensar que nada le importaba más que ayudar a los que la estaban pasando peor –y oponerse de algún modo a los que lo causaban. Las materias le interesaban cada vez menos, y más la participación política. Se metió en un Centro de Cultura Popular donde discutía de todas esas cosas y aprendió a tocar música latinoamericana; se presentó como candidato a diputado de un partido de izquierda que tenía tan pocos votos. Y por fin decidió que la mejor forma de aportar no sería volverse abogado ni sociólogo sino periodista. En esos días consiguió un puesto en una televisión local, y después en un diario.

Javier era un tipo seductor: grandote, gracioso, generoso, le iba bien con las mujeres. Pero a sus veintitantos días conoció a una, Griselda, que lo convenció de dejar de buscar –al menos por un tiempo. Poco después de su boda lo nombraron corresponsal de *La Jornada*, el diario más combativo de México, en Sinaloa.

Javier Valdez intentaba contar todo tipo de historias sobre los maltratados, los desdeñados de su tierra, pero en esos días una violencia empezó a destacarse de todas las demás: el narcotráfico, que tenía una larga tradición en la región, se había vuelto más brutal que nunca. No solo porque sus jefes y matones imponían su ley a tiros; también porque sus chorros de dinero habían comprado policías, jueces, funcionarios, empresarios. Para Javier fue un golpe descubrir que, incluso en las redacciones, había periodistas que les cobraban por escribir a su favor y espiar a sus compañeros.

«La gente está harta –le explicó una vez a un amigo– de leer el número de muertos de la semana. Está hasta la madre del tratamiento epidérmico, frívolo e irresponsable de la información. Yo creo que si pones en el centro la historia de las personas, volvemos a humanizar, recuperamos la dignidad y la gente puede volver a gritar, a inconformarse, a protestar por esto que está pasando. Es una forma de que, en lugar de rendirse ante la muerte, asuma un papel más consciente, más digno».

En 2003, con un grupo de colegas, fundó un semanario para poder escribir sin rendir cuentas a nadie: lo llamaron *Ríodoce*. Y lo hizo también en los libros que empezó a publicar: *Miss narco, Los morros del narco, Con una granada en la boca, Malayerba, Narcoperiodismo* y varios más.

El trabajo de Javier se volvía cada vez más notorio, y eso era bueno y malo. Tenía la satisfacción de hacer bien lo que intentaba, pero con esa notoriedad venía el peligro. En 2009 alguien puso una bomba en la redacción de *Ríodoce*; no hubo heridos. Las amenazas no paraban. Javier sabía que la muerte era una posibilidad muy real. «Pero yo no quiero que me pregunten qué estabas haciendo tú ante tanta muerte. No quiero que me recriminen: ¿si eras periodista, por qué no contaste lo que estaba pasando?».

Hacerlo era difícil, duro. Para combatir sus miedos Javier se refugiaba en su familia, sus amigos de siempre, un psicólogo, los whiskies sin hielo, las pastillas para dormir un par de horas. A veces, para ahuyentar a los fantasmas, ponía música a tope y bailaba solo en su sala. El 23 de marzo de 2017, en Chihuahua, Miroslava Breach, otra periodista que no se callaba, fue asesinada a tiros cuando salía de su casa para llevar a su hijo a la escuela. Ese día Javier escribió que «a Miroslava la mataron por lengua larga. Que nos maten a todos, si esa es la condena por reportear este infierno».

No habían pasado dos meses cuando dos hombres armados lo pararon en la esquina de *Ríodoce*, lo obligaron a bajarse de su coche, hablaron con él unas palabras, lo forzaron a arrodillarse y lo mataron de doce balazos. Su cuerpo quedó boca abajo contra el asfalto, con su sombrero de siempre todavía. El primero que lo vio fue su socio de tantos años, Ismael Bojórquez; tiempo después diría que no estaba seguro de que lo que hacían los periodistas como Javier o él sirviera para algo, pero que sí sabía que, si querían respetarse, no podían dejar de hacerlo. «No nos matan solo para callarnos; nos matan, sobre todo, para callar a los demás, para meterles miedo. Y eso no podemos aceptarlo».

Bojórquez llamó enseguida a Griselda, su esposa; su hijo Francisco, 18, se enteró por las redes sociales; su hija Tania, 23, recién casada, recibió al rato el llamado desconsolado de su madre. Desde entonces todos ellos se convirtieron en portavoces del asesinado: «Tengo miedo, claro que sí», dijo la viuda, «pero hablar es lo único que nos queda».

Años más tarde un tribunal condenó a uno de los supuestos asesinos a 14 años de cárcel –porque hizo un arreglo con el fiscal– y a otro a 32. Eran dos sicarios: nunca se castigó al que había ordenado la muerte. Muchos sospechaban de un jefecito narco, el «Mini Lic», enfrentado con el «Chapo» Guzmán, que se habría molestado por algo escrito por Valdez semanas antes. No era fácil estar seguro: sus escritos habían molestado a más de uno. Su conducta, en cambio, fue un ejemplo para miles y miles.

24

DIOSES, DIOSITOS Y AMULETOS

Donde se cuenta que aquellas sociedades seguían pobladas de seres sobrenaturales: nunca los dioses habían tenido más seguidores.

El mundo, entonces, rebosaba de seres sobrenaturales. Las dos religiones más poderosas decían que eran monoteas o monógamas –que amaban a un solo dios– pero los cristianos adoraban a diez o veinte mil santos –los datos eran confusos–, a quienes sus fieles pedían esas intervenciones inverosímiles llamadas «milagros». Y los musulmanes, por su lado, usaban para eso a sus miles de walis –los «amigos de Alá»–, presentes en la mayoría de sus fracciones. Y los hindúes no podían ni contar sus innumerables dioses, diosas, diosecitos, divinidades varias.

Si los dioses eran realmente como los influencers –esos pastores de la redes sociales primitivas que se medían por el tamaño de sus rebaños– en esos días debían estar felices: jamás, en sus cinco o seis mil años de vida, habían tenido más seguidores. Nunca había habido tal cantidad de creyentes: los cristianos de todo tipo eran unos 2.400 millones, los musulmanes 1.800 millones, los hinduistas 1.200 millones, los budistas 500 millones. Entre las cuatro religiones mayores reunían unos 6.000 millones de humanos: cien veces más que la población total de la Tierra cuando esas religiones empezaron. Todo se había multiplicado en ese lapso: nada tanto como los creyentes. Si a eso se le suman otros 800 millones de personas que practicaban dos o tres docenas de religiones menos exitosas, resultaba que más de

6.800 millones de individuos seguían creyendo en algún dios: casi nueve de cada diez personas en el mundo. Es cierto que las cifras de la creencia siempre son aproximadas: muchos dicen que creen en lo que no creen, muchos dicen que creen cuando solo temen o recuerdan. Pero funcionan como indicador.

(Un siglo antes, hacia 1920, tantos imaginaron que los dioses estaban muriendo. Sobre todo el dios de los cristianos: la Gran Guerra había acabado con varios monarcas que lo defendían, la Revolución Soviética había convertido su reino más poblado en un estado ateo. Y, más allá de esas caídas, millones se habían apartado de un dios que permitía tales carnicerías: en todo el mundo occidental multitudes abandonaban la superstición. Fue una ilusión: cien años después, los dioses estaban más vivos que nunca. O, por lo menos, tan vivos como siempre. Aunque, por supuesto, con algunos cambios. No hay nada tan mutante como lo que debe hacerse eterno).

Los dioses habían sobrevivido una vez más. En la Tercera Década del siglo XXI no había nada más estable –más antiguo– que las grandes religiones: de las cuatro mayores, la más nueva ya tenía milenio y medio. Ninguna otra ideología, ningún otro organismo de poder, ningún otro sistema de costumbres había durado tanto. Ni las estructuras de gobierno ni las economías ni las tecnologías ni las imágenes del mundo ni las familias ni las relaciones entre sexos ni las formas de vivir que funcionaban en el año 1000 seguían funcionando, pero las grandes religiones seguían siendo las mismas, basadas en las mismas ideas, los mismos mecanismos. Por lo cual, muy naturalmente, eran la fuerza de conservación más poderosa de esos tiempos. Ninguna estructura de poder se oponía con tanta firmeza, con tanto denuedo, a la gran mayoría de los cambios.

Esa seguía siendo su función central. Era muy evidente en el caso del cristianismo y, sobre todo, de la iglesia católica, una institución cuya preocupación principal consistía en mantener ciertas pautas morales. Así, sus cruzadas de esos años luchaban por la familia tradicional contra todos los avances que esas familias y la sexualidad en general conocían entonces: contra el divorcio, contra los matrimonios del mismo sexo, contra el aborto, contra la indefinición genérica (ver cap. 4).

Otro ejemplo de sus luchas contra la civilización era su repudio total de la eutanasia, que empezaba a ser legal en algunos países. Las iglesias cristianas siempre habían condenado cualquier forma de suicidio, por un principio obvio de autopreservación: si insistían en que la vida después de la muerte era mejor que esta, debían evitar que multitudes crédulas y esperanzadas se lanzaran a esa otra vida lo antes posible –y los dejaran sin rebaño. Así, la eutanasia contrariaba las órdenes de un dios que era el único que «daba y tomaba» la vida de sus súbditos.

Para imponer sus reglas usaban la amenaza de sus millones –de seguidores, de dineros– y, sobre todo, el temor de muchos gobiernos que imaginaban que enemistarse con la iglesia católica, su sostén tradicional, era un riesgo mucho mayor que lo que era: cuando alguno lo hacía, el desafío no solía tener consecuencias –pero muchos no lo intentaban por si acaso. Su poder temporal decrecía: lo lastraban la evidencia de sus tejes y manejes financieros y el descubrimiento de tantos casos en que sus sacerdotes explotaban sexualmente a niños y niñas. Esa imagen de trampas y sevicias fue un lastre muy severo.

Unida, lo sabemos, a la exclusión de las mujeres de sus jerarquías. Sus monjas seguían teniendo el mismo lugar institucional que mil años antes, parecido, quizás, al que tenía cualquier mujer en esos tiempos: inferior. Las sacerdotisas católicas podían ordenarse y residir en monasterios y trabajar de enfermeras o acompañantes o maestras, pero no podían decir misa ni dar los sacramentos ni avanzar en la jerarquía religiosa: su papel era rotundamente secundario, reflejo de un orden social que terminaba.

Esa pérdida de poder de la iglesia de Roma se notó sobre todo en Europa: desde allí había salido, cinco siglos antes, como un pequeño culto que interesaba si acaso a 50 o 60 millones de personas, cuando empezó la expansión imperial de sus países que la transformó en una religión global. Pero en el siglo XXI naciones como Italia, Francia, España, Irlanda, que habían sido su base, se volvían cada vez menos religiosas; para compensar, sus seguidores aumentaban en las antiguas colonias de África y Latinoamérica. Cada vez más la religión era una rémora de los países pobres (ver cap. 4). Para consagrar y consolidar esa tendencia, Roma eligió por primera vez en su historia un papa no europeo: fue Jorge Bergoglio, un jesuita argentino consagrado en 2013 por lo que entonces se llamaba «el Espíritu Santo», que todavía reinaba en 2022.

(Pese a su decadencia, el catolicismo seguía siendo la religión predominante en unos 70 países, 1.400 millones de fieles. Pero también en ellos había perdido su rol de estado dentro del estado, su papel de registro: ni los nacimientos ni los matrimonios ni las muertes eran ya su coto particular. Y también estaban perdiendo otra base fundamental de su poder: la educación).

La iglesia de Roma era solo una parte del gran cardumen cristiano. Entre las subsectas más cercanas estaban los ortodoxos rusos, griegos, siriacos, chipriotas, etíopes, egipcios, jerosolimitanos, constantinopolitanos y demás. Y estaba la otra gran familia, que se llamaba a sí misma «protestante» y comprendía, entre otros, a luteranos, presbiterianos, pentecostales, neopentecostales, bautistas, anabaptistas, anglicanos, metodistas, cuáqueros y así hasta unas 300 marcas diferentes.

El protestantismo proclamaba más de 1.000 millones de fieles y, en esos días, crecía y amenazaba la hegemonía católica. En muchas comunidades africanas y latinoamericanas los evangélicos consiguieron convencer, con sus ritos más simples y espectaculares, con su cercanía y sencillez, con sus ofertas más claras y concretas, a millones de pobres –que abandonaron el catolicismo para unirse a ellos. La gran novedad teológica de esas iglesias protestantes consistió en cambiar el lugar de la promesa: ya no ofrecían la salvación en algún otro mundo –el Otro Mundo– sino en este. «La teología de la prosperidad, que polemizaba y antagonizaba con la teología de la liberación en un plano práctico, sostenía que si Dios puede curar y sanar el alma, no hay razón para pensar que no pueda otorgar prosperidad», escribió entonces un sociólogo. La salvación de aquellos evangélicos se parecía mucho al «éxito».

En cualquier caso el protestantismo, que se había consolidado durante varios siglos como el cristianismo de los burgueses ricos y les había permitido prosperar sin culpas, se convertía también en el cristianismo de los más pobres: era una transformación audaz, que no tardaría en revelar sus resultados.

* * *

Pero ya en esos días el islam era la religión con más creyentes: unos 1.800 millones. Su división en dos grupos –sunitas y chiítas– afectaba poco esa supremacía porque los sunitas eran entonces nueve de cada diez. Hacía años que el islam era la religión que más crecía. Las cuentas eran simples: medio siglo antes, en 1970, eran unos 600 millones; en 2020 se habían triplicado. (Los cristianos, en cambio, eran 1.200 millones en 1970 y, en esas cinco décadas, «solo» se duplicaron, igual que la población mundial).

La diferencia se debía a la mayor fertilidad de ciertos países musulmanes pero también al hecho de que el islam volvió a ser, a fines del siglo XX, un grito de guerra: la identidad de millones que se sentían relegados, desdeñados por los grandes países cristianos de Occidente –a los que migraban o que los explotaban o que, incluso, los invadían. Ser musulmán, entonces, fue una forma de resistencia que, en ciertos casos, tomó las armas y se convirtió en la mayor amenaza para la seguridad de los países entonces dominantes. Los talibanes en las guerras afganas, el ataque a las Torres Gemelas de Nueva York, el «Estado Islámico» en Siria fueron muestras de esta tendencia (ver cap. 22). Hacía décadas que ya no había guerreros ni ejércitos definidos como cristianos; en cambio era común el reclutamiento de guerreros y la formación de armadas musulmanas para pelear contra el poder de «los infieles».

El islam, a diferencia del cristianismo, funcionaba como una identidad fuerte. El cristianismo había sido durante demasiado tiempo el poder global; el islam estaba en manos de reyes y caudillos poderosos pero supo mantener el lugar de la víctima. Ser musulmán fue, entonces, una pertenencia mucho más potente –para la mayoría– que ser cristiano. El cristianismo era un instrumento de preservación institucional, una resistencia conservadora basada en una moral que ya no era –y que sus propias prácticas desmentían. El islam, en cambio, era probablemente más conservador aún en sus reglas y principios, pero sabía plantear la recuperación y preservación de sus ideas reaccionarias como una identidad en lucha contra la opresión occidental, una forma de reconocimiento y pertenencia frente a un mundo que imaginaban enemigo.

Eso justificaba, para sus fieles, su carácter belicoso, su defensa acérrima de sus costumbres contra las costumbres que, supuestamente, querían imponerle los infieles –incluidas ciertas modulaciones de la «democracia» y los «derechos humanos». Gracias a eso, entre otras razones, consiguió cargar a sus miembros con un fardo de normas y formas: desde la obligación de tapar a las mujeres hasta el uso –en algunos lugares– de la sharía, un viejo conjunto de leyes que incluía la pena de muerte para los homosexuales y la mutilación para los ladrones (ver cap. 23), por ejemplo.

El conflicto era particularmente visible en los antiguos países europeos –Alemania, Francia, Inglaterra– donde millones de musulmanes habían migrado en las décadas anteriores, y donde algunas de sus costumbres parecían intolerables: sobre todo, una vez más, su trato a sus mujeres como seres inferiores con muchos menos derechos que sus hombres. Todo lo cual se sintetizaba, por ejemplo, en las discusiones sobre el uso del velo, que algunos países permitían y otros no, so pretexto de que establecía una discriminación intolerable. Sus defensores argumentaban que era su costumbre y que debían respetarla; sus detractores, que las libertades básicas no aceptaban relativismos culturales. Fue, durante décadas, motivo de querellas.

(Quizá la forma en que las dos grandes religiones mono trataban entonces a sus mujeres era una muestra de sus tiempos distintos: el cristianismo, más viejo, ya solo imponía a sus religiosas lo que el islam, unos siglos más joven, todavía trataba de imponer a todas. Y, más en general, muchos países musulmanes mantenían leyes y costumbres que otros habían ido desechando).

Más allá de esos choques migratorios, el islam pesaba sobre todo en los países que dominaba. Se lo solía identificar con las regiones árabes donde había surgido, pero su mayoría no vivía allí. El país con más musulmanes era entonces Indonesia, con unos 230 millones en sus 18.000 islas índicas; Pakistán y Bangladesh, en el subcontinente indio, reunían 365 millones; en los tres el islam era la religión casi única. En cambio en la India no llegaban al 15 por ciento pero eran de todos modos unos 200 millones de personas. En África, Egipto y Nigeria tenían unos 90 millones cada uno, pero en Egipto eran casi toda la población y en Nigeria solo la mitad.

Entre los mayores países exclusivamente islámicos, Irán y Turquía juntaban unos 80 millones cada uno. Después venía una cantidad de países medianos –alrededor de 40 millones–: Argelia, Sudán, Irak, Marruecos, Afganistán. Y, con menos habitantes, Arabia Saudita, Uzbekistán, Yemen, Níger, Mali, Siria, Senegal, Túnez, Libia, Somalia y varios más.

Nada, entonces, permitía suponer lo que les pasaría.

* * *

El hinduismo era la tercera religión del mundo por cantidad de seguidores pero, para empezar, siempre se discutió que fuera una sola: más todavía que el cristianismo, era un conjunto de prácticas con dioses diferentes, doctrinas diferentes, libros diferentes, ritos diferentes –unidos por su historia y su lugar. Una resolución de la Suprema Corte de la India en 1966 decía que «a diferencia de otras religiones en el mundo, la religión hindú no reivindica un solo profeta, no adora a un solo dios, no cree en un solo concepto filosófico, no sigue un solo ritual religioso; de hecho, no ofrece las características tradicionales de una religión o credo. Es una forma de vida y nada más».

Eso la distinguía del cristianismo y del islam. Pero la diferencia principal estaba en su concentración: el 90 por ciento de los 1.200 millones de hinduistas del mundo vivía en un solo país. Por eso la influencia global de su ¿religión? era menor: nunca hizo ninguna tentativa de universalizarse –de exportarse–, no hubo casi hinduismo en lenguas no indias. Por eso su influencia local fue, quizá, mayor: el hinduismo funcionaba sobre todo como la base más visible de la nación india, del nacionalismo indio. Su fuerza sirvió para formar un partido conservador y patriotero que gobernaba su país en esos años: había encontrado en su reivindicación tradicionalista y su ataque a los indios musulmanes un camino expedito hacia el poder. La religión, una vez más, sabía crear esa ilusión de unidad que ciertos líderes aprovechaban para gobernar las sociedades más complejas.

El hinduismo era la ¿religión? dominante en el país más hambreado de la Tierra en esos días: unos 250 millones de indios –unos 220 millones de hindúes– seguían malnutridos (ver cap. 8). Pese a cierto desarrollo económico, la miseria de milenios se mantenía en la India. Quizá por eso su religión compartía con la cuarta más populosa en el mundo de entonces, el budismo, la idea de la disolución: esa noción brutal que dice que lo que una persona desea a lo largo de su vida, aquello que la lleva a cuidarse y contenerse y obedecer las reglas, es terminar su ciclo de reencarnaciones: morirse en serio de una vez por todas, disolverse en el moksha o el nirvana. Allí donde las grandes religiones mediterráneas ofrecían la ilusión de una vida después de la muerte, las grandes asiáticas prometían lo contrario: la certeza de una muerte después de la vida. No proponían prolongar lo que tenemos, sino acabarlo de una vez por todas.

El budismo, que tampoco se consideraba una religión, era el conjunto de relatos y creencias que adoptaban unos 500 millones de personas. La mitad de ellos seguía el «Gran Vehículo» –*Mahayana*– y vivía sobre todo en China, en franca minoría. El panorama religioso chino era complejo: sus religiones tradicionales –el taoísmo, el confucianismo– nunca tuvieron dioses supremos ni conducciones hegemónicas, no constituyeron organizaciones como otras; siempre fue una práctica dispersa, multifacética. Y la gran mayoría de los chinos había abandonado o fingido abandonar cualquier práctica religiosa durante el período más comunista de su régimen comunista, que las había prohibido: algunos decían que la religión de Mao no aceptaba la competencia de ninguna otra. Pero a partir de los años 1980 su nueva constitución sancionó la libertad de cultos y, desde principios del siglo XXI, el Partido Comunista en el poder intentó recuperar ritos y discursos de las religiones tradicionales: le servían para consolidar una idea china de la China, para rearmar una cultura propia.

El budismo, en esos días, también sobrevivía en Japón, donde lo profesaba entre un tercio y la mitad de sus 120 millones de habitantes.

Los países donde dominaba eran Tailandia, Taiwán, Camboya, Laos, Vietnam, Bután y Birmania. Sin embargo, a diferencia del hinduismo o el taoísmo, no había lugar donde no hubiera pequeños grupos de budistas: su carácter más filosófico que místico, sus ejercicios de reflexión y adaptación, eran muy apreciados por pequeños grupos de seguidores provenientes de las clases medias urbanas del MundoRico. El budismo era chic y cool y guay y demandaba poco: en los países ricos –y sobre todo en Estados Unidos– fue el eje del crecimiento de una cantidad de pequeñas religiones basadas en relatos y ritos vagamente orientalistas o indígenas, incluidas en eso que supo llamarse «New age» hasta que fue demasiado vieja como para seguir siendo nueva.

Pero esos pequeños núcleos siguieron desarrollándose. Allí donde las grandes religiones eran una forma de fundirse con millones en el sosiego de una ley común, las chiquitas ofrecían lo contrario: el regodeo de la construcción individual, creencias creadas a la carta para cada consumidor –que se sentía distinto, inteligente. Había quienes decían que ese sería el futuro de la superstición: contra las multitudes, hacia el individuo. El tiempo, como sabemos, también se reiría de ellos.

* * *

Las religiones tradicionales, queda dicho, perdían espacio entre las poblaciones más educadas del MundoRico. En Occidente, sobre todo, el cristianismo que lo había formado y conformado retrocedía sin parar. Y los sectores que seguían practicándolo intentaban formas de religión que se habían ido volviendo «razonables». Si bien reunir en una frase las palabras religión y razonable no lo parece, es cierto que solían ser maneras menos mágicas: muchos de los fenómenos que la ignorancia había atribuido a causas divinas habían sido explicados por los avances científicos y la educación masiva. Sobrevivía, de todos modos, el grado de incertidumbre suficiente ante las grandes cuestiones –el origen de todo, el sentido de la vida, la condena de la muerte– como para que muchos siguieran necesitando la garantía de algún orden superior inexplicable. Unos cuantos lo confirmaban manteniendo las viejas convicciones imposibles: una encuesta de 2017 mostraba por ejemplo que en Estados Unidos, un país donde la enorme mayoría había pasado más de una década en la escuela, cuatro de cada diez personas creían que «el hombre había sido creado por Dios hace menos de 10.000 años» –y que si algún líder les decía otra cosa era porque quería engañarlos. (En esos días la desconfianza hacia los líderes era un fenómeno casi religioso: religiosamente creían las mayorías que sus líderes solo querían engatusarlos, esquilmarlos. La cuestión del liderazgo sin confianza era uno de los grandes problemas de esos días y era, quizá, un contragolpe de tantos siglos de confianza religiosa).

Las religiones, entonces, sobrevivían pese a los avances de la técnica y la ciencia. Por un lado mantenían una muralla que las protegía con eficacia: la idea de que criticarlas o mofarse de ellas era un ataque intolerable a sus millones de creyentes. Era curioso: los relatos religiosos todavía aseguraban que quien no siguiera sus reglas se quemaría para siempre en las llamas de un infierno o el hielo de un abismo, pero la agresión brutal no era esa sino reírse de quienes lo creían porque eso ofendía sus convicciones –mientras que los ateos no debían sentirse ofendidos por la promesa de la tortura eterna. En esa gramática muy parda, reírse del otro era terrible, quemar al otro era piadoso. Esa idea glorificada de la creencia las ayudó a subsistir durante un tiempo.

Y es probable que su persistencia tuviera que ver con un mundo donde miles de millones sufrían lo suficiente como para necesitar la ayuda de algún poder superior. No pensaban –en general no pensaban– que ese dios o dioses que adoraban eran los responsables de ese mundo lleno de maldad y de dolor, y que lo propio de un buen creyente habría sido, si acaso, negar esa culpa proclamando que su dios no lo había creado ni lo dominaba o, más radical, que no existía y no era, por lo tanto, responsable de nada. En lugar de esa teología negativa –que todavía tardaría en emerger– se lanzaban a todo tipo de explicaciones sobre los orígenes del mal en la Tierra, una rama retorcida de la retórica que llamaron teodicea.

Mientras tanto, mantenían esa curiosa idea de un cosmos donde alguno de esos innumerables seres sobrenaturales que las religiones ofrecían atendería los pedidos de cada quien si les rogaba con el fervor y la humildad y las credenciales suficientes. Como decía un autor de la época que escribió un tratado largo y tedioso sobre el hambre: «No encontré, en todos estos viajes, hambrientos ateos. Los más desgraciados necesitan creer que sus penurias son el designio de algún ser superior. Y por eso, también, esperan que sea ese ser el que las solucione: es la mejor receta para que esa solución no llegue nunca».

No sabía, obviamente, lo que se estaba preparando.

(Había habido, sin embargo, una pista, que muy pocos supieron reconocer entonces. Hablamos de El Día, el 12 de marzo de 2020. Aquel 12 de marzo era jueves y los medios se ocupaban cada vez más de esa plaga escapada de China que estragaba, por entonces, el norte de Italia (ver cap. 6). Pero solo algunos reconocieron entonces la gran noticia: el cardenal Angelo De Donatis, vicario papal de Roma, autoridad pomposa, ordenaba el cierre de las 900 iglesias de su capital porque «el Señor nos pide que contribuyamos a la salud de todos. Por desgracia, ir a la iglesia no es distinto de ir a cualquier otra parte», dijo. «Hay riesgo de contagio».

Hasta ese día, durante quince siglos, la reacción más inmediata de Roma –y el resto de Occidente– frente a plagas o catástrofes o guerras consistía en pedirle a su dios disculpas y clemencia. Esas desgracias eran castigos que ese dios les mandaba cuando se habían portado mal, y entonces los castigados salían en procesión, paseaban virgencitas y supliciados varios, se hincaban a rogarle que los perdonara. Aquel día de 2020 la razón religiosa se retiró, entregó su lugar más propio a la razón científica. Era la muestra de que algo empezaba a cambiar, pero despacio: la ciencia no podía reemplazar directamente a la religión como garantía de la verdad, saber superior en qué confiar. Tenían una diferencia decisiva: allí donde la religión proponía creer sin dudas ni comprobaciones, la ciencia proponía descreer, dudar de todo lo que no se hubiera podido comprobar y, aún cuando se comprobara, no dejar de dudar. Una humanidad que se aferraba a la religión como fuente de certezas no conseguía cambiarla por un método basado en la incertidumbre, la experimentación, la búsqueda constante.

Pero en esos días empezaban a mutar, también, las formas del apocalipsis. La gran tradición apocalíptica había sido inaugurada, en su versión más clásica, por el texto de un exiliado de Roma en el siglo I d.C., el falso Juan. Los relatos apocalípticos que se sucedieron durante los dos milenios siguientes tenían dos rasgos comunes: que nunca se cumplían, que eran castigos de algún dios vengador por las traiciones de los hombres. En cambio el apocalipsis más presente en aquellos años se presentaba, sí, como castigo al descuido y la soberbia de los hombres, que habían abusado de la naturaleza, pero no suponía la intervención de ningún dios: el planeta sería capaz de realizarlo por sí mismo (ver cap. 25). Como siempre, aquellos hombres imaginaban las amenazas del futuro con las defensas del presente, y tenían miedo. Aunque ya entonces, poco a poco, empezaba a abrirse paso la siguiente versión apocalíptica: la idea de que las máquinas creadas por los hombres conseguirían independizarse de ellos y alcanzar un grado de perfección que les permitiera dominarlos. La «singularidad» compartía con el calentamiento global esa característica de ser un producto de la mente humana: un apocalipsis de nuevo tipo, vanguardia de la ciencia (ver cap. 19). La religión, también allí, perdía sus dominios).

* * *

Más difundida aún que las religiones, la idea de «suerte» dominaba: en esos días muy pocas personas –más allá de sus orígenes y culturas– no creían en ella.

«Suerte» es un concepto difícil de explicar para quienes no lo conocen. Era, en síntesis, la idea de que el desarrollo de cualquier proceso podía ser modificado por factores que lo desviaban en distintas direcciones: si esos desvíos favorecían al interesado los llamaba buena suerte, y mala si no. Y planteaba, sobre todo, que el interesado podía influir en esos desvíos por medio de variados procedimientos. La suerte suponía la creencia en un orden confuso, ligeramente ambiguo: un orden que creían tan poderoso y, al mismo tiempo, modificable con gestos muy menores. La contradicción no parecía importar a nadie: la suerte era, por definición, algo que escapaba de esas lógicas pobres. Así que, en esos días, miles de millones ejecutaban los procedimientos que debían modificar su suerte.

Las formas de ejecución se podían dividir básicamente en dos: materiales, narrativas. Las materiales implicaban objetos que, a menudo, no debían atraer la buena suerte sino ahuyentar la mala –aunque el límite no siempre estaba claro: tenerla buena era, muy a menudo, no tenerla mala. Eran esos entes llamados «talismanes» o «amuletos» –que podían haber sido fabricados con ese propósito o haberlo adquirido por capricho de su dueño. Los amuletos eran asimilables a los santitos de distintas religiones: objetos o figuras que protegían a la persona o animal que los portaba de males incontables. Aceptaban las materias y formas más variadas: desde una cinta de tela en la muñeca hasta un tatuaje de una mano en cuernos pasando por todo tipo de piedras y metales y dijes y estatuillas, plumitas y fotografías y mensajes varios.

Los gestos y palabras, a su vez, eran infinitos. Podían ser movimientos como el cruce de los dedos índice y medio, por ejemplo, de una mano, o el estruje con la derecha del testículo izquierdo, en el caso de un hombre, o del pecho en el de una mujer, o los dichos cuernitos o tantos otros. O también ciertos conjuros, frases muy diversas que, generalmente susurradas, buscaban los mismos objetivos. A menudo gesto y palabra se producían al mismo tiempo porque debían complementarse, reforzarse entre sí.

Había gestos y palabras comunes, más o menos repetidos por el conjunto, pero, al mismo tiempo, cada individuo solía tener los suyos propios, íntimos –que muchas veces no contaba porque creía que, si lo hacía, perderían su efectividad. La idea de suerte siempre incluyó, de un modo u otro, lo secreto.

Ciertas culturas se avergonzaban de creer tanto en la suerte: debía parecerles, al fin y al cabo, algo un poco infantil, un poco bobo. Pero otras se preciaban: en una gran mayoría de los edificios norteamericanos, por ejemplo, no existía el piso 13. La numeración pasaba directamente del 12 al 14, y lo mismo pasaba en las filas de asientos de sus trenes y aviones. La razón era curiosa, porque mezclaba los dos órdenes de supersticiones: el rechazo del número 13 provenía de la historia de la última cena del hijo extrañamente parido del dios de los cristianos, donde el decimotercer convidado fue un traidor, pero ese rechazo, en la cultura de esos días, ya se había independizado de su origen religioso y solo remitía al miedo por su carácter de portador de «mala suerte». Otras veces la mezcla era aún más sorprendente: en 2008 los gobernantes chinos, materialistas furiosos, organizaron con grandes cuidados sus primeros «Juegos Olímpicos», la apoteosis de su nuevo status global. Y eligieron para inaugurarlos el día ocho de agosto –8/8/8– porque era la fecha en que estudios meteorológicos complejos habían previsto menos posibilidades de lluvia y, sobre todo, porque el ocho era la cifra afortunada de su cultura ancestral. La ciencia sola no alcanzaba.

(Era curioso comprobar que, en muchas lenguas occidentales, el sinónimo más habitual de la palabra «suerte» era la palabra «fortuna», que también significaba riqueza personal. No he encontrado, en mis búsquedas, autores que trabajaran esa rara colusión).

El recurso a la suerte y sus modificadores sucedía en todo tiempo y situación pero, como es lógico, se intensificaba en aquellos en que las personas se sentían más amenazadas en su integridad, su salud, sus deseos importantes –o, incluso, en esas lealtades de la época que los deportes convocaban. Aquellos espectáculos eran una muestra clara de este asunto: los aficionados –los espectadores– estaban convencidos de que influían con sus ritos. Entonces, por ejemplo, cuando un «contrario» estaba por ejecutar una jugada que podía determinar un perjuicio para los propios, miles o millones practicaban sus gestos y palabras de la suerte con el fin de impedirlo. Se estrujaban tal o cual, tocaban esto o lo otro, murmuraban o recordaban tales frases: multitudes lo hacían, cada uno de sus integrantes convencido de que, al hacerlo, intervenía –de esa forma perfectamente indefinida– en la manera en que ese señor, entonces, golpearía esa pelota.

Si millones de gestos producían un mismo efecto, ¿eran necesarios esos millones? ¿Tres o cuatro o cien menos no lo conseguirían? ¿O era uno solo pero nadie sabía cuál y todos debían hacerlo en la esperanza de ser ese? ¿O era una lucha de poderes entre los que convocaban a la suerte para tal y los que la convocaban para lo contrario? Lo que no quedaba claro –entre otros muchos aspectos del asunto– era el mecanismo por el cual un amuleto o un gesto o una frase actuaban. O, incluso: sobre qué actuaban. Para una práctica tan antigua y extendida, su teoría estaba curiosamente poco trabajada: nadie tenía una idea definida de cómo influiría dicha intervención en la concreción o no de lo deseado o temido, si interrumpía una cadena ya prevista de hechos, si ponía en marcha una alternativa, si actuaba por sí misma, si propiciaba la intervención de algún poder mayor –que tampoco estaba claro. En síntesis: casi toda la humanidad creía en la suerte y casi nadie sabía realmente en qué creía.

Era el ejemplo perfecto de una superstición triunfante.

Las personas 24

EL TRADICIONALISTA REBELDE

Cuando terminó de entender lo que estaba pasando, el cardenal tuvo un mareo. En algún momento de los últimos meses había buscado la cifra: solo había habido, a lo largo de dos mil años de historia, otros 264 ancianos que habían llegado donde él llegaba entonces. Y hacía casi mil años que ninguno era alemán.

Las plegarias en latín seguían, sus ex compañeros –sus súbditos, ahora– le agradecían al Espíritu Santo que lo hubiera elegido, y Joseph Aloisius Ratzinger, que a partir de ese momento tomaba el alias «Benedicto XVI», seguía sin saber qué hacer. Había visto esa misma situación dos o tres veces, trató de recordarlas. Pero no había caso: una especie de niebla lo envolvía y solo conseguía hacerse la pregunta obvia: ¿Por qué yo, Señor, por qué yo? Que era, al mismo tiempo, una forma sibilina de respuesta.

Joseph Ratzinger había nacido 78 años antes en Baviera, hijo de un comisario de gendarmería y una cocinera. Su familia era bien campesina, bastante pobre, cerradamente religiosa, y su escuela lo fue. Corrían tiempos turbios: a sus 14, en 1941, se enroló en las Juventudes Hitlerianas, y dos años después entró en el ejército alemán. Nunca quedaría claro si había sido un nazi convencido o un pragmático que se resignó.

Tras la derrota pudo empezar el seminario. Era un buen estudiante y le gustaba esa vida de reclusión y rezos y debates, la sensación de tener tantos principios y un fin en la vida. En esos años aprendió mucha teología, mucha filosofía, ocho o diez idiomas antiguos y modernos. También tocaba el piano: era un virtuoso muy empeñado en Mozart.

Lo ordenaron sacerdote en 1951, a sus 24, y enseguida se dedicó a enseñar: su vida de cura no incluiría grandes contactos con fieles y parroquias, sus pequeñas historias, sus problemas. Fue avanzando, fue profesor en universidades, llegó por fin a Tubinga, una de las clásicas. Hay quienes dicen que en esos años tuvo sus escarceos con algún estudiante, entre ellos un cura español con un encanto tan extraordinario que Joseph se habría sorprendido de que le hiciera caso. Por supuesto, no hay ninguna constancia.

En esos años 1960 pasaba por un teólogo moderno, casi contestatario; cuentan que fueron los movimientos estudiantiles del 68 los que lo hicieron refugiarse en una posición cada vez más conservadora. Ratzinger era un alemán rubio y apuesto, un modelo de ese modelo que había querido imponer al mundo el jefe de esas juventudes donde él pasó su juventud. Era un gran orador erudito, un hombre de cátedra y despacho y su carrera avanzaba incontenible. Años más tarde lo nombraron obispo de Múnich y por fin, en 1981, prefecto de la Congregación para la Doctrina de la Fe, los restos de la vieja Inquisición. Él era, entonces, quien podía definir dónde estaba el Bien y dónde el Mal, dónde la moral y dónde su quebranto: el todopoderoso traductor del dogma.

Como tal, militó contra el aborto, el matrimonio gay, la eutanasia y todas esas cosas. Su reivindicación del conservadurismo era rotunda: «Hace cien años se habría considerado absurdo hablar de matrimonio homosexual», dijo en esos días. «Y hoy nos excomulgan socialmente cuando nos oponemos a él. Pasa lo mismo con el aborto o la creación de humanos en el laboratorio». El argumento clásico: si antes no, ¿por qué coño ahora sí? Fue en esos años cuando empezaron a llamarlo el «Gran Inquisidor» o el «Panzer cardenal» y empezó a convertirse en un poder decisivo en ese laberinto de poderes que era, cuando funcionaba, el Vaticano.

Todo lo cual dio un salto enorme cuando, años más tarde, lo nombraron papa. Por supuesto nunca dijo nada claro sobre eso, pero debía ser raro llegar a ese lugar que todos sus compañeros de carrera alguna vez soñaron y sobre todo creerse –si se lo creía– que un dios y su espíritu lo habían elegido –a él– para eso. Y convertirse de pronto en el jefe de todos los demás, alguien que –dijera lo que dijera– no podía equivocarse, alguien a quien millones, cientos de millones debían obedecer y venerar.

Sus convicciones eran firmes: seguía tan seguro de que cualquier método anticonceptivo era un delito que prohibió que las organizaciones católicas repartieran los preservativos que habrían salvado del sida –de la muerte por sida– a millones de personas, sobre todo en África. No parece que haya pesado sobre su conciencia. En una misiva a los obispos norteamericanos les decía que «puede haber una legítima diversidad de opinión entre católicos respecto de ir a la guerra y aplicar la pena de muerte, pero no, sin embargo, respecto del aborto y la eutanasia».

No tenía ningún sex appeal: no era un hombre de masas. Pero quizá tampoco de escritorios: su papado mantuvo la cuesta abajo de su organización. Hubo muchas denuncias de que ayudó a curas pedófilos a eludir denuncias y castigos; los escándalos financieros siguieron explotando.

Y, sin embargo, el gran tradicionalista terminó por romper una de las tradiciones más sostenidas de su secta: que un papa debía morirse papa. Pero esa era una norma de cuando las personas se morían mucho más y mucho antes. En 2013, a sus 85, Ratzinger dijo que estaba muy cansado y renunciaba. Fue, en ese momento, un hombre que se opuso al designio de un dios que, supuestamente, lo había nombrado de por vida. Y era, curiosamente, el representante de ese dios sobre la Tierra. Las rebeldías germanas eran, cuentan, todas de ese tipo.

25

LOS FUTUROS

Donde se cuenta qué futuros imaginaban los hombres y mujeres de 2023.

Algo, entonces, se acababa. A veces pasan esas cosas: algo cambia, que había existido tanto tiempo, y muchos ni siquiera lo perciben. En esos días el fin de la Edad Occidental –muy visible, muy comentada– era casi un detalle comparado con otro final tanto más clamoroso: se cerraba la Era del Fuego.

Por supuesto, ese final fue un proceso de años, de décadas, que no tuvo un remate preciso. Pero fue la síntesis de tantas cosas –y un cambio realmente radical: desde el principio de su historia los hombres se habían basado en el fuego y entonces, al fin, no. Se cerraba así el ciclo más decisivo, más prolongado, más fértil de la historia de la humanidad –y empezaba algo nuevo.

El fuego hizo a los hombres. De todas las maneras: para empezar, no hay relato del origen que no se haya cocinado al calor de una llama. El griego, por ejemplo, cuenta cómo un hombre decidió dar a los suyos el saber de los dioses: para hacerlo, Prometeo se robó el fuego del Olimpo y se lo trajo. Lo mismo hizo Mātariśvan en los cuentos védicos, Azazel en los hebreos, Loki en los vikingos, la Abuela Araña en los cherokees. Con fuego, los hombres empezaron a ser lo que serían: los dueños de este bajo mundo. Con fuego, por el fuego, desde el fuego.

No eran solo historias para contar alrededor de un fuego: todo cambió realmente hace menos de un millón de años, cuando aquellas bandas de carroñeros frágiles que vagaban asustados por pampas y colinas aprendieron a manejar las llamas. Con ellas se calentaron, se iluminaron, se defendieron de las fieras, convirtieron bosques impenetrables en planicies de caza, la noche en día, el frío en calorcito, cocinaron: transformar sus alimentos con fuego les permitió comer tantas cosas que antes no, mejorar sus cuerpos, desarrollar sus cerebros, encontrar un lenguaje, volverse más y más personas. El fuego fue una de las primeras herramientas; gracias a ella, los hombres se distinguieron de los animales: pudieron hacer mucho más que lo que sus cuerpos les permitían, ser más que lo que eran. Multiplicar sus fuerzas y, así, multiplicarse.

(Lo cual, por supuesto, produjo a su vez sus problemas: gracias a la «revolución neolítica» y los primeros poblados y los cambios en la alimentación, los hombres se volvieron más frágiles y efímeros, aparecieron las grandes enfermedades y los parásitos, se instituyeron los estados y las religiones y demás sistemas de control. Pero también nos lanzamos al mundo y empezamos a ser lo que somos).

Después, durante todos estos milenios, el fuego fue el centro de nuestras vidas. Por algo el hogar se llamó hogar, el lugar de las llamas. Todo venía del fuego: la cocina, por supuesto, pero también la calefacción, la agricultura, las armas, los cultos, las historias, la luz, las formas de transformar el metal y la madera y las demás materias. Con el tiempo, otras funciones fueron agregándose: las máquinas que crearon las grandes industrias funcionaban a vapor, los transportes que achicaron el mundo también se movían por combustión de carbón o petróleo, las bombas que lo devastaron también eran de fuego; el fuego llevó a aquellos hombres a la Luna.

Pero en esos años el fuego se fue retirando de las vidas. Fue, por supuesto, un proceso gradual, tan desigual: entre Estocolmo y Uagadugu las diferencias se midieron por décadas. Los países más ricos lideraron el movimiento, que desbordó poco a poco hacia los otros. Lo cierto fue que a fines del siglo XX toda casa tenía todavía sus espacios para el fuego: la cocina solía usarlo, la calefacción, el calefón, algunas velas. En 2023, en cambio, en los países ricos, las casas ya no lo tenían: cocinas de vitrocerámico, calefacciones a aire o agua, calefones de electricidad, lámparas de emergencia; los coches también empezaron a volverse eléctricos, los trenes ya lo eran. El fuego sobrevivía en la pobreza, donde era necesario todavía, y revivía cada tanto como error, como venganza de la naturaleza: esos «incendios forestales» que se multiplicaban por el aumento de las temperaturas se habían transformado, en muchos países, en amenaza grave.

Pero en la riqueza ya tenía un lugar suntuario, nostálgico: aparecía de tanto en tanto en una vela o una chimenea o una paella o un asado, memorias de cómo fueron esas cosas. Y la rara costumbre de meterse brasa en los pulmones se esfumaba: fumar ya era cuestión de «perdedores» y, si acaso, sobrevivía disminuida en esos cigarros eléctricos sin fuego: la última razón para llevar una herramienta de hacer fuego –cerillas, mecheros– en el bolsillo también iba cayendo en el olvido.

Así llegó el final de la etapa más larga de la historia humana: la Edad del Fuego se deshizo en silencio, sin que nadie la despidiera como se merecía. Fue curioso: mientras millones se desgañitaban intentando registrar los más mínimos cambios culturales, sociales, ese, que sería el mayor en milenios, pasó perfectamente inadvertido. Sus consecuencias tardaron mucho en terminar de concretarse; quizá recién ahora estemos entendiéndolas del todo.

Pero sucedió, se afirmó, se confirmó. Si el fuego fue el mejor instrumento para doblegar la materia, una época donde la materia importaba cada vez menos pudo empezar a prescindir del fuego. Lo notorio del fuego era que actuaba, que consumía sin ficción sus materiales: no había engaño, ilusión de permanencia. El fuego sabía comerse la materia; la falta de materia se fue tragando al fuego.

Al desdeñar el fuego, el hombre empezó a prescindir de la naturaleza. Y ahora, cien años después, ya hemos visto las consecuencias –buenas y malas– de tamaña osadía.

* * *

En esos días el mundo salía de un período infinitamente más breve que entonces le pareció absolutamente excepcional: *lapandemia* global. Desde principios de 2020 hasta mediados de 2022, entre seis y quince millones de personas –en un mundo tan cuantificado, esas cifras resultaban sospechosamente imprecisas– habían muerto por la agresión de aquel virus que atacaba la respiración, originado, como casi todo, en una ciudad china (ver cap. 7). La vida de contacto físico que entonces primaba se sumó a la proliferación de los transportes globales para lograr una gran velocidad de difusión: en pocos días no quedaba rincón del mundo sin contagio. Pero lo que la técnica favoreció, la técnica aplacó: un desarrollo inusitadamente rápido –para la época– de varias vacunas consiguió limitar las víctimas y contener al fin la peste.

Ya hemos comentado algunos de sus efectos: la exposición de estructuras y mecanismos que muchos trataban de no ver, la fragilidad de ese mundo que parecía tan sólido, la desmaterialización de tantas actividades, la caída en la miseria de millones, la desigualdad extrema en el reparto de recursos sanitarios, lo global que se había vuelto el planeta, la importancia de los estados en ciertas circunstancias y su fracaso en muchas, ciertos cambios en las prioridades de los que podían definirlas, esas imágenes de millones de caras escondidas tras las máscaras, la conciencia de que la vida cotidiana tal como la habían vivido hasta entonces no era «natural» ni irreversible.

Y, quizá, sobre todo, la peste enfrentó a millones y millones de personas con la presencia siempre esquivada de la muerte (ver cap. 7): les hizo imposible ignorar que estaba ahí, que siempre estaba ahí –y les mostró que, para evitarla, aceptarían hacer cosas que nunca habían imaginado. Sobrevivir fue entonces la consigna única: millones y millones hicieron lo que fuera para conseguirlo. Para sobrevivir soportaron que sus estados los obligaran a encerrarse, que sus trabajos se licuaran, que sus vidas cambiaran tan brutales. En esos meses las personas volvieron a ser lo que siempre fueron, eso que se manifestaba en los momentos más extremos: unidades mínimas de supervivencia, organismos intentando persistir. Fue el gran momento de los cuerpos: para cuidarlos, para preservarlos, millones los escamotearon, los extrajeron de sus lugares habituales, los aislaron y excluyeron, los trataron como un estorbo y un peligro. Un punto de inflexión: si el cuerpo era la amenaza, había que limitarla todo lo posible. Visto cuánto pesaban, los cuerpos empezaron a pesar cada vez menos. Ahora sabemos lo que resultó.

(Aunque los efectos de *lapandemia* siguieron una curva peculiar: en cuanto pareció acabarse, la mayoría de las sociedades hizo todo lo posible por volver sin más al estado anterior, pensar la peste como un paréntesis cerrado y recuperar todos sus modos, sus aciertos y errores. Fue, para muchos, una decepción. Pero, a mediano plazo, las consecuencias fueron manifestándose).

Entre esos efectos que cobrarían relieve con el tiempo se destacó la evidencia –tenue, primero– de que el espantajo de la guerra o el terrorismo bacteriológicos se volvería parte de esas vidas. Otro, más inmediato y difundido, más intuitivo –y quizá contradictorio con el anterior–, fue la convicción de que la naturaleza tenía recursos para vengarse de los malos tratos humanos y reclamaría sus derechos con violencia. Si, ya antes de la peste, la amenaza ambiental era una de las preocupaciones principales en el MundoRico, después –ante esa supuesta prueba de la capacidad de revancha de lo natural– se volvió una obsesión.

(Obsesión es la palabra: historiadores y meteorólogos del momento llegaron a atribuir a variaciones en el clima –que nadie había registrado entonces– la Peste Negra de 1348 y la Revolución Francesa de 1789, entre otros muchos acontecimientos. O a «olvidar» episodios importantes: la historia, por ejemplo, de cómo, hacia el año 4.000 a.C, el sur de la Mesopotamia, sometido a un súbito aumento de la temperatura y escasez de lluvias, se secó. Por eso los granjeros que vivían de esas tierras pantanosas debieron dejarlas, migrar a las ciudades incipientes, desarrollarlas como nunca antes, formar grupos capaces de construir canales e irrigar los campos, crear la civilización que conocemos. Todo, porque el cambio climático los obligó a cambiar.

Pero de eso, entonces, no se hablaba. Nada muestra mejor el triunfo de una idea que ese momento en que la historia se reescribe para adaptarla a ella).

El movimiento «ecologista» había empezado a ocupar cierto espacio social y cultural del MundoRico unas décadas antes: a partir de los años 1960. Entonces lo componían sobre todo grupos antisistema, cruza de hippismo y cierta izquierda, que reprochaban al capitalismo, entre otras cosas, su prepotencia para apropiarse y arruinar las creaciones de la Madre Naturaleza: modificarlas, aprovecharlas, ensuciarlas, desvirtuarlas. Aquellos ecologistas no solo se preocupaban por la supervivencia de bosques y de arroyos y la mugre generalizada y el riesgo de accidente de las centrales nucleares; también criticaban –y peleaban contra– la concentración de poder que producían esas centrales, donde un solo botón controlaba el suministro de energía de millones de personas. Su combate era, todavía, contra el sistema económico y sus mecanismos de poder.

Eso cambió en las décadas siguientes. A principios del siglo XXI el ecologismo se había convertido en un eje decisivo de los debates y las conductas en el MundoRico: había diluido su sesgo antisistema y anticapitalista y se había vuelto un dogma o una doxa, algo que nadie podía contradecir.

Hay discursos que se imponen tanto que terminan por no decir nada. Nadie está a favor de las enfermedades. Y en esos días, por supuesto, nadie habría dicho sí, avancemos contra el medio ambiente. Con lo cual decir lo contrario terminó por no significar gran cosa. Lo proclamaban sin descanso las mismas empresas que lo destruían: les servía para mejorar su imagen. Eran variantes de un procedimiento que, entonces, llamaron «green washing», lavado verde –porque el verde era el color que representaba el cuidado ecológico y, más en general, todo lo «sensible». Si hay que representar esos años de algún modo, quizás el verde sea su símbolo: un color secundario, producto de la mezcla de otros dos, el más presente en la naturaleza, la adición más reciente a la simbología cromática política, el signo del islam y la esperanza, que se había transformado en un salvoconducto universal: si es verde, es bueno. Fueron, mirados desde lejos, años verdes; después madurarían.

Según la ciencia ecologista, el mecanismo central del deterioro era la polución causada por la humanidad: el uso desaforado de combustibles fósiles –carbón, sobre todo, y petróleo– lanzaba a la atmósfera tanto dióxido de carbono que esas partículas en suspensión retenían el calor de la Tierra y aumentaban su temperatura: era el famoso «efecto invernadero». Científicos informaban que la progresión no era lineal: que, en 1650, la Tierra tenía unos 540 millones de habitantes y unas 280 moléculas de CO_2 por millón de moléculas de aire (PPM) y que, en 2022, tenía 8.000 millones de habitantes y unas 420 PPM. O sea: que allí donde la población se había multiplicado por 15, la basura en al aire solo se había multiplicado por 1,5. O sea: que éramos bastante malos produciendo CO_2 o, por lo menos, éramos mucho mejores produciendo personas. Pero, más allá de comentarios de ocasión, la temperatura aumentaba. Y hubo quienes postularon que esa situación inauguraba una nueva era geológica que, en el año 2000, un químico holandés, Paul Crutzen, llamó «Antropoceno».

El Antropoceno se consideró la primera era geológica causada por la acción del hombre; la definía el hecho de que las emisiones de gases estaban cambiando tanto la Tierra que correspondía pensar ese momento como una etapa nueva, cuyo inicio podía fecharse hacia fines del siglo XVIII, con la máquina de vapor y la Revolución Industrial. Y que su efecto central consistiría en aumentar entre dos y tres grados la temperatura media del planeta entre 2000 y 2100: el calentamiento global.

Que traería como consecuencia el tan mentado Cambio Climático. Esos aumentos, decían, producirían la licuación de hielos polares y el aumento de más de un metro del nivel medio de los mares –y el hundimiento de muchos sitios costeros–, la desertificación de grandes superficies agrícolas, la pérdida de espacios habitables que provocaría extinciones animales y vegetales importantes, migraciones humanas, hambrunas y revueltas.

Tras un lapso de incredulidad y cuestionamientos, la idea se impuso: la «comunidad científica» le dio su visto bueno y casi nadie se atrevió a negar su realidad anunciada. Así, el Cambio Climático –la amenaza del cambio climático– se convirtió en uno de esos principios organizadores que relacionan y justifican casi todo: si llovía, si hacía frío, si hacía calor, si había migrantes, si los reprimían, si había hambre, si tal o cual, todo podía ser explicado por el Cambio Climático. Los hombres seguían adictos a eso que siempre los había fascinado: un

Principio que lo explicara Todo. Y fue, por un tiempo, la forma de dar sentido al sinsentido, lógica al azar, posible solución a lo de siempre.

(El cambio climático fue el segundo apocalipsis de factura humana. Durante milenios, los hombres habían confiado a sus dioses la capacidad de acabar con los mundos que habían creado. Ya en el siglo XX, tan antropocéntrico, los hombres recuperaron esa función: hacia 1945 su dominio de la energía nuclear les permitió, por primera vez en la historia, la posibilidad real de destruir el planeta (ver cap. 22). La decadencia por el dióxido de carbono fue la segunda tentativa –cuando nadie recordaba aquella máxima de Iago Amicus que afirmaba que «los apocalipsis, como los viruses, saben que no pueden buscar la destrucción completa de su víctima: si lo lograran, perderían su sustento y desaparecerían»).

Más allá del desarrollo posterior que tan bien conocemos, ya entonces el temor ambiental se impuso. Era una amenaza cierta, pero se difundió en un mundo que sufría amenazas tanto más urgentes y brutales: mil millones de personas que no comían suficiente, por ejemplo (ver cap. 8). Es posible que debiera su preferencia a un rasgo que lo distinguía de las demás preocupaciones posibles: no era humanitario. Es decir: no se ocupaba, por compasión o culpa o generosidad, del malestar de otros. Allí donde los pobres, los hambrientos, los despreciados, los reprimidos solían ser ajenos y lejanos, «otros», la amenaza ecológica amenazaba a todos, a «nosotros». Un mundo poluido era un peligro para «nuestras vidas, nuestros hijos, nuestro legado» –y había que solucionarlo. En esos años la activista más exhibida contra el cambio climático era una adolescente sueca que insistía mucho en que el mundo que los mayores estaban arruinando era el suyo, el de ella y su generación. «Nos están arruinando *nuestro* futuro», decía –y millones asentían cariacontecidos.

(Sus discursos –y la mayoría– se centraban en que era urgente «salvar al planeta». La falacia parecía evidente pero no solía señalarse. El planeta no estaba en riesgo: lo estaba nuestra capacidad de vivir en él. El planeta Tierra ha pasado por todo tipo de cambios en sus 4.000 millones de años y aquí sigue, espléndido, cambiante. Glacia-

80 millones de personas– producía más gases de efecto invernadero que los 4.000 millones que formaban la mitad más pobre.

El estado norteamericano de Texas, por ejemplo, con 30 millones de habitantes, lanzaba la misma cantidad de dióxido de carbono que todo el África negra y sus 1.200 millones: cada texano contaminaba 40 veces más que un africano. Y la China, apresurada por recuperar el terreno perdido, lanzaba tsunamis de dióxido a la atmósfera: de las 25 ciudades del mundo que más contaminaban con CO_2, 23 estaban en su territorio. Los países desarrollados occidentales ya habían hecho su desarrollo sucio y podían darse el lujo de cuidarse un poco más. Aún así, los Estados Unidos todavía producían el 14 por ciento de las emisiones mundiales: casi 6.000 millones de toneladas de dióxido de carbono al año. Australia, entonces, producía 16 toneladas por persona y por año; Brasil 1,76 toneladas; Níger, 0,1. Las diferencias eran extraordinarias.

Pero la culpa –nos decían– era de la humanidad.

Esa difuminación de la culpa producía todo tipo de efectos, muchos paradojales: que los países ricos que llenaban la atmósfera de gases porque sus fábricas producían y ganaban mucho y sus ciudadanos consumían sin parar, pagaran a los países pobres que gaseaban tanto menos unos «bonos de carbono», primas para que esos pobres mantuvieran sus selvas y llanuras –que no producían nada pero compensaban lo que arruinaban los que sí. O sea: que los pobres siguieran siendo pobres manteniendo su naturaleza improductiva para que los ricos pudieran ser más ricos produciendo más. O, de la misma manera, les pagaran para que recibieran los millones de toneladas de basura pesada –metales, vidrios, ordenadores, minerales varios– que esos ricos no querían tirar en sus propios territorios para no arruinarles la vista y el olor.

O que muchos gobiernos municipales de la llamada «izquierda», preocupados por la polución en sus ciudades, empezaran a prohibir la circulación de los coches más viejos, so pretexto de que contaminaban más (ver cap. 17). O sea: que solo los ricos que tenían coches nuevos caros, eléctricos o híbridos, pudieran acceder a los centros urbanos –y todo en nombre de la humanidad y salvar al planeta y las políticas de redistribución.

(Aunque no funcionara: aquellos coches nuevos poluían muchísimo porque, en sus primeros cinco años, el 70 por ciento de la contaminación de un automóvil no sucedía cuando circulaba sino cuando lo fabricaban).

La amenaza climática era una metáfora perfecta del funcionamiento del poder: millones, miles de millones podían estar preocupados por el problema, interesados en su solución, pero no tenían forma de conseguirlo porque todas las medidas posibles debían ser decididas y concretadas por gobiernos y organizaciones internacionales que no les hacían caso.

Porque ya entonces parecía claro que la forma de reducir en serio las emisiones de gases invernadero y llevarlas al punto en que ya no se considerarían peligrosas consistía en cambiar radicalmente las formas de vida y producción de los países ricos, primero, y de todos los demás en consecuencia. Empezaban a aparecer las voces que insistían en que si el mundo volvía a una economía de provisión de las necesidades básicas y dejaba de lado el resto –todo lo que conformaba su sistema económico globalizado, todo ese despilfarro de cosas inútiles, consumos innecesarios, avidez sin sentidos (ver cap. 13)–, el calentamiento global dejaría de ser una amenaza. La idea, en síntesis, de volver a lo útil y lo frugal, desechar la acumulación y centrarse en el disfrute de esas pocas cosas que realmente producen la felicidad de una vida sencilla.

El Antropoceno, dirían poco después, debería haberse llamado Capitalceno.

* * *

Valía la pena detenerse en la preocupación ambiental porque representa la forma más habitual de representarse el futuro en esos días: como amenaza.

Algunos escritos de la época ya empezaban a debatir esa idea. Decían que hubo, a lo largo de la historia, etapas en que cada sociedad fue capaz de imaginar un futuro que quería construir –y de pelear para hacerlo– y otras etapas en que, logrado o agotado o malversado ese proyecto de futuro, aún no conseguía imaginar el siguiente. Es esa alternancia triste y radical entre épocas que viven el futuro como promesa y épocas que lo viven como amenaza.

La que nos ocupa era, sin duda, una de las segundas. Y la amenaza ambiental no era la única. Las personas entonces temían posibles guerras –en medio del período más pacífico que la humanidad hubiera conocido. Temían la explosión demográfica y su aumento del gasto de recursos naturales –cuando estaba claro que los que desperdiciaban la mayoría de los recursos del planeta eran esos ricos que lo dominaban y que se reproducían mucho menos que los pobres. Temían, con más lógica, el devenir político: el avance chino parecía abrir una era dura –aunque el siglo norteamericano no había sido un paseo. Pero una dictadura de partido único, gran control social, represión y censura sin pudores, desigualdades cada vez mayores, había demostrado su eficacia y pasado, en medio siglo, de la peor hambruna al mejor éxito económico. Por eso muchos, entonces, sospecharon que diversas sociedades intentarían reproducir el modelo y ponerlo en marcha en sus países. Ya sabemos lo que sucedió.

Mientras tanto, aquellas sociedades sí imaginaban una forma de futuro: pensaban en la técnica. Suponían los aparatos y pro-gramas y máquinas que seguirían inventando, que influirían de maneras difíciles de predecir en las vidas de los hombres: que las mejorarían en muchos aspectos. Pero incluso allí la amenaza seguía siendo el modo principal: arreciaba, como ya hemos visto, la sensación de que las máquinas dejarían sin trabajo a tantas personas (ver cap. 15) y, sobre todo, que ciertos avances –la «inteligencia artificial», la «singularidad» (ver cap. 19)– los avasallarían y les impondrían su poder.

Era otra constante de la historia: tantos se habían sentido amenazados por la imprenta de tipos móviles de Gutenberg o las primeras vacunas de Jenner o el aeroplano de los hermanos Wright. Y, de todos modos, la imaginación de un futuro técnico era otro privilegio del MundoRico. En el Pobre el futuro era algo aún más impreciso, pensado –en el mejor de los casos– como un presente con un poquito más de lo más necesario. O impensable: uno de los efectos más brutales de la miseria consistía en reducir el horizonte del deseo, impedir que sus víctimas pudieran siquiera imaginar un mañana mejor.

La Tercera Década era, como suele decirse, un tiempo sin futuro.

El mundo entonces se sentía desfallecer. Y aquellas personas se sentían, como todas en todas las épocas, una culminación. No hay sociedad que no se piense como lo que es: el momento histórico más avanzado que la humanidad ha conocido. No hay sociedad que se piense como lo que es: un paso más en ese camino continuado que llamamos historia. Ellos, como todos los demás, no creían en la historia. Sufrían de ese mal tan común de suponer que su época sería distinta de todas las demás: que sería el momento en que todo se arruinaría de una vez por todas. No pensaban –no querían pensar– que el mundo y sus sucesivos habitantes viven en el tiempo, en un proceso de cambio constante; creían, por un lado, que nada iba a cambiar realmente y, al mismo tiempo, que todo iba a cambiar tanto que se desplomaría por completo.

Y sufrían esa ilusión que tantas sociedades han sufrido: suponer que su forma de organización es inmutable. Lo único claro que la historia enseña es que ninguna lo es –pero todas, en algún momento, se lo creen. Así, la enorme mayoría de los hombres y mujeres de esos tiempos no podían siquiera imaginar una reforma radical del sistema en que vivían. Como decían entonces: les resultaba más fácil imaginar el fin del mundo que el fin del capitalismo.

(Tantos hombres y mujeres no querían recordar que todo siempre cambia porque –por definición y por fortuna– los hombres y las mujeres siempre creen que podrían estar mejor de lo que están, y buscan las maneras. Pero pensar que todo siempre cambia y el tiempo nunca se detiene obliga a pensar en mundos donde uno –cada individuo– no va a estar).

Eran, queda dicho, como todos, tiempos complicados. Que mostraban, entre otras cosas, que cuando no hay una idea fuerte para pensar futuros, cuando no hay un proyecto que se pueda compartir, lo que ocupa ese espacio son esas lealtades religiosas, étnicas, genéricas que no

ciones brutales, calentamientos súbitos, continentes nuevos, océanos nuevos, explosiones, meteoritos, lo que se nos ocurra, y aquí está. Sí era probable que un planeta con cinco grados más de media fuese mucho más hostil para la vida humana. Pero la consigna omnipresente de «salvar al planeta» era otro equívoco intencionado, de los que tanto abundaban en la política de aquellos tiempos. Y era bueno, pegadizo: simulaba altruismo cuando era puro egoísmo. La verdad, si acaso, era: «Salvemos nuestro uso del planeta». Pero ese habría sido un lema mucho menos contagioso, sin ninguna máscara de generosidad).

En esos días la cuestión ecológica se volvió el centro de innúmeros discursos: ya ningún político –de «izquierda», de «derecha», de «centro levemente desplazado», de «centroizquierda suave»– podía candidatearse para presidente de un país o alcalde de un pueblito sin explicar cómo la enfrentaría. Las iglesias y demás corporaciones mostraban su preocupación e implicación en esos temas, los vendedores de todas las cosas entendieron que las venderían mucho más si las presentaban como «orgánicas» o «naturales» o «eco», los manipuladores de todo tipo convencían a otros de hacer lo que querían con el argumento irrefutable de cuidar el medio ambiente. Más green washing.

«La justa lucha contra el cambio climático ha conseguido ese status de causa noble que ya nadie puede cuestionar –o casi nadie», escribió en esos días un autor levemente anónimo. «El cambio climático, ahora, es como el cáncer: ¿quién va a decir que está a favor? ¿Quién va a decir qué bueno que la Tierra se degrade? Siempre desconfié de esas causas incuestionables, que no dejan la posibilidad del desacuerdo. Son –suelen ser– el modo en que ciertos sectores con poder le hacen creer al resto que sus problemas son los suyos; son –suelen ser– la más burda y eficiente de las trampas».

Aquel crítico formaba parte de esa corriente débil que definía a la ecología como «la forma más prestigiosa del conservadurismo. La forma más actual, más activa, más juvenil, más poderosa del conservadurismo. O, sintetizado: el conservadurismo cool, el conservadurismo progre, el conservadurismo moderno. Es, en sentido estricto, un esfuerzo por conservar –los bosques, los ríos y montañas, los pájaros, las plantas, la pureza del aire– y eso, tras tantos años de suponer que lo bueno era el cambio, debe ser muy tranquilizador. Fantástico haber encontrado una forma de participación que no suponga riesgos, beneficie directamente a cada quien y proponga la conservación de lo conocido. Fantástico poder sentir que uno está haciendo algo por el mundo, defendiendo al mundo de los malos, tratando de que solo cambie lo necesario para que nada cambie. Fantástico que lleve incluso cierto tinte de insatisfacción con la forma en que el mundo funciona –capitalismo despiadado, grandes corporaciones–, tan ligero que puede ser compartido por los capitalistas despiadados, por las grandes corporaciones. Fantástico haber dado con una causa común, tan aparentemente noble, tan indiscutible –en el sentido estricto de la palabra indiscutible–, tan unificadora que pueda ser enarbolada por una joven nigeriana que cocina con leña o el rey de Inglaterra o mi tía Púpele o la banca Morgan».

Y que, además, desalentaba a grandes sectores: ciertas encuestas de la época, tomadas en varios países, muestran que casi la mitad de los más jóvenes creía que no tenía ningún futuro porque la humanidad estaba condenada. Así, la conciencia climática no era una base para la acción sino para la desesperanza.

La amenaza ambiental era, lo sabemos, bien real. Lo que no tenía sentido, si acaso, o suficiente desarrollo eran las formas de encararla y de frenarla.

Y conseguía, en esos días, otra meta: convencer a tantos de que tenían la culpa. Es cierto que, de algún modo, todos eran culpables: lo que importaba era ver en qué medida lo era cada uno. Entonces, como casi siempre –un poco más claro que casi siempre–, la generalización de la culpa suponía la disolución de la culpa, un caso de estadística: aquello de que si un hombre mataba dos pollos y otro hombre no mataba ningún pollo, las estadísticas dirían que cada hombre había matado un pollo.

Porque estaba claro que la contribución al calentamiento global era tan desigual como el resto de los factores de aquel mundo. En esos días el uno por ciento más rico de la población mundial –unos

GRACIAS

Este libro no estaría completo si no diera sus debidas gracias a Pepa Bueno, directora, y Guillermo Altares, jefe de Cultura, del diario *El País*, donde se publicó, entre octubre 2022 y abril 2023, una primera versión –ahora muy corregida y aumentada– de muchos de sus capítulos. Gracias, Pepa, por recuperar una misión que los periódicos parecen haber olvidado; gracias, Willy, por ese entusiasmo que hace que todo sea más fácil y más agradable.

Y por supuesto a Miguel Aguilar y Albert Puigdueta, mis editores en Penguin Random House, a Nora Grosse, que le puso la cara, a María Lynch, que lo puso a rodar, y a todos los que me ayudaron con sus comentarios y sugerencias.

Y a Marta, como siempre, por todo lo que importa.

mo: cada individuo peleando por su lado para mejorar su posición. En cambio la salvación colectiva es una construcción compleja y confusa, llena de rasgos y premisas que no van de suyo. Un proyecto social es encontrar algo distinto para hacer –y muchas veces no supone un «éxito», porque el mundo todavía no está preparado para apreciarlo y llevarlo adelante.

¿Cómo se sabe cuándo sí lo está?

Después, siempre después. Lo cual no significa que no haya que buscarlo. Para saber si estaba preparado, haberlo intentado es condición indispensable.

Sabiendo, por supuesto, que a menudo no está.

Así que eran tiempos ambiguos, como suelen serlo los que no imaginan su futuro. Ahora es más fácil hacer sentido con todo aquello; entonces, nadie sabía qué significaba, hacia dónde llevaba ese camino a esos pobres caminantes. Ahora, cuando casi todos están muertos, sabemos dónde iban.

Y entendemos que ya en esos días muchos hombres y mujeres, aquí y allá, empezaban a pensar formas de resolver el problema del poder: que la política ya no fuera la pelea de algunos por conseguirlo sino la búsqueda de formas de organizarse para vivir mejor sin necesidad de líderes o jefes, y que la democracia no consistiera en entregarse a esos patrones sino en trabajar juntos hacia metas comunes. Y otros pensaban cuánto trabajo sería necesario si se repartían mejor los ingresos que tanta tecnología muy nueva producía. Y otros, en las mejores formas de distribuir lo que hubiera para que nadie tuviera demasiado y todos lo que necesitaran. Y otros, en cuál sería la mejor forma de crear comunidades que no dependieran de razas o dioses o banderas. Y así, hasta que al fin pudieron converger y producir este mundo raro, imperfecto, intolerable, siempre maravilloso en que vivimos.

bían conseguido recorrer ese largo camino necesario para que un conjunto diverso y disperso de imaginaciones y deseos se constituya en un cuerpo coherente, cristalice en una idea que muchos decidan sostener.

No era fácil: nunca lo fue. En esos días había, como en tantos momentos de la historia, personas que se preocupaban por los destinos y futuros de todos y muchísimas que se preocupaban por sus propios destinos y futuros: por vivir su vida «lo mejor posible». El miedo contribuía: un discurso muy difundido repetía –en todo tipo de países– que los jóvenes iban a vivir «tanto peor que sus padres», para decir que carecerían de ciertas facilidades materiales, ciertas seguridades. Ese eslogan era la mejor forma de desanimarlos, de empujarlos al sálvese quien pueda, de convencerlos de contentarse con cositas. A ver si por lo menos me puedo conseguir algún empleo, decían, porque va a ser muy difícil tener uno seguro como mi papá.

Así, el problema principal del cambio social parecía ser que no había tanta gente que lo quisiera. Querían tener un poco más, vivir «mejor», pero no creían que para eso hubiera que conseguir nuevas estructuras sino un buen trabajo. Eran, aparentemente, la mayoría, y eso, por supuesto, desesperaba a los que trataban de imaginar sociedades colectivamente mejores. Es difícil, cuando alguien se ha pasado la vida pensando en los destinos de la humanidad, aceptar que la mayor parte de la humanidad piensa en su propio destino. Era –y es– difícil y molesto y desalentador y todas esas cosas.

Porque lo más difícil siempre fue imaginar salvaciones comunes. La salvación individual no requiere mucha imaginación: su formato viene dado por default, se aprende sin saber que se lo aprende. La gran mayoría funcionaba según ese modelo individual: se había convencido de que lo que necesitaba era comida, casa, un buen trabajo, una buena pareja, unos hijos si acaso, algún rato de esparcimiento, quizás un coche o incluso, si se podía, vacaciones; buena salud, pocas preocupaciones, políticos que no jodieran demasiado. Primaba aquella idea tan central del «éxito». El éxito es lo contrario del futuro: hacer mejor que otros lo que todos hacen, repetir el pasado confirmado.

Era el éxito de la ideología del éxito: la idea de conseguir más de lo que fuera que tuvieras. El éxito es la cristalización del individualis-

necesitan proyecto porque son en sí mismas, por sí mismas. Para funcionar, esas movidas esencialistas, excluyentes, deben rechazar la mezcla, buscar raras purezas, encontrar definiciones basadas en la «identidad»: no importa quién quieres ser sino quién eres. Un proyecto común es la forma de inventarse una identidad compartida, de crear una; si no lo hay, se recurre a las identidades atávicas, las que son porque son y van de suyo.

Y aquella fue, ya lo hemos visto, época de luchas de las identidades: géneros, orígenes, razas, religiones. Sectores que quisieron –y consiguieron, a menudo– asentar sus derechos, ser plenamente quienes eran. Confirmarse, no construirse: ser, instalarse en esa ontología.

Lo cual compartía un rasgo fuerte con la ecología: no era «humanitario» en el sentido de que no se ocupaba, por compasión o culpa o generosidad, del malestar de otros. Los movimientos identitarios se ocupaban del propio colectivo, de sí mismos. No eran jóvenes peleando por los relegados y los maltratados y los oprimidos de sus sociedades; eran jóvenes reclamando su propio derecho –incuestionable– a manejar sus cuerpos, a elegir sus géneros, a conservar y potenciar sus culturas, a vivir mejor.

(Quizá lo que termine de definir a una época sea su idea de la felicidad: qué significa, en cada momento, ser feliz. Aquellos tiempos habían sido muy eficientes en la construcción de su felicidad: los habitantes de los países más ricos y seguros se sentían más felices. Y se aceptaba que «la felicidad» podía basarse en la salud personal –propia y de los más cercanos–, un cierto quantum de afecto –que variaba según edades y culturas–, la práctica de un trabajo satisfactorio y bien pagado y la comodidad material conformada por una buena alimentación, una casa, sus máquinas, si acaso algun vehículo. La idea de la felicidad –una noción de la que cada vez se hablaba más– no incluía instancias o deseos colectivos, comunes: era una búsqueda individual, la concreción de una serie de necesidades personales. Eso era, quizá, el retrato más preciso de esos años verdes).

Es cierto, pese a todo, que había quienes trataban de imaginar futuros diferentes. Pero estaban disgregados, divididos: todavía no ha-

ÍNDICE